工业和信息化普通高等教育"十三五"规

普通高等学校计算机教育"十三五"规

大学生信息素养基础

Information Literacy of College Students

曹金风 张建臣 主编

宋秀芹 赵志敏 副主编

人民邮电出版社

北 京

图书在版编目（CIP）数据

大学生信息素养基础 / 曹金风，张建臣主编. -- 北
京：人民邮电出版社，2020.5（2021.8重印）
　普通高等学校计算机教育"十三五"规划教材
　ISBN 978-7-115-52624-3

Ⅰ. ①大… Ⅱ. ①曹… ②张… Ⅲ. ①信息素养－高
等学校－教材 Ⅳ. ①G254.97

中国版本图书馆CIP数据核字(2020)第005391号

内 容 提 要

本书是根据教育部高等学校大学计算机课程教学指导委员会提出的"大学计算机"课程教学要求，在进行计算机基础教学的实践、探索过程中，遵循大学计算机基础教学发展的自身规律的基础上编写而成的。

全书分为10章，内容包括信息与信息素养概述、计算机信息数字化基础、计算机系统概述、数据库技术基础、计算机网络与信息安全、信息检索、信息伦理素养、学术论文的写作、大学生创新创业教育、信息技术的新发展等内容。

本书内容具有层次清晰、通俗易懂、图文并茂、易教易学的特点，在注重基础知识、基本原理和基本方法的同时，构建传统讲授教学与翻转课堂教学相结合的混合式教学模式，致力于培养学生应用信息技术解决实际问题的能力，提升学生的信息素养和创新精神，并为后续专业课程的学习打下扎实的基础。

本书既可以作为普通高等院校学生信息素养课程的教材，也可以作为计算机文化基础课程的教材或参考书。

◆ 主　　编　曹金风　张建臣

　副 主 编　宋秀芹　赵志敏

　责任编辑　张 斌

　责任印制　王 郁　陈 犇

◆ 人民邮电出版社出版发行　北京市丰台区成寿寺路 11 号

　邮编　100164　电子邮件　315@ptpress.com.cn

　网址　https://www.ptpress.com.cn

　北京市艺辉印刷有限公司印刷

◆ 开本：787×1092　1/16

　印张：16　　　　　　　2020 年 5 月第 1 版

　字数：439 千字　　　　2021 年 8 月北京第 3 次印刷

定价：45.00 元

读者服务热线：(010)81055256　印装质量热线：(010)81055316
反盗版热线：(010)81055315
广告经营许可证：京东市监广登字 20170147 号

本书编委会

主　编：曹金风　张建臣

副主编：宋秀芹　赵志敏

编　委：（按姓氏笔画排序）

于学斗　王文博　王付山　许　珂　苏艳芳

杨　建　沙焕滨　宋秀芹　张建臣　郑文艳

赵全钢　赵志敏　赵丽敏　曹东燕　曹金风

在当今社会生活中，各种事务（包括自然的、人工的、经济的和社会的）都被数字化而成为计算机处理的对象，信息处理已经成为人们日常工作和生活的基本手段。大学生作为国家的栋梁之材，肩负着国家的未来和使命，通过信息素养教育，鼓励他们积极继承前人的研究成果和经验，不仅可以提高大学生对信息的分辨能力，而且有利于大学生坚守道德底线，有利于提高他们的自学、研究和创新的能力。

《国家中长期教育改革和发展规划纲要（2010—2020 年）》明确指出，鼓励学生利用信息手段主动学习、自主学习，增强运用信息技术分析解决问题的能力。因此，信息技术应作为支持终身学习和合作学习的重要手段。

大学计算机基础教学的发展既要符合学科发展的自身规律，也要主动适应国家经济社会发展的要求。课程定位在通识教育的框架下得到进一步明确和肯定，实施方案将围绕信息素养及与专业技术领域的深度融合展开，教学手段大力引入 MOOC 的理念和方法，借助 MOOC 开展"翻转课堂"和"混合教学"的实践。

在吸纳地方性应用型本科高校信息素养教育良好经验的基础上，考虑到计算机技术、网络通信技术的发展和普及，计算机基本操作和网络基本应用对大学生来说已经不成问题，在此背景下，通过整合和改造"计算机文化基础""计算机技术基础"和"信息检索"等课程的内容，培养大学生认知与理解计算机系统、计算机工作的基本原理和运用信息技术解决问题的基本能力；培养大学生对信息的敏锐感知能力以及使用信息检索工具进行信息检索、分析、加工的能力；培养大学生良好的信息道德，使他们自觉遵守相关的法律和规定，尊重知识产权，尊重个人隐私，维护信息安全。

本书以教育部高等学校大学计算机课程教学指导委员会编制的《大学计算机基础课程教学基本要求》为依据，结合地方本科院校的人才培养目标，确定以信息技术和信息素养为主线，为学生展示信息技术的基本理论和系统概貌、信息与信息素养概述、信息检索技术应用以及大学生创新创业教育的基本理论。本书注重信息技术理论基础及信息检索技术应用，培养学生利用信息手段主动学习、自主学习的能力，增强运用信息技术分析解决问题的能力，为后续专业课程的学习打下扎实的基础。

本书的编写得益于编写小组的鼎力合作，其中，第 1 章、第 2 章由曹金风编写；第 3 章由杨建、于学斗编写；第 4 章由张建臣、苏艳芳编写；第 5 章由赵全钢、宋秀芹编写；第 6 章由郑文艳编写；第 7 章由沙焕滨编写；第 8 章由赵志敏、王付山编写；第 9 章由赵丽敏、王文博编写；第 10 章由曹东燕、许珂编写。张建臣、曹金凤、宋秀芹提出全书的总体框架，并负责统稿定稿。所有编写人员均参与了书稿的校稿。本书的作者都是长期从事计算机基础教学工作的一线教师，书中的内容都是教学经验的总结，是集体智慧的结晶。在本书编写过程中，我们参考了大量相关文献，在此向相关作者表示衷心的感谢。

鉴于编者水平有限，书中难免有不足之处，敬请各位同行专家和读者朋友批评指正。

编　者

2020 年 2 月

目 录

第1章 信息与信息素养概述

当前，我国高等教育的改革趋势使得高校的通识教育得到进一步加强，其目的是拓宽学生的知识面和自主学习的能力，提高大学生的综合素养和社会适应能力。进行大学生信息素养教育、科研训练和创新教育，正是培养大学生的信息素养、科研素养和创新能力的有效途径。本章主要介绍信息的基本概念、信息素养的内涵以及大学生信息素养教育的意义等内容。

1.1　信息概述

信息是与物质、能量相并列的一类对象的总称，它广泛存在于自然界和社会之中。虽然人类自古以来就在利用信息，但是人类开始认识信息的概念和内涵却是近百年的事情。直到 20 世纪 40 年代，美国数学家香农（C. E. Shannon）创立了信息论以后，"信息"一词才成为一个科学的概念。

1.1.1　信息的概念

信息是一种客观存在，从微观世界到宏观世界，从无机界到有机界，从植物到动物，从机器到人，都能产生信息，也能接收信息。正因为信息无所不在、无时不有，所以它也成为许多学科的研究对象。不同领域的学者从不同的角度来研究信息，于是出现了各种不同的解释和定义，1973 年有人统计，已发表的有关信息的概念有几十种之多，现选择几种国内外典型的信息概念进行介绍。

（1）"信息"一词的英文为"Information"，大致有以下几种解释：消息、情报、知识、事实、通知、见闻、数据等。在日常生活中，人们每时每刻都在与信息打交道，听到、看到、感受到各种信息。人们通常所说的"信息"是指文字、声音、图像、消息等，是人们在相互交流时要告诉对方的某种内容或从外界获得的认知。例如，利用卫星转播体育赛事，是转播世界某地正在进行的比赛实况。总之，信息是指交流双方要告诉对方的消息和情况，即没有传递和接收就没有信息。

（2）信息论创始人香农从研究通信理论出发，认为信息是在通信的任何可逆的重新编码或翻译中那些保持不变的东西。我们可将其理解为，可以存储在计算机中或写在某些媒介上的文字及信号。

（3）控制论创始人美国科学家诺伯特·维纳（Norbert Wiener）提出，信息是我们适应外部世界，并使这种适应为外部世界所感知的过程中，与外部世界进行交换内容的名称。所谓控制就是复杂的有组织的系统在外界环境发生变化时，能够根据"变化"进行调整。在控制的过程中，控制系统必须及时得到外部环境的信息、系统自身各组成部分的状态信息以及控制效果的反馈信息，并对所得到的信息进行加工和处理，不断发出指令信息，保证控制系统的正常运行。因此，可以说控制的过程就是信息输入、加工处理和输出的过程。维纳在 1948 年出版的《控制论：关于动物和机器的控制与传播的科学》（*Cybernetics or Control and Communication in the Animal and the Machine*）一书中指出"信息就是信息，既非物质，也非能量"。

（4）从概率的角度理解，信息是用以消除不确定性的东西，即人们把关于事物的某种东西传给对方，使之把某种东西与其他东西区别开来，消除知识上的不确定性。

（5）我国信息论专家钟义信教授认为："信息是关于事物运动的状态和规律，或者说是关于事物运动的知识。"

（6）中国科学院院士李衍达认为："信息是客观存在的，它反映的是事物的状态、特征和变化。"

（7）信息是事物运动的状态与方式，是物质的一种属性。在这里，"事物"泛指一切可能的研究对象，既包括外部世界的物质客体，也包括主观世界的精神现象；"运动"泛指一切意义上的变化，包括机械运动、化学运动、思维运动和社会运动；"运动的状态"则是事物运动在空间上所展示的形状与态势；而"运动的方式"则是指事物运动在时间上所呈现的过程和规律。

（8）"信息"概念的广泛应用也引起了许多哲学工作者对信息本质的探讨，使"信息"从一个科学概念上升到哲学范畴。他们认为，信息是以物质、能量在时空中某一不均匀分布的整体形式所表达的物质运动状态和关于运动状态所反映的属性。

总之，不同的时代、不同的学科、不同的学者、专家对信息有着不同的解释，到目前为止，人们对信息的定义尚无统一的定论。信息定义复杂多样的原因，一是由信息现象自身的普遍性、多样性决定的，二是不同领域出于研究和操作的需要提出了适合自身领域的信息定义。

这些说法虽然并不完全一致，但都从不同侧面、不同角度反映了信息的本质。一般认为：信息是自然界、人类社会及思维活动中普遍存在的现象，是一切事物自身存在方式以及它们之间的相互关系、相互作用等运动状态的表达。信号、消息、报道、通知、报告、情报、知识、见闻、资料、文献、指令等，均是信息的具体表现形式。

1.1.2　信息的特征

1. 信息的特征

信息虽无确切的定义，但是具有两个明显的特征：广泛性和抽象性。

（1）广泛性可以从以下 3 个方面来理解。

① 客观世界充满着信息。如太空中的星体、地底下的矿藏，一切客观物质无不具有自己的信息。

② 人类离不开信息。人的五官在不停地感知、接收信息；人的神经系统在不停地传递信息；人的大脑在不停地处理与决策信息；人与人之间在不停地交流信息。人的全部时间都在自觉或不自觉地与信息打交道。

③ 知识是有用信息的积累；人类依靠知识改造自然、适应自然，依靠知识促进社会的发展和进步。

（2）抽象性是指信息成为重要的生产力要素。

物质是一种资源，它提供各种各样的材料；能量是一种资源，它提供各种形式的动力；信息也是一种资源，它提供各种各样的知识。没有物质，宇宙将成为虚无；没有能量，世界将变得死寂；没有信息，任何事物都将失去意义。物质运动是由物质、能量和信息构成的，信息源自物质运动。信息是对事物运动状态或存在方式的描述和反映，它通过某种物质形式存在、传播和表现。信息依附于物质和能量，但又不等同于物质和能量。没有信息就不能更好地利用物质和能量，人类利用信息和知识改造物质，创造新物质，提高能量利用效率，发现新能量形式。信息也是客观存在的，它是人类认识、改造客观世界的主要动力，是人类认识客观世界的更高层次。

2. 信息独特的性质

信息不同于物质和能量，它有其独特的性质，主要包括普遍性、客观性、载体性、传递性、时效性、可塑性、共享性、可重复利用性及特定范围的有效性等。

（1）普遍性。信息充满于广袤的宇宙，是物质固有的普遍属性。信息不仅存在于人类社会，也存在于自然界。人与人之间、机器之间、人机之间、动物之间、植物之间、细胞之间等，都可以进行信息交流。

（2）客观性。客观、真实是信息最重要的本质特征。信息是确实存在的事物，它的存在可以被人们感知、获取、传递和利用。信息是现实世界中各种事物运动与状态的反映，其存在是不以人的意志为转移的。

（3）载体性。信息必须依附于一定的载体（如电波、电磁波、纸张、磁性材料、化学材料等）才能流通和传递，否则，信息的价值就不能体现。信息可以存储在不同的载体上，但其内容并不因记录手段或物质载体的改变而发生变化。例如，关于中国文化的信息，不论是刊登在书刊上、发布在媒体节目中，还是存储在光盘或数据库中，其信息内容和价值都是同样的。

（4）传递性。信息依附于一定的物质载体后，其传递和流通便成为可能。信息的传递性是指信息从信源出发，经过信息载体的传递被信宿接收并进行处理和利用的特性。不同载体的信息可以通过不同手段（如计算机、人际交流、文献交流或大众传媒等）传递给信息用户，这种跨越时空的传递性是实现信息资源共享的基础。

（5）时效性。在现代社会中，信息的使用周期越来越短，信息价值的实现取决于人们对其及时地把握和运用。由于事物是在不断变化着的，那么表征事物存在方式和运动状态的信息也必然会随之改变。如果不能及时地利用最新信息，信息的价值就会贬值甚至毫无价值，这就是信息的时效性，即时间和效能的统一性。它既表明了信息的时间价值，也表明了信息的经济价值。

（6）可塑性。信息在流通和使用的过程中，人们借助于先进的技术，可以对其进行综合分析及加工处理。也就是把信息从一种形式变换成另一种形式，如可以将一本图书的内容加工为目录或文献的形式，从而方便用户的选择和利用。不过，在信息的加工过程中，信息量会减少或增加。用户可根据检索需要选择不同的信息形式。

（7）共享性。它是指同一信息同时或不同时被多个用户使用，而信息的提供者并不会因此而失去信息内容和信息量。该特性可以提高信息的利用率，人们可以利用他人的研究成果进一步进行创造，从而避免了重复研究，也节约了资源。

（8）可重复利用性。信源发送的信息不论传送给了多少个信宿，都不会因为信宿的多少而减少，一种信息是可以被多次反复利用的。

（9）特定范围的有效性。信息在特定的范围内是有效的，否则就是无效的。

1.1.3　信息与消息、信号、数据、知识、智慧之间的关系

通常情况下，人们一般会把信息理解为消息的代名词，但需要注意的是，信息是有一定内容或知识的消息。在教育及通信领域，信息的含义远比消息和情报丰富得多，一切有意义的消息、信号、情报、文字、语言、代码、指令、符号等都是信息。

实际上，信息与消息、信号、数据、知识、智慧之间既有联系，又有区别。

1. 信息与消息、信号

消息指的是"用适当的语言或代码从一个信息源向另一个或多个目的地传送的情况"。由此可见，消息是信息的外壳，信息则是消息的内容；信号是信息的物理载体，信息是信号所载荷的内容。

2. 信息与数据

信息与数据是分不开的，它们既有联系又有区别。信息与数据之间存在固有的联系：数据是信息的符号表示，是信息的载体；信息是数据的内涵，是对数据的语义解释。数据经过解释并被赋予一定的意义之后，便成为信息。

具体的信息与表示它的数据之间的对应关系可能因环境变化而不同。同一信息可以用不同的数据符号表示，同一数据符号也可能有不同的解释。

数据能表示信息，但并非任何数据都能表示信息，"如果输入的是垃圾，那么输出的也会是垃圾"，垃圾数据显然是没有任何意义，也不表示任何信息的。同一数据对于不同的人、不同的目的会有不同的解释，也会表示出不同的信息。

数据是信息的载体，但并不是所有信息都能够以数据承载。例如，某些经济落后的国家，其国人的幸福感普遍较强，这种"幸福"信息可以被许多专家、学者、外国游客所感觉，但他们的幸福感显然无法用人均经济收入、住房面积、受教育程度或者国内生产总值等指标数据来全面衡量，一定还有其他无法表征的内容在里面。

综上，信息和数据之间的关系可以总结为如下结论。

（1）信息与数据密不可分的。一般情况下，数据是信息的载体，信息蕴含在数据之中。

（2）通过对有效数据的加工，可以得到信息，即信息=数据+数据处理。

（3）信息中含有人们的主观意识。对相同的数据进行加工，不同的信息接收者可以得到不同的信息。

（4）数据本身无实际价值，加工成为信息才有价值、有意义。

（5）信息和数据都记录了客观事物的存在状态与特征。

3. 信息与知识

对信息进行再加工，进行深入研究，才能获得更加有用且可利用的信息。

所谓知识，可以定义为"信息块中的一组逻辑联系，其关系是通过上下文或过程的贴切度发现的"。从信息中理解其模式，找出解决问题的结构化信息，即形成知识。

知识是符合文明方向的，人类对物质世界以及精神世界探索的结果总和，是人类在实践中认识客观世界（包括人类自身）的成果，它包括事实、信息的描述或在教育和实践中获得的技能。知识

是人类从各个途径获得的经过提升和总结的系统的认知，也可以看成构成人类智慧的最根本的因素。

知识反映的是这个世界的状况、变化和规律，从这个角度上讲，知识就是信息。知识是从信息中提炼出来的，反映的是比信息本身更本质的东西。例如，每天太阳升起，普照大地，泽被万物，这只是常识类的信息。天文学正是从"太阳每天都升起"这类信息中汲取营养并发展起来的，天文学表述的是天体的运动规律。所以知识也是信息。

信息不一定是知识，信息是所有知识的来源。信息作为资源，未必都有用，只有把各种有用的信息进行系统的组织才能成为知识，而这些知识经过反复实践、完善和提高，才形成科学知识。

信息与知识之间具有极其密切的联系，又有着重要的区别。信息是知识的原材料，知识是由信息提炼出来的抽象产物。这既反映了知识与信息之间的本质联系，又彰显了它们之间的区别。

4. 信息与智慧

智慧是人类基于已有的知识，针对物质世界运动过程中产生的问题，根据获得的信息进行分析、对比、演绎，找出解决方案的能力，主要表现为收集、加工、应用、传播知识的能力，对事物发展的前瞻性看法，以及通过经验、阅历、见识的累积而形成的对事物的深刻认识、远见，体现为一种卓越的判断力。这种能力运用的结果是将信息的有价值部分挖掘出来并使之成为已有知识架构的一部分。

5. 数据、信息、知识与智慧的递进关系

数据、信息、知识与智慧之间往往会存在一些重叠。它们之间最主要的区别是所考虑的抽象层次不同。数据是最低层次的抽象，信息次之，智慧则是最高层次的抽象。数据、信息、知识、智慧的阶层递进关系如图 1.1 所示。

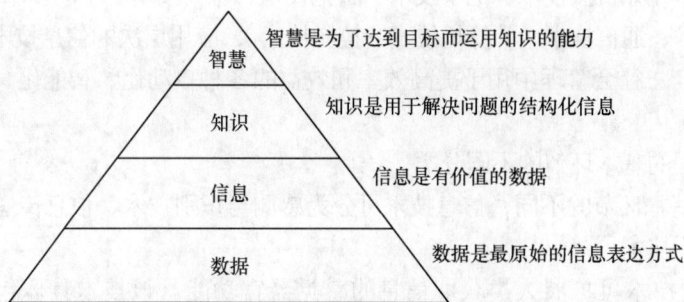

图 1.1　数据、信息、知识、智慧的阶层递进关系

只有对数据进行解释和理解之后，才可以从数据中提取出有用的信息；只有对信息进行整合和呈现，才能获得知识。数据是信息的载体；信息是形成知识的源泉；知识是智慧、决策以及价值创建的基石，在大量知识积累的基础上，总结成原理和法则，就形成了智慧；智慧是为达到目标而运用知识的能力。

1.2　信息技术

1.2.1　信息技术的概念

信息技术（Information Technology，IT）主要是用于管理和处理信息所采用的各种技术的总称。

它主要是应用计算机科学和通信技术来设计、开发、安装和实施信息系统及应用软件。故而也被称为信息和通信技术（Information and Communications Technology，ICT）。

信息技术是研究信息的获取、传输和处理的技术，由计算机技术、通信技术、微电子技术结合而成，有时也叫作"现代信息技术"。也就是说，信息技术是利用计算机进行信息处理，利用现代电子通信技术从事信息采集、存储、加工、利用以及相关产品制造、技术开发、信息服务的学科。

信息技术教育有两个方面的含义：一是指学习和掌握信息技术的教育；二是指采用信息技术进行教育活动。前者从教育目标与教育内容方面来理解信息技术教育，后者则是从教育的手段和方法来理解信息技术教育。

1.2.2　信息技术的分类

（1）按表现形态的不同分类

按表现形态的不同，信息技术可分为硬技术与软技术。硬技术是指各种各样的信息设备及其功能，如显微镜、通信卫星及多媒体计算机等。软技术则是指获取与处理有关信息的各种知识、技能与方法。

（2）按信息传播模式的不同分类

按信息传播模式的不同，信息技术可分为传者信息处理技术、信息通道技术、受者信息处理技术、信息抗干扰技术等。

（3）按技术功能层次的不同分类

按技术的功能层次不同，信息技术可分为基础层次的信息技术（如新材料技术、新能源技术），支撑层次的信息技术（如机械技术、电子技术、激光技术、生物技术、空间技术等），主题层次的信息技术（如感测技术、通信技术、计算机技术、控制检索），应用层次的信息技术（如文化教育、商业贸易、工农业生产、社会管理中用于提高效率和效益的各种自动化、智能化、信息化应用软件与设备）。

（4）按工作流程的基本环节的不同分类

按工作流程的基本环节的不同，信息技术可分为感测与识别技术、信息传递技术、信息处理与再生技术和信息施用技术。

① 感测与识别技术可扩展人类获取信息的感觉器官功能。该技术具体包括信息识别技术、信息提取技术、信息检测技术等。这类技术的总称即为"传感技术"，它可以扩展人类使用感觉器官的传感功能。传感技术、测量技术与通信技术相结合而产生的遥感技术，更使人感知信息的能力得到进一步的加强。

信息识别包括文字识别、语音识别和图形识别等，通常是采用一种叫作"模式识别"的方法。

② 信息传递技术可实现信息快速、可靠、安全的转移。各种通信技术都属于这个范畴，广播技术也是一种传递信息的技术。由于存储、记录可以看成从"现在"向"未来"或从"过去"向"现在"传递信息的一种活动，因而也可将它看作是信息传递技术的一种。

③ 信息处理与再生技术：信息处理包括对信息的编码、压缩、加密等。在对信息进行处理的基础上，还可形成一些新的更深层次的决策信息，这称为信息的"再生"。信息的处理与再生都依赖于现代电子计算机的超凡功能。

④ 信息施用技术是信息过程的最后环节，它包括控制技术、显示技术等。

由上可知，传感技术、通信技术、计算机技术和控制技术是信息技术的 4 大基本技术，其中，现代计算机技术和通信技术是信息技术的两大支柱。

1.2.3　信息技术的特征

信息技术的特征可从以下两个方面来理解。

（1）信息技术具有技术的一般特征——技术性。具体表现为：方法的科学性，工具设备的先进性，技能的熟练性，经验的丰富性，作用过程的快捷性，功能的高效性等。

（2）信息技术具有区别于其他技术的特征——信息性。具体表现为：信息技术的服务主体是信息，核心功能是提高信息处理与利用的效率、效益。信息的秉性决定信息技术还具有普遍性、客观性、相对性、动态性、共享性、可变换性等特性。

1.2.4　信息技术的功能

信息技术的功能是多方面的，从宏观上看，主要体现在以下 5 个方面。

（1）辅助功能

信息技术能够提高或增强人们的信息获取、存储、处理、传输与控制能力，使人们的素质、生产技能管理水平与决策能力等得到提高。

（2）开发功能

利用信息技术能够充分开发信息资源，它的应用不仅推动了社会文献大规模地生产，而且大大加快了信息的传递速度。

（3）协同功能

人们通过信息技术的应用，可以共享资源、协同工作，如远程教育。

（4）增效功能

信息技术的应用使得现代社会的效率和效益大大提高。例如，通过卫星照相、遥感遥测，人们可以更多、更快地获取地理信息。

（5）先导功能

信息技术是现代文明的技术基础，是高技术群体发展的核心，也是信息化、信息社会、信息产业的关键技术，它推动了世界性的新技术革命。大力普及与应用新技术可实现对整个国民经济技术基础的改造，优先发展信息产业可带动各行各业的发展。

1.2.5　信息技术的影响

1. 信息技术的正面影响

（1）信息技术增加了政治的开放性和透明度

信息化、网络化使得广大人民更加容易利用信息技术，通过互联网获取广泛的信息，并主动参与国家的政治生活。

各级政府部门不断深入开发电子政务工程。政务信息的公开增加了行政的透明度，加强了政府与民众的互动；各政府部门之间的资源共享增强了各部门的协调能力，从而提高了工作效率；政府通过其电子政务平台开展的各种信息服务，为广大人民提供了极大的方便。

（2）信息技术促进了世界经济的发展

信息技术催生了一个新兴的行业——互联网行业。

信息技术使得人们的生产、科研能力获得了极大提高，通过互联网，任何个人、团体和组织都可以获得大量的生产经营以及研发等方面的信息，使得生产力得到了更进一步的提高。

基于互联网的电子商务模式使得企业产品的营销、销售以及售后服务等都可以通过网络进行，企业与上游供货商、零部件生产商以及分销商之间也可以通过电子商务实现各种交互。这不仅仅是一种速度上的突飞猛进，更是一种无地域、无时间约束的崭新形式。

传统行业为了适应互联网发展的要求，纷纷在网上提供各种服务。

（3）信息技术的发展造就了多元化并存的状态

网络媒体开始形成并逐渐成为"第四媒体"，由于互联网同时具备有利于文字传播和有利于图像传播的特点，因此能够促成精英文化和大众文化并存的局面。

互联网与其他传播媒体的一个主要区别在于传播权利的普及，因此有了"平民兴办媒体"之说。

互联网更造就了一种新的文化模式——网络文化。基于各种通过网络进行的传播和交流，它已经逐渐拥有了一些专门的语言符号、文字符号，也形成了自己的特色。

（4）信息改造了人们的生活

信息技术使人们的生活更加便利，远程教育也成为现实。更有虚拟现实技术，使得人们可以通过互联网尽情浏览缤纷的世界。

（5）信息技术推动信息管理进入了崭新的阶段

信息技术作为扩展人类信息功能的技术集合，对信息管理的作用十分重要，是信息管理的技术基础。信息技术的进步，使得信息管理的手段逐渐从手工方式向自动化、网络化、智能化的方向发展，使人们能全面、快速、准确地查找所需信息，更快速地传递多媒体信息，从而更有效地利用和开发信息资源。

2. 信息技术的负面影响

（1）知识产权侵权

网络媒体的出现和发展使传统著作权的主体、客体以及邻接权主体都有了一些新的变化。通过网络媒体进行的知识产权侵权，尤其是著作权侵权现象非常严重。网络传播中所需要的专业技术、计算机程序等可能涉及技术秘密或专利技术，网络域名更是与商标权及不正当竞争有关。

（2）虚假信息泛滥

互联网的自由性和开放性，使其成为制造和传播虚假信息的重要工具。网络传播的速度快、范围广、监管难，使虚假信息严重滋生、蔓延。其最主要的原因就是信息源复杂，难以管理。

（3）信息污染成灾

信息中混入了大量干扰性、欺骗性、误导性甚至破坏性的有害信息及无用信息，造成了人类精神世界的信息污染。同时，信息技术使得冗余信息大量产生，成为人们认识领域的障碍，给信息的甄选和鉴别带来了困难。

（4）信息安全问题凸显

更新换代、层出不穷的网络病毒肆虐，技术精湛、危害严重的黑客横行，使得信息安全问题日渐凸显。

1.3 信息社会

在电子计算机出现之前，人类文明在漫长的发展历史中经历了农业社会和工业社会两个时期。

人类社会信息的传播也经历了语言的形成、造纸术及印刷术的应用、广播与电视的发明以及全球性电话网络的普及等几次信息革命。从 20 世纪 90 年代开始，世界上主要的国家就开始建设高速度、大容量、多媒体的信息传输干线，并称之为"信息高速公路"。目前，已经建设完成了以光缆作为信息传输的主干线，它是采用支线光纤和多媒体终端，用交互方式传输数据、电视、语音和图像等多种形式信息的数万兆比特的高速数据网。这项现象表明了，我们的社会正在快速进入信息社会。

1.3.1　信息社会的定义

信息社会（Information Society）也称为信息化社会，是脱离工业化社会以后，信息起主要作用的社会。所谓信息社会，就是以电子信息技术为基础，以信息资源为基本发展资源，以信息服务性产业为基本社会产业，以数字化和网络化为基本社会交往方式的新型社会。

"信息化"的概念是在 20 世纪 60 年代初提出的。一般认为，信息化是指信息技术和信息产业在经济和社会发展中的作用日益加强，并发挥主导作用的动态发展过程。它以信息产业在国民经济中的比重、信息技术在传统产业中的应用程度和信息基础设施建设水平为主要标志。

从内容上看，信息化可以分为信息生产、信息应用和信息保障三大方面。信息生产，即信息产业化，要求发展一系列信息技术及产业，包括信息和数据的采集、处理、存储技术，涉及通信设备、计算机、软件和消费类电子产品制造等领域。信息应用，即产业和社会领域的信息化，主要表现在利用信息技术改造和提升农业、制造业、服务业等传统产业，大大提高各种物质和能量资源的利用效率，促使产业结构的调整、转换和升级，促使人类生活方式、社会体系和社会文化发生深刻变革。信息保障是指保障信息传输的基础设施和安全机制，使人类能够可持续地提升获取信息的能力，包括基础设施建设、信息安全保障机制、信息科技创新体系、信息传播途径和信息能力教育等。

在农业社会和工业社会中，物质和能源是主要资源，人类所从事的是大规模的物质生产。而在信息化社会中，信息成为与物质和能源同等重要的第三资源，同自来水管线、煤气管道等公共设施一样，成为人们生活的基础条件。以信息的收集、加工、传播为主要经济形式的信息经济在国民经济中占据主导地位，并构成了社会信息化的物质基础。以开发和利用信息资源为目的的信息经济活动正在迅速扩大，逐渐取代工业生产活动而成为国民经济活动的主要内容。以计算机、微电子和通信技术为主的信息技术革命是社会信息化的动力源泉。

信息化的主要目标是最大限度地开发、利用信息资源，提高社会各领域信息技术应用和信息资源开发、利用的水平，为社会提供更高质量的产品和服务，促进全社会的信息化。信息化的最终结果是人类社会生活的全面信息化，主要表现为信息成为社会活动的战略资源和重要财富，信息技术成为推动社会进步的主导技术，信息人员成为领导社会变革的中坚力量。

1.3.2　信息社会的特征

在 20 世纪 80 年代，关于信息社会较为流行的说法是"3C（Communication、Computerization、Automatic Control）"社会（通信化、计算机化和自动化）、"3A"（Factory Automation、Office Automation、Home Automation）社会（工厂自动化、办公室自动化、家庭自动化）和"4A（Factory Automation、Office Automation、Home Automation、Agriculture Automation）"社会（"3A"加农业自动化）。到了20 世纪 90 年代，关于信息社会的说法又加上多媒体技术和信息高速公路网络的普遍采用等条件。具体而言，信息社会有以下 6 个方面的特征。

（1）信息成为三大资源之一

在信息社会中，信息成为重要的生产力要素，和物质、能量一起构成社会赖以生存的三大资源。

（2）知识成为经济发展的核心

农业社会主要靠土地和种植养殖业，工业社会则以传统工业为产业支柱，以稀缺自然资源为依托，它们的繁荣直接取决于资源、资本、硬件技术的数量、规模和增量。而在知识经济时代，经济繁荣更多地取决于知识、技术，尤其是高新技术以及有效的信息积累与利用。知识将成为重要的经济因素之一，由此引发的经济革命将重塑全球经济的新格局。

（3）全新的时空观

面对面的交谈是空间上有形的、统一的、严格同步的一种活动。网络聊天、传真等通信手段的不断使用，使人类的交流出现了异步的特征。从某种意义上讲，同步通信只是异步通信的一种有限形式。电子异步通信的趋势使社会交往范围得以无限扩展，社会网络也通过远程通信网络得以延伸，从而产生了新的社会交往和网络互动，如聊天室、论坛等。总之，通过互联网，人类实现了全球的"零距离"沟通，而且表现出很大的弹性。我们可以用互联网、电话、视频、微信等进行同一时间不同地点的同步交流，而且也可以通过电子邮件和移动电话的短信等功能实现异步交流，从这个角度来看，时间与空间开始出现脱离。这种与传统地理空间相异的信息空间是一种虚拟的技术空间，它超越了传统空间所定义的距离、方向和连接性等概念，而表现出零距离、多维度、无界限等特征，是一种非几何属性的空间。信息空间的出现使空间的流动性增强，最大限度地克服了水平和垂直方向上的空间和距离摩擦，空间的互动性不断强化。

信息空间的出现拓展了人们的交往空间，也重新塑造了人与人、人与社会、人与自然的各种关系，改变了人们传统的时空观念。新的时空观念可以从以下四个方面得以体现：首先是传统时空尺度的多维拓展；其次是时空压缩和全球的区位观；再次是时空异步；最后是时空统一与时空分离。

（4）产业与就业结构演变

依据各种经济活动对于生产与服务的作用不同，传统上的经济活动划分为第一产业、第二产业和第三产业。虽然这种划分方法是不甚合理的，但三次产业划分的方法对应着托夫勒（Toffler）的三次浪潮。托夫勒认为与第二次浪潮中制造业的兴起一样，在第三次浪潮中第三产业（即服务业）将成为经济的主体。

信息社会的经济是以信息经济、知识经济为主导的经济，信息技术、信息产业、信息经济成为社会发展的主导因素。信息技术的发展极大地提高了整个社会运行的速度和效能；信息产业作为一种知识与智力密集型、高增值型、节能型产业，已经成为推动世界经济发展的动力和扩大再生产的基础；信息产业的生产能力已成为取得经济成就的关键因素和检验国家实力的重要标准。

在信息社会中，信息和知识的生产、传播与应用都和教育息息相关，教育不再像以前的农业经济、工业经济那样只是财富创造过程的附庸，而是成为经济的基础部门和经济发展的根本动力，因此终身教育也成为一种必然的需要。知识、资金、技术、土地和劳动力等生产要素一样，成为经济活动中重要的生产要素。

（5）社会的数字化、网络化

信息是信息社会的基础要素，光缆、电话线、无线电波是信息传递的通道，数码序列则是表达信息的代码序列，社会数字化以数字化技术为基础。首先计算机以"0、1"编码对全部信息进行加工处理，构成信息社会中最典型的数字化方向；其次是现代通信网络中的数字化技术，如数字压缩等技术，使我们对信息的处理完全以比特的形式进行；此外，还有日渐显示其活力的各种数字化技术，如高清晰度电视的数字化方向等。

基于 Internet 技术的全球互联网以及各地局域网，将世界各地实时地联系在一起，世界仿佛处在一张大网的包围之中，社会网络化趋势明显，网络社会也开始出现。网络既是信息生产、分配和使用的物质基础，也是人类新拓展的另一个空间——网络空间。由于这种空间的新时空特征，使得社会中人与人、人与群体以及群体间的相互关系产生了剧烈的变化。在网络社会中全球范围内的网络资源得到最大的共享，不同的文化团体在网络空间里进行频繁的碰撞。网络空间是一种虚拟的空间，它没有边界，没有距离，没有实体，它是以服务器、网线、计算机终端为基础，以信息为媒介，并整合了多媒体技术、自动化技术、计算机通信技术后广泛、开放、连续存在的空间。因此，虚拟社区、虚拟校园、虚拟办公室等一系列虚拟现实空间相继出现，并成为人们交流、学习与工作的重要空间。

（6）人们的学习方式、工作方式、生活方式发生巨变

信息化与工业化不同，信息化不是关于物质和能量的转换过程，而是关于时间和空间的转换过程。在信息化社会里，人们通过使用各种信息技术扩展了自己改造社会的能力，使自己的学习、工作、生活更方便和舒适，并从根本上改变了人们的工作方式、生活方式、行为方式和价值观念。

① 工作方式的改变。由于产业结构变更和网络空间出现，某些行业或其工作人员可以通过网络与其他工作人员展开合作、进行交流、传达任务和递交成果。因此，一部分人可以在家中或者在分散的小型办公室和车间里工作，而无须像工业社会中那样，每天都要到固定的工作地点上班，也无须以固定的时间工作，更加自由，更为自主，也更尊重人的个性。所以信息社会出现了 SOHO（Small Office，Home Office，居家办公）一族。这种新的工作模式没有许多强制性的规范、规定，使工作与休闲模糊化，人们在工作中可以自由地以不同的方式来调节自己的精神状态。尤其对于从事知识生产与服务类的工作，很难说在兴致盎然的休闲时间中就不会产生某些成果。

② 生活方式的改变，即多样化家庭出现，家庭功能改变。例如，人们的日常生活离不开计算机，家中各种电器都已计算机化或纳入计算机控制，人们可以在一定的区域范围内通过网络来控制家中的各种电器，它们甚至还可以准备一份美味的晚餐。人们的日常生活无时无处不受计算机的制约。还有社会上所有的服务行业，如商业、金融、旅游、交通等都处于计算机网络服务之中，即人人坐到计算机前就能了解想要了解的来自世界各地的各种信息，得到想要得到的各种服务。例如，人们可以通过操作计算机进行购物、学习、交流等。

③ 虚拟空间将成为人们日常生活中重要的"活动场所"。网络化创造了巨大的网络空间。一个虚拟社区出现，人们的社区关系不再受地理空间的限制，几乎可以在全球的不同角落出现一群围绕着某个共同兴趣而组成的新型社区。新的社区关系将是开放的、非地域性的、匿名的、平等的，同时也是松散的。虚拟社区将与传统的以血缘、地缘、业缘等为基础的现实社区存在巨大差别。另外，虚拟空间中也将存在众多与人们日常生活息息相关的功能性虚拟空间，如网上商店、网上医院、网上学校、网上娱乐场所等。

1.3.3　信息社会的标志

（1）在信息社会中，信息成为重要的生产力要素

物质是本源的存在，能量是运动的存在，信息是联系的存在。"世界由物质、能量、信息三大要素组成"，这不仅是在我国存在的一种较为有代表性的看法，也是在国际上流行多年的一种

观点。本体论意义上的信息是标志间接存在的哲学范畴，是物质直接存在方式和状态的自身显示。信息以能量和物质为媒介，自由地超越空间和时间进行传播。人类对信息及信息技术的认识、发展和应用，是人类在不断认识物质、能量之后的第三次伟大的飞跃，标志着人类社会已进入信息时代。

（2）信息社会是以信息经济、知识经济为主导

信息社会有别于农业社会和工业社会，农业社会是以农业经济为主导，工业社会是以工业经济为主导。知识经济时代具有以下几个特征。

① 知识成为主导资本。

② 信息成为重要资源。

③ 知识的生产和再生产成为经济活动的核心。

④ 信息技术是知识经济的载体和基础。

⑤ 经济增长方式出现了资产投入无形化、资源环境良性化、经济决策知识化的发展趋势。

知识经济一方面促进世界新时代的到来，加速经济全球化的进程，使知识化取代工业化；另一方面促使全球面临新的国际分工，知识经济发达的国家将成为"头脑国家"，而知识经济发展滞后的国家将沦为"躯干国家"。知识经济发展直接的变化是促使服务业成为国民经济的主导行业。世界银行多年前发表的《知识促进发展》的报告中指出，发达国家以知识为基础的行业的产值可达到国内生产总值的 50%，其中高技术产业的产值占 25%。在 21 世纪，以知识为主导的服务业将以锐不可当的发展态势，迅速占据国内生产总值的重要份额。

（3）在信息社会，劳动者的知识成为基本要求

知识经济是以现代科学为核心，建立在知识、信息、生产、分配和使用基础上的经济，是相对于农业经济、工业经济而言的新经济形态。创新是知识经济发展的动力，教育、文化和研究开发是知识经济的先导产业，教育和研究开发是知识经济时代最主要的部门，知识和高素质的劳动者是最为重要的资源。一切劳动资料的产生运作都离不开劳动者，劳动对象的创造和操作也离不开劳动者。劳动者是劳动资料的使用以及优化者，通过人为的工艺和流程使得劳动资料具有某种程度的人类属性，而知识劳动者具有的无限潜力为人类经济文化的进步提供了原始的动力。因此，劳动者也必然成为知识经济时期经济发展的关键因素。

（4）科技与人文在信息、知识的作用下更加紧密地结合起来

简单地说，人文认识为我们认识世界提供了基础性的认识和视角，科学技术的发展为我们改造世界提供了现实的方法和手段。因此，两者的协同作用促使着人们不断地朝实现创造和谐世界以及人类自由发展这一终极目标发展。

文艺复兴之前，真正意义上的现代科学还没有诞生，人文文化和科学文化基本上浑然一体，它们没有出现过严重的对立。在文艺复兴与科学革命期间，很多大科学家自然都带有很强的人文色彩。在这些时期，科学文化与人文文化是紧密结合在一起的。但是在 18~19 世纪，经历了科学的第二次革命以及第一、第二次工业革命以后，科学的地位和作用变得越来越显赫，这才逐渐偏离了人文文化。

从历史的进程中，我们可以看出两种文化的演变过程实际上是一种"分离—融合—涌现"的过程。信息、知识经济的发展为科技与人文的融合提供一种催化作用，科技与人文互相激荡、共进共生，对其内部所折射出的科技人文意蕴进行反思，能使过去的哲人、现在的我们或者未来的新型思想家对科技和人文关系进行有意义的审视和反思，从而促进科技和人文关系呈曲折而又螺旋式上升

关系向前发展。

（5）人类生活不断趋向和谐、社会可持续发展

人类社会是一个不断从低级向高级发展的历史过程，建立平等、互助、协调的和谐社会一直是人类的美好追求。马克思在《共产党宣言》中明确指出："代替那存在着阶级和阶级对立的资产阶级旧社会的，将是这样一个联合体。在那里，每个人的自由发展是一切人的自由发展的条件。"马克思关于"自由人联合体"和"人的全面自由发展"的表述，都是指未来高级的和谐社会的目标模式。如何使一个社会充满活力？作为最基本的方面，一是发展先进生产力，这是社会最活跃最革命的因素；二是推动市场化改革，为社会充满活力提供制度支撑。

当前我国社会活力的释放还不够充分，应特别强调"四个尊重"，即"尊重劳动、尊重知识、尊重人才、尊重创造"。大力营造"鼓励人们干事业、支持人们干成事业"的社会氛围，使一切"有利于社会进步的创造愿望"得到尊重，创造活动得到支持，创造才能得到发展，创造成果才能得到肯定，从而使社会活动力竞相迸发。一个和谐社会不可能建立在资源枯竭和环境恶化的基础上。人与自然和谐相处，就是要寻求生产发展、生活富裕、生态良好的最佳结合点。

1.3.4　我国的信息化建设

《2006—2020 年国家信息化发展战略》中对我国信息化的发展有一个总体判断："经过多年的发展，我国信息化发展已具备了一定基础，进入了全方位、多层次推进的新阶段。"

当前我国信息化建设取得的成绩主要体现在以下 5 个方面。

（1）信息网络基础设施实现跨越式发展。

（2）信息产业成为国民经济规模最大的支柱产业。

（3）信息通信技术对经济社会发展的支撑作用明显增强。

（4）信息化发展环境显著改善。

（5）信息安全保障工作进一步加强。

目前，我国信息通信网络的发展较好，已能适应国家信息化发展的需要，未来最迫切的问题主要在如何深入推进信息通信技术的应用，如何进一步开发信息资源，如何打破信息化的体制障碍，如何进一步提升信息产业创新能力等几个方面。

我国信息化建设的 24 字方针是：统筹规划，国家主导；统一标准，联合建设；互联互通，资源共享。

1.4　信息素养

在当今信息时代，谁掌握了知识和信息，谁就掌握了支配它的权力。因此，实施信息素养教育，明确信息素养的内涵及其构成要素，培养自身的信息意识和信息能力，是信息社会每一位生存者发展、竞争及终身学习的必备素质之一。

1.4.1　信息素养的概念

信息素养（Information Literacy，IL）也称为"信息素质"，它最早由美国学者保罗·泽考斯基（Paul Zurkowski）在 1974 年提出，并将其定义为"利用大量信息工具及主要信息源使问题得到解答的技能"。

他还提出"具有信息素养的人，是指那些在如何将信息资源应用到工作中这一方面得到良好训练的人。有信息素养的人已经具备了使用各种信息工具和主要信息来源的技术和能力，以形成信息解决方案来解决问题"。

从 1974 年到 2000 年，出现了 18 个涉及"信息素养"的定义。国内关于信息素养的主要定义有 5 个，均是 2000 年以后提出的。影响较大的定义大部分来自美国，下面列举几个有代表性的定义。

1987 年，美国信息学家帕特丽夏·布雷威克（Patrieia Breivik）将信息素养概括为"一种了解提供信息的系统并能鉴别信息价值、选择获取信息的最佳渠道、掌握获取和存储信息的基本技能"。

1989 年，美国图书馆学会（American Library Association，ALA）将信息素养定义为"具有信息素养的人，能够判断什么时候需要信息，并且懂得如何去获取信息，如何去评价和有效利用所需的信息"。

进入 20 世纪 90 年代，随着网络技术的发展和以知识经济为主导的信息时代的到来，信息素养的内涵又有了新的解读。2003 年，联合国教科文组织将信息素养定义为一种能力，它能够确定、查找、评估、组织及有效地生产、使用和交流信息来解决问题。

1992 年，美国学者多伊尔（Doyle）在《信息素养全美论坛的终结报告》中，再次对信息素养的概念作了详尽的表述："一个具有信息素养的人，他能够认识到精确的和完整的信息，并做出合理的决策，确定对信息的需求，形成基于信息需求的问题，确定潜在的信息源，制订成功的检索方案，从包括基于计算机和其他信息源获取信息、评价信息、组织信息于实际的应用，将新信息与原有的知识体系进行融合以及在批判性思考和问题解决的过程中使用信息"。

美国大学与研究图书馆协会（Association of College and Research Libraries，ACRL）将信息素养定义为"信息素养是一种综合能力，即对信息的反思性发现，理解信息的产生及对其评价，利用信息创造新知识，在遵守社会公德的前提下，加入学习交流社区"。

对信息的反思性发现是指当有信息需求时能够意识到、找到信息，筛选信息。理解信息的产生及对其评价，是指认识信息源的产生原理与过程，掌握信息源的评价方法。利用信息创造新知识，是指将信息融入已有的知识结构，产生新知识，从而解决实际问题。在遵守社会公德的前提下，加入学习交流社区，是指合理合法使用信息，分享研究成果与知识，不传播虚假信息。

我国关于信息素养的定义主要是由教育技术专家李克东教授和徐福荫教授提出的。

李克东教授认为：信息素养应该包含信息技术操作能力、对信息内容的批判与理解能力，以及对信息的有效运用能力。

徐福荫教授认为：从技术学视角看，信息素养定位在信息的处理能力；从心理学视角看，信息素养定位在信息问题的解决能力；从社会学视角看，信息素养定位在信息的交流能力；从文化学视角看，信息素养定位在信息文化的多重建构能力。

从逐渐完善的信息素养的定义过程来看，信息素养是一个含义非常广泛且不断变化发展的综合性概念，其基本内容包括：要有信息意识，能有效地利用信息源，能对信息进行批判性的思考，能将有用信息融进自己的知识体系，能主动鉴别各类信息，获取所需信息并能对其进行评价和分析，具有开发和传播信息的能力等。

1.4.2　信息素养的内涵

在信息化社会中，获取信息、利用信息、开发信息已经普遍成为对现代人的一种基本要求，是信息化社会中人们必须掌握的终身技能，信息素养是在信息化社会中个体成员所具有的各种信息品质。

作为信息化时代的大学生，信息素养教育的目的是培养学生能够认识到何时需要信息，能够有效地检索、评估和利用信息的综合能力。培养学生能够将获取的信息与自己已有的知识相融合，构建新的知识体系，解决所遇到的问题与任务；培养学生能够了解利用信息所涉及的经济、法律和社会问题，合理、合法地获取和利用信息。

信息素养的内涵主要包括信息意识、信息知识、信息能力和信息道德 4 个要素。

1. 信息意识

意识是人类大脑中对于客观世界的反映，是感觉和思维等心理过程的总和。意识来源于物质世界，并对物质世界具有反作用，是一种自觉的心理活动。信息意识是意识的一种，是信息在人脑中的集中反映。

信息意识是指人对信息的敏感程度，是人们对自然界和社会中的各种现象、行为、理论观点等，从信息角度的理解、感受和评价。通俗地讲，面对不懂的东西，能积极主动地去寻找答案，并知道到哪里、用什么方法去寻找答案，这就是信息意识。信息意识的强弱表现为对信息的感受力的大小，并直接影响信息主体的信息行为与行为效果。信息意识强的人，能在错综复杂、混乱无序的众多信息表象中，去粗取精、去伪存真，识别、选择、利用正确的信息。信息意识淡薄的人，忽视信息的获取与利用，常使成功的机会与自己擦肩而过，导致错失良机而陷入被动。同时，信息意识还表现为对信息的持久注意力，对信息价值的判断力和洞察力。

信息时代处处蕴含着各种信息，能否利用好现有信息资源，是人们信息意识强不强的重要体现。信息意识的强弱决定了人们捕捉、判断和利用信息的自觉程度，直接影响利用信息的效果。使用信息技术解决工作中和生活中的问题，是信息技术教育中最重要的一点。

2. 信息知识

信息知识是人们在利用信息技术工具、拓展信息传播途径、提高信息交流效率过程中积累的认识和经验的总和，是信息素养的基础，是进行各种信息行为的原材料和工具。

信息知识包括专业性知识和技术性知识。既是信息科学技术的理论基础，又是学习信息技术的基本要求。只有掌握了信息技术的知识，才能更好地理解与应用它。信息知识主要包括以下几个方面。

（1）传统文化素养。传统文化素养包括读、写、算的能力。尽管进入信息时代之后，读、写、算方式产生了巨大的变革，被赋予了新的含义，但传统的读、写、算能力仍然是人们文化素养的基础。信息素养是传统文化素养的延伸和拓展。在信息时代，必须具备快速阅读的能力，这样才能有效地在各种各样、成千上万的信息中获取有价值的信息。很难想象，一个人连基本的读、写、算能力都不具备，怎么会有敏锐的信息意识和很强的信息能力，更谈不上在信息时代获取、利用互联网中的信息了。

（2）信息的基本知识。其主要包括信息的概念、内涵、特征，信息源的类型、特点，信息组织的理论和基本方法，信息搜集和管理的基础知识，信息分析的方法和原则，信息交流的形式、类型和模式等。

（3）现代信息技术知识。其主要包括信息技术的基本常识与历史，信息系统的结构、组成和工作原理，信息技术的作用与影响、有关信息技术的法律法规、信息技术的发展趋势等。

（4）外语。信息社会是全球性的，在互联网上有大半的信息是用英语传播的，此外还有其他语种的信息。要想相互沟通，就要了解国外的信息，传递和表达我们的思想观念，这就要求我们每个人应掌握 1~2 门外语，以适应国际文化交流的需要。

3. 信息能力

信息能力是信息素养中最重要的一个组成部分。信息能力是指人们在社会生活与科学研究中查找、整理加工、传递交流和利用信息的一种直接的或潜在的能力，它包括信息获取能力、信息选择能力、信息整理能力、信息利用能力和信息交流能力等。

（1）信息获取能力，即主体根据自己特定的目的和需求，从外界信息载体中提取自己所需要的有用信息的能力。其具体表现为感知、理解、评价蕴含在有关载体内的信息，尤其是记录在文献中的信息，能较熟练地运用各种检索工具和各种检索手段检索信息的能力。

（2）信息选择能力，是指对大量原始信息以及经过加工的信息材料进行筛选和判别，有效地排除不需要的信息。信息选择能力是决定人们创造力和应变能力的重要因素。在信息社会里，一个现代人必须努力培养独立的、较强的信息选择能力，能对众多繁杂的信息进行去粗取精、去伪存真、由此及彼、由表及里的分析，从而选择出最有价值的信息。

（3）信息整理能力，是指主体按照特定的目的要求，将获得的信息进行分类排序、考察鉴别、筛选剔除、改编重组等加工处理，使其有序化，尤其是运用先进的数据库技术，使信息的整理达到比较高级有序的程度，以提高信息的使用价值。面对无数的信息选择，能够根据自己的需要，评价、筛选出对科学研究有价值的信息，并能对获取的信息进行重新组织、整理、加工、分析和整合，提高信息的利用率，加速创新的过程。

（4）信息利用能力，即在对信息进行获取、鉴别和筛选后，将自身原有的信息与选定的信息结合，经过分析与综合加工，从而产生或转换成新信息，实现信息的升华，进而产生新观点和新思想，丰富已有知识，形成论著、科技成果等。信息利用能力包括高层次的信息分析能力、信息综合能力、信息推导能力和信息决策能力等。

（5）信息交流能力。创新往往是各种不同思想在交融与碰撞中产生的火花。掌握必要的信息交流技能，通过各种渠道和其他领域的专家进行不限时空的信息传递和信息交流，将有利于促进创新结果的产生。

能否采取适当的方式方法，选择适合的信息技术及工具，通过恰当的途径去解决问题，最终要看有没有信息能力。如果只是具有强烈的信息意识和丰富的信息知识，却无法有效地利用各种信息工具去搜集、获取、传递、加工、处理有价值的信息，也无法适应信息时代的要求。

4. 信息道德

信息道德是指在信息的采集、加工、存储、传播和利用等信息活动的各个环节中，用来规范其间产生的各种社会关系的道德意识、道德规范和道德行为的总和，如保护知识产权、尊重个人隐私、抵制不良信息、维护信息安全等。它通过社会舆论、传统习俗等，使人们形成一定的信念、价值观和习惯，从而使人们自觉地通过自己的判断规范自己的信息行为。

信息道德作为信息管理的一种手段，与信息政策、信息法律有着密切的关系，它们各自从不同的角度对信息及信息行为进行规范和管理。信息道德以其巨大的约束力在潜移默化中规范人们的信息行为，而在自觉、自发的道德约束无法涉及的领域，信息政策和信息法律则能够充分地发挥作用。信息政策弥补了信息法律滞后的不足，其形式较为灵活，有较强的适应性。而信息法律则将相应的信息政策、信息道德固化为成文的法律、规定、条例等形式，从而使信息政策和信息道德的实施具有一定的强制性，更加有法可依。信息道德、信息政策和信息法律三者相互补充、相辅相成，共同促进各种信息活动的正常进行。

所谓的信息道德包含两个方面，即信息道德的主观方面和信息道德的客观方面。信息道德的主观方面是指人类个体在信息活动中以心理活动形式表现出来的道德观念、情感、行为和品质，如对信息劳动的价值认同、对非法窃取他人信息成果的鄙视等，即个人信息道德。信息道德的客观方面是指社会信息活动中人与人之间的关系以及反映这种关系的行为准则与规范，如扬善抑恶、权利义务、契约精神等，即社会信息道德。作为当今信息时代的大学生，信息道德具体体现为如下的内容。

（1）遵守信息法律法规。要使大学生了解与信息活动有关的法律法规，培养他们遵纪守法的观念，养成在信息活动中遵纪守法的意识与行为习惯。

（2）抵制不良信息。提高大学生判断是非、善恶和美丑的能力，使其能够自觉选择正确信息，抵制各种不良信息等。

（3）批评与抵制不道德的信息行为。培养大学生的信息评价能力，使其认识到维护信息活动的正常秩序是每个人应担负的责任，对不符合社会信息道德规范的行为应坚决予以批评和抵制，营造积极的舆论氛围。

（4）不损害他人利益。个人的信息活动应以不损害他人的正当利益为原则，大学生要尊重他人的财产权、知识产权，不使用未经授权的信息资源、尊重他人的隐私、保守他人秘密、信守承诺、不损人利己。

（5）不随意发布信息。个人应对自己发出的信息承担责任，应清楚自己发布的信息可能产生的后果，应慎重表达自己的观点和看法，不能不负责任或信口开河，更不能有意传播虚假信息、流言等误导他人。

信息道德在潜移默化中调整人们的信息行为，使其符合信息社会基本的价值规范和道德准则，从而使社会信息活动中个人与他人、个人与社会的关系变得和谐和完善，并最终对个人和组织等信息行为主体的各种信息行为产生约束或激励作用。同时，信息政策和信息法律的制定及实施必须考虑现实社会的道德基础，所以说信息道德还是信息政策及信息法律建立和发挥作用的基础。

总之，信息素养的4个要素的相互关系共同构成一个不可分割的统一整体。我们可将之归纳为，信息意识是先导，决定一个人是否能够想到使用信息及信息技术；信息知识是基础；信息能力是核心，决定能不能把想到的做到、做好；信息道德则是保证、准则，决定在做的过程中能不能遵守信息道德规范、合乎信息伦理。对大学生进行信息素养教育必须对诸要素进行全面把握，合理安排教育重点，分层次进行系统教育，确保大学生的信息素养能得到全面提高。

1.4.3 国内外信息素养教育发展

1. 国外信息素养教育发展

随着大数据时代的到来，信息化浪潮进一步高涨，信息素养成为备受各方关注的热点问题，信息素养教育引起了世界各国越来越广泛的重视，被逐步纳入从小学到大学的教育目标与评价体系中，成为评价人才素质的一项重要指标。

（1）美国信息素养教育的发展

美国信息素养教育起步较早，无论是中小学、大学还是公民层次的信息素养教育与研究，都走在了世界前列，取得了丰富的经验与丰硕的成果。

在 20 世纪 80 年代后期，信息素养教育在美国逐步取代了图书馆的用户教育，信息素养教育的重要性受到美国各界人士的广泛认同。1983 年，美国科学家霍顿（Horton）认为，教育部门应开设信息素养课程，同时将信息素质教育纳入大学教学大纲，作为一门课程，主要由大学图书馆来讲授完成。例如，1985 年美国科罗拉多大学丹佛分校图书馆就将用户教育计划的目标确定为培养学生的信息素养，美国图书馆的用户教育与信息素养教育开始合并，越来越多的大学开设了信息素养教育课程。

1987 年，美国图书馆协会成立了信息素质教育委员会，其宗旨是明确信息素质在学生学习、终身教育和成为一位良好公民过程中的作用；设计在正式或非正式学习环境下，图书馆对大学生开展信息素质教育的模型；决定继续教育和教育培养的发展方向。

1989 年，美国信息素质教育委员会发布了《关于信息素质教育的报告》，把信息素养界定为 4 个方面：需要信息时具有确认信息、寻找信息、评价和有效使用所需信息的能力，并且报告中还论述了信息素质教育对个人、企业、国家的重要性，分析了信息素质教育的机遇，说明了信息时代学校的主要任务，并提出了若干建议。

1990 年，美国成立了由 75 个教育部门组成的名为"国家信息素养论坛"（The National Forumon Information Literacy，NFIL）的组织，其宗旨是提高全球和全美的信息素养意识，鼓励各种获得信息素养活动的开展。目前已发展到超过 65 个国家组织委员代表企业、政府、教育等不同部门，主要任务是分析信息素质教育的作用，支持和开展国内外信息素质教育计划，鼓励和促进国家教育部门、高等教育委员会等制定信息素质教育指南，开展教师教育培训项目，确保他们在教学中与信息素质教育协调。同年，美国高等教育委员会制定了"信息素质教育结果评估大纲"。

1996 年，美国确定了"信息素质教育在普通教育计划中的作用框架"。

1998 年，美国图书馆协会发布了《信息素质教育进展报告》，对 1989 年所提出的建议进展情况进行了总结，并分析了目前所面临的问题，提出了相应的对策。

2000 年，美国"国家信息素质论坛"对 1999 年至 2000 年的活动情况进行了总结，提出了今后工作的发展方向：进一步提高对信息素质教育重要性的认识，促进公共政策或其他方面支持信息素质活动的开展，减少信息贫富不均的现象。

2009 年，美国将 10 月定为"全面信息素养宣传月"，强调了信息素养在当今社会的重要作用。

总的来说，美国信息素养教育实践更加强调信息和信息技术在各个层次的学习与应用，强调信息技术与人的学习、工作和日常生活的联系，特别强调信息素养在终身学习与自主学习中的作用，强调信息素养与个人发展的关系。20 世纪 90 年代以后，美国大学信息素质教育在教学内容和教学方法上都有了深入研究，而且在全美大学得到实施，逐渐成为美国大学素质教育的有机组成部分，同时美国大学图书馆在信息素质教育中的重要作用与地位也越发凸显。

（2）英国信息素养教育的发展

英国是世界上较早开展信息素养研究的国家之一，其主要研究机构有英国国家和大学图书馆协会（Society of College, National and University Libraries，SCONUL）、英国图书馆与情报专家学会（Chartered Institute of Library and Information Professionals，CILIP）和英国联合信息系统委员会（Joint Information Systems Committee，JISC）。

1981 年，在牛津召开的国际会议研讨了各级各类图书馆的用户教育，将图书馆用户教育的发展推向了新的高度。就信息素质教育这个体系来说，英国的信息素质教育在初等教育和中等教育中开展得较好。英国在初等教育阶段就开设了信息素养教育课。

1990 年，SCONUL 成立了一个特别工作组，专门研究高等教育中的信息素质教育问题，最后形成了名为《高等教育信息技能意见书》（*Information Skills in Higher Education*）的研究报告，并提出了信息素质教育中应培养的 7 个基本能力以及信息素质的基本模式。

1998 年，英国将信息素质教育列为必修课，还针对学习内容、达到的目标制定了国家课程标准。英国的中小学信息素质教育重视学生综合信息能力、信息意识的培养以及信息技术在各学科中的渗透，从过去单纯传授计算机技术知识转向发挥学生的主动性，以计算机及其他信息技术为手段解决实际学习问题，从中获得分析问题、解决问题的能力，学生的整体信息素质明显提高。而相比之下，高等教育中信息素质教育就属于系统中的薄弱环节。

1999 年，SCONUL 下属的信息素养咨询委员会提出了信息技能 7 项指标模型，并于 2011 年更新升级，对英国继续教育和高等教育过程中的信息素养教育发展有重大的推动作用。

2002 年，JISC 在曼彻斯特城市大学图书馆和利兹大学图书馆的协助下开展了 "The Big Blue" 的研究项目，该项目得到了英国高等教育委员会、国家图书馆和大学图书馆协会的支持。

（3）日本信息素养教育的发展

在日本，一般认为最初的 "信息利用能力（信息素养）" 一词是在 1986 年临时教育审议会的《关于教育改革的第二次报告》中被公开提出的。此后日本 1990 年发布了《关于信息教育的指南》；1992 年总结出了 "利用资源和信息的学习方法" 的体系表；1998 年在中小学学习指导要领的修订中，生存能力的培养被认为是信息利用能力的一个重要环节。上述工作得到广泛开展的同时，1998 年日本图书馆协会出版了《图书馆利用教育准则》，同年京都大学开始在全校开设 "信息探索入门" 的基础课程，图书馆对该课程给予了大力支持。以此为契机，信息素养教育发展到了日本全国的各个大学。2000 年以后，包括 "信息素养" 等课程在内的 "信息相关课程" 成为所有大学的必修课程。同一时期，日本各高校参照美国高等教育信息素养能力标准，并结合实际制定了各自的信息素养能力标准，开展信息素养教育，为日本高等教育信息素养标准的制定积累了丰富的经验。

2. 国内信息素养教育发展

在我国，比较规范的大学生信息素养教育是从 20 世纪 80 年代中期开始起步的，高校信息素质教育起步于高校图书馆开展的用户教育，以及后来在用户教育基础上逐步发展起来的文献信息检索教育。目前，信息检索教育是构成我国高校信息素质教育活动的主体。

1981 年 10 月，我国颁布的《高等学校图书馆工作条例》为在高等院校中顺利开展图书馆用户教育奠定了基础。该条例中首次把 "文献检索与利用" 的教育任务赋予了高校图书馆。

1984 年发布的《关于在高等学校开设文献检索与利用课的意见》要求 "凡是有条件的学校可作必修课，不具备条件的学校可作选修课或先开设专题讲座，然后逐步发展、完善"。同时，对课程内容、目的要求、教学方式、教学方法、教学时数、教师队伍、教材建设等问题也做出了相关规定，并强调 "由于教学中必须使用各种文献检索工具，一般应当以图书馆作为教学基地和协同中心"。这一文件的颁布奠定了 "文献检索与利用" 课程作为我国高校大学生用户教育主要形式的地位，使我国高校用户教育走向正规化。

1985 年发布的《关于改进和发展文检课教学的几点意见》对我国高校文献检索课的教学目的、教材建设、课程安排、分层次连续教育、师资力量以及教学评价等方面提出了要求和改进意见。

1992 年发布的《文献检索课教学基本要求》详细地阐述了文献检索课的本质、意义与要求，很好地提升了文献检索课的开设范围，更广泛地提升了选择文献检索课的学生数量，使文献检索课得到重视，教学质量得到提升。近年来，随着文献检索课方面的教材和著作不断出版和发表，文献检索教学逐步规模化和规范化。

2000 年，全国高校图书馆将不定期召开的"文献检索课研讨会"改名为"信息素质教育研究会"。

2002 年颁布的《普通高等学校图书馆规程（修订）》总则第三条明确规定，当前高等学校图书馆五项主要任务之一是"开展信息素质教育，培养读者的信息意识和获取、利用文献信息的能力"。这是我国首次在政府文件中对大学生信息素养教育问题做出的明确规定。教育部将文献检索课教学改成信息素质教育，为我国大学生信息素养教育奠定了坚实的政策基础。

在高等教育领域，目前国内还没有建立起一个完整的标准体系。对于信息素养教育，近年来在图书馆和教育界已经开始了一些研究和探索，但多局限在自身业务范围之内。作为开展信息素养教育工作的两大主体，图书馆和教育界无论是在理论研究还是在具体的教学实践方面，都缺乏足够的沟通与合作，造成了在信息素养教育和研究中力量分散、宣传效率低下的现状，加之信息素养教育在社会各界的支持度不高。因此，我国信息素养教育领域的研究需进一步加强。

1.4.4　信息素养评价标准

信息素养评价是依据一定的目的和标准，采用科学的态度与方法，对个人或组织等进行的综合信息能力的考察过程。它既可以是对一个国家或地区的整体评价，也可以是对某个特定的人的个体评价。具体地说，就是要判断被评价对象的信息素质水平，并衡量这些信息素质对其工作与生活的价值和意义。群体评价往往是建立在个体评价基础之上的，因此，个体信息素质评价是信息素质评价的基础和核心。

当前，信息素质教育成为高等教育的重要组成部分。对大学生开展信息素质水平评估，一方面可以让学生在正确认识自己的优势与不足的基础上，从正反两个方面受到激励。增强其发展信息素养的积极性和主动性；另一方面，信息素养评价也是大学生信息素养教育过程中的重要环节。通过科学的测验与评价，可以准确地掌握大学生信息素养所处的状态，清楚地看到成绩与不足，针对不足制订出科学的培养方案，促使大学生朝着有利于提高自身信息素养的方向发展。

1. 国外信息素养评价标准

国外的信息素养评价标准有很多，其中以美国的 ACRL 标准、英国的 SCOUNL 标准以及澳大利亚与新西兰的 ANZIIL 标准最为知名。

（1）ACRL 标准

2000 年，ACRL 颁布的《高等教育信息素养能力标准》（*Information Literacy Competency Standards for Higher Education*）（以下简称"旧标准"）具有里程碑的意义，不仅影响了美国的信息素养教育，而且被译成多国语言，影响了多个国家信息素养标准的制定及实施。旧标准主要包括以下 5 个具体标准。

① 具有信息素养的学生能够确定所需信息的性质和范围。

② 具有信息素养的学生能够有效地获取所需信息。

③ 具有信息素养的学生能评价信息及其来源，并将选取的信息整合到其知识基础和价值体系中。

④ 具有信息素养的学生不论是个人还是作为小组成员，都能够有效地利用信息达到特定的目的。

⑤ 具有信息素养的学生了解信息利用过程中的经济、法律和社会问题，在信息获取和利用时自觉遵守道德规范和有关法律。

随着时代发展，旧标准难以适应高等教育环境下的变革，2011 年，ACRL 成立工作组讨论是否继续使用该标准；2012 年 6 月，在工作组发布的评估报告中指出，现存标准应该被全面修订；2013

年 3 月，工作组开始新的信息素养标准的修订工作；2014 年工作组先后颁布了 3 个版本的《高等教育信息素养框架》修订草案；2015 年 1 月 16 日，ACRL 标准委员会向 ACRL 董事会提交最终文档。至此，全新修订的《高等教育信息素养框架》正式颁布。它反映了美国高等教育界和图书情报界对信息素养教育的最新认知，对信息素养实践产生了很大影响。

高等教育信息素养能力标准有六种框架，每一种框架都包含阈值、知识实践和意向三大要素，如表 1.1 所示。

表 1.1　　　　　　　　　　　　　　　美国高等教育信息素养框架

阈值	知识实践	意向
信息权威性的建构与情景有关	• 判断权威的不同类型（如学科知识、社会地位、特殊经验） • 利用工具和指标判断信息来源的可信性，了解其影响因素 • 了解学者，会挑战已有的权威 • 认识到权威的内容形式多样，包括各种媒体类型 • 认识到自己可能成为权威，并承担相关责任，力求准确、诚实，尊重知识产权 • 理解信息生态系统日趋社会化的本质	• 对冲突的观点保持开放心态 • 鼓励自己找到权威的来源 • 意识到自己的偏见、世界观对权威的影响和怀疑精神的重要性 • 质疑传统的权威观念化 • 意识到保持这些态度和行为需要不断地自我反思与评价
信息的创建是一种过程	• 阐明不同信息创建过程中的优缺点 • 评估信息创建与特定需求之间的匹配度 • 区分特定领域新旧信息创建与传播模式的不同 • 承认信息可能由于包装形式的不同而被区别认知 • 意识到动态和静态的信息格式潜在的价值 • 检测不同环境中不同类型的信息产品的价值 • 将"能力和约束力"转移到新的信息产品中 • 了解自我选择在信息创建过程中对信息产品的使用目的和传达效果产生的影响	• 寻找能指导潜在信息创建过程的信息产品的特征 • 评估用适当的信息产品匹配信息需求的过程 • 承认信息创建是从各种格式和模式的交流开始的 • 接受信息创建的新模式中的模糊价值 • 抵制在信息创建过程中将趋势等同于形式 • 了解不同用途的信息传播方式亦不同
信息具有价值	• 尊重和合理引用他人的原创观点 • 理解知识产权是法律和社会的共同产物 • 能够区分著作权、合理使用、开放获取和不受版权限制的特点 • 理解某些信息的创造者和传播者是为何和如何被系统边缘化的 • 认识到信息源获取或者无法获取的问题 • 决定信息发布的途径和形式 • 理解个人信息商品化和在线交互对网络信息获取、创建及传播的影响 • 充分理解网络环境下个人隐私和个人信息商品化的问题，并规范网络行为	• 尊重原创观点 • 尊重新知识产生过程中所需要的技能、时间和努力 • 将自己视为信息市场的贡献者而非仅仅是消费者 • 乐于审视自己的信息权限
研究即探究	• 根据信息鸿沟提出研究问题，审视现存的可能矛盾的信息 • 确定合适的调查范围 • 将复杂问题简单化 • 根据需求、环境和探究的类型，运用多种研究方法 • 管理收集到的信息、评估其差距和不足 • 以有意义的方式组织信息 • 综合从多个来源收集到的信息观点 • 根据对信息的分析和解释得出合理的结论	• 将研究视作开放式的探索和参与 • 欣赏革命性的简单问题 • 重视求知欲在提出新问题和学习新调研方法中的作用 • 保持开放的心态和批判的立场 • 尊重持久性、适应性和灵活性 • 在收集和使用信息过程中遵循道德和法律准则 • 保持谦逊

阈值	知识实践	意向
学术即交流	• 在信息创建过程中引用他人有贡献的成果 • 在适当的层面上为学术交流做出贡献 • 识别通过各种途径进入学术交流的障碍 • 批判性地评价他人参与信息环境的贡献 • 识别学术论文、书籍等学术作品的学术贡献 • 总结针对具体学科的特定主题的学术观点随时间变化的情况 • 认识到一本学术著作可能并不代表一个人或者是多数人的观点	• 意识到学术交流的持续性 • 探究自己研究领域的学术交流 • 将自己视作学术的贡献者而非仅仅是消费者 • 意识到学术交流发生于多种场合 • 在更好地理解学术交流所处的大背景之前，暂时不对一项特殊学术成就的价值做出判断 • 明确通过各种渠道参与学术交流的责任 • 评估用户生成型内容及他们的贡献 • 认识到系统的权威，意识到流利的语言交流能力对学科过程的理解力及对参与系统能力的影响
检索即策略式探索	• 确定满足信息需求的初始范围 • 识别发布或者使用某一特定主题信息的有关用户（如学者、组织、政府、企业） • 在检索中使用发散和聚合思维 • 选择与信息需求和检索策略相匹配的检索工具 • 根据检索结果来设计和改善需求及检索策略 • 理解信息系统的组织方式以便获取相关信息 • 运用不同类型的检索语言 • 有效管理检索过程和结果	• 展现思维的灵活性和创造力 • 理解首次检索结果可能有所不足 • 基于信息需求和检索特性理解信息资源在内容和形式上的多样性，以及其意义和价值 • 寻求专家的指导（如馆员、专业人员） • 认识到浏览和偶然方法在信息收集中的价值 • 面对检索挑战，知道何时以足够的信息来完成任务

阈值部分侧重于探索信息素养教育领域的核心临界概念；知识实践部分强调有助于掌握这些临界概念的行为方式及其理解；意向部分侧重其中的态度和情感。新框架的六大临界概念之间没有主次和先后顺序之分，但是互有交叉之处。

（2）SCONUL 标准

英国也是世界上较早开展信息素养研究的国家之一。英国制定的"信息素养七要素标准"（The Seven Pillars of Information Literacy）在世界上也具有一定的影响力。2011 年，SCONUL 发布的《英国高等教育信息素养框架》和之前版本相比有相当程度的变化，既反映出图书馆从实际出发对信息素养教育的反思与完善，也折射出英国高等教育大环境的变革。表 1.2 所示为英国高等教育信息素养框架。

表 1.2　　　　　　　　　　　　　　　英国高等教育信息素养框架

指标	应　知	应　会
识别	• 新信息和数据将持续产生 • 信息素养要求持续获取新信息的学习习惯 • 通过探求信息才能获得科研思路和机遇 • 对正式信息和灰色信息的规模有一定概念	• 识别自身在某研究领域缺乏的知识 • 识别自身的检索需求并用简洁的术语来表达 • 清楚自身具有的知识 • 清楚对信息和数据的需求度以确定检索深度和广度 • 利用参考资料辅助检索 • 自己能有效率地完成检索
审视	• 当前可获取信息的类型 • 不同类型信息（数字型、印刷型）的特点 • 有哪些参考咨询服务可用及如何获得	• 明确自身信息的空白点 • 明确哪种类型信息最符合需要 • 明确可获取的通用或学科专用检索工具 • 明确所需信息可能的类型 • 可以自行试用新检索工具
规划	• 检索信息所需的不同技能 • 不同检索工具的区别及优缺点 • 可使用复杂检索策略调整检索结果的深度和广度 • 积极尝试新检索工具而非依赖某些常用资源的必要性 • 根据检索结果不断调整检索词和检索策略的必要性 • 受控词和分类表的价值	• 用合适词语概括检索需求 • 用合适的关键词、限定项等制定检索策略 • 选出最合适的检索工具 • 用受控词及分类表辅助检索 • 检索技巧的运用（简单如查询索引，复杂如数据挖掘） • 根据具体的检索需求不断更换合适的检索工具

指标	应 知	应 会
搜集	<ul><li>数字及印刷型信息与数据的组织方式</li><li>图书馆提供的资源入口</li><li>网络和电子技术是信息生产和共享的重要工具</li><li>数据收集和数据监护方面的问题</li><li>引文各部分的含义及其提供的信息</li><li>文摘的作用</li><li>免费及收费资源的区别</li><li>网络环境的风险防范</li><li>甄别和评估检索结果的必要性</li></ul>	<ul><li>有效使用必要的检索工具和资源</li><li>进行数字及印刷资源组合检索</li><li>获取数字或印刷资源全文，阅读并下载网上资源及数据</li><li>使用合适技能去收集新数据</li><li>进行信息追踪</li><li>积极与同行分享信息</li><li>明确信息需求是否已满足</li><li>使用数字或印刷型帮助文档</li></ul>
评估	<ul><li>自身学习、科研环境中信息和数据的宏观情况</li><li>不同信息源、数据源之间质量、准确度、可信度、相关性、偏重等方面的差异</li><li>依据信息从评审到出版的流程制定自评过程</li><li>持续收集数据的重要性</li><li>引文在科研、学习环境中的重要性</li></ul>	<ul><li>区分不同信息资源及其所提供的信息</li><li>用适当的原则筛选合适的素材</li><li>测评信息的质量、准确度、可信度、相关性、偏重</li><li>测评数据的可信度</li><li>批判性阅读、找出重点内容和争议之处</li><li>根据检索结果反思检索策略</li><li>认真比对自己与他人检索结果的异同</li><li>懂得控制检索的规模</li></ul>
管理	<ul><li>在信息运用及传播中的知识产权责任</li><li>采用合适的方法处理数据</li><li>积极、合情合法地帮助他人查找及管理信息</li><li>有条理地保存检索结果</li><li>合情合法地存储及分享信息和数据</li><li>专业人士能提供重要的建议和帮助</li></ul>	<ul><li>使用文献管理软件</li><li>使用合适的软件和方法管理数据</li><li>使用合规的格式撰写参考文献</li><li>对信息和数据的知识产权保持清醒意识</li><li>依学术道德准则行事</li><li>寻找数据监护机会以确保数据的再利用</li></ul>
发布	<ul><li>区分信息概况和信息整合</li><li>针对不同受众采用合适的撰文及发布方式</li><li>数据可通过多种途径发布</li><li>个人有责任存储、分享信息和数据</li><li>个人有责任传播信息和知识</li><li>科研成果的考评体系和出版流程</li><li>论文权责归属问题</li><li>个人可凭借纸质文献和电子技术在信息创作过程中成为积极角色</li></ul>	<ul><li>运用检索到的信息和数据解决问题</li><li>对文档进行口头或文字的归纳总结</li><li>将新信息融入现有知识体系</li><li>准确地分析并发布数据</li><li>整合不同途径获取的信息</li><li>使用适当的体裁和文笔进行有效沟通</li><li>有效进行口头沟通</li><li>选择合适的出版和传播渠道</li><li>构建人际网络，在学术圈中提升个人知名度</li></ul>

（3）ANZIIL 标准

澳大利亚与新西兰高校信息素养联合工作组（Austualian and New Zealand Institute for Information Literacy，ANZIIL）于 2004 年正式发布了《澳大利亚与新西兰信息素养框架：原则、准则及实践》，确立了 4 条中心原则。该框架共有 6 项标准、19 个学习成果和 67 个举例。具体如表 1.3 所示。

表 1.3 澳大利亚与新西兰信息素养框架

标准	学习成果
具有信息素养的人识别信息需要和决定所需信息的性质和范围	<ul><li>能定义和描述信息需求</li><li>能理解多种信息源的目的、范围和正确性</li><li>能评估信息需求的性质和范围</li><li>使用多种信息源做出决定</li></ul>

标准	学习成果
具有信息素养的人能够高效地发现所需信息	• 选择最合适的方法或工具来发现信息 • 构思和实现有效的检索策略 • 使用合适的方法来获取信息 • 不断更新信息源、信息技术、信息获取工具和研究方法
具有信息素养的人能够客观评价信息和信息搜寻的过程	• 评估所获信息的有用性和相关性 • 定义和运用标准来评估信息 • 反映信息搜寻的过程和适当地修订检索策略
具有信息素养的人能够管理所搜集或者产生的信息	• 记录信息及其来源 • 组织（整理、分类、储存）信息
具有信息素养的人将新旧信息应用到构建新概念或者知识创新中	• 通过对比新旧知识来判断信息是否增值，是否前后矛盾，是否独具特色 • 有效地交流知识和新见解
具有信息素养的人能在使用信息时，理解和遵守与信息使用有关的文化、道德、经济、法律和社会问题	• 遵守与信息获取和使用有关的文化、道德和社会经济问题 • 认为信息是被价值和信仰支持的 • 遵守与信息获取和使用有关的协议和礼仪 • 合法地获取、存储和散布文字、数据、图像及声音

该框架中的标准和学习成果涵盖了具有信息素质的公民应有的特性、形成过程、知识、技能、观点、信仰和愿望。该框架植根于一般性技能、信息技能和价值观念，而这些技能的获得又必须经过特殊的训练和培养。

2. 国内信息素养的评价标准

我国的信息素养教育起步较晚，在学习国外信息素养评价标准的基础上，国内学者提出了多种关于信息素养的评价标准，比较有代表性的人物有陈文勇、杨晓光等。他们从大学生信息素养能力中总结出学生必须掌握的核心能力，并以此为依据，参照美国 ACRL 标准，制定了我国高等院校学生信息素养能力标准，作为我国大学生毕业时评价信息素养的指南。孙建军、郑建明等人认为，美国 ACRL 的信息素养评价标准侧重于对信息能力、信息道德的评估，不够全面，应补充有关信息意识等方面的评价指标，在此基础上，制定出符合我国实际情况的信息素养教育评价标准。刘美桃则指出，我国应结合本国实际情况，从 8 个方面来制定我国信息素质教育的评价标准，具体如下。

（1）信息意识的强弱，即对信息的敏锐程度。

（2）信息需求的强烈程度，确定信息需求的时机，明确信息需求的内容与范围。

（3）所具有的信息源基础知识的程度。

（4）获取所需信息能力的大小。

（5）评估所需信息的能力。

（6）有效利用信息以及存储、组织信息的能力。

（7）具有一定的经济、法律方面的知识，获取与使用信息符合道德与法律法规。

（8）终身学习的能力。

清华大学孙平教授于 2005 年发布了他主持研究的"北京地区高校信息素养能力指标体系"。该指标体系由 7 个维度、19 项标准、61 个三级指标组成。该指标体系作为北京市高校学生信息素养评价的重要指标，是我国第一个比较完整、系统的信息素养能力系统。其基本框架如表 1.4

所示。

表 1.4 北京地区高校信息素养能力指标体系

维度	标准	三级指标
维度一：具备信息素养的学生能够了解信息以及信息素养能力在现代社会中的作用、价值与力量	具备信息素养的学生具有强烈的信息意识	• 了解信息的基本知识 • 了解信息在学习、科研、工作、生活各方面产生的重要作用 • 认识到寻求信息是解决问题的重要途径之一
	具备信息素养的学生了解信息素质的内涵	• 了解信息素质是一种综合能力（信息素质是个体知道何时需要信息，并能够有效获取、评价、利用信息的综合能力） • 了解这种能力是开展学术研究必备的基础能力 • 了解这种能力是成为终身学习者必备的能力
维度二：具备信息素养的学生能够确定所需信息的性质和范围	具备信息素养的学生能够识别不同的信息源并了解其特点	• 了解信息是如何生产、组织与传递的 • 认识不同类型的信息源（如图书、期刊、数据库、视听资料等），了解它们各自的特点 • 认识不同层次的信息源（如零次、一次、二次和三次信息），了解它们各自的特点 • 认识到内容雷同的信息可以在不同的信息源中出现（如许多会议论文同时发表在学术期刊上） • 熟悉所在学科领域的主要信息源
	具备信息素养的学生能够明确地表达信息需求	• 分析信息需求，确定所需信息的学科范围、时间跨度等 • 在使用信息源的过程中增强对需求信息的深入了解程度 • 通过与教师、图书馆员、合作者等人的讨论，进一步认识和了解信息需求 • 用明确的语言表达信息需求，并能够归纳描述信息需求的关键词
	具备信息素养的学生能够考虑到影响信息获取的因素	• 确定所需信息的可获得性与所需要的费用（例如，有的信息是保密的，无法获取；有的信息需要支付馆际互借的费用） • 确定搜集所需要的信息需要付出的时间与精力 • 确定搜集所需要的信息和理解其内容是否需要应用新的语种和技能（例如，信息是以非中文/英文的语种表达信息内容的，要了解其内容，则需要先学习一门新的语言；或者理解信息内容需要应用还未学过的学科知识）
维度三：具备信息素养的学生能够有效地获取所需要的信息	具备信息素养的学生能够了解多种信息检索系统，并使用最恰当的信息检索系统进行信息检索	• 了解图书馆有哪些信息检索系统（如馆藏目录、电子期刊导航、跨库检索平台等），了解在每个信息检索系统中能够检索到哪些类型的信息（如检索到的信息是全文、文摘还是题录） • 了解图书馆信息检索系统中常见的各种检索途径，并且能读懂信息检索系统显示的信息记录格式 • 理解索书号的含义，了解图书馆文献的排架是按照索书号顺序排列的 • 了解检索词中受控词（表）的基本知识与使用方法 • 能够在信息检索系统中找到"帮助"信息，并能有效地利用"帮助" • 能够使用网络搜索引擎，掌握网络搜索引擎常用的检索技巧 • 了解网络搜索引擎的检索与图书馆提供的信息检索系统的检索的共同点与差异 • 能够根据需求评价检索结果，确定检索是否要扩展到其他信息检索系统中
	具备信息素养的学生能够组织与实施有效的检索策略	• 正确选择检索途径，确定检索标志（如书号、作者等） • 综合应用自然语言、受控语言及其词表，确定检索词（如主题词、关键词、同义词和相关术语） • 选择适合的用户检索界面（如数据库的基本检索、高级检索、专业检索等） • 正确使用所选择的信息检索系统提供的检索功能（如布尔算符等） • 能够根据需求评价检索结果、检索策略，确定是否需要修改检索策略

维度	标准	三级指标
维度三：具备信息素养的学生能够有效地获取所需要的信息	具备信息素养的学生能够根据需要利用恰当的信息服务获取信息	• 了解图书馆能够提供的信息服务内容 • 能够利用图书馆的馆际互借、查新服务、虚拟咨询台、个性化服务（如MyLibrary）等 • 能够了解与利用其他信息服务机构（如 CALIS）提供的信息服务
	具备信息素养的学生能够关注常用的信息源与信息检索系统的变化	• 能够使用各种新知识通报服务（Alert/Current Awareness Services） • 能够订阅电子邮件服务和加入网络讨论组 • 习惯性关注常用的印刷型/电子型信息源
维度四：具备信息素养的学生能够正确地评价信息及其信息源，并且把选择的信息融入自身的知识体系中，重构新的知识体系	具备信息素养的学生能够应用评价标准评价信息及其信息源	• 分析比较来自多个信息源的信息，评价其可信性、有效性、准确性、权威性和时效性 • 辨认信息中存在的偏见、欺诈 • 认识到信息中会隐含不同的价值观与政治信仰（例如，不同价值观的作者对同一事件会有不同的描述）
	具备信息素养的学生能够将选择的信息融入自身的知识体系中，重构新的知识体系	• 能够从所搜集的信息中提取、概括主要观点与思想 • 通过与教师、专家、合作者、图书馆馆员的讨论来充分理解与解释检索到的信息 • 比较同一主题所检索到的不同观点，确定接受与否 • 综合主要观点形成新的概念 • 应用、借鉴、参考他人的工作成果，形成自己的知识、观点或方法
维度五：具备信息素养的学生能够有效地管理、组织与交流信息	具备信息素养的学生能够有效地管理、组织信息	• 能够认识参考文献中对不同信息源的描述规律 • 能够按照要求的格式（例如，参考文献著录规则等）正确书写参考文献与脚注 • 能够采用不同的方法保存信息（例如，打印、存档、发送到个人电子信箱等） • 能够利用某种信息管理方法管理所需信息，并且能利用某种电子信息管理系统（如 RefWorks）
	具备信息素养的学生能够有效地与他人交流信息	• 选择最能支持交流目的的媒介、形式（如学术报告、小组讨论等），选择最适合的交流对象 • 能够利用多种信息技术手段和信息技术产品进行信息交流（例如，使用 PowerPoint 软件创建幻灯片、为研究项目建立网站、利用各种网络论坛等） • 采用适合于交流对象的风格清楚地进行交流（例如，了解学术报告幻灯片的制作要点，了解如何撰写和发表印刷版或网络版的学术论文） • 能够清楚地、有条理地进行口头表述与交流
维度六：具备信息素养的学生作为个人或群体的一员能够有效地利用信息完成一项具体的任务	具备信息素养的学生能够制定一个独立的计划，或与他人合作完成一个具体任务的计划	
	具备信息素养的学生能够确定完成任务所需要的信息	
	具备信息素养的学生能够通过讨论、交流等方式，将获得的信息应用到解决任务的过程中	—
	具备信息素养的学生能够提供某种形式的信息产品（如综述报告、学术论文、项目申请、项目汇报等）	
维度七：具备信息素养的学生了解信息检索，能够合理、合法地检索和利用信息	具备信息素养的学生要了解与信息相关的伦理、法律和社会经济问题	• 了解在电子信息环境下存在的隐私与安全问题 • 能够分辨网络信息的无偿服务与有偿服务 • 了解知识产权与版权的基本知识
	具备信息素养的学生能够遵循在获得、存储、交流、利用信息过程中的法律和道德规范	• 尊重他人使用信息源的权利，不损害信息源（如保持所借阅图书的整洁） • 了解图书馆的各种电子资源的合法使用范围，不恶意下载与非法使用 • 尊重他人的学术成果，不剽窃；在学术研究与交流时，能够正确引用他人的思想与成果（如正确书写参考文献） • 合法使用有版权的文献

总的来说，信息意识和终身学习是比较重要的两个方面。信息意识是信息需求的前提，它支配着用户的信息行为并决定着信息的利用率，而终身学习能力是信息素养教育的最终目标。

1.5 大学生信息素养教育

在如今的大数据时代，每天都会有海量的数据信息产生。大学生是国家的未来，是社会发展的主力军，其信息素养的高低，将直接影响国家的发展建设。因此，培养大学生的信息素养尤为重要。

1.5.1 大学生信息素养教育的意义

1. 大学生信息素养教育是时代发展的需要

新的世纪，信息社会化已成为必然，信息已是社会必不可少的重要资源。美国著名的未来学家阿尔温·托夫勒在《权力的转移》一书中指出："谁掌握了知识和信息，谁就掌握了支配他人的权力。"可见，在信息化社会中，人们利用现代信息技术获取自己所需信息的能力，已是人们在信息社会中不被淘汰的必备素养。大学生是国家培养的栋梁之材，接受信息素养教育，养成良好的信息素养，才能更好地适应信息化社会及加快社会信息化的发展。

2. 大学生信息素养教育是创新能力培养的需要

如今，大学生信息素养教育正在快速发展，其创新能力的具备是素养教育的核心内容。创新顾名思义就是创造新的东西，是指人类为了满足自身的需求，不断创造出有价值的、前所未有的全新物质产品或精神产品的活动。创新亦指人类为了一定的目的，遵循事物的发展规律，对事物的整体或局部进行变革，从而使该事物得以更新与发展的活动。正是因为不断有新的东西取代旧的东西，才会有社会的发展和进步。而新的东西也不是凭空产生的，它需要既有的知识为后盾。正因为如此，信息素养在创新能力的培养中是最为基础的，可以说，没有一定的信息素养就谈不上创新。对大学生来说更是如此，顺应高等教育改革发展的需要，教育对大学生的要求从对知识的识记转变为重视科研能力培养，科研的目标是要有所创新，而科研能力则是以知识的积累和足够信息的掌握为前提的。具备正确的信息观念、足够的信息知识和必要的信息处理能力，大学生才能实现创新。如果大学生仅仅是对所学知识的接受和保存，就难以完成高等院校成为社会发展"加油站"的使命。

信息素养是创新人才必备的基础素质，是创新活动的催化剂。被视为现代教育技术的最新理论基础的建构主义认为，知识是学习者在一定的社会背景下，借助他人的帮助，充分利用各种学习资源获得的。他们还认为，大学生是信息加工的主体，强调大学生要自主学习、自主发现、积极探索；最有利于学习的是发散思维、逆向思维、求异思维。因此，信息素养教育在创新教育中具有相当重要的地位。

3. 大学生信息素养教育是终身学习的需要

我国素质教育的目标之一，就是培养学生自主学习的能力。从学生的角度出发，实现从"要我学"到"我要学"的转变；从教育者的角度出发，实现从"授人以鱼"到"授人以渔"的角色转换。自主学习能力的培养在很大程度上与信息素养的培养具有一致性，只不过二者所提出的角度不同而已。如今在信息社会，信息资源不断扩展，图书馆文献资源以外的信息比重不断上升，且载体形式多样化。有人统计，在大学阶段学到的知识五年以后有一半以上会用不到，大量新知识的获得主要依靠的是自学。因此，高等学校教育必须注重大学生自学能力的培养，而自学能力的培养，其实质就是通过培养大学生的信息素养，学会如何辨别有关信息、如何收集和获取信息，从这个意义上说，信息素养是获得自学能力的重要武器。而信息素养教育正是通过对知识、信息重要性的介绍，使大学生树立正确的信息观念，获得足够的信息知识，通过文献检索、利用信息技能和方法的训练使之具备信息处理能力，并在这个过程中形成良好的信息道德，能够利用网络寻求科学信息、进行交流合作；能够有目的地搜索、选择和应用信息；在既有信息的基础上实现创新，真正摆脱学习过程中被动接受者的地位，成为有良好信息素养的独立的学习者。

4. 信息素养关系到新时代高校德育的实效

文化多元化是现代社会在文化方面的重要特征，各种社会思潮在这种社会环境中激荡，我国所倡导的主流思想受到巨大冲击，加上信息时代的到来，使得各种思潮的传播几乎到了无孔不入的地步。大学生这样的高学历群体很容易接触到各种信息，为了避免或者减少他们受到不良信息的影响，仅仅从外界采取措施是不够的。大学生的思想并未完全成熟，坚定独立的价值观也没有完全成型，加之青年人本来好奇心就很强，并不能很好地抵制不良信息的侵害，这对新时代高校德育教育构成巨大的挑战。要想应对这个挑战，加强正面宣传，增强大学生自身的免疫力才是根本。信息素养的灵魂是信息道德，作为道德的重要组成部分，信息道德在新时代下尤其应该得到重视，应作为高校德育的重要环节。

1.5.2 大学生信息素养的培养途径

1. 构建新型数字化图书馆和优化各种信息

我国高校的图书馆已向数字化、智能化、网络化方向发展，但是由于种种原因，其发展的力度仍然不够，我们应改变传统的闭架式服务格局，建立电子信息资料室、光盘检索室、视听阅览室和Internet 资源检索室等新型的全方位开放式服务格局。高校图书馆通过拥有先进的现代化设备、丰富的多载体媒介资源，搭建信息素养教育创新发展平台，保障信息素养教育的全面开展和实施。

高校的网络中心、计算机中心、现代教育技术中心、校园电视台在功能方面往往是"你中有我，我中有你"。网络中心应该为学生提供安全、畅通、优化、多样化的网络服务，保障学生能随时随地利用网络获取信息，使高校校园真正成为一个信息素养培养的良好环境。

2. 针对不同年级的大学生开展相适应的信息素养教育

大学阶段各年级学生的情况不同，信息素养的培养也不应该采取相同的措施。大学一年级的学生刚刚脱离学业负担沉重的高中生活进入了大学，大学的一切对于他们而言既新鲜又陌生，对他们的信息素养培养需要从最基础的方面——图书馆的入馆教育开始。图书馆作为高校信息的最大储备库，其获得利用的程度和质量是衡量大学生信息素养水平的重要标准之一。当然，图书馆的入馆教育并不能完全涵盖基础的信息素养教育，基础的信息素养教育必须包括信息意识、信息知识、信息能力和信息道德的培养，这四个方面缺一不可。其中和信息技术有关的第一门课程——大学计算机基础课程发挥着重要的引领作用，在介绍基本的计算机学科知识和技术的基础上，运用信息技术、网络技术促进学习方式方法的转变。因此，大学计算机基础课程的设置和改革非常关键。经过了信息意识、信息知识、信息能力和信息道德的基础培养，绝大多数的学生基本上具备了基础的信息素养，这时候的信息素养教育的重点就应该转向专业领域，为以后的就业打好基础。

3. 建设高水平信息教师队伍和高素质的馆员

拥有一支良好的信息素质教育专业队伍和高素质的馆员是培养大学生信息素养的关键和保证，即每一位高校教师和图书馆馆员信息素养的高低，直接影响着学生信息素养教育的效果。教师在课堂中所表现的各种信息行为对学生起着激励和示范的作用，如果教师没有思想和行为上的转变，就不可能有真正的信息素养教育，以此类推，高校图书馆馆员的素质高低也是如此。图书馆是信息素质教育的重要阵地，应该发挥图书馆素质教育的优势，了解信息素质教育课程的规划，并积极配合各部门给予大力的支持。因此，学校和图书馆、院系要通过灵活多样的方式组织学科教师进行信息素养和教育技术应用能力的培训，让他们掌握一定的计算机与网络技术的操作技能，学会使用工具性软件，学会创设信息素养教育的环境，利用和开发网上的信息资源为教育服务。另外，高校要大力宣传鼓励教师和馆员自觉主动地学习信息知识、提高信息能力，并要求将之运用于课堂教学之中，创设和营造培养学生信息素养的学习环境，让教师在课堂中率先起到示范带头作用，这样才能逐渐形成一种应用网络信息的思维方式和行为习惯，最终我们所培养的大学生才能在信息社会中表现出极大的潜力和创造力，才能适应国际化和信息时代人才竞争的要求。

大学生信息素养的培养是一种综合性的教育活动，是一项长期的、复杂的系统工程。高校的信息素质教育是多方位、多角度的教育，它不是某一阶段、某一部门就能承担的，而是一种终身教育，我们既要将它和中小学信息素养教育区分开来，又要考虑国内教育的地区差异和不平衡性。深刻把握信息素养教育的内涵，在全面了解我国高校信息教育的现状，准确分析其原因的基础上，积极探索提高我国大学生信息素养水平的途径，对提高大学生素质，促进高校教育改革有着重要的理论指导意义和实践意义。

习　题

1. 什么是信息？什么是数据？数据和信息有什么不同？
2. 数据、信息、知识、智慧之间的关系是什么？
3. 信息素养的内涵是什么？
4. 我国信息素养的评价标准是什么？
5. 大学生提高信息素养的意义是什么？

02 第2章 计算机信息数字化基础

本章将介绍如何理解计算机中的"0"和"1",以及计算机中数据的表示方法及相关基础知识,包括计算机所使用的数制和数制之间的转换,它们是计算机实现"计算"的基础。

2.1 理解"0"与"1"

世界上最简单的信息表示方法是什么呢?我们可以从我国古老的哲学著作《易经》中得到启示。《易经》通过阴、阳两种概念来描述、论证或揭示整个自然界的客观运行规律,正所谓"一阴一阳之谓道"。如果用数学思维方法来理解阴、阳,则可以将之符号化为"0"和"1",利用它们的组合,就可以用来描述客观世界中的万事万物了。

2.1.1 数字电路中的"0"和"1"

在数字电路中,我们可以用简单的电路实现基本的逻辑关系。在图2.1所示的电路中,开关A、B串联控制灯泡F。从图中不难看出,只有A与B同时闭合,灯泡F才会发亮。除此之外,两个开关在其他任何组合的情况下,灯泡都不会发亮。按照逻辑代数的概念来讲,A、B两个开关针对灯泡F形成了逻辑"与"关系,或者讲,F是A、B进行逻辑"与"运算的结果。

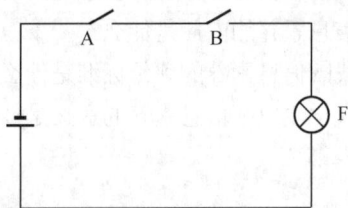

图2.1 串联电路中的逻辑"与"关系

若将图2.1中A、B开关的断开、闭合两种状态分别用0、1表示,将灯泡F的熄灭、发光两种状态也分别用0、1表示,则容易推断出表2.1所示的开关输入与灯泡输出的关系。

表2.1 逻辑"与"运算关系表

开关A	开关B	灯泡F
0(断开)	0(断开)	0(熄灭)
0(断开)	1(闭合)	0(熄灭)
1(闭合)	0(断开)	0(熄灭)
1(闭合)	1(闭合)	1(发亮)

与之类似的情况，在图 2.2 所示的电路中，用两个开关 A、B 并联控制灯泡 F。显然，只要两个开关中有一个闭合，即只要 A 或 B 闭合，灯泡 F 就会发亮。因此，F 与 A、B 之间形成了逻辑"或"关系，表 2.2 所示为逻辑"或"运算关系表。

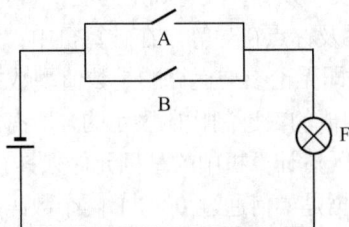

图 2.2　并联电路中的逻辑"或"关系

表 2.2　　　　　　　　　　　　　　逻辑"或"运算关系表

开关 A	开关 B	灯泡 F
0（断开）	0（断开）	0（熄灭）
0（断开）	1（闭合）	1（发亮）
1（闭合）	0（断开）	1（发亮）
1（闭合）	1（闭合）	1（发亮）

在图 2.3 所示的电路中，开关 A 与灯泡 F 并联。显然，仅当 A 断开时，灯泡才会发亮；一旦开关闭合，则灯泡熄灭。因此，灯泡 F 与开关 A 之间的关系属于一种逻辑"非"关系。

利用上述"与""或""非" 3 种基本的逻辑关系，可以组合出任意的复合逻辑关系，如与非、或非、与或非、异或等。同样在电子电路中，0、1 可以用多种形式的低电平、高电平来实现，据此可以形成基本的元器件，如与非门、或非门、异或门、非门等，并进而组合形成更为复杂的硬件电路，即大规模和超大规模集成电路。

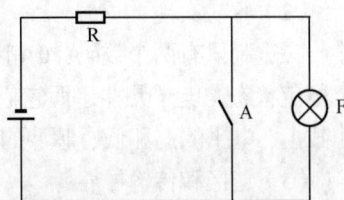

图 2.3　实现"非"功能的简单电路

2.1.2　计算机中的"0"和"1"

如果能把人们平时习惯的十进制数制表达数值型数据的方式直接运用到计算机中，作为一种实现数值型数据计算的工具，其运算思维就会和人非常接近。但是这里说的是"如果"，因为至少到目前为止还是不可能的！因为人类在发明制造计算机的过程中，要找到具有 10 种稳定状态的元件来对应十进制的 10 个数是非常困难的，而具有两种稳定状态的元件却非常容易找到，例如，继电器的接通和断开、电脉冲的高和低、晶体管的导通和截止等。所以，电子计算机在发明之初就已经确定了依赖具有两种稳定状态的电子材料，也就是确定了适合使用二进制。所以，到目前为止，绝大部分的电子计算机都是采用二进制实现的。

由于二进制的表示只需用两个不同的符号，这正好表达了数字电路中的两种电路状态：高或低、通与不通等。所以在计算机内部，可用"0"和"1"来表示。例如，"1"表示高电平，"0"表示低电平；"1"表示接通状态，"0"表示断开状态。

"实现计算"不仅要表达计算所需要的数据，还要表达计算规则。也就是说，在计算机中，看似简单的"0"和"1"不仅要表达所有要计算的数据，而且要表达计算以及控制规则。这实际上是一个非常值得讨论的话题。

数据信息是计算机加工处理的对象，可分为数值型数据和非数值型数据两大类。数值型数据有确定的值并在数轴上有对应的点，用以表示量的大小、正负，如整数、小数等；非数值型数据一般用来表示字符、图形、图像、声音及视频等，没有确定的值，如字符数据中的英文字母、数字0～9、各种专用的符号+、-、*、=、/、%及标点符号等。在计算机中，无论是数值型数据还是非数值型数据，都是以二进制的形式存储的，即无论参与运算的是数值型数据，还是文字、图形、声音、动画等非数值型数据，都是以0和1组成的二进制代码表示的，所有的数据信息都必须转换成二进制数值编码形式，才能存入计算机中。既然计算机中的基础元件只具有0和1两种状态，那么现实中如此丰富的数值型数据和非数值型数据是如何通过0和1两个数码表示的呢？答案很简单，是因为它们采用不同的编码规则，通过组合多个0和1产生0和1的序列来表示信息。如00101010可以表示一个信息，序列越长可以表示的信息就越多，计算机中所出现的信息均为0和1形成的序列。

既然二进制不符合人们日常生活中的习惯，那么在计算机内部为什么还要采用二进制表示数值和信息呢？其主要原因如下。

（1）方便使用逻辑代数工具

逻辑代数又称为开关代数、布尔代数。它是计算机科学的数学基础。计算机的工作原理、运算方法以及制造工艺与逻辑代数有着非常紧密的关系，可以借助逻辑代数对计算机逻辑线路进行分析与综合，使用便利的数学工具帮助设计和优化线路。

（2）容易实现

二进制只有两个数码：0和1，可用两种对立的物理状态来表示它，它能够很容易地制造具有两个稳定状态的电子元件，而它们的两个稳定状态在运算时也很容易被相互转换。例如晶体管的导通和截止、电平的高和低、脉冲的有和无等都可以用二进制数的1和0来实现。

（3）记忆和传输可靠

电子元件对立的两种状态是一种质的区别，而不是量的区别，因此识别起来比较容易。而且具有两种稳定状态的电路工作可靠、抗干扰能力强，在数字传输和处理过程中不容易出错。所以，两种对立状态的电信号的存储、传输均方便易行。

（4）运算规则简单

二进制运算规则简单，符号数字控制逻辑，与其他数制相比其运算速度是最快的，这与计算机追求的高速度不谋而合。同时，运算规则越少，运算器的硬件结构就越简单、越容易实现。

2.2　计算机中的数制及其运算

在实际应用中，需要计算机处理的信息是多种多样的，如各种进位制的数据，不同语种的文字符号和各种图像、视频信息等，这些信息要在计算机中存储表达，都需要转换成二进制数0和1的代码序列。

在人机交互中，二进制数最大的缺点是数字的书写特别冗长。例如，十进制数的10000写成二进制数就是10011100010000。为了解决这个问题，在计算机的理论和应用中还使用了两种辅助的进位制，即八进制和十六进制。二进制和八进制、二进制和十六进制之间的换算都十分简单。本节先介绍数制的基本概念，进而介绍二进制、八进制、十进制、十六进制以及它们之间的转换方法。

2.2.1　进位计数制

数制是用一组固定的数字和一套统一的规则来表示数据的方法，按照进位方式计数的数制称为进位计数制，简称数制。它是人类自然语言和数学中广泛使用的一类符号系统。在一般情况下，人们习惯于用十进制来表示数。其实，在现实生活中人们也常使用其他进制，如用十二进制作为月到年的进制，用六十进制计时等。在计算机科学中，不同情况下允许采用不同的数制表示数据。例如，计算机内部用二进制数码表示各种数据；但在输入、显示或打印输出时，人们又习惯使用十进制计数；在编写程序的过程中，有时还会使用八进制和十六进制。这样，就存在着同一个数可用不同的数制表示及其相互转换的问题。在介绍各种数制之前，首先介绍几个名词术语。

数码：即一组用来表示某种数制的基本数字符号，如 1、2、3、A、B、C 等。

基数：是一个计数制系统允许使用的基本数字符号（数符）的个数。例如，十进制的数符分别为 0、1、2、3、4、5、6、7、8、9，所以十进制的基数为 10。以此类推，二进制、八进制、十六进制的基数分别是 2、8、16。

位权：即指数码在不同位置上的权值。是以基数为底的幂，表示处于该位的数字所代表的权值的大小。在进位计数制中，处在不同位置上的相同数码所表示的数值是不同的。如十进制数 111，个位数上的 1 的权值为 10^0，十位数上的 1 的权值为 10^1，百位数上的 1 的权值为 10^2。即 $111 = 1\times10^2 + 1\times10^1 + 1\times10^0$。

数值的按权展开：存在这样一个规律，即任何一个数都是各位数字本身的值与其权之积的总和。

例如：

$$(256.12)_{10} = 2\times10^2 + 5\times10^1 + 6\times10^0 + 1\times10^{-1} + 2\times10^{-2}$$
$$(101.01)_2 = 1\times2^2 + 0\times2^1 + 1\times2^0 + 0\times2^{-1} + 1\times2^{-2}$$

常用的进位计数制如下。

（1）十进制（Decimal System）

十进制数是人们最熟悉的一种进位计数制，它由 0、1、2、3、4、5、6、7、8、9 这 10 个数码组成，即基数为 10。十进制数的特点为"逢十进一，借一当十"。一个十进制数各位的权值是以 10 为底的幂。

例如，十进制数 1234.58 可以用如下的形式表示：

$$(1234.58)\text{D} = 1\times10^3 + 2\times10^2 + 3\times10^1 + 4\times10^0 + 5\times10^{-1} + 8\times10^{-2}$$

（2）二进制（Binary System）

由 0、1 两个数码组成，即基数为 2。二进制数的特点为"逢二进一，借一当二"。一个二进制数各位的权值是以 2 为底的幂。

例如，二进制数 1101.101 可以用如下形式表示：

$$(1101.101)\text{B} = 1\times2^3 + 1\times2^2 + 0\times2^1 + 1\times2^0 + 1\times2^{-1} + 0\times2^{-2} + 1\times2^{-3}$$

（3）八进制（Octal System）

由 0、1、2、3、4、5、6、7 这 8 个数码组成，即基数为 8。八进制数的特点为"逢八进一，借一当八"。一个八进制数各位的权值是以 8 为底的幂。

例如，八进制数 1234.56 可以用如下形式表示：

$$(1234.56)\text{O} = 1\times8^3 + 2\times8^2 + 3\times8^1 + 4\times8^0 + 5\times8^{-1} + 6\times8^{-2}$$

（4）十六进制（Hexadecimal System）

由 0、1、2、3、4、5、6、7、8、9、A、B、C、D、E、F 这 16 个数码组成，即基数为 16。十

六进制数的特点为"逢十六进一，借一当十六"。一个十六进制数各位的权值是以 16 为底的幂。

例如，十六进制数 1A34.C5 可以用如下形式表示：

$$(1A34.C5)H = 1×16^3 + 10×16^2 + 3×16^1 + 4×16^0 + 12×16^{-1} + 5×16^{-2}$$

（5）任意进制数的表示

以此类推，任何一种 R 进制都能用几个有限的数字符号表示所有的数。任意 R 进制数，基本数字符号为 R 个，任意进制数 N 可以用如下公式表示。

$$N = A_{n-1}×R^{n-1} + A_{n-2}×R^{n-2} + \cdots + A_0×R^0 + A_{-1}×R^{-1} + \cdots + A_{-m}×R^{-m}$$

式中，A 为任意进制数字，R 为基数，n 为整数的位数和权，m 为小数的位数和权。

计算机中常用的十进制、二进制、八进制和十六进制之间的对应关系如表 2.3 所示。

表 2.3　　　　　　　　　十进制、二进制、八进制、十六进制之间的对应关系

十进制	二进制	八进制	十六进制	十进制	二进制	八进制	十六进制
0	0	0	0	9	1001	11	9
1	1	1	1	10	1010	12	A
2	10	2	2	11	1011	13	B
3	11	3	3	12	1100	14	C
4	100	4	4	13	1101	15	D
5	101	5	5	14	1110	16	E
6	110	6	6	15	1111	17	F
7	111	7	7	16	10000	20	10
8	1000	10	8	17	10001	21	11

我们在书写时，一般使用以下两种数制表示方法。

（1）把一串数用括号括起来，再加上这种数制的下标。如 $(10001001)_2$、$(150)_8$、$(120)_{10}$、$(110)_{16}$。对于十进制数可以省略。

（2）用进位制的字符符号 B（二进制）、O（八进制）、D（十进制）、H（十六进制）来表示。如二进制 $(10011100)B$、$(A1A2)H$。

2.2.2　数制间的转换

由于计算机内部采用二进制，而在对数值进行输入/输出时，人们通常使用熟悉的十进制数，计算机内部就需要进行不同进制数之间的转换。

1. 非十进制数转换为十进制数

利用按权展开的方法，可以把任何数制转换成十进制数。

【例 2.1】　将 $(1101.101)B$、$(B10A.8)H$、$(715.5)O$ 转换为十进制数。

$$(1101.101)B = 1×2^3 + 1×2^2 + 0×2^1 + 1×2^0 + 1×2^{-1} + 0×2^{-2} + 1×2^{-3} = 13.625$$

$$(B10A.8)H = 11×16^3 + 1×16^2 + 0×16^1 + 10×16^0 + 8×16^{-1} = 45322.5$$

$$(715.5)O = 7×8^2 + 1×8^1 + 5×8^0 + 5×8^{-1} = 461.125$$

2. 十进制数转换为非十进制数

十进制数转换为 R 进制数时，由于对整数部分和小数部分处理方法不同，所以要对整数部分和小数部分分别进行转换。以下主要以十进制转换为二进制为例进行介绍。

（1）整数部分的转换

将一个十进制数的整数部分转换成二进制数可采用"除 2 取余"法。即用十进制数的整数逐次

除以基数 2，直至商为 0，得到的余数倒序排列，即为二进制各位的数码。

【例 2.2】 将十进制整数 100.8125 转换为二进制数。

整数部分的 100 转换为二进制数的计算过程如下。

```
2 | 100        0……a0
2 |  50        0……a1
2 |  25        1……a2
2 |  12        0……a3
2 |   6        0……a4
2 |   3        1……a5
2 |   1        1……a6
      0
```

即(100)D=(11001000)B。可以通过按权展开式检验：

$$1\times 2^6 +1\times 2^5 +0\times 2^4 +0\times 2^3 +1\times 2^2 +0\times 2^1 +0\times 2^0 = 100$$

（2）小数部分的转换

将一个十进制数的小数部分转换成二进制数可采用"乘 2 取整"法。即用十进制数的小数逐次乘以基数 2，取积的整数部分作为相应的二进制位，取得的整数正序排列，直至小数部分为 0 或者达到精度要求为止。

【例 2.3】 将十进制数 0.8125 转换成二进制数。

小数部分 0.8125 转换成二进制数的计算过程如下。

$$0.8125 \times 2=1.625 \quad 1$$
$$0.625 \times 2=1.25 \quad 1$$
$$0.25 \times 2=0.5 \quad 0$$
$$0.5 \times 2=1.0 \quad 1$$

即(0.8125)D=(0.1101)B。

即十进制的(100.8125)D=(1100100.1101)B。

同理，十进制数要转换成 R 进制，整数部分采用"除 R 取余"法，小数部分采用"乘 R 取整"法。

【例 2.4】 将十进制数 100.8125 转换为八进制数。

（1）整数部分

```
                        余数
8 | 100
    8 |  12    ……4
        8 |  1    ……4
              0    ……1
```

（2）小数部分

```
                           整数
0.8125   ×   8   =6.5    ……6
   0.5   ×   8   =4.0    ……4
```

即(100.8125)D=(144.64)O。

【例2.5】 将十进制数100.8125转换为十六进制数。

（1）整数部分

<pre>
                              余数
        16   100
             16   6   ……4   ↑
                   0   ……6
</pre>

（2）小数部分

<pre>
                                       整数
        0.8125 ×   16   =D(13) ……D
</pre>

即 (100.8125)D=(64.D)H。

3. 二进制数、八进制数和十六进制数间的转换

用二进制数编码，存在这样一个规律：n 为二进制数最多能表示 2^n 种状态，分别对应 0、1、2、…、2^n-1。因此，若用一组二进制数表示具有八种状态的八进制数，至少需要三位二进制数。同样，表示一位十六进制数，至少需要四位二进制数。

（1）二进制数和八进制数之间的转换

依据以上规律，二进制数转换成八进制数的方法是：将二进制从小数点开始，对整数部分向左每 3 位分成一组，对小数部分向右每 3 位分成一组，不足 3 位的分别向高位或低位补 0 凑成 3 位。然后将每一组的 3 位二进制数，分别转换成八进制数码中一个数字，然后全部连接起来即可。反过来，将一个八进制数转换成二进制数时，只要将每一位八进制数转换成相应的 3 位二进制数，然后依次连接起来即可。换一种说法，就是二进制数转换成八进制数是"以三换一"，八进制数转换成二进制数是"以一换三"。

【例2.6】 把二进制数 (1110111101.101)B 转换成八进制数，把八进制数 (123.5)O 转换成二进制数。

$$(1110111101.1010)B=(001110111101.101)B=(1675.5)O$$
$$(123.5)O=(001010011.101)B=(1010011.101)B$$

（2）二进制数和十六进制数之间的转换

二进制数转换成十六进制数的方法是：将二进制从小数点开始，对整数部分向左每 4 位分成一组，对小数部分向右每 4 位分成一组，不足 4 位的分别向高位或低位补 0 凑成 4 位。然后将每一组的 4 位二进制数，分别转换成十六进制数码中一个数字，然后全部连接起来即可。反过来，将一个十六进制数转换成二进制数时，只要将每一位十六进制数转换成相应的 4 位二进制数，然后依次连接起来即可。换一种说法，就是二进制数转换成十六进制数是"以四换一"，十六进制数转换成二进制数是"以一换四"。

【例2.7】 把二进制数(1110111101.101)B 转换成十六进制数，把十六进制数 (B1.A) H 转换成二进制数。

$$(1110111101.101)B=(001110111101.1010)B=(3BD.A)H$$
$$(B1.A)H=(10110001.1010)B=(10110001.101)B$$

（3）八进制数和十六进制数之间的转换

八进制数和十六进制数之间的转换既可以借助于十进制数实现，即先把八进制数转换成十进制数，再由十进制数转换成十六进制数；也可以借助二进制数实现，即先把八进制数转换成二进制数，再由二进制数转换成十六进制数。

2.2.3　二进制数的算术运算与逻辑运算

在计算机中，采用二进制数可以非常方便地实现各种算术运算和逻辑运算。

1．算术运算

二进制数的算术运算与十进制数的算术运算一样，也包括加、减、乘、除四则运算。

加法规则：$0+0=0$　　$0+1=1$　　$1+0=1$　　$1+1=10$（向高位进位）

减法规则：$0-0=0$　　$1-1=0$　　$1-0=1$　　$10-1=1$（向高位借位）

乘法规则：$0\times0=0$　　$0\times1=0$　　$1\times0=0$　　$1\times1=1$

除法规则：$0/1=0$　　$1/1=1$

【例 2.8】　计算$(1010)B$、$(1101)B$ 的和。

运算过程如下：

被加数		1 0 1 0 ⋯⋯	$(10)_{10}$
加数		1 1 0 1 ⋯⋯	$(13)_{10}$
进位	+	1 0 0 0	
和		1 0 1 1 1 ⋯⋯	$(23)_{10}$

在执行加法的过程中可知，两个二进制数相加，每一位上都有 3 个数参与相加运算，即本位的被加数、加数和来自低位的进位（有进位为 1，无进位为 0）。

【例 2.9】　计算$(11101)B$、$(1011)B$ 的差。

运算过程如下：

被减数		1 1 1 0 1 ⋯⋯	$(29)_{10}$
减数		1 0 1 1 ⋯⋯	$(11)_{10}$
借位	−	0 0 1 0	
差		1 0 0 1 0 ⋯⋯	$(18)_{10}$

在执行减法的过程中可知，两个二进制数相减，每一位上都有 3 个数参与减法运算，即本位的被减数、减数和向高位的借位（有借位为 1，无借位为 0）。

【例 2.10】　计算$(1101)B$、$(1010)B$ 的乘积。

运算过程如下：

被乘数		1 1 0 1 ⋯⋯	$(13)_{10}$
乘数	×	1 0 1 0 ⋯⋯	$(10)_{10}$
部分乘积		0 0 0 0	
		1 1 0 1	
		0 0 0 0	
		1 1 0 1	
乘积		1 0 0 0 0 0 1 0 ⋯⋯	$(130)_{10}$

【例 2.11】 计算(111011)B ÷ (1011)B 的商。

运算过程如下：

```
                        1 0 1    ……    商(5)₁₀
除数(11)₁₀……   1011 │ 1 1 1 0 1 1          被除数(59)₁₀
                      1 0 1 1
                        1 1 1 1
                        1 0 1 1
                        1 0 0    ……    余数(4)₁₀
```

其实，在计算机内部，二进制的加法是基本运算，乘、除可以通过加、减和移位来实现，而减法实质上是加上一个负数，其主要是应用了补码运算。这样就可以使得计算机的运算器结构更加简单，稳定性更好。

2. 逻辑运算

二进制数的 0 与 1 在逻辑上可代表真（True）与假（False）、是与非、对与错等，这种具有逻辑性的变量称为逻辑变量。逻辑变量之间的运算就称为逻辑运算。由此可见，逻辑运算是以二进制数为基础的。

逻辑运算的结果只能是"真"或"假"两个值，两个逻辑值很容易用二进制的 1 和 0 来表示，一般用 1 表示"真"，用 0 表示"假"。逻辑运算是按对应位进行的，每位之间相互独立，不存在进位和借位关系，运算结果也是逻辑值。

逻辑与运算（AND）：　　0∧0=0　　0∧1=0　　1∧0=0　　1∧1=1

逻辑或运算（OR）：　　0∨0=0　　0∨1=1　　1∨0=1　　1∨1=1

逻辑非运算（NOT）：　　$\overline{1}=0$　　$\overline{0}=1$

逻辑异或运算（XOR）：　0⊗0=0　　0⊗1=1　　1⊗0=1　　1⊗1=0

逻辑与运算是一种"并且"的关系，假设"0"代表"假"，"1"代表"真"，那么当两个运算对象都为"真"的时候，结果才为"真"，否则，结果为"假"。

逻辑或运算是一种"或者"的关系，只要有一个运算对象为"真"，结果就为"真"，只有当两个运算对象都为"假"的时候，结果才为"假"。

逻辑非运算实际就是"求反"，即把原来的"真"变成"假"，"假"变成"真"。逻辑非运算是一元运算，只有一个"数"参与运算，其运算级别比逻辑与和逻辑或高。

逻辑异或运算中，参与运算的两个对象相同的时候，结果为"假"，相异（不同）的时候，结果为"真"。我们看到，异或运算的各位同加法运算规则的各位结果是一样的。由此利用异或运算就可以进行加法运算，当然还要考虑进位问题。

【例 2.12】 如果 A= 01001111，B= 01011101，求 A∧B、A∨B、A⊕B。

A∧B 的运算过程如下：

```
A      0 1 0 0 1 1 1 1
B      0 1 0 1 1 1 0 1
─────────────────────
A∧B    0 1 0 0 1 1 0 1
```

A∨B 的运算过程如下：

A	0 1 0 0 1 1 1 1
B	0 1 0 1 1 1 0 1
A∨B	0 1 0 1 1 1 1 1

A⊕B 的运算过程如下：

A	0 1 0 0 1 1 1 1
B	0 1 0 1 1 1 0 1
A⊕B	0 0 0 1 0 0 1 0

A∧B=01001111 ∧ 01011101=01001101

A∨B=01001111 ∨ 01011101=01011111

A⊕B=01001111 ⊕ 01011101=00010010

3. 二进制运算的实现

二进制的运算，首先要解决的是如何物理地表示和存储二进制的 0 和 1，然后，通过 0 和 1 将各种运算转换成逻辑运算来实现，逻辑运算又可以由元器件来实现，进而组成逻辑门电路再构造更复杂的电路，最终由硬件来实现复杂的功能。

2.3　数据存储单位和内存地址

无论什么类型的数据，在计算机内存中都是以二进制编码的形式存放的。在介绍信息编码之前，先介绍数据单位的相关知识，这对以后进一步学习程序设计很有用。

2.3.1　数据的存储单位

计算机中的数据都要占用不同的二进制位。为了方便表示数据量的多少，我们引入数据单位的概念。

1. 位

在计算机中，数据存储的最小单位为一个二进制位（bit，b）。一位可以存储一个二进制数 0 或者 1。一位二进制位可表示 2（2^1）个信息；两位二进制位（取值分别为 00、01、10、11）则可以表示 4（2^2）个信息；以此类推。二进制数每增加一位，可表示的信息个数就增加一倍。

2. 字节

字节（Byte，B）由 8 个连续的二进制位组合在一起构成，它是计算机中存储信息的基本单位。计算机的存储器是由一个个存储单元构成的，每个存储单元的大小就是一字节，所以存储器的容量大小也以字节数来度量。常用的度量单位有 B、KB、MB、GB、TB 等，它们之间的换算关系如下。

$$1KB = 2^{10}B = 1024B$$

$$1MB = 2^{20}B = 1024KB$$

$$1GB = 2^{30}B = 1024MB$$

$$1TB = 2^{40}B = 1024GB$$

一般 1 字节存放一个西文字符，2 字节存放一个中文字符；一个整数占 4 字节，一个双精度实数占 8 字节。例如西文字符 "a"，其二进制编码为 "01100001"，即编码值为 97，在存储器中占用 1 字节。

3. 字

计算机处理数据时，中央处理器（Central Processing Unit，CPU）通过数据总线一次存取、加工和传送的数据称为字（Word），计算机的运算部件能同时处理的二进制数据的位数称为字长，一个字通常由 1 字节或若干字节组成。由于字长是计算机一次所能处理的实际位数长度，所以字长也是衡量计算机性能的一个重要指标。字长越长，速度越快，精度越高。不同档次的计算机有不同的字长。例如 8 位机的 1 个字等于 1 字节，字长为 8 位；16 位机的 1 个字由 2 字节构成，字长为 16 位；而现在人们普遍接触并认识的计算机字长通常为 32 位或 64 位。

2.3.2 内存地址和数据存放

不同类型的数据如何存放到计算机内存才便于计算机处理呢？又该如何取出呢？这涉及计算机内存的地址问题。

计算机的内存是以字节为存储单位的一片连续的存储空间，1 字节称为一个内存单元，每个内存单元都有一个编号，内存单元编号从 0 开始，各单元按顺序连续编号，这些单元编号称为内存单元的地址编号，简称地址，这样可以使用地址方便地存储数据。当然，不同类型的数据占据的字节数不同。对程序设计人员来说，地址编号一般用十六进制数来表示。

例如，在 C 语言的 Visual Studio C++ 2010 集成开发环境中，一个整型变量占用 4 字节，一个双精度类型变量占用 8 字节，一个字符型变量占用 1 字节。变量在内存中的存放如图 2.4 所示。

```
int   a=100;        //整型变量占 4 字节
double x=3.14;      //双精度型变量占 8 字节
char  ch='A';       //字符型变量占 1 字节
```

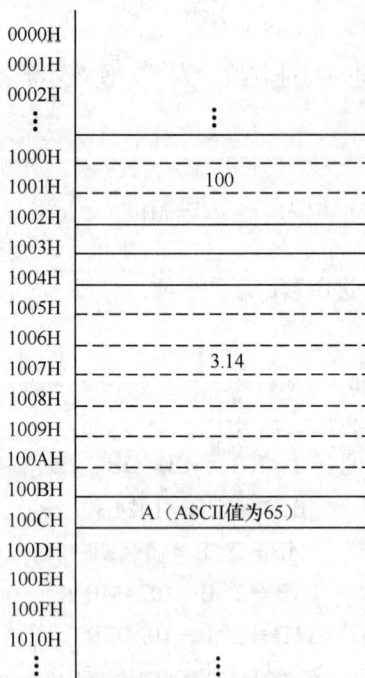

图 2.4　内存地址及数据存储

2.4 信息编码

计算机能够处理各种各样的信息，如数值、文字、声音、图形、图像和视频等。在计算机中，信息都以 0 和 1 的二进制数形式存储和处理，这涉及对信息的编码。

2.4.1 数值

计算机中的数值计算基本分为两类：整数和实数。数值在计算机中以 0 和 1 的二进制形式存放，那么正负数和浮点数在计算机中如何表示呢？这是本节要解决的问题。

1. 整数在计算机中的表示

如果二进制数的全部有效位都用以表示数的绝对值，即没有符号位，这种方法表示的数叫作无符号数。但是大多数时候，一个数既包括表示数的绝对值部分，又包括表示数的符号部分，这种方法表示的数叫作有符号数。在计算机中，因为只有"0"和"1"两种形式，为了表示数的正（＋）、负（－），就要将数的符号用二进制的"0"和"1"进行编码。我们通常把一个数的最高位（左边第一位）定义为符号位，用"0"表示正，用"1"表示负，称为数符，其余位仍表示数值。

例如，一个 8 位二进制数-0010011，它在计算机中表示为 10010011，如图 2.5 所示。

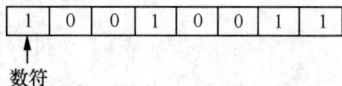

图 2.5 机器数

这种把符号位数值化了的数称为机器数，它代表的数值称为此计算机数的真值。上例中的 10010011 为机器数，－0010011 则为此机器数的真值。

数值在计算机内采用符号数字化后，计算机就可以识别和表示数符了。但若是符号位同时和数值参与运算，由于两个操作数符号的问题，有时会产生错误的结果。否则就要考虑计算结果的符号问题，这将增加计算机实现的难度。为了解决此类问题，在机器数中，符号数有多种编码表示方式，常见的有三种码：原码、反码和补码。下面以 8 位字长的二进制数为例来进行介绍。

（1）原码

原码表示法简单易懂，将最高位用作符号位（ 0 表示正数，1 表示负数），其余各位以二进制形式表示数值本身的绝对值。通常用 $[X]_{原}$ 表示 X 的原码。例如：

$$[+1]_{原} = 00000001 \qquad [+127]_{原} = 01111111$$
$$[-1]_{原} = 10000001 \qquad [-127]_{原} = 11111111$$

由此可知，字长 8 位的原码表示的最大值为 +127($2^7 - 1$)，最小值为-127，表示数的范围-127～127。以此类推，字长为 n 位的二进制数的原码所能表示的数值范围是 $-(2^{n-1}-1) \sim (2^{n-1}-1)$。

当采用原码表示法时，编码简单易懂。但原码也存在以下一些问题。

① 在原码表示法中，0 有两种表示形式，即：

$$[+0]_{原} = 00000000 \qquad [-0]_{原} = 10000000$$

这样使得数值 0 产生了二义性，给计算机的判断带来了麻烦。

② 用原码进行四则运算时，符号位需要单独处理，增加了运算规则的复杂性。如当两个数做加法运算时，若两数码符号相同，则数值相加，符号不变；若两数码符号不同，数值部分实际上是相减，这时必须比较两个数的绝对值的大小，才能决定运算结果的符号位及数值，所以不便于运算。

原码的这些不足之处，促使人们去寻找更好的编码方法。

（2）反码

对于正数来说，其反码与原码相同；对于负数来说，其反码的符号位不变，其余各位取反，即 0 变为 1、1 变为 0。通常用 $[X]_反$ 表示 X 的反码。例如：

$$[+1]_反 = 00000001 \qquad [+127]_反 = 01111111$$

$$[-1]_反 = 11111110 \qquad [-127]_反 = 10000000$$

在反码表示法中，0 也有两种表示形式，即：

$$[+0]_反 = 00000000 \qquad [-0]_反 = 11111111$$

由此可见，字长 8 位反码表示的数的范围与 8 位原码表示的数的范围相同。

反码运算也不方便，很少使用，一般用作求补码的中间码。

（3）补码

对于正数来说，补码与原码相同；对于负数来说，数的符号位不变，其余各位取反且末位加 1，即反码加 1。通常用 $[X]_补$ 表示 X 的反码。例如：

$$[+1]_补 = 00000001 \qquad [+127]_补 = 01111111$$

$$[-1]_补 = 11111111 \qquad [-127]_补 = 10000001$$

在补码表示法中，0 有唯一的表示形式，即：

$$[+0]_补 = 00000000 \qquad [-0]_补 = 00000000$$

因而可以用多出来的一个编码 10000000 来扩展补码所能表示的数值范围，即将负数最小值−127 扩大到−128。这里的最高位 "1" 既可看作符号位的负数，又可表示为数值位，其值为−128。字长 8 位的补码表示的最大值为 +127(2^7−1)，最小值为−128，表示数的范围−128～127。以此类推，字长为 n 位的二进制数的补码所能表示的数值范围是 $-2^{n-1} \sim (2^{n-1}-1)$。这就是补码与原码、反码最小值不同的原因。补码的表示方法弥补了原码和反码的不足，使得计算机中二进制数的运算变得简单。

【例 2.13】 计算(−5)+4 的和。

$$
\begin{array}{r}
11111011 \quad\text{−5 的补码}\\
+\quad 00000100 \quad\text{+4 的补码}\\
\hline
11111111
\end{array}
$$

运算结果补码为 11111111，符号位为 1，即为负数。已知负数的补码，要求其真值，只要将数值位再求一次补就可得其原码 10000001，再转换为十进制数，即为−1，运算结果正确。

【例 2.14】 (−9)+(−5)的和。

$$
\begin{array}{r}
11110111 \quad\text{−9 的补码}\\
+\quad 11111011 \quad\text{−5 的补码}\\
\hline
\boxed{1}\quad 11110010
\end{array}
$$

丢弃高位 1，运算结果补码为 11110010，符号位为 1，即为负数。已知负数的补码，要求其真值，只要将数值位再求一次补就可得其原码 10001110，再转换为十进制数，即为−14，运算结果正确。

由此可见，利用补码可方便地实现正负数的加法运算，规则简单，在数的有效表示范围内，符号位如同数值一样参与运算，也允许产生最高位的进位（被丢弃），所以使用较广泛。

当然，当运算的结果超出该类型表示的范围时，就会产生不正确的结果，实质是 "溢出"。

【例 2.15】 计算 60+70 的和。

```
    00111100        60 的补码
+   01000110        70 的补码
    10000010
```

两个正数相加，从结果的符号位可知这是一个负数，原因是结果超出了该数的有效存储范围
$-128\sim127$（一个有符号的整数若占 8 个二进制位，补码的最大值是 127，最小值是-128，超出该值
称为"溢出"）。当要存储很大或很小的数时，我们可采用浮点数的形式存放。

2. 实数在计算机中的表示

在自然描述中，人们把小数问题用一个"."表示，但是对于计算机而言，除了"0"和"1"
没有别的形式。在计算机中，小数点位置的标示采取"隐含"方案，即小数点是不占位置的。
这个隐含的小数点的位置既可以是固定的，也可以是可变的，前者称为定点数，后者称为浮
点数。

（1）定点数表示法

定点小数表示法：将小数点的位置固定在某一位置，根据小数点固定位置的不同分为定点整数
和定点小数两种形式，如图 2.6～图 2.7 所示。

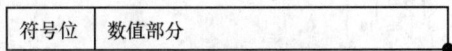

符号位	数值部分

图 2.6　定点整数表示法

符号位	数值部分

图 2.7　定点小数表示法

定点整数是指小数点隐含固定在机器数的最右边，定点整数是纯整数；定点小数约定小数点位
置在符号位、有效数值部分之间，定点小数是纯小数。

由此可见，定点数表示法具有直观、简单、节省硬件等优点，但表示数的范围较小，缺乏灵活
性。所以，现在很少使用这种定点数表示法。

（2）浮点数表示法

实数是既有整数又有小数的数，实数有多种表示方法。例如，3.1415926 可以表示为
0.31415926×10^1、0.031415926×10^2、31.415926×10^{-1} 等。那么，在计算机中如何表示10^n？解决方
案是这样的：一个实数可以表示成一个纯小数和一个幂之积（纯小数可以看作实数的特例），如
$625.78 = 0.62578\times10^3 = 0.062578\times10^4 = 62578\times10^{-2} = \cdots\cdots$。

由上式可见，在十进制中一个数的小数点的位置可以通过乘以 10 的幂次来调整。二进制也可以
采取此种方法，如$101.01 = 0.10101\times2^3 = 0.010101\times2^4 = 10101\times2^{-2} = \cdots\cdots$。即在二进制中，一个数的
小数点位置可以通过乘以 2 的幂次来调整，这就是浮点数表示的基本原理。

假设任意一个二进制数 N 可以写成：$M\times2^E$，M 称为数 N 的尾数，E 称为数 N 的阶码。由于浮
点数中是用阶表示小数点实际位置的，所以同一个数可以有多种浮点数表示形式。为了使浮点数有
一种标准表示形式，也为了使数的有效数字尽可能多占据尾数部分，以便提高表示数的精确度，规
定非零浮点数的尾数最高位必须是 1，这种形式称为浮点数的规格化形式。

在 $M\times2^E$ 式子中，M 通常都是定点小数形式表示，阶码 E 通常都用整数表示，其中都有一位用
来表示正负。浮点数的一般格式如图 2.8 所示。

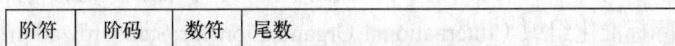

阶符	阶码	数符	尾数

图 2.8　浮点数的一般格式

阶码和尾数可以采用原码、补码或者其他编码方式表示。计算机中表示浮点数的字长通常为 32 位，其中 7 位作阶码，1 位作阶符，23 位作尾数，1 位作数符。

在计算机中按照规格化形式存放浮点数时，阶码的存储位数决定了可以表达数值的范围，尾数的存储位数决定了可以表达数值的精度。对于相同的位数，用浮点数表示的数值范围比定点法要大得多。所以目前的计算机大多数采用浮点数表示法，也因此被称为浮点机。

在程序设计语言中，最常见的有如下两种类型的浮点数。

（1）单精度浮点数（Float）占 4（32 位二进制位）字节，阶码部分占 7 位，尾数部分占 23 位，阶符和数符各占 1 位。

（2）双精度浮点数（Double）占 8（64 位二进制位）字节，阶码部分占 10 位，尾数部分占 52 位，阶符和数符各占 1 位。它与单精度浮点数的区别在于占用的内存空间大，这使得表示数的范围更大、精度更高。

例如，假设用 2 字节表示一个浮点数，尾数和数符占 8 位，阶码和阶符占 8 位，阶码和尾数均用原码表示。将 $\left(45.72 \times 10^5\right)_{10}$ 在计算机中以浮点数表示法表示。

首先转换为二进制的权值表示。

$$\left(45.72 \times 10^5\right)_{10} = (10001011100001101100000)_2$$
$$\approx (0.1000101)_2 \times \left(2^{23}\right)_{10}$$
$$= (0.1000101)_2 \times (2)_{10}^{(10111)_2}$$

因此，其在计算机中的存放方式如图 2.9 所示。

浮点数是计算机表示数值数据的基本方法，也是计算机基本原理、构造的重要问题。为了统一浮点数的存储格式，电气和电子工程师协会（Institute of Electrical and Electronics Engineers，IEEE）在 1985 年制定了 IEEE 754 标准，有兴趣的读者可参考相关资料进行了解。

0	0010111	0	1000101

图 2.9 浮点数在内存中的表示

2.4.2 字符编码

字符是计算机中使用较多的信息之一，是人与计算机进行传输和交互的重要媒介。本节所介绍的字符包括西文字符（英文字母、数字、各种符号）和中文字符。由于计算机中的所有数据都是以二进制的形式存储和处理的，那么字符也必须按特定的编码规则才能进入计算机。

字符编码的方法很简单，就是为每一个字符规定一个唯一的二进制数字编码，对应每一个编码建立相应的图形，这样只需要保存每一个字符的编码就相当于保存了这个字符。当需要显示该字符时，取出保存的编码，通过查找编码表可以查到该字符对应的图形。用来规定每一个字符对应的编码的集合称为编码表。

1．西文字符编码

在计算机里，西文字符编码常使用的是 ASCII（American Standard Code for Information Interchange，美国标准信息交换代码）。ASCII 是美国国家标准学会于 1967 年制定的一个标准，它规定了常用字符的集合以及每个字符对应的编码，以供不同计算机在相互通信时用作共同遵守的字符编码标准。它已被国际标准化组织（International Organization for Standardization，ISO）定为国际标准，称为 ISO 646 标准，适用于所有的拉丁文字字母。

这一套字符集共有 128 个（00～7FH），包括 26 个英文字符的大小写符号编码以及一些标点符号、专用符号及控制符（如回车、换行、响铃等）。ASCII 用 7 位二进制编码，可以表示 128（2^7）种字符和控制符号。如表 2.4 所示,每个字符都可用 7 位基 2 码表示,其排列次序为 $d_6d_5d_4d_3d_2d_1d_0$,d_6 为高位，d_0 为低位。表中，前 32 个通用控制符是不能被打印和显示的字符，后 96 个是可显示和打印的字符。

表 2.4　　　　　　　　　　　　　　　　7 位 ASCII 代码表

$d_3d_2d_1d_0$		$d_6d_5d_4$							
		000	001	010	011	100	101	110	111
		0	1	2	3	4	5	6	7
0000	0	NUL	DLE	SP	0	@	P	`	p
0001	1	SOH	DC1	!	1	A	Q	a	q
0010	2	STX	DC2	"	2	B	R	b	r
0011	3	ETX	DC3	#	3	C	S	c	s
0100	4	EOT	DC4	$	4	D	T	d	t
0101	5	ENQ	NAK	%	5	E	U	e	u
0110	6	ACK	SYN	&	6	F	V	f	v
0111	7	BEL	ETB	'	7	G	W	g	w
1000	8	BS	CAN	(	8	H	X	h	x
1001	9	HT	EM	)	9	I	Y	i	y
1010	A	LF	SUB	*	:	J	Z	j	z
1011	B	VT	ESC	+	;	K	[	k	{
1100	C	FF	FS	,	<	L	\	l		
1101	D	CR	GS	−	=	M	]	m	}
1110	E	SO	RS	.	>	N	^	n	~
1111	F	SI	US	/	?	O	_	o	DEL

一个字符的标准的 ASCII 码值是 7 位二进制位，而在计算机中 1 字节（8 位二进制位）作为最基本的存储单元。故存储一个字符的 ASCII 码用 1 字节的最低 7 位，其最高位一般被用作奇偶校验位。所谓奇偶校验，是指在代码传送过程中用来检验是否错误的一种方法，一般分奇校验和偶校验两种。奇校验规定：正确的代码 1 字节中 1 的个数必须是奇数，若非奇数，则在最高位 b7（校验位）添 1；偶校验规定：正确的代码 1 字节中 1 的个数必须是偶数，若非偶数，则在最高位 b7 添 1。使用奇、偶校验的字节编码结构如图 2.10 所示。

从 ASCII 码表中可以看出，十进制码值 0～32 和 127（即 NUL～SP 和 DEL）共 34 个字符称为非图形字符（又称为控制字符），34 个字符的意义如表 2.5 所示；其余 94 个字符称为图形字符（又称为普通字符）。在

b7	b6	b5	b4	b3	b2	b1	b0

校验位

图 2.10　带奇偶校验位的字节表示

这些字符中，0～9、A～Z、a～z 都是顺序排列的。对于 26 个大小字母来说，小写字母的 ASCII 码值比对应的大写字母的 ASCII 码值大 32，大小写字母的 ASCII 编码的不同在于 d_5 这一位，大写字母的 ASCII 编码的 d_5 的值为 0，小写字母的 ASCII 编码的 d_5 的值为 1，其余位相同，这有利于大、小写字符的转换。

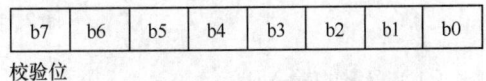

表 2.5 ASCII 表中通用控制符的意义

符号	意义或动作	符号	意义或动作	符号	意义或动作
NUL	空	FF	走纸控制	ETB	信息组传送结束
SOH	标题开始	CR	回车	CAN	作废
STX	正文开始	SO	移位输出	EM	纸尽
ETX	正文结束	SI	移位输入	SUB	减
EOT	传输结束	SP	空格	ESC	换码
ENQ	询问	DLE	数据链换码	FS	文字分隔符
ACK	承认	DC1	设备控制 1	GS	组分隔符
BEL	响铃报警	DC2	设备控制 2	RS	记录分隔符
BS	退一格	DC3	设备控制 3	US	单元分隔符
HT	横向列表	DC4	设备控制 4	DEL	删除
LF	换行	NAK	否定	—	—
VT	垂直列表	SYN	空转同步	—	—

一些特殊的字符的编码以及相互关系最好要记住，如数字 "0" 的 ASCII 码值对应的十进制数和十六进制数分别是 48 和 30H；字母 "A" 的 ASCII 码值对应的十进制数和十六进制数分别是 65 和 41H；字母 "a" 的 ASCII 码值对应的十进制数和十六进制数分别是 97 和 61H；空格符号的 ASCII 码值对应的十进制数和十六进制数分别是 32 和 20H；换行符号的 ASCII 码值对应的十进制数和十六进制数分别是 10 和 0AH。

2. 汉字字符编码

汉字个数繁多，字形复杂，其信息处理与西文字符的处理过程有很大的区别。要在计算机中处理汉字，需要解决汉字的输入/输出以及汉字的处理等问题。

首先，键盘上对应的都是西文字符，没有汉字，故不能利用键盘直接输入汉字，需要汉字的输入码来对应。其次，计算机只能识别由 0、1 组成的二进制码，ASCII 码是英文信息处理的标准编码，汉字信息处理也必须有一个统一的标准编码。我国颁布了《信息交换用汉字编码字符集——基本集》(GB 2312—80)，即国标码。由于国标码与 ASCII 码均为二进制编码，为了区分它们，我们引入了机内码（机器内部编码）。最后，汉字量大，汉字字形变化复杂，需要用对应的字库来存储字形码，以方便输出汉字。

由于汉字的特殊性，计算机在处理汉字时，汉字的输入、存储、处理和输出过程中所使用的汉字编码不同，需要经过"输入码—国标码—机内码—字形码"的转换过程，如图 2.11 所示。

图 2.11 汉字信息处理过程

（1）汉字的输入码

将汉字通过键盘输入计算机中采用的代码称为汉字输入码，也称为汉字外部码（外码）。我国的汉字输入码编码方案有上千种，根据编码规则是按照读音还是字形，汉字输入码可分为音码、形码、音形结合码和流水码 4 种。目前，计算机中常用的汉字输入码主要是音码和形码两类。

音码类：主要是以汉字拼音为基础的编码方案，如智能 ABC、微软拼音、搜狗拼音、谷歌拼音等。

形码类：主要是根据汉字的字形进行的编码，如五笔字型法、表形码等。

音码借助汉语拼音进行编码，虽然重码多，单字输入速度慢，但容易掌握；形码重码较少，单字输入速度较快，但学习和掌握起来较困难。

目前，汉字输入法除了用键盘外，还可以使用手写、语音和扫描识别等多种方式，但键盘输入仍然是目前最主要的汉字输入法。不论哪种输入法，都是操作者向计算机输入汉字的手段，而在计算机内部都是以汉字机内码表示的。

（2）汉字交换码

汉字交换码是指具有汉字处理功能的不同计算机系统之间在交换汉字信息时所使用的代码标准。

① GB 2312—80（国标码）

由于汉字数量极多，我们一般用连续的 2 字节（16 位二进制位）来表示一个汉字。1980 年，我国颁布了第一个汉字编码字符集标准，即《信息交换用汉字编码字符集——基本集》（GB 2312—80）。该标准编码简称为国标码，是我国及新加坡等华语区通用的汉字交换码。GB 2312—80 中收录了 6763 个简体汉字以及 682 个符号，共 7445 个字符。其中，一级汉字 3755 个，以拼音排序；二级汉字 3008 个，以偏旁排序。国标码奠定了中文信息处理的基础。

每个汉字的国标码都可用 2 字节来表示，每字节的最高位仍为 0，取值范围为 33～126（与 ASCII 编码中可以打印字符的取值范围一致，共 94 个）。因此可以表示的不同的字符数为 94×94＝8836 个。例如，"中"的国标码为 5650H。

国家标准还将汉字和图形符号排列在一个 94 行×94 列的二维代码表中，每 2 字节分别用两个十进制编码，前字节的编码称为区码，后字节的编码称为位码，此即区位码。例如，"保"字在二维代码表中处于 17 区第 3 位，区位码即为"1703"。

② Big5

Big5 码是目前我国台湾、香港地区普遍使用的一种繁体汉字的编码标准。在当前流行的一些操作系统繁体版中使用的都是 Big5 编码。

③ GBK

1995 年 12 月，汉字扩展内码规范 GBK 1.0 编码方案发布，其中收录了 21886 个符号，包括 21003 个汉字和 883 个其他符号。2000 年，GBK 18030 取代了 GBK 1.0 成为正式的国家标准。GBK 18030 编码完全兼容了 GB 2312—80 标准，它是在 GB 2312—80 标准基础上的内码扩展规范，其中收录了 27484 个汉字，同时还收录了藏文、蒙古文、维吾尔文等主要的少数民族文字。同时，在这个标准中，繁、简汉字均处于同一平台，可解决 GB 码与 Big5 码间字码转换不便的问题。现在的 Windows 平台都支持 GBK 18030 编码。

④ Unicode

Unicode 是为了解决传统的字符编码方案的局限而产生的，它为每种语言中的每个字符设定了统一且唯一的二进制编码，又称万国码、统一码，以满足跨语言、跨平台进行文本转换、处理的要求。Unicode 于 1990 年开始研发，1994 年正式发布。它是国际组织制定的可以容纳世界上所有文字和符号的字符编码方案。

Unicode 是一组 16 位的编码，可以表示超过 65000 个不同的信息单元。从原理上讲，Unicode 可以表示现在正在使用的或者已经不再使用的任何语言中的字符。对于国际商业和通信来说，这种编码方式是非常有用的，因为在一个文件中可能需要包含汉语、日语、英语等不同的语种，而且 Unicode 编码还适用于软件的本地化，即可以针对特定的国家修改软件。另外，使用 Unicode 编码，软件开发人员还可以修改屏幕的提示、菜单以及错误的信息提示等。

（3）汉字机内码

机内码是计算机内处理汉字信息时所用的汉字代码。在汉字信息系统内部，对汉字信息的采集、传输、存储、加工运算的各个过程都要用到机内码。机内码是计算机内部真正用来存储和处理汉字信息的代码。

由于英文字符的机内代码是 7 位 ASCII 码，占用 1 字节（8 位二进制位），最高位设置为"0"，这样就给计算机内部处理带来了问题。例如，"大"汉字的国标码是 3473H，与字符组合"4S"的 ASCII 码相同；"嘉"的汉字的国标码是 3C4EH，会与码值为 3CH 和 4EH 的两个 ASCII 字符","和"N"相混淆。为了区分两者是汉字还是 ASCII 码，在计算机内部表示汉字时，可把国标码（交换码）2 字节的最高位改为 1，称为汉字机内码。这样，当某字节的最高位是 1 时，必须和下一个最高位同样为 1 的字节合起来代表一个汉字；而当某字节的最高位是 0 时，就代表了这是一个 ASCII 码字符。也就是说，汉字的（国标码）交换码和汉字的机内码之间的关系为：汉字机内码=汉字国标码+8080H。例如：

$$
\begin{array}{llll}
\text{"中"字的国标码} & 01010110 & 01010000 & & 5650H \\
+ & 10000000 & 10000000 & + & 8080H \\
\text{"中"字的机内码} & 11010110 & 11010000 & & D6D0H
\end{array}
$$

（4）汉字字形码

汉字字形码又称为汉字字模，用于汉字在显示屏或打印机输出的图形数据。

汉字字形码记录了汉字的外形，是汉字的输出形式。记录汉字字形通常有两种表示方式：点阵表示法和矢量表示法。所有的不同字体、字号的汉字字形构成了汉字库。

点阵码是一种用点阵表示汉字字形的编码，它把汉字按字形排列成点阵，常用的点阵有 16×16、24×24、32×32 或更高。汉字字形点阵构成、输出简单，但是信息量很大，占用的存储空间也非常大，点阵规模越大，字形越清晰美观，所占存储空间也越人。一个 16×16 点阵的汉字要占用 32 字节，一个 24×24 点阵的汉字要占用 72 字节，一个 32×32 点阵的汉字则要占用 128 字节。另外，点阵码缩放困难，且容易失真。图 2.12 显示了"大"字的 16×16 字形点阵及代码。

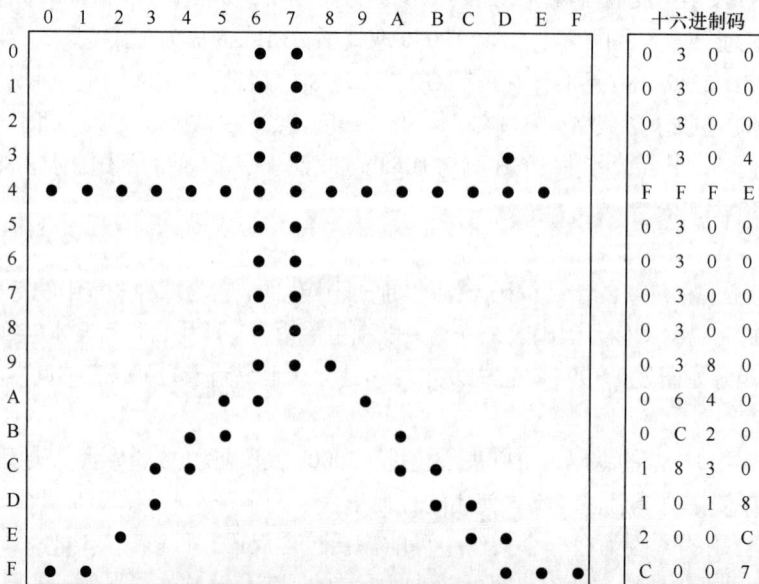

图 2.12　字形点阵及代码

矢量码使用了一组数学矢量来记录汉字的外形轮廓,矢量码记录的字体称为矢量字体或轮廓字体。当要输出汉字时,通过计算机的计算,由汉字字形描述生成所需大小和形状的汉字。这种字体与最终文字显示的大小、分辨率无关,可以产生高质量的汉字输出,而且字形很容易放大或缩小,且不会出现锯齿状边缘。将其任意地放大、缩小甚至变形,屏幕上看到的字形和打印输出的效果也完全一样,且节省存储空间。如 PostScript 字库、TrueType 字库就是这种字形码。

目前,汉字的字形码多采用矢量方式。

2.4.3　声音编码

声音是由空气中分子振动产生的波,这种波传到人们的耳朵,引起耳膜振动,这就是人们听到的声音。由物理学可知,复杂的声波由许多具有不同振幅和频率的正弦波组成。声波在时间上和幅度上都是连续变化的模拟信号,可用模拟波形来表示。

1. 声音的数字化处理过程

自然声音是连续变化的模拟量。例如,对着话筒讲话时,话筒根据周围空气压力的变化,输出连续变化的电压值。这种变化的电压值是对讲话声音的模拟,称为模拟音频。若要使计算机能存储和处理声音,就要将声音的模拟音频数字化,也是就说,将声音的连续的模拟信号转换成数字信号,这一转换过程称为模拟音频的数字化。数字化的过程涉及采样、量化和编码。

(1)采样

采样是每隔一定时间间隔在声音波形上取一个幅度值,把时间上的连续信号变成时间上的离散信号。该时间间隔称为采样周期,其倒数称为采样频率。

采样频率即每 1 秒的采样次数,采样频率越高,数字化音频的质量就越高,但数据量也越大。奈奎斯特(Nyquist)采样定理指出:"模拟信号离散化采样频率达到信号最高频率的 2 倍时,可以无失真地恢复原信号。"正常人所能听到的声音的频率范围为 20Hz~20kHz,声音采样频率达到 20kHz×2=40kHz 时,就可以满足要求。这就是在实际采样中,采取 44.1kHz 作为高质量声音的采样标准的原因。

(2)量化

量化是将每个采样点得到的幅度值以数字存储。量化位数(也称采样精度)表示存储采样点振幅值的二进制位数,它决定了模拟信号数字化以后的动态范围。通常量化位数有 8 位、16 位和 32 位等,分别表示有 2^8、2^{16}、2^{32} 个等级。

在相同的采样频率下,量化位数越大,则采样精度越高,声音的质量也越好,当然信息的存储量也相应越大。

(3)编码

模拟音频经过采样、量化后得到了一大批原始音频数据,对这些信源数据进行规定编码后,再加上音频文件格式的头部,才能得到一个数字音频文件。编码的方式有很多,常用的编码方式是脉冲编码调制(Pulse Code Modulation,PCM),其主要优点是抗干扰能力强、失真小、传输特性稳定,但编码后的数据量比较大。CD-DA 采用的就是这种编码方式。

2. 声音信号的输入与输出

数字音频信号可以通过网络、光盘、数字话筒、电子琴 MIDI 接口等设备输入计算机中。模拟音频信号一般通过模拟话筒和音频输入接口(Line In)输入计算机,然后由声卡转换为数字音频信号,这一过程称为模/数转换(A/D)。需要将数字音频播放出来时,可以利用音频播放软件将数字音频文件解压缩，然后通过声卡或音频处理芯片，将离散的数字音频信号再转换成连续的模拟音频信号（如电压），这一过程称为数/模转换（D/A）。

3. 数字音频的文件格式

数字音频信息在计算机中是以文件的形式保存的，相同的音频信息，可以有不同的存放格式。常见存储音频信息的文件格式主要有以下几类。

（1）WAV（.wav）文件

WAV 是微软（Microsoft）公司采用的波形声音文件存储格式，主要由外部音源（如话筒、录音机）录制，经声卡转换成数字化信息后以扩展名.wav 存储，播放时还原成模拟信号由扬声器输出。WAV 文件直接记录了真实声音的二进制数据，通常文件较大，多用于存储短的声音片段。

（2）MIDI（.mid）文件

MIDI（Musical Instrument Digital Interface，乐器数字接口）是为了把电子乐器与计算机相连而制定的一个规范，是数字音乐的国际标准。

与 WAV 文件不同的是，MIDI 文件存放的不是声音采样信息，而是将乐器弹奏的每个音符记录为一连串的数字，然后由声卡上的合成器根据这些数字代表的含义进行合成后由扬声器播放声音。相对于保存真实的采样数据的 WAV 文件，MIDI 文件显得更加紧凑，其文件大小通常比声音文件小得多。同样 10 分钟的立体声音乐，保存为 MIDI 文件后其大小不到 70KB，而保存为 WAV 文件则要 100MB 左右。

在多媒体应用中，一般 WAV 文件存放的是解说词，MIDI 文件存放的是背景音乐。

CD 存储格式是一个数字音频编码压缩格式，理论上讲，它有点像 MIDI 格式，只是一些命令串。CD 存储格式以音质好、容量小的特点而得到广泛的应用。

（3）MP3 文件

MP3（MPEG1-Layer 3）文件是采用 MPEG 音频压缩标准进行压缩的文件。MPEG 是一种标准，全称为 Moving Pictures Expert Group，即移动图像专家组，是比较流行的一种音频、视频多媒体文件标准。MPEG1 支持的格式主要有 MP3，它以高音质、低采样率、压缩比较高、音质接近于 CD、制作简单、便于交换等优点，非常适合在网上传播，是目前使用最多的音频格式文件。

（4）RA（.ra）文件

RA（Real Audio）是 Real Network 公司制定的音频压缩规范，它有着较高的压缩比，且采用了流媒体的方式在网上实时播放。

（5）WMA（.wma）文件

WMA（Windows Media Audio）是微软公司的 Windows 平台音频标准，WMA 格式的文件压缩比高，其音质好于 MP3 和 RA 格式，适合网络实时播放。

2.4.4 图形和图像编码

在计算机中，图形（Graphics）与图像（Image）是一对既有联系又有区别的概念。它们都是一幅图，但图的产生、处理、存储方式不相同。

图形一般是指通过绘图软件绘制的，由直线、圆、圆弧、任意曲线等图元组成的画面，它会以矢量图形文件的形式存储。矢量图文件中存储的是一组描述各个图元的大小、位置、形状、颜色、维数等属性的指令集合，通过相应的绘图软件读取这些指令可将其转换为输出设备上显示的图形。因此，矢量图文件的最大优点是对图形中的各个图元进行缩放、移动、旋转而不失真，而且它占用的存储空间小。

图像是由扫描仪、数字照相机、摄像机等输入设备捕捉到真实场景画面产生的映像，数字化后以位图形式存储。位图文件中存储的是构成图像的每个像素的亮度和颜色，位图文件的大小与分辨率和色彩的颜色种类有关，将之放大或缩小都可能会引发失真，而且位图文件占用的空间要比矢量文件大。

矢量图形和位图图像可以互相转换，要将矢量图形转换成位图图像，只需在保存图形时，将其保存格式设为位图图像格式即可；但反之则比较困难，需要借助其他软件来实现。

1. **图像的数字化**

图形是用计算机绘图软件生成的矢量图形，矢量图形文件存储的是描述生成图形的指令，因此不必对图形中的每一点进行数字化处理。

现实中的图像是一种模拟信号。图像的数字化是指将一幅真实的图像转换成计算机能够接受的数字形式，这涉及对图像的采样、量化以及编码等。

（1）采样

采样就是将二维空间上连续的图像转换成离散点的过程。采样的实质就是用多少个像素（Pixels）来描述这一幅图像，称为图像的分辨率，用"列数×行数"表示，如图像的分辨率为 1024×768，表示每一条水平线上包含 1024 个像素，垂直方向有 768 条线。分辨率越高，图像越清晰，图像输出质量越好，存储体积也越大。

（2）量化

量化则是在图像离散化后，将表示图像色彩浓淡的连续变化值离散化为整数值的过程。我们可把量化时所确定的整数值的取值个数称为量化级数，把表示量化的色彩值（或亮度）所需的二进制位数称为量化字长。一般可用 8 位、16 位、24 位、32 位等来表示图像的颜色，24 位可以表示 2^{24}（16777216）种颜色，称为真彩色。

在多媒体计算机中，图像的色彩值称为图像的颜色深度，计算机有多种表示颜色的方式。

- 黑白图：图像的颜色深度为 1，即用一个二进制位 1 和 0 表示纯白、纯黑两种情况。
- 灰度图：图像的颜色深度为 8，占用 1 字节，灰度级别为 2^8（256）级。通过调整黑白两色的程度（即颜色灰度）来有效地显示单色图像。
- RGB：24 位真彩色图像显示时，它是由红、绿、蓝三基色通过不同的强度混合而成的，如果强度分为 256 级（值为 0～255），就构成了 2^{24}（16777216）种颜色的真彩色图像。

（3）编码

将采用和量化后的数字数据转换成用二进制数码 0 和 1 表示的形式。

图像的分辨率和像素位的颜色深度决定了图像文件的大小，计算公式为：

$$列数×行数×颜色深度÷8 = 图像字节数$$

例如，当要表示一个分辨率为 1280×1024 的"24 位真彩色"图像，则图像大小为：

$$1280×1024×24÷8B \approx 4MB$$

2. **图形图像文件格式**

在图形图像文件处理中，可用于图形图像文件存储的格式很多，常用的文件格式有如下几类。

（1）BMP（.bmp）文件

BMP（Bitmap，位图）是一种与设备无关的图像文件格式，是 Windows 环境中经常使用的一种位图格式。这种格式的特点是包含的图像信息比较丰富，几乎不进行压缩，但由此导致了此格式的文件占用磁盘空间过大的缺点。目前 BMP 在单机上比较流行。

（2）GIF（.gif）文件

GIF（Graphics Interchange Format，图形交换格式）的特点是压缩比高、磁盘空间占用较少，但不能存储超过 256 色的图像，是 Internet 上 WWW 中的重要文件格式之一。

最初的 GIF 文件只是简单地用来存储单幅静止图像（称为 GIF87a），后来随着技术发展，可以同时存储若干幅静止图像进而形成连续的动画（称为 GIF89a），而在 GIF89a 图像中可指定透明区域。考虑到网络传输中的实际情况，GIF 图像格式还增加了渐显方式，也就是说，在图像传输过程中，用户可以先看到图像的大致轮廓，然后随着传输过程的继续而逐步看清图像中的细节部分，从而适应了用户的"从朦胧到清楚"的观赏心理。目前 Internet 上大量采用的彩色动画文件多为这种格式的文件。

（3）JPGE（.jpg）文件

JPGE（Joint Photogiaphic Experts Group，联合照片专家组）是利用 JPEG 方法压缩的图像格式，压缩比高，但压缩/解压缩算法复杂、存储和显示速度慢。同一图像的 BMP 格式的大小是 JPEG 格式的 5～10 倍。

JPGE 2000 格式是 JPEG 的升级版，其压缩率比 JPEG 高约 30%。与 JPEG 不同的是，JPEG 2000 同时支持有损和无损压缩，而 JPEG 只能支持有损压缩。无损压缩对保存一些重要图片是十分有用的。

（4）WMF（.wmf）文件

WMF（Windows Metafile Format，Windows 图元文件格式）是 Windows 中常见的一种图元文件格式，它具有文件短小、图案造型化的特点，整个图形常由各个独立的组成部分拼接而成，但其图形往往较粗糙。Windows 中的许多剪贴画图像都是以该格式存储的，该格式也被广泛应用于桌面出版印刷领域。

（5）PNG（.png）文件

PNG（Portable Network Graphics，移植的网络图像）是流式图像义件。其主要优点是：压缩比率高，并且是无损压缩，适合在网络中传播，支持 Alpha 通道透明图像的制作，可以使图像与网页背景融为一体；其缺点则是不支持动画功能。

习　　题

1. 简述计算机中二进制编码的优点。
2. 浮点数在计算机中是如何表示的?
3. 如果一个有符号数占有 n 位，那么它的最大值和最小值分别是多少?
4. 假设某台计算机的机器数占 8 位，试写出十进制数−56 的原码、反码和补码。
5. 什么是 ASCII 码? "E" "e" "5" 的 ASCII 码值分别是多少?
6. 进行下列数的数制转换。

(225)D=(　　　　) B=(　　　　) H=(　　　　)O

(58.625)D=(　　　　) B=(　　　　) H=(　　　　)O

(127)D=(　　　　) B=(　　　　) H=(　　　　)O

(5EA)H=(　　　　) B=(　　　　)D

(10B)H=(　　　　) O=(　　　　)D

(527)O=(　　　　) B=(　　　　)D

(10110101101011) B=(　　　　) H=(　　　　) O=(　　　　)D

(11111111000011) B=(　　　　) H=(　　　　) O=(　　　　)D

7. 简述声音数字化的过程。

8. 简述图像数字化的过程。

9. 简述 WAV 文件和 MIDI 文件的区别。

10. 简述矢量图文件和位图文件的区别。

03

第3章 计算机系统概述

一个完整的计算机系统分为硬件系统（Hardware）和软件系统（Software）两大部分，硬件是计算机系统中看得见、摸得着的实体，而软件则存储在计算机的存储器内，存储器内存储介质材料的不同状态反映了不同的软件信息或数据信息。

计算机硬件和计算机软件在逻辑功能上是等价的，也就是说，任何可以由软件来实现的操作，也可以由硬件来实现；任何可以由硬件完成的指令，也可以由软件来完成。硬件实现的特点是速度快、成本高、不易变更或升级；软件实现的特点是速度慢、成本低、易于升级。

3.1 计算机概述

3.1.1 计算机的产生与发展

第二次世界大战期间，美国宾夕法尼亚大学莫尔学院电工系同阿伯丁弹道研究实验室（简称"阿伯丁实验室"）共同负责为陆军每天提供六张火力表，这项任务非常困难和紧迫。美国军械部要求莫尔学院草拟一份为阿伯丁实验室制造一台电子数字计算机的发展计划，1943 年 4 月 2 日，莫尔学院提出了一份计划。1943 年 4 月 9 日，阿伯丁实验室决定支持这项计划，于是制造第一台电子计算机的工作开始了。这台机器被命名为"电子数字积分计算机"（Electronic Numerical Integrator and Computer，ENIAC）。

1945 年年底，这台标志着人类计算工具历史性变革的巨型机器宣告竣工，其正式的揭幕典礼于 1946 年 2 月 15 日举行，这也标志着第一台通用电子计算机的诞生。ENIAC 起初是专门用于弹道计算，之后经过多次改进，成为能进行各种科学计算的通用计算机。

ENIAC 重 30 吨，使用了 17000 多个真空电子管，70000 多个电阻器，1500 多个继电器，10000 多只电容器，有 500 万个焊接点，耗电 150 多千瓦，占地 170 平方米，用十进制计算，每秒可运算 5000 次加法。虽然以现在的眼光来看，它的功能微不足道，但在当时它的运算速度是最快的。据资料记载，过去需要 100 多名工程师花费 1 年时间才能解决的计算问题，它只需要两个小时就能给出答案，更重要的是，它的诞生奠定了电子计算机的发展基础，开辟了一个信息时代的新纪元。在人类计算工具发展史上，它仍然是一座不朽的里程碑，自它以后，人类在智力解放的道路上开始了突飞猛进。

从 ENIAC 的诞生，到现在已经发展了 70 多年，计算机的发展普遍公认已经经历了四代，目前正在向第五代过渡。计算机的发展阶段通常以构成计算机的电子元器件来划分。每一个发展阶段在技术上都是一次新的突破，在性能上都是一次质的飞跃。

1. 第一代（1946—1957 年）：电子管计算机

第一代计算机的基本电子元件是电子管，其内存储器采用水银延迟线，外存储器则主要采用磁芯、磁鼓、纸带、卡片、磁带等。受当时电子技术的限制，其运算速度为每秒几千次到几万次基本运算，内存容量仅几千字节。因此，第一代计算机体积大、耗电多、速度低、造价高、使用不便，主要局限于一些军事和科研部门进行科学计算。在软件上，早期它采用的是机器语言，后期则采用了汇编语言。第一代计算机的主要特征如下。

（1）基本电子元件是电子管，体积庞大、耗电量高、可靠性差、维护困难。

（2）运算速度慢，一般为每秒几千次到几万次基本运算。

（3）使用机器语言，没有系统软件。

（4）采用磁鼓、小磁芯作为存储器，存储空间有限。

（5）输入/输出设备简单，采用穿孔纸带或卡片。

（6）主要用于科学计算。

2. 第二代（1958—1964 年）：晶体管计算机

1947 年，美国贝尔实验室发明了晶体管，之后晶体管取代了计算机中的电子管，诞生了晶体管计算机。晶体管计算机的基本电子元件是晶体管，其内存储器大量使用由磁性材料制成的磁芯存储器。与第一代电子管计算机相比，晶体管计算机体积小、耗电少、成本低、逻辑功能强、使用方便、可靠性高。第二代计算机的软件有了较大的发展，它广泛采用高级语言，并出现了早期的操作系统的雏形——监控程序。第二代计算机的主要特征如下。

（1）采用晶体管元件作为计算机的器件，体积大大缩小，可靠性增强，寿命延长。

（2）运算速度加快，达到每秒几万次到几十万次。

（3）提出了操作系统的概念，产生了 FORTRAN、COBOL 等高级程序设计语言和批处理系统。

（4）普遍采用磁芯作为内存储器，采用磁盘、磁带作为外存储器，其容量也大大提高了。

（5）扩大了计算机的应用领域，从军事研究、科学计算扩大到数据处理和实时过程控制等领域，并开始进入商业市场。

3. 第三代（1965—1970 年）：中小规模集成电路计算机

随着半导体技术的发展，1958 年，美国德州仪器公司制作了第一个半导体集成电路。集成电路是在几平方毫米的基片上集中几十个或上百个电子元件组成的逻辑电路。第三代集成电路计算机的基本电子元件是小规模集成电路和中规模集成电路，磁芯存储器进一步发展，并开始采用性能更好的半导体存储器，运算速度提高到每秒几十万至几百万次基本运算。由于采用了集成电路，第三代计算机各方面的性能都有了极大提高，如体积缩小、价格降低、功能增强、可靠性大大提高。在软件上，它广泛使用操作系统，还产生了分时、实时等操作系统和计算机网络。第三代计算机的主要特征如下。

（1）采用中小规模集成电路元件，体积进一步缩小，寿命更长。

（2）内存储器使用半导体存储器，性能优越，运算速度加快，每秒可达几百万次。

（3）外围设备开始出现多样化。

（4）高级语言进一步发展，操作系统的出现使计算机功能更强，并且提出了结构化程序的设计思想。

（5）计算机应用范围扩大到企业管理和辅助设计等领域。

4. 第四代（1971 年至今）：大规模和超大规模集成电路计算机

随着集成了上千甚至上万个电子元件的大规模集成电路和超大规模集成电路的出现，电子计算机的发展进入了第四代。第四代计算机的基本电子元件是大规模集成电路，甚至是超大规模集成电路，集成度很高的半导体存储器替代了磁芯存储器，运算速度可达每秒几千万次，甚至几十亿次基本运算。在软件方面，还产生了结构化程序设计和面向对象程序设计的思想。另外，网络操作系统、数据库管理系统得到广泛应用。微处理器和微型计算机（也叫微型机）也在这一阶段诞生并获得飞速发展。第四代计算机的主要特征如下。

（1）采用了大规模和超大规模集成电路逻辑元件，体积与第三代相比进一步缩小，可靠性更高，寿命更长。

（2）运算速度加快，每秒可达几百万次甚至万亿次。

（3）系统软件和应用软件获得了巨大的发展，软件配置丰富，程序设计部分自动化。

（4）计算机网络技术、多媒体技术、分布式处理技术有了很大的发展，微型计算机大量进入家庭，产品更新速度大大加快。

（5）计算机在办公自动化、数据库管理、图像处理、语言识别和专家系统等各个领域都得到了应用，电子商务已开始进入家庭，计算机的发展进入一个新的历史时期。

表 3.1 列出了第一代至第四代计算机所使用的基本电了元件、存储器、主要软件、主要应用、运算速度等诸多差别。

表3.1　　　　　　　　　　　第一代至第四代计算机对照表

年代	电子元件	存储器	处理方式	应用领域	运算速度	典型机种
第一代 （1946—1957 年）	电子管	延迟线、磁芯、磁鼓、磁带、纸带	机器语言 汇编语言	科学计算	几千至几万次/秒	ENIAC EDVAC IBM705
第二代 （1958—1964 年）	晶体管	磁芯、磁鼓、磁带、磁盘	监控程序 高级语言	科学计算 数据处理 过程控制	几万至几十万次/秒	UNIVAC Ⅱ IBM7094 CDC6600
第三代 （1965—1970 年）	中小规模集成电路	半导体存储器、磁芯、磁鼓、磁带、磁盘	实时处理 操作系统	科学计算 系统设计 科技工程领域	几十万至几百万次/秒	IBM360 PDP 11 NOVA1200
第四代 （1971 年至今）	大规模和超大规模集成电路	半导体存储器、磁带、磁盘、光盘	实时/分时处理 网络操作系统	各行各业	几百万至几万亿次/秒	ILLIAC-Ⅳ VAX 11 IBM PC

5. 新一代计算机

从 20 世纪 80 年代开始，日本、美国、欧洲等发达国家先后宣布要开始新一代计算机的研究。

人们普遍认为新一代计算机应该是智能型的，它能模拟人的智能行为、理解人类自然语言。新一代计算机除了能进行数值计算和处理一般的信息，还能面向知识处理，具有形式化推理、联想、学习和解释的能力，能够帮助人们进行判断、决策、开拓未知领域和获得新的知识。综合起来，新一代计算机大概有以下几个研究方向：人工智能计算机、神经网络计算机、激光计算机、超导计算机、分子计算机、生物计算机、量子计算机等。

3.1.2　计算机的特点

计算机具有以下几个主要特点。

1. 处理速度快

计算机的处理速度是标志计算机性能的重要指标之一。衡量计算机处理速度的尺度一般是 1 秒内所能执行加法运算的次数。截止到 2019 年 6 月，美国研发的超级计算机"顶点"（Summit），其完成浮点运算的峰值性能达到 20 亿亿次/秒，持续性能为 14.863 亿亿次/秒；我国的"神威·太湖之光"，其浮点运算的峰值性能达到 12.5 亿亿次/秒，持续性能为 9.3 亿亿次/秒。有望于 2020 年研制成功的"天河三号"超级计算机，其运算能力将达到每秒百亿亿次。

2. 存储容量大，存储时间长

随着计算机的广泛应用，在计算机内存储的信息越来越多，要求存储的时间越来越长。因此要求计算机具备海量存储，信息保持几年到几十年，甚至更长。现代计算机完全具备这种能力，不仅提供了大容量的主存储器，能现场处理大量信息；同时还提供海量存储器的磁盘、光盘。光盘的出现不仅使容量更大，还可以使信息永久保存，永不丢失。

3. 计算精度高

计算机可以保证计算结果的任意精度要求，这取决于计算机表示数据的能力。现代计算机能提供多种表示数据的能力，以满足人们对各种计算精度的要求。一般在科学和工程计算课题中对精度的要求特别高。计算精度在理论上不受限制，一般计算机均能达到 15 位有效数字，通过一定的技术手段，可以实现任何精度的要求。

4. 具有逻辑判断能力

计算机不仅能进行算术运算，而且能进行各种逻辑运算，具有逻辑判断能力。布尔代数是建立计算机的逻辑基础，或者说计算机就是一个逻辑机。计算机的逻辑判断能力也是计算机智能化必备的基本条件，如果计算机不具备逻辑判断能力，也就不能称为计算机了。

5. 具有自动化工作能力

只要预先把处理要求、处理步骤、处理对象等必备元素存储在计算机系统内，计算机启动工作后就可以在无人参与的情况下自动完成预定的全部处理任务，这是计算机区别于其他工具的本质特点。向计算机提交任务的主要是程序、数据和控制信号等信息形式。程序存储在计算机内，计算机再自动地逐步执行程序，这个思想是由冯·诺依曼提出的，被称为"存储程序"工作原理，因此我们把这种计算机称为冯·诺依曼机。

6. 应用领域广泛

迄今为止，几乎人类涉及的所有领域都不同程度地应用了计算机，并发挥了应有的作用，产生了应有的效果。这种应用的广泛性是现今任何其他设备都无可比拟的，而且这种广泛性还在不断地延伸。

3.1.3 计算机的分类

计算机的种类有很多，我们可以从不同的角度对计算机进行分类。按照处理信号的模式分类，计算机可分为数字电子计算机、模拟电子计算机和混合电子计算机。按照计算机的用途分类，计算机可分为通用计算机和专用计算机。按照 1989 年由 IEEE 科学巨型机委员会提出的运算速度分类法，计算机可分为巨型机、大型机、小型机、工作站和微型机。

1. 巨型机

巨型机也称为超级计算机，通常是指最大、最快、最强、最贵的计算机。

超级计算机是计算机中功能最强、运算速度最快、存储容量最大的一类计算机，多用于国家高科技领域和尖端技术的研究，它是国家科技发展水平和综合国力的重要标志。超级计算机是一个能够执行一般个人计算机无法处理的大资料量与高速运算的超级计算机，其基本组成组件与个人计算机的概念无太大差异，但规格与性能则要强大许多，是一种超大型的电子计算机。巨型机具有极强的计算和处理数据的能力，其主要特点表现为高速度和大容量，配有多种外部和外围设备以及丰富的、功能强大的软件系统。

2019 年 11 月，全球高性能计算机 500 强榜单公布。美国的两台高性能计算机"顶点"和"山脊"排在前两位。来自我国的"神威·太湖之光"和"天河二号"名列第三和第四。

超级计算机主要用来承担重大的科学研究、国防尖端技术和国民经济领域的大型计算课题及数据处理任务，如大范围天气预报，整理卫星照片，探索原子核物理，研究洲际导弹、宇宙飞船，模拟核试验，石油勘探，生物医药，制定国民经济的发展计划等。超级计算机在国家高科技领域和尖端技术研究领域扮演着重要的角色，对国家安全、经济和社会发展都具有举足轻重的意义，是真正的"国之重器"。

2. 大型机

大型机包括我们通常所说的大、中型计算机。这是在微型机出现之前最主要的计算模式，即把大型主机放在计算中心的机房中，用户要上机就必须去计算中心的终端上工作。大型主机经历了批处理阶段、分时处理阶段，进入了分散处理与集中管理的阶段。IBM 公司一直在大型主机市场处于霸主地位，DEC、富士通、日立、NEC 也生产大型主机。不过随着微机与网络的迅速发展，大型主机正在走下坡路。许多计算中心的大型机正在被高端微机群取代。

目前大型机主要用来处理大容量数据。它运算速度快、存储容量大、连网通信功能完善、可靠性高、安全性好，但价格较贵，一般用于为大中型企业、事业单位（如银行、机场等）的数据提供集中的存储、管理和处理，承担企业级服务器的功能，同时为许多用户执行信息处理任务。

3. 小型机

由于大型机价格昂贵，操作复杂，只有大企业、大单位才能买得起。在集成电路的推动下，20 世纪 60 年代，DEC 推出了一系列小型机，如 PDP-11 系列、VAX-11 系列。小型机属于中高端服务器产品，有研发能力的各大厂商为维持在服务器市场的战略地位都会推出自己的小型机产品，目前拥有小型机产品的厂商主要有 IBM、惠普（HP）、甲骨文（Oracle）、富士通以及浪潮、曙光等，并且各家厂商均有各自的体系结构，彼此互不兼容。小型机使用的操作系统一般是基于 UNIX 的，使用小型机的用户一般是看中 UNIX 操作系统的安全性、可靠性和专用服务器的高速运算能力。小型机能够满足一定规模的企业级用户的业务需求，如电信计费、银行清算、铁路调度、电力调度等企业级客户的关键业务都适合应用小型机，因此小型机在大中小型企业中都得到了广泛的应用。同大型机一样，小型机也受到了高端微机服务器的挑战。

4. 工作站

工作站是一种以微机和分布式网络计算为基础，主要面向专业应用领域，具备强大的数据运算与图形、图像处理能力，为满足工程设计、动画制作、科学研究、软件开发、金融管理、信息服务、模拟仿真等专业领域而设计开发的高性能计算机。工作站与高端微机之间的界限并不十分明确，而且高性能工作站的工作能力正接近小型机，甚至接近低端主机。

但是，工作站有它明显的特征：通常配有高分辨率的大屏幕显示器及容量很大的内存储器和外部存储器，并且具有较强的信息处理功能和高性能的图形、图像处理以及连网功能。另外，它们的用途也比较特殊，如多用于计算机辅助设计、图像处理、软件工程以及大型控制中心。

5. 微型机

微型机简称微机或个人计算机（Personal Computer，PC）。自 1981 年美国 IBM 公司推出第一代微型机 IBM-PC 以来，微型机以其轻便小巧、灵活性高、价格便宜、使用方便、性价比高等特点迅速进入社会各个领域，且技术不断更新、产品快速换代，从单纯的计算工具发展成为能够处理数字、符号、文字、语言、图形、图像、音频、视频等多种信息的强大的多媒体工具。

微型机从诞生至今主要有两大流派：一个是由苹果公司独家设计的 Apple 系列，另一个是由采用 IBM 开放技术的众多公司一起组成的 PC 系列。虽然 Apple 机与 PC 机的分代方法不相同，但其本质都是一样的。如果按 CPU 的位数来分，它们都经历了 8 位、16 位、32 位和 64 位这四代。

3.1.4　计算机的应用

计算机具有高速运算、逻辑判断、大容量存储和快速存取等功能，这决定了它在现代社会的各个领域都成为越来越重要的工具。计算机的应用相当广泛，涉及科学研究、军事技术、工农业生产、文化教育、休闲娱乐等各个方面。下面介绍计算机的主要应用领域。

1. 科学计算（数值计算）

这是计算机最早的应用领域。从尖端科学到基础科学，从大型工程到一般工程，都离不开数值计算。如宇宙探测、气象预报、桥梁设计、飞机制造等都会遇到大量的数值计算问题。这些问题不仅计算量大，而且计算过程复杂。例如，著名的"四色定理"，就是利用 IBM 370 系列的高端机计算了 1200 多个小时才获得证明的，如果通过人工计算，日夜不停地工作，也需要十几万年；气象预报有了计算机，预报准确率大为提高，可以进行中长期的天气预报；利用计算机进行化工模拟计算，加快了化工工艺流程从实验室到工业生产的转换过程。

2. 数据处理（信息处理）

这是目前计算机应用最为广泛的领域。数据处理包括数据采集、转换、存储、分类、组织、计算、检索等诸多环节。例如，人口统计、档案管理、银行业务、情报检索、企业管理、办公自动化、交通调度、市场预测等需要进行大量的数据处理工作。

3. 过程控制（自动控制）

计算机是生产自动化的基本技术工具，它对生产自动化的影响有两个方面：一是在自动控制理论上，二是在自动控制系统的组织上。生产自动化程度越高，对信息传递的速度和准确度的要求也就越高，这一任务靠人工操作已无法完成，只有计算机才能胜任。

4. 辅助工程

（1）计算机辅助设计（Computer Aided Design，CAD）：利用计算机的高速处理、大容量存储和图形处理功能，辅助设计人员进行产品设计。不仅可以进行计算，而且可以在计算的同时绘图，甚至可以进行动画设计，使设计人员从不同的侧面观察了解设计的效果，对设计进行评估，以取得最佳效果，大大提高了设计效率和质量。

（2）计算机辅助制造（Computer Aided Made，CAM）：在机器制造业中利用计算机控制各种机床和设备，自动完成离散产品的加工、装配、检测及包装等制造过程的技术。近年来，各工业发达国家又进一步将计算机集成制造系统（Computer Integrated Manufacturing System，CIMS）作为自动化技术的前沿方向，CIMS 是集工程设计、生产过程控制、生产经营管理于一体的高度计算机化、自动化和智能化的现代化生产大系统。

（3）计算机辅助教学（Computer Aided Instruction，CAI）：通过学生与计算机系统之间的"对话"实现教学的技术称为计算机辅助教学。"对话"是在计算机指导程序和学生之间进行的，它使教学内容生动、形象逼真，能够模拟其他手段难以做到的动作和场景。通过交互方式帮助学生自学、自测，方便灵活，可满足不同层次人员对教学的不同要求。

此外还有其他的计算机辅助系统，例如，利用计算机作为工具辅助产品测试的计算机辅助测试（Computer Aided Test，CAT）；利用计算机对学生的教学、训练和对教学事务进行管理的计算机辅助教育（Computer Aided Education，CAE）；利用计算机对文字、图像等信息进行处理、编辑、排版的计算机辅助出版系统（Computer Aided Publishing，CAP）等。

5. 人工智能

人工智能（Artificial Intelligence，AI）是指用计算机模拟人类的智能活动，如判断、理解、学习、图像识别、问题求解等。它是计算机应用的一个崭新领域，是计算机向智能化方向发展的必然趋势。现在，人工智能的研究已取得了不少的成果，有的已开始走向实用阶段。例如，能模拟高水平医学专家进行疾病诊疗的专家系统，具有一定思维能力的智能机器人等。

3.1.5　计算机的发展趋势

随着计算机科学技术的迅猛发展，以及计算机应用的广泛和深入，我们又对计算机技术本身提出了更多、更高的要求，这就决定计算机的发展也会朝着不同的方向延伸。当前，计算机的发展表现为 4 种趋向：巨型化、微型化、网络化和智能化。

1. 巨型化

巨型化是指发展高速度、大存储量和强功能的巨型计算机。这是诸如天文、气象、地质、核反应堆等尖端科学的需要，也是记忆巨量的知识信息，以及使计算机具有类似人脑的学习和复杂推理的功能所必需的。巨型机的发展集中体现了计算机科学技术的发展水平。巨型机主要用于尖端科学技术和军事国防系统的研究开发。

2. 微型化

微型化就是进一步提高集成度，利用高性能的超大规模集成电路研制质量更加可靠、性能更加优良、价格更加低廉、整机更加小巧的微型计算机。

3. 网络化

网络化就是把各自独立的计算机用通信线路连接起来，形成各计算机用户之间可以相互通信并能使用公共资源的网络系统。网络化能够充分利用计算机的宝贵资源并扩大计算机的使用范围，为用户提供方便、及时、可靠、广泛、灵活的信息服务。

4. 智能化

智能化是指让计算机具有模拟人的感觉和思维过程的能力。智能计算机具有解决问题和逻辑推理的功能，以及知识处理和知识库管理的功能等。人与计算机的联系是通过智能接口，用文字、声音、图像等进行自然对话。目前，市面上已经研制出各种"机器人"，有的能代替人劳动，有的能与人下棋。智能化使计算机突破了"计算"这一初级领域，从本质上扩充了计算机的能力，让其可以越来越多地代替人类的脑力劳动。

电子计算机从诞生起就模拟人类思维，我们希望计算机越来越聪明，不仅能做一些复杂的事情，而且能做一些需要"智慧"才能做的事，如推理、学习、联想等。目前计算机"思维"的方式与人类思维方式还有很大区别，人机之间交流的距离还不小。人类还很难用自然的方式，如语言、手势、表情等与计算机打交道，计算机的相对"难用"已成为阻碍它进一步普及的巨大障碍。随着互联网的日益普及，普通老百姓使用计算机的需求日益增长，这种强烈需求将大大促进计算机在智能化方向的研究。

李国杰院士认为，未来计算机科学的发展趋势将会向"三维"方向发展。第一维是向"高"的方向发展。性能越来越高，速度越来越快，主要表现为计算机的主频越来越高。计算机向高的方向发展不仅是芯片频率的提高，而且是计算机整体性能的提高。提高计算机的性能有两个途径：一是提高器件速度，二是并行处理。器件速度通过发明新器件（如量子器件等），采用纳米工艺、片上系统等技术还可以提高几个数量级。以大规模并行为标志的体系结构的创新与进步是提高计算机系统性能的另一个重要途径。例如一台计算机中不是只用一个处理器，而是有几百个、几千个乃至十几万个处理器，这就是所谓的并行处理。并行计算机的关键技术是如何高效率地把大量的计算机互连起来，以及如何有效地管理成千上万台计算机使之协调工作，这就是并行计算机的操作系统的功能。如何处理高性能与通用性以及应用软件可移植性的矛盾也是研制并行计算机所必须面对的技术选择，同时这也是计算机科学发展的重大课题。

第二维是向"广"的方向发展。计算机发展的趋势就是无处不在，以至于看起来会像没有计算机一样。近年来更明显的趋势是网络化向各个领域的渗透，在广度上发展开拓。国外称这种趋势为普适计算（Pervasive Computing），或叫"无处不在的计算"。未来的计算机会广泛存在于家中的各种电器中。有人曾预言，未来的计算机可能会像纸张一样便宜，可以一次性使用，计算机将成为不被人注意的最常见的日用品。

第三维是向"深"的方向发展，即向信息采集与应用的智能化发展。网上有大量的信息，怎样把这些浩如烟海的信息变成你想要的知识，这是计算科学的重要课题，同时要求人机界面更加友好。未来人们可以用自然语言与计算机打交道，也可以用手写的文字，甚至可以用表情、手势来与计算机进行沟通，使人机交流更加方便快捷。

3.2　计算机硬件系统

3.2.1　冯·诺依曼计算机模型

1946 年 2 月 14 日，世界上第一台通用电子计算机 ENIAC 诞生了。冯·诺依曼在得知了 ENIAC

的设计方案后，研究分析并发现了 ENIAC 的两个重大缺陷：一是采用十进制运算，逻辑元件多、结构复杂、可靠性低；二是没有内部存储器，操纵运算的指令分散存储在许多电路部件内，无法实现自动、连续地工作。冯·诺依曼由此于 1946 年给出了一个名为电子离散变量计算机（Electronic Discrete Variable Automatic Computer，EDVAC）的设计方案，该方案认为一个完整的计算机系统应包括运算器、控制器、存储器、输入设备、输出设备等装置，此外冯·诺依曼还提出了在计算机中采用二进制和程序存储的思想。采用二进制是由于用于描述数据信息的电子元器件易于区分为两种状态；内置存储器用于存放控制计算机工作的程序，这样就可以实现运算的真正自动连续工作。EDVAC 的诞生使计算机技术出现了一个新的飞跃，它奠定了现代电子计算机的基本结构，标志着电子计算机时代的真正开始。根据冯·诺依曼提出的结构原理制造的计算机被称为冯·诺依曼结构计算机，现代计算机虽然结构更加复杂，计算能力更加强大，但仍然是基于这一原理设计的，都属于冯·诺依曼机。

冯·诺依曼机的工作原理即"存储程序"工作原理，其主要内容可归结为以下几点。

（1）计算机（指硬件）应由运算器、控制器、存储器、输入设备和输出设备 5 大基本部件组成。

（2）计算机内部采用二进制来表示指令和数据。

（3）将编好的程序和原始数据事先存入存储器，再启动计算机自动工作，计算机的工作就是解释和执行事先存储的程序。这也是存储程序的基本含义。

现代计算机系统的结构如图 3.1 所示。

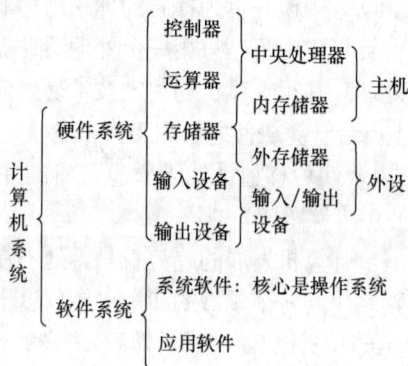

图 3.1　计算机系统结构图

3.2.2　计算机硬件组成

如图 3.1 所示，计算机的硬件由控制器、运算器、存储器、输入设备和输出设备 5 大基本部件组成。

1.　控制器

控制器是指挥计算机的各个部件按照指令的功能要求协调工作的部件。

（1）控制器的功能

控制器是计算机的控制中心，为各部件提供控制信号，控制各部件协调运行。现代计算机是程序控制的，而程序由一系列指令组成并存放在存储器内，控制器的功能就是依次从存储器内取出一条指令，并分析和翻译这条指令，翻译的结果是得到一些控制信号，然后控制器将这些控制信号按一定的时序发送给相关部件，这些部件根据这些控制信号进行工作，就能完成当前这条指令的功能，所有指令依次执行完后，当前程序的功能也就完成了。

（2）控制器的组成

控制器由程序计数器、指令寄存器、指令译码器、时序和控制部件以及微操作控制电路等几部分组成。各部分功能如下所示。

程序计数器：用来存放下一条要执行的指令的地址。

指令寄存器：在指令执行期间暂时保存正在执行的指令。

指令译码器：对指令码进行译码和分析，从而确定指令的操作控制信号，并确定操作数的地址，以访问获得操作数。

时序和控制部件：指令译码器对指令进行译码时，产生相应的操作控制信号送到时序和控制逻辑电路，从而组合成外部电路所需要的时序和控制信号。

微操作控制电路：产生各种操作控制命令。

2. 运算器

运算器是对二进制数进行运算的部件。它可以在控制器的控制下，完成各种算术运算、逻辑运算、比较运算、移位运算以及字符运算等。

运算器由算术逻辑单元（Arithmetic Logic Unit，ALU）、累加器、通用寄存器组、状态寄存器以及暂存寄存器等组成。

算术逻辑单元也称为算术逻辑部件，即进行算术运算和逻辑运算的部件。运算器所能完成的各种运算都可以分为算术运算和逻辑运算两大类，所以也可以说运算器能实现加、减、乘、除等算术运算以及与、或、非、移位等逻辑运算。

运算器内部的寄存器可用来存放参与运算的操作数或中间结果，常用的寄存器有累加寄存器、暂存寄存器、标志寄存器和通用寄存器等。以两个操作数进行算术运算为例，累加器在运算前保存一个操作数，在运算后保存运算结果，另一个操作数在运算前保存在某一个通用的寄存器内。暂存寄存器则用于暂存一些比较复杂的、运算的中间结果。标志寄存器也称为程序状态字（Program Status Word，PSW），用于记录当前运算结果的某些特征，如运算结果是否为零、是否为负、是否产生进位或借位、是否溢出等，这些特征可能对后续指令的执行产生影响。为了减少对存储器的访问，很多计算机的运算器设有较多的寄存器存放中间计算结果，以便在后面的运算中直接用作操作数。

控制器和运算器通常合二为一，组成中央处理器（Central Processing Unit，CPU）。

3. 存储器

现代计算机以存储器为核心，存储器就是用来存储数据和程序的部件。由于计算机中的信息都是以二进制的形式表示的，所以必须使用具有两种稳定状态（如高电平、低电平）的物理器件来存储信息。这些物理器件主要有半导体器件、磁表面器件和光盘等。

计算机的存储器可以分为两大类：一类叫作内部存储器，简称内存或主存，一般由半导体材料构造；另一类叫作外部存储器，简称外存或辅存，一般由磁性材料或光介质材料构造。

（1）内存

主存常用于存储当前正在使用的或者经常需要使用的程序和数据，CPU 可直接访问内存。内存可以分为随机存取存储器（Random Access Memory，RAM）和只读存储器（Read Only Memory，ROM）两种。RAM 是最常用的内存，随机存取的意思是，如果知道任何一个存储单元所对应的地址，就能直接存取它，RAM 最大的特点是断电后即会丢失数据。ROM 也被称作固件，当它被制造时就被做成以指定数据编程的集成电路，其最大的特点是断电后数据不会丢失。ROM 芯片不仅可以用在计算机内，而且可以用在大多数电子产品中。随机存取存储器 RAM 可以分为动态随机存取存储器 DRAM和静态随机存取存储器 SRAM 两种；只读存储器 ROM 则可分为掩膜型 ROM、可编程只读存储器 PROM、可擦除可编程只读存储器 EPROM、电可擦除可编程只读存储器 EEPROM 等多种类型。半导体存储器的详细分类如图 3.2 所示。

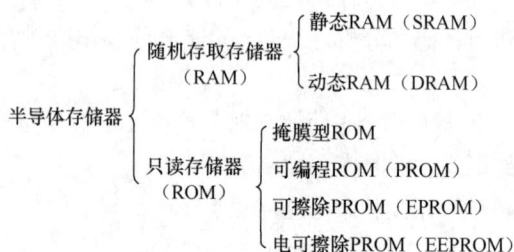

半导体存储器
- 随机存取存储器（RAM）
  - 静态RAM（SRAM）
  - 动态RAM（DRAM）
- 只读存储器（ROM）
  - 掩膜型ROM
  - 可编程ROM（PROM）
  - 可擦除PROM（EPROM）
  - 电可擦除PROM（EEPROM）

图 3.2　半导体存储器的分类

与外存相比，内存的优点有：存取速度快，可被 CPU 直接访问。内存的缺点有：存储空间大小受到地址总线位数的限制，而且 RAM 保存数据需要电源支持。

① DRAM（动态 RAM）

动态 RAM（Dynamic Random Access Memory，DRAM）可以由一个晶体管和一个电容搭配起来形成一个基本存储单元电路，该基本存储单元电路可以存储一个比特的数据。电容保持这一比特信息是 0 还是 1，晶体管则像一个开关，使存储芯片上的控制电路读取该电容或改变电容的状态。因此可以说，DRAM 器件是利用电容存储电荷的原理来保存信息的。

一个电容好似一个能容纳电子的"小桶"（见图 3.3）。对于存储 1 的内存单元，"桶"内装满了电子；对于存储 0 的单元来说它是空的。对于电容这个"桶"来说，它是会泄漏的，短时间内装满的"桶"会变成空的。因此，要使 DRAM 正常工作，无论是 CPU 还是存储控制器都不得不对所有为 1 的电容在它们漏电前重新充电。为了完成这个任务，内存控制器需要读内存后再写回去。这个更新操作一般 2ms 进行一次，这个更新过程就称为刷新。

DRAM 的名字就是源于这个更新操作。DRAM 需要不停地动态更新，否则它的内容将会丢失。更新操作不仅占用了时间，还降低了内存效率。

图 3.3　DRAM 信息丢失示意图

DRAM 的优点有：高集成度、低功耗、价格低廉。DRAM 的缺点有：要求配置刷新逻辑电路；在刷新周期中，内存模块不能启动读周期和写周期。

② SRAM（静态 RAM）

静态 RAM（Static Random Access Memory，SRAM）使用的是完全不同的技术。在 SRAM 中用一种触发器存储一个比特信息，而一个基本存储单元的触发器使用 4 个或 6 个晶体管并加上一些连接线。由于使用触发器存储信息，所以 SRAM 不需要刷新，同时使得 SRAM 的存取速度比 DRAM快得多。然而，因为它有更多的部件，静态存储单元与动态存储单元相比占用了更多的芯片空间，这降低了 SRAM 的集成度，并且使得 SRAM 花费更大。

SRAM 更快但花费大,而 DRAM 花费小但速度慢。因此,SRAM 可用作 CPU 的高速缓存(Cache),而 DRAM 用于更大的系统 RAM 空间。

SRAM 的优点:不需要进行刷新,存取速度快。缺点有两个:一是功耗较大,二是容量低(集成度低),因为使用的晶体管数目多。

③ 掩膜型 ROM

掩膜型 ROM 中的信息是厂家根据用户给定的程序或数据对芯片图形进行光刻(掩膜)而写入的。掩膜型 ROM 最大的特点是写入后不能更改,所以早期的操作系统的基本输入/输出系统 BIOS 被写入主板的 ROM 存储器内,以防止其被轻易更改。BIOS 也因此常被称为 ROM BIOS。

④ 可编程的 ROM(PROM)

可编程的 ROM(Programmable Read-Only Memory,PROM)便于用户按照自己的需要来一次性地写入信息。PROM 由二极管矩阵组成,写入时,利用外部引脚输入地址,对其中的二极管键进行选择,使二极管被烧断(代表 "0"),或使二极管保持原状(代表 "1"),于是就进行了编程。

⑤ 可擦除、可编程的 ROM(EPROM)

可擦除、可编程的 ROM(Erasable Programmable Read-Only Memory,EPROM)是一种可以多次进行擦除和重写的 ROM。EPROM 中的数据只能用紫外线擦除。EPROM 封装时,芯片上方有一个石英窗,用于透过紫外线来擦除。由于太阳光中也有紫外线,为防止 EPROM 芯片被阳光照射擦除信息,故而在石英窗上方会贴上遮光不干胶纸。紫外线擦除器是专门用于擦除 EPROM 存储芯片的设备。当我们需要擦除时,可先把 EPROM 存储芯片从计算机上拆下来,去除石英窗口上的遮光不干胶纸,再放入紫外线擦除器中,然后接通擦除器电源即可,一般 10 分钟左右即可全部擦除。图 3.4 所示是紫外线擦除器和 EPROM 存储芯片。

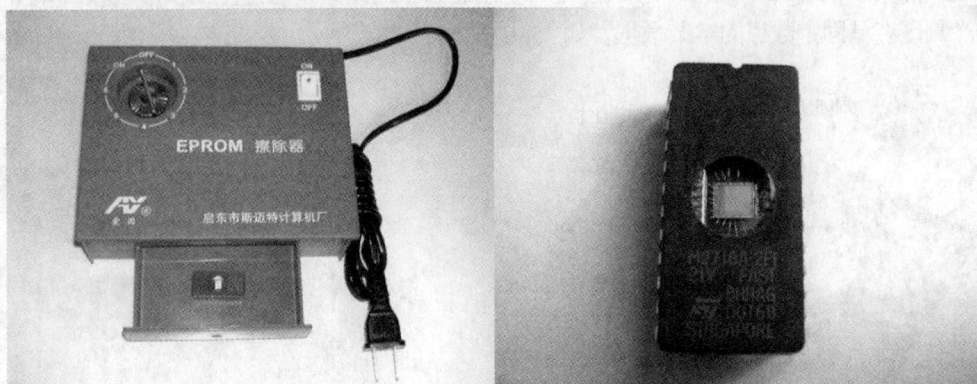

图 3.4　紫外线擦除器和 EPROM 存储芯片

虽然 FALSH 存储器越来越普及,但是由于 EPROM 的价格更便宜,所以在某些场合如网卡启动芯片等还有广泛的应用。

⑥ 电可擦除、可编程的 ROM(EEPROM 或 E^{2}PROM)

电可擦除、可编程的 ROM(Electrically Erasable Programmable Read-Only Memory,EEPROM 或 E^{2}PROM)不用紫外光擦除,而是用电在线擦除,可代替一些 RAM,用于存放一些不能丢失的数据。但写入的时间长达几毫秒到十几毫秒。

⑦ 闪速存储器(Flash Memory)

闪速存储器(简称闪存)属于 E^{2}PROM 类型,其性能又优于普通的 E^{2}PROM。

闪存最大的特点：一方面可以使内部信息在不加电的情况下保持 10 年之久，另一方面又能以比较快的速度将信息擦除以后重写，可反复擦写几十万次之多，而且可以实现分块擦除和重写、按字节擦除和重写，所以有很大的灵活性。

现在计算机操作系统的 BIOS 根据需要会有一定的更新操作，所以现在主板上的存储器一般都由原来的 ROM 更改为闪存。

（2）外存

外存也称为辅助存储器，用于存放不常用的程序和数据，或者需要长期保存的数据。CPU 要使用这些信息，必须通过专门的设备将信息先传送到内存中。常用的外存有磁盘、光盘、U 盘等，磁盘分为软盘和硬盘两种，由于软盘的容量很小，现在已被淘汰，而硬盘则是计算机系统中很重要的一个组成部分。

与内存相比，外存的优点有：大容量，所存信息既可修改，又可长期保存。外存的缺点有：速度慢，要配置专用设备（如磁盘驱动器、光盘驱动器）。而且 CPU 不能直接访问外存。

① 硬盘

硬盘（Hard Disks）在 1950 年被发明出来，与"软盘"相区分。硬盘有一个用于支撑磁介质材料的硬底盘，这不同于磁带和软盘上的易弯曲的塑料薄片。

硬盘用磁记录技术记录数据。硬盘盘片一般由铝合金制成，其表面涂有一层可被磁化的硬磁特性材料，这些磁性材料通过电磁感应记录信息并能被读取。

一个典型的硬盘由磁盘盘片、硬盘控制器、硬盘驱动器及连接电缆组成，硬盘内部结构如图 3.5 所示。硬盘的特点：储容量大、取速度快。

为了增加存储的信息量，大多数硬盘都有多个盘面，每个盘面又可划分为多个磁道（Tracks），每个磁道又分为多个扇区（Sectors）。磁道是一些同心圆，而扇区是磁道上的楔形区域，如图 3.6 所示。一个扇区存储固定数目的字节数据，如 256B 或 512B。

图 3.5 硬盘的内部结构

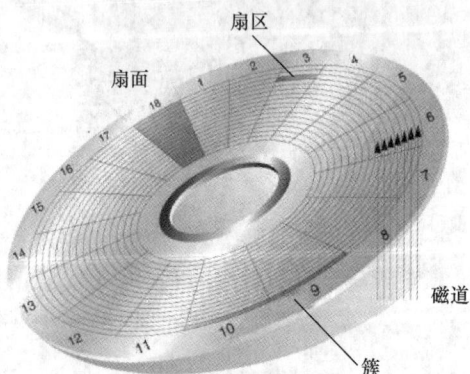

图 3.6 磁道和扇区

② 光盘

光盘（Compact Disc，CD）是不同于磁性材料载体的光学存储介质存储器，用激光束处理记录介质的方法存储和再生信息，又称激光光盘。根据光盘结构，常见的光盘主要分为 CD、DVD、蓝光光盘等几种类型，这几种类型的光盘，在结构上略有区别，但主要结构原理是一样的。

CD 又可分为 CD-DA（激光数字音频光盘）、CD-ROM（计算机只读光盘）、CD-R（可录式光盘）等类型。其中，CD-ROM 主要用于计算机外存储器，最初 CD-ROM 只含计算机可读的文字信息，现在可存储声音、图形、视频、动画等。CD-ROM 光盘一般直径为 12cm，容量为 650MB。

DVD（Digital Versatile / Video Disc）是更新一代的产品，称为高密度数字视频光盘。作为 CD 的继承者和发扬者，因为采取了多项新技术，DVD 可实现更强大的存储能力。最常见的 DVD 是单面单层的 DVD，它的容量大约是 4.7GB。单面双层 DVD 的容量合计约 8.5GB，最大可实现 9.4GB 的容量。双面双层 DVD 的最高容量是 17GB。

蓝光光盘（Blu-ray Disc，BD）是指 DVD 之后的下一代光盘格式，常用来存储高品质的影音以及高容量的数据。一个单层的蓝光光盘的容量为 25 GB 或 27GB，而双层的蓝光光盘容量可达 46 GB 或 54GB。

③ U 盘

U 盘（USB Flash Disk，USB 闪存盘）是一个使用 USB 接口的无须物理驱动器的微型高容量移动存储产品，可以通过 USB 接口与计算机连接，实现即插即用。U 盘最早名为"优盘"，而之后生产的类似技术的设备因朗科公司已进行专利注册，而不能再称为"优盘"，故改称谐音"U 盘"。后来 U 盘这个称呼因其简单易记而广为人知，到现在这两者已经通用，并对它们不再作区分，U 盘是现在常使用的移动存储设备之一。

U 盘最大的优点是：小巧便于携带、存储容量大、价格便宜、性能可靠。目前一般的 U 盘容量为 1GB～1TB。U 盘中无任何机械式装置，抗震性能极强。另外，U 盘还具有防潮防磁、耐高低温等特性，安全可靠性极好。

U 盘的可擦写次数是 U 盘的正常寿命，一般采用 MLC（双层存储单元，速度慢，寿命短，价格低）颗粒的 U 盘可擦写 1 万次以上，而采用 SLC（单层存储单元，速度快，寿命长，价格高）颗粒的 U 盘使用寿命更是长达 10 万次。

不要在 U 盘的读写指示灯闪烁时拔出 U 盘，因为这时 U 盘正在读取或写入数据，中途拔出可能会造成硬件、数据的损坏。不要在备份文档完毕后立即关闭相关的程序，因为那个时候 U 盘上的指示灯还在闪烁，说明程序还没完全结束，这时拔出 U 盘，很容易影响备份。所以文件备份到 U 盘后，应过一段时间再关闭相关程序，以防意外。同样的道理，在系统提示"无法停止"时也不要轻易拔出 U 盘，这样也可能会造成数据丢失。注意，U 盘应放置在干燥的环境中，用户不要让 U 盘接口长时间暴露在空气中，否则容易造成表面金属氧化，降低接口敏感性。也不要将长时间不用的 U 盘一直插在 USB 接口上，否则一方面容易引起接口老化，另一方面对 U 盘也是一种损耗。

4. 输入设备与输出设备

输入设备（Input Device）和输出设备（Output Device）合称输入/输出设备，简称 I/O 设备，是外部与计算机交换信息的渠道。输入设备可用于输入程序、数据、操作命令、图形、图像以及声音等信息。常用的输入设备有键盘、鼠标、扫描仪、光笔及语音输入装置等。输出设备可用于显示或打印程序、运算结果、文字、图形、图像等，也可以播放声音。常用的输出设备有显示器、打印机、绘图仪以及声音播放装置等。

（1）输入设备

输入设备是向计算机输入数据和信息的设备，是计算机与用户或其他设备通信和交互的装置。键盘、鼠标、摄像头、扫描仪、光笔、手写输入板、游戏杆、语音输入装置等都属于输入设备。输入设备用于把原始数据和处理这些数据的程序输入计算机中。计算机的输入设备按功能可分为以下几类。

- 字符输入设备：键盘。
- 光学阅读设备：光学标记阅读机，光学字符阅读机。
- 图形输入设备：鼠标、操纵杆、光笔。
- 图像输入设备：摄像机、扫描仪、传真机。
- 模拟输入设备：语言模/数转换识别系统。

① 键盘

键盘（Keyboard）是常用的输入设备，它由一组开关矩阵组成，包括数字键、字母键、符号键、功能键及控制键等。每一个按键在计算机中都有它的唯一代码。当按下某个键时，键盘接口将该键的二进制代码送入计算机主机中，并将按键字符显示在显示器上。当快速大量输入字符，主机来不及处理时，先将这些字符的代码送往内存的键盘缓冲区，再从该缓冲区中取出进行分析处理。键盘接口电路多采用单片微处理器，由它控制整个键盘的工作，如上电时对键盘的自检、键盘扫描、按键代码的产生、发送及与主机的通信等。

键盘按结构和触发原理的不同，可以分为机械键盘、薄膜键盘、电容键盘三种。

- 机械键盘：机械键盘是最早被采用的结构，采用类似金属接触式开关的原理使触点导通或断开，每一颗按键都有一个单独的开关来控制闭合。它具有工艺简单、维修方便、手感好、噪声大、易磨损、不防水的特性。机械键盘曾一度淡出市场，但现在又有复兴的势头。目前，机械键盘不再只是游戏发烧友的最爱，它开始被越来越多的追求品质和手感的人群所认可。
- 薄膜键盘：薄膜电路由上、中、下三层组成，其中上下两层使用导电涂料印刷出电路，在按键的下方都设有相应的触点，中间一层为隔离层，在按键部分设有圆形触点（或挖空），在按下键帽时，实现上下两层电路的连通，产生相应的信号。薄膜键盘以成本低、工艺简单及防水等优势占有着目前的绝大部分市场，人们日常生活中常用的键盘大多是薄膜键盘。
- 电容键盘：键盘利用电容容量的变化实现按键的开和关，无需物理接触点就可以实现敲击，所以手感轻巧，反应也比较灵敏，不会磨损，且密封性很好。此外，它还没有接触不良的问题，耐久性、稳定性都比较好，击键声音小，寿命较长。目前市场上真正的电容键盘并不多，大部分是前面两种键盘，真正的电容键盘的价格是比较高的。

键盘与主机的接口可以分为 PS/2 接口（即人们常说的"圆口"，目前相对使用较少）和 USB 接口（即人们常说的"扁口"，现在的键盘多为这样的接口）。

② 鼠标

鼠标（Mouse）是一种手持式屏幕坐标定位设备，它是适应菜单操作的软件和图形处理环境而出现的一种输入设备，特别是在现今流行的 Windows 图形操作系统环境下应用鼠标方便快捷。鼠标一般有两种，一种是机械式的，另一种是光电式的。

机械式鼠标的底部装有一个可以滚动的圆球，当鼠标在平面上移动时，圆球与平面摩擦，发生转动。圆球与四个方向的电位器接触，可测量出上、下、左、右四个方向的位移量，用以控制屏幕上光标的移动。光标和鼠标的移动方向是一致的，而且移动的距离成比例。现在已经基本被淘汰。

光电式鼠标的底部装有两个平行放置的小光源。鼠标在平面上移动，光源发出的光经反射后，由接收器接收，并转换为电信号送入计算机，使屏幕的光标随之移动。

鼠标有两个键的，也有三个键的。现在较常见的是三键鼠标，中间的键一般为滚轮。由于鼠标所配的软件系统不同，对上述三个键的定义也略有不同。一般情况下，鼠标左键可在屏幕上确定某一位置，该位置在字符输入状态下是当前输入字符的显示点，在图形状态下是绘图的参考点。在菜单选择时，左键可选择菜单项，也可以选择绘图工具和命令，当作出选择后系统会自动执行所选择的命令。鼠标能够移动光标，选择各种操作和命令，并可方便地对图形进行编辑和修改，但不能输入字符和数字。

（2）输出设备

输出设备将计算机中的数据或信息输出给用户，是人与计算机进行交互的部件，用于数据的输出。它把各种计算结果数据或信息以数字、字符、图像、声音的形式表示出来。常见的输出设备有显示器、打印机、绘图仪、影像输出系统、语音输出系统、磁记录设备等。

① 显示器

显示器（Display）又称监视器，是实现人机对话的主要工具。它既可以显示键盘输入的命令或数据，也可以显示计算机数据处理的结果。

常用的显示器主要有两种类型：一种是阴极射线管（Cathode Ray Tube，CRT）显示器，现已很少使用；另一种是液晶（Liquid Crystal Display，LCD）显示器，现在被广泛使用。

显示器有两种基本工作方式：字符方式和图形方式。在字符方式下，显示内容以标准字符为单位，字符的字形由点阵构成，字符点阵存放在字形发生器中。在图形方式下，显示内容以像素为单位，屏幕上的每个点（像素）均可由程序控制其亮度和颜色，因此能显示出较高质量的图形或图像。

显示器的分辨率指标是用屏幕上每行的像素数与每帧（每个屏幕画面）行数的乘积表示的，乘积越大，也就是像素越小，数量越多，分辨率就越高，图形就越清晰美观。

② 打印机

打印机是将计算机的处理结果打印在纸张上的输出设备，是将计算机输出数据转换成印刷字体的设备。人们常把显示器的输出称为软拷贝，把打印机的输出称为硬拷贝。

按工作机构进行划分，常见的打印机可以分为击打式打印机和非击打式打印机两种。其中，击打式打印机又分为字模式打印机和点阵式打印机；非击打式打印机又分为喷墨打印机、激光打印机等。

点阵式打印机又称为针式打印机，它的打印头上安装有若干个针，打印时控制不同的针头通过色带打印纸面即可得到相应的字符和图形，我们日常使用的多为 9 针或 24 针的打印机。

喷墨打印机和激光打印机也得到广泛应用。喷墨打印机是通过磁场控制一束很细的墨汁的偏转，同时控制喷墨汁与不喷墨汁，即可得到相应的字符或图形。激光打印机则是利用电子照相原理，由受到控制的激光束射向感光鼓表面，在不同位置吸附上厚度不同的碳粉，通过温度与压力的作用把相应的字符或图形印在纸上，它与静电复印机的方式很相似。

针式打印机可以打印多联纸，价格便宜使用寿命长。喷墨打印机和激光打印机对纸张要求比较高。激光打印机分辨率高，打印出的字形清晰美观。

近年来兴起的 3D 打印（也叫三维打印，3 Dimensional Printing，3DP）是快速成型技术的一种，又称增材制造，它是一种以数字模型文件为基础，运用粉末状金属或塑料等可黏合材料，通过逐层打印的方式来构造物体的技术。3D 打印无需机械加工或模具，就能直接从计算机图形数据中生成任何形状的物体，从而极大地缩短了产品的生产周期，提高了生产率。尽管 3D 打印技术仍有待完善，但其市场潜力巨大，势必会成为未来制造业的众多突破技术之一。图 3.7 是一台 3D 打印机及其打印的产品。

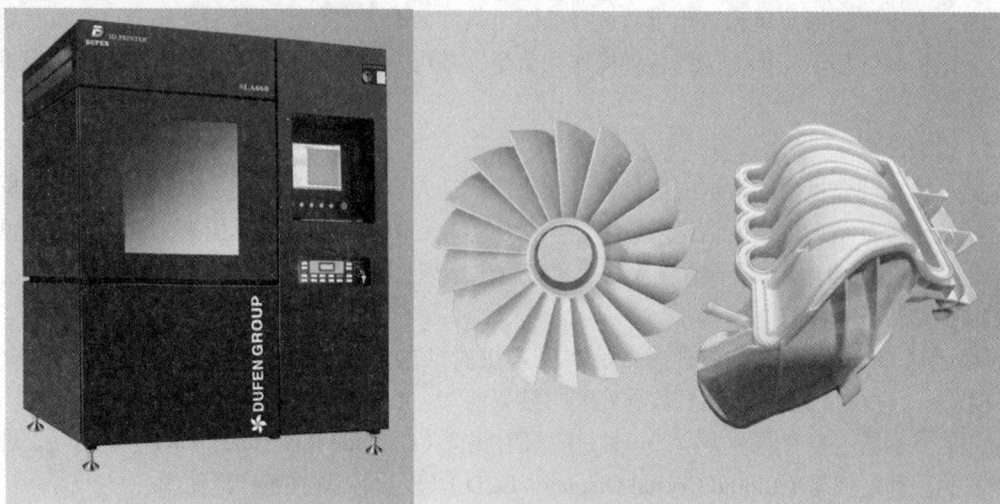

图 3.7　3D 打印机及其打印的产品

3.2.3　计算机的基本工作原理

冯·诺依曼机的工作原理是存储程序，其主要思想是：将程序和数据存放到计算机内部的存储器中，计算机在程序的控制下一步步进行处理，直到程序执行完成。现代计算机的程序由一系列指令组成并存放在存储器内，控制器依次从存储器内取出每一条指令，并分析和翻译这条指令，翻译的结果是得到一些控制信号，然后控制器将这些控制信号按一定的时序发送给相关部件，这些部件根据这些控制信号进行工作，就能完成当前这一条指令的功能，所有指令依次执行完成后，当前程序的功能也就完成了。

（1）取指令

当程序已在存储器中时，首先根据程序入口地址取出第一条指令，为此要发出指令地址及控制信号，然后不断取出第二条指令、第三条指令……。

（2）分析指令

分析指令也称解释指令、指令译码等，是对当前取得的指令进行分析，根据指令要执行的操作，产生相应的操作控制命令，如果参与操作的数据在存储器中，还需要形成操作数地址并访问存储器。

（3）执行指令

根据分析指令时产生的"操作命令"和"操作数地址"形成相应的操作控制信号序列，通过 CPU 及输入/输出设备的执行，实现每条指令的功能，其中还包括对运算结果的处理以及下条指令地址的形成。

计算机不断重复执行上述三种基本操作：取第一条指令、分析第一条指令、执行第一条指令；取第二条指令、分析第二条指令、执行第二条指令……。如此循环，直到遇到停机指令或外来的干预为止。

3.2.4　微型计算机体系结构

我们日常学习和工作使用的都是微型计算机（简称"微机"），在此将针对微机介绍其体系结构。

目前，世界上任意系列的微机产品，其基本结构都是基于总线的结构，图 3.8 所示为基于总线的微机基本结构框图。从框图可知，组成微机的基本部件有微处理器、系统总线、外设接口等，下面将会详细介绍这些部件。

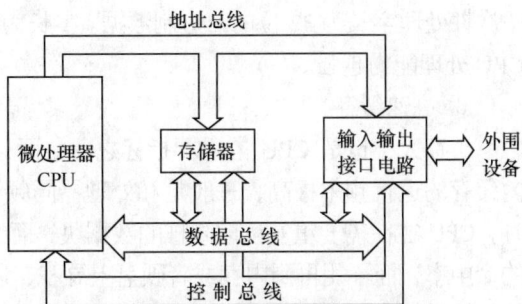

图 3.8　基于总线的微机基本结构框图

1．微处理器

微型计算机的 CPU 也叫微处理器，是将控制器和运算器合二为一的一个部件，也是计算机的核心部件。微处理器的主要生产厂家有 Intel 公司和 AMD 公司。Intel 公司目前的主流产品有酷睿系列、赛扬系列等；AMD 公司目前的主流产品有羿龙、闪龙和速龙系列等。Intel 公司和 AMD 公司的产品占据了全球大约 85%以上的市场份额。CPU 的内核也逐渐由单核向双核、多核发展，主频最高可达到 3GHz 以上。

（1）CPU 的结构组成

CPU 在内部结构上都包含以下部分。

① 算术逻辑部件：专门用来处理各种数据信息，可以进行加、减、乘、除等算术运算和与、或、非、异或等逻辑运算。

② 累加器和通用寄存器组：用来保存参加运算的数据以及运算的中间结果，也可用来存放地址。

③ 程序计数器：存放下一条要读取的指令的地址。

④ 指令寄存器：存放从存储器中取出的指令码。

⑤ 指令译码器：对指令码进行译码和分析，从而确定指令的完成需要哪些操作。

⑥ 时序和控制部件：指令译码器对指令进行译码时，产生相应的控制信号送到时序和控制逻辑电路，从而组合成外部电路所需要的时序和控制信号。

32 位以上的 CPU 芯片中还集成了浮点运算器、存储管理器和高速缓存等部件。

（2）CPU 的性能指标

CPU 的性能大致上反映出了它所配置的微机的性能，因此 CPU 的性能指标十分重要。CPU 的性能主要取决于其主频、字长、高速缓存（Cache）以及其他一些技术。

① 主频

主频也叫时钟频率，用来表示 CPU 的运算、处理数据的速度，例如 Intel I7 8700K 处理器，其 CPU 主频为 3.7GHz。

很多人认为主频就决定着 CPU 的运行速度，这是不准确的。至今，没有一条确定的公式能够实现主频和实际的运算速度两者之间的数值关系，即使是两大处理器厂家 Intel 和 AMD，在这一点上也存在着很大的争议。主频和实际的运算速度存在一定的关系，但并不是一个简单的线性关系。主频与运算速度之间的这种关系，说明主频仅仅是 CPU 性能表现的一个方面，而不代表 CPU 的整体性能。

② 字长

字长是指 CPU 在单位时间内能一次处理（存取、传输、运算）的二进制数据的位数（这个被处理的数据称为字）。所以能处理字长为 8 位数据的 CPU 通常就叫 8 位 CPU。同理 32 位的 CPU 就能一次性处理字长为 32 位的二进制数据。字长为 64 位的 CPU 一次可以处理 8 字节。显然，字长越长，CPU 处理能力越强。

③ 高速缓存

缓存大小也是 CPU 的重要指标之一，而且缓存的结构和大小对 CPU 速度的影响非常大，CPU 内缓存的运行频率极高，一般是和处理器同频运作，工作效率远远大于系统内存和硬盘。实际工作时，CPU 往往需要重复读取同样的数据块，而缓存容量的增大，可以大幅度提升 CPU 内部读取数据的命中率，而不用再到内存或者硬盘上寻找，以此提高系统性能。但是考虑到 CPU 芯片面积和成本等因素，缓存容量都不会太大。

高速缓存 Cache 又可分为 L1 Cache（一级缓存）、L2 Cache（二级缓存），高端 CPU 甚至还有 L3 Cache（三级缓存）。

2. 系统总线

微机的各部分是用总线连接起来的。用于连接 CPU、存储器、外设接口等各部分的总线称为系统总线。系统总线是微机系统中最重要的总线，人们平常所说的微机总线就是指系统总线，如 ISA 总线、EISA 总线、PCI 总线等。

系统总线上传送的信息包括数据信息、地址信息、控制信息三类，因此，系统总线包含三种不同功能的总线，即数据总线（Data Bus, DB）、地址总线（Address Bus, AB）和控制总线（Control Bus, CB），所以说系统总线是一种三总线结构。

数据总线 DB 用于传送数据信息或程序指令。数据总线是双向三态形式的总线，即 DB 既可以把 CPU 的数据传送到存储器或 I/O 接口等其他部件，也可以将其他部件的数据传送到 CPU。数据总线的位数是微机的一个重要指标，通常与 CPU 的字长相一致。例如 Intel 8086 CPU 字长 16 位，其数据总线宽度也是 16 位。

地址总线 AB 是专门用来传送地址的，由于地址只能从 CPU 传向外部存储器或 I/O 端口，所以地址总线总是单向三态的，这与数据总线不同。地址总线的位数决定了 CPU 可直接寻址的内存空间大小，例如某 8 位微机的地址总线为 16 位，则其最大可寻址空间为 2^{16}B（64KB），某 16 位微机的地址总线为 20 位，则其可寻址空间为 2^{20}B（1MB）。一般来说，若地址总线为 n 位，则可寻址空间为 2^n（2 的 n 次方）个地址空间（存储单元）。

控制总线 CB 用来传送控制信号和时序信号。控制信号中，有的是 CPU 送往存储器和 I/O 接口电路的，如读/写信号、片选信号、中断响应信号等；也可以是其他部件反馈给 CPU 的信号，例如中断申请信号、复位信号、总线请求信号、设备就绪信号等。因此，控制总线的传送方向因具体控制信号而定，一般是双向的，控制总线的位数要根据系统的实际控制需要而定。实际上控制总线的具体情况主要取决于 CPU。

3. 外设接口

外设接口是计算机的 CPU、存储器与外围设备之间，通过系统总线进行连接的逻辑电路，它是 CPU 与外界进行信息交换的中转站。

由于计算机的外围设备品种繁多，基本都采用了机电传动设备，因此，CPU 在与 I/O 设备进行数据交换时存在以下问题。

① 速度不匹配：I/O 设备的工作速度要比 CPU 慢许多，而且由于外设种类多种多样，它们之间的速度差异也很大，例如，硬盘的传输速度就要比打印机快很多。

② 时序不匹配：各个 I/O 设备都有自己的定时控制电路，以自己的速度传输数据，无法与 CPU 的时序取得统一。

③ 信息格式不匹配：不同的 I/O 设备存储和处理信息的格式不同，例如，我们可将之分为串行数据和并行数据；也可将之分为二进制格式、ASCII 编码和 BCD 编码等。

④ 信息类型不匹配：不同 I/O 设备采用的信号类型不同，有些是数字信号，有些是模拟信号，因此其所采用的处理方式也不相同。

基于以上原因，CPU 与外设之间的数据交换不能在二者之间直接完成，而是必须通过接口来完成，通常接口具有以下一些功能。

① 设置数据的寄存、缓冲逻辑，以适应 CPU 与外设之间的速度差异，接口中通常包含一些寄存器或 RAM 芯片，如果芯片足够大还可以实现批量数据的传输。

② 能够进行信息格式的转换，如串行数据和并行数据的转换。

③ 能够协调 CPU 和外设之间信息类型及电平的差异，如电平转换驱动器、数/模或模/数转换器等。

④ 协调时序差异。

⑤ 地址译码和设备选择功能。

⑥ 设置中断和 DMA 控制逻辑，以保证在中断和 DMA 允许的情况下产生中断和 DMA 请求信号，并在接收到中断请求和 DMA 应答之后完成中断处理及 DMA 传输。

目前，主流微机配置的外设接口主要包括有线网络接口、USB 接口、音频接口、视频接口、SATA 接口等。

（1）有线网络接口的主流是 RJ45 网络接口，8 个触点适配 T568A 或者 T568B 型的双绞线，一般使用的网线都是 T568B 型的直通线，网络接口的上方有两个指示灯代表是否有信号通过。对于网络接口来说，并不像 USB 2.0 和 USB 3.0 那样有颜色表示，不过有些主板的网络接口支持颜色区分，例如 Intel 千兆网卡或者 killer 杀手网卡，分别为蓝色和红色代表。

（2）USB 接口中文名为"通用串行总线"，插到 USB 接口的常见设备是 USB 键鼠、U 盘、移动硬盘等。USB 接口拥有多种协议规范，如 USB2.0、USB3.0、USB3.1，分别以黑色、蓝色、红色代表，后续版本相对前代主要表现在传输速度上的提升。

USB 的接口标准有 USB Type-A、USB Type-B、USB Type-C 等多种。USB Type-A 接口是我们最常见的 USB 接口，可以连接鼠标、键盘、U 盘、硬盘、打印机等各种设备。USB Type-B 接口主要用于打印机、显示器以及移动硬盘等设备的连接。USB Type-C 接口的特色有：支持 USB 接口正反双面插入、设计更加纤薄、数据传输速度更快以及快速充电。目前支持 USB Type-C 接口的电子产品越来越多。由于 USB Type-C 具有种种优势，它成为最有希望统一各接口的接口标准。

（3）音频接口用于连接话筒和其他声源设备，该接口在模拟信号和数字信号之间起到了桥梁连接的作用。音频接口最为常见的三个接口依次是：粉色的话筒输入接口，绿色的音频输出接口，蓝色的音频输入接口。简单来说就是粉色接口插话筒，绿色接口连接音响或者耳机，蓝色接口一般为音频设备的输入口。

（4）目前主流的视频接口主要分为两大类：较传统的模拟信号接口 VGA，以及较新的数字信号接口 DVI、HDMI、DP 等。传统的 VGA 接口只能传输画面，DVI 接口也只能传输画面，HDMI 及

DP 接口都可以同时传输视频信号和音频信号。

多年以来，VGA 接口在显卡上应用最为广泛，绝大多数显卡都带有此种接口。显示器通过 VGA 接口连接到显卡上，以显示计算机的图像信息。VGA 接口传输的是模拟信号，抗干扰能力弱，而目前的显示器基本都为数字信号，模拟信号要经过多次信号间的转换，会导致部分信号丢失，造成画面质量下降，目前几乎已被淘汰，只有个别的投影设备或一些仪器还在使用。

常见的 DVI 接口分为 DVI-D 及 DVI-I 两种，其中 DVI-D 型只能输出数字信号，而 DVI-I 既可以输出数字信号还能输出模拟信号。DVI 接口传输数字信号时，与传输模拟信号的 VGA 接口相比，具有速度快、画面清晰的优势。但 DVI 接口也有缺点，即不支持传输音频信号，并且接口体积很大，也有被淘汰的趋势。

HDMI 接口传输的也是数字信号，所以在视频质量上和 DVI 接口传输所实现的效果基本相同。但 HDMI 接口有更高的带宽，而且接口体积变得更小。HDMI 接口还能够同时传送音频信号，即 HDMI 接口只需要一条 HDMI 线，便可以同时传送音频/视频信号。假如显示器除了有显示功能，还带有音响时，HDMI 的接口可以同时将计算机视频和音频的信号传递给显示器。

DP 接口可以看作 HDMI 接口的升级版，但是内部数据的传输方式与 DVI 和 HDMI 完全不同，而是有着更高的带宽。DP 接口可以实现视频信号和高清音频信号的同步传输，同时在分辨率和刷新率方面，也得到了更大的突破。而且根据设计，DP 接口既支持外置显示连接，也支持内置显示连接。DP 接口已经逐渐成为高端显示器必不可少的接口。

（5）SATA 接口是 Serial ATA 的缩写，即串行 ATA。它是一种计算机总线，主要功能是用作主板和大量存储设备（如硬盘及光盘驱动器）之间的数据传输。在数据传输上，SATA 的速度比旧式 PATA（Parallel ATA 或旧称 IDE）接口更加快捷，并支持热插拔，在计算机运作时可以插上或拔除硬件。另一方面，SATA 总线使用了嵌入式时钟频率信号，具备了比以往更强的纠错能力，能对传输指令（不仅是数据）进行检查，如果发现错误会自动矫正，提高了数据传输的可靠性。此外，SATA 用上了较细的排线，有利于机箱内部的空气流通，一定程度上增加了整个平台的稳定性。

4. 存储器

详见"3.2.2 计算机硬件组成"。

5. 外围设备

详见"3.2.2 计算机硬件组成"。

3.2.5 微型计算机的性能指标

一台微型计算机功能的强弱或性能的好坏，不是由某项指标来决定的，而是由它的系统结构、指令系统、硬件组成、软件配置等多方面的因素综合决定的。大多数普通用户可以从以下几个指标来大体评价计算机的性能。

（1）运算速度。运算速度是衡量计算机性能的一项重要指标。人们通常所说的计算机运算速度指的是计算机每秒所能执行的指令条数，一般用 MIPS（Million Instructions Per Second，百万条指令/秒）作为单位。同一台计算机，执行不同的运算所需时间可能不同，因而对运算速度的描述常采用不同的方法。微型计算机一般采用主频来描述运算速度，时钟频率越高，运算速度就越快。如微处理器 Intel Core i3-380M（2.53GHz）的主频为 2.53GHz。

（2）字长。一般来说，计算机在同一时间内处理的一组二进制数据称为一个计算机的"字"，而这组二进制数据的位数就是"字长"。在其他指标相同时，字长越长，计算机处理数据的速度就越快。但是，字长又受到器件及制造工艺等的限制，字长越长，计算机的硬件代价相应也会增大。一般计算机的字长取决于它的通用寄存器、内存储器、ALU 的位数和数据总线的宽度等诸多因素。微型计算机的字长有 4 位、8 位、16 位、32 位或 64 位。目前人们常用的是 64 位字长的微型计算机。

（3）内存储器的容量。内存是 CPU 可以直接访问的存储器，需要执行的程序与需要处理的数据就存放在主存中。内存容量的大小不但反映了计算机存储信息的能力，同时也有助于提升计算机的执行速度。内存容量越大，系统功能越强，能处理的数据量就越庞大。随着操作系统的升级、应用软件的不断丰富及其功能的不断扩展，人们对计算机内存容量的需求也在不断提高。目前微型计算机的内存容量有 4GB、8GB、16GB 等。

（4）外存储器的容量。外存储器的容量通常是指微型计算机机所配置的机械硬盘的容量。外存储器容量越大，可存储的信息就越多，可安装的应用软件就越丰富。目前，一般配置的机械硬盘容量为 120GB～2TB，主流的硬盘容量为 500GB 或 1TB。为了提高外存的访问速度，现在很多微型计算机开始配置 128GB、256GB 的固态硬盘。

除了上述这些主要性能指标外，微型计算机还有其他一些指标，例如，所配置外围设备的性能指标、所配置系统软件的情况等。另外，各项指标之间也不是彼此孤立的，在实际应用时，我们应该把它们综合起来考虑，而且还要遵循最优"性能价格比"的原则。

3.3　计算机软件系统

3.3.1　软件概述

在飞速发展的计算机产业中，计算机软件所承担的角色越来越重要，"软件"这一词汇在不同的场合其含义可能不尽相同。习惯上，人们认为"软件就是程序"或"程序就是软件"。随着计算机技术的发展以及软件规模越来越大，人们发现程序和软件是两个不同的概念，于是有人提出这样一种观点：软件是由程序和程序开发、使用、维护所需要的一切文档组成的。这一观点强调了文档在软件开发中的重要性。1983 年，IEEE 明确地给软件进行了定义：软件是计算机程序、方法、规则和相关的文档以及在计算机上运行它时所必需的数据。也就是说，软件是程序及其相关文档以及所需处理的数据的总称。没有软件的计算机系统通常称为"裸机"，而"裸机"是无法工作的，只有硬件和软件的相互依存才能构成一个可用的计算机系统。

软件系统一般分为系统软件和应用软件两大部分。

3.3.2　程序设计语言

程序设计语言又称计算机语言，是计算机为解决某个实际问题而编写程序时使用的语言，是人和计算机之间实现信息交换的一种工具。按照用户使用计算机语言的方便程度，计算机语言可分为三大类，即机器语言、汇编语言和高级语言。

1. 机器语言

机器语言是用二进制代码表示的计算机能直接识别和执行的一种机器指令的集合。它是计算机的设计者通过计算机的硬件结构赋予计算机的操作功能。机器语言具有灵活、直接执行和速度快等特点。

用机器语言编写程序，编程人员要首先熟记所用计算机的全部指令代码和代码的含义。手编程序时，程序员需要自己处理每条指令和每一数据的存储分配和输入输出，还需要记住编程过程中每一步所使用的工作单元处在何种状态，这是一件十分烦琐的工作。编写程序花费的时间往往是实际运行时间的几十倍或几百倍，而且编出的程序全是由 0 和 1 组成的指令代码，直观性差，还容易出错。除了计算机生产厂家的专业人员外，绝大多数的程序员已经不再去学习机器语言了。

2. 汇编语言

为了克服机器语言难读、难编、难记和易出错的缺点，人们就用与代码指令实际含义相近的英文缩写词、字母和数字等符号来取代机器指令代码（如用 ADD 表示运算符号"+"的机器代码），于是就产生了汇编语言。所以说，汇编语言是一种用助记符表示的仍然面向机器的计算机语言。

汇编语言由于采用了助记符号来编写程序，比用机器语言的二进制代码编程要方便些，在一定程度上简化了编程过程。而且助记符与指令代码一一对应，基本保留了机器语言的灵活性。使用汇编语言能面向机器并较好地发挥机器的特性，可以得到质量较高的程序。

汇编语言像机器语音一样，是硬件操作的控制信息，因而仍然是面向机器的语言，使用起来还比较烦琐费时，通用性也差。但是，汇编语言用来编制系统软件和过程控制软件，其目标程序占用内存空间少，运行速度快，有着高级语言不可替代的用途。

由于汇编语言使用了助记符号，所以计算机对于汇编语言程序，不能像对机器语言程序一样直接识别和执行，必须通过预先放入计算机的"汇编程序"的加工和翻译，才能将汇编语言程序转变成能够被计算机识别和处理的机器语言程序。

3. 高级语言

计算机语言具有高级语言和低级语言之分。前述的机器语言和汇编语言都是低级语言（与计算机硬件关联密切，程序员不易使用，但代码简洁，执行效率高），而高级语言是接近自然语言和数学公式的编程语言，用人们更易理解的方式编写程序，基本脱离了机器的硬件系统。使用高级语言编写的程序被称为源程序，源程序不能直接被计算机硬件识别，必须翻译成机器语言才可以，这个翻译过程分为两种类型：编译和解释，相应的语言处理程序称为编译程序和解释程序。

高级语言并不是特指某一种具体的语言，而是包括很多编程语言，如流行的 Java、C、C++、C#、Pascal、Python、Lisp、Prolog、FoxPro 等，这些语言的语法、命令格式甚至编程思想等都各具特色。

3.3.3 系统软件

系统软件是指控制和协调计算机及外部设备，支持应用软件开发和运行的软件系统，是无须用户干预的各种程序的集合，它的主要功能是帮助用户管理计算机的硬件，控制程序调度，执行用户命令，方便用户使用、维护和开发计算机等。系统软件使得计算机使用者和其他软件将计算机当作一个整体而不需要顾及底层每个硬件是如何工作的。系统软件包括操作系统、语言处理程序、数据库管理系统和多种支持服务程序。

1. 操作系统

操作系统（Operating System，OS）是软件系统的核心，是管理计算机硬件与软件资源的计算机程序，同时也是计算机系统的内核与基石。操作系统是配置在计算机硬件上的第一层软件，是对硬件系统的首次扩充。其主要作用是管理好这些软硬件资源，提高它们的利用率和系统的吞吐量，并为用户和应用程序提供一个友好的接口，便于用户使用。OS 是现代计算机系统中最基本和最重要的系统软件，而其他的诸如编译程序、数据库管理系统等系统软件，以及大量的应用软件，都直接依赖于操作系统的支持，取得它所提供的服务。常见的操作系统有 DOS、Windows、UNIX、Linux、macOS 等。

在一个计算机系统中，所有的硬件资源和软件资源归纳起来可分为 4 类：处理器、存储器、I/O 设备以及信息（如数据和程序）。而 OS 作为计算机系统的资源管理者，其主要功能也正是针对这 4 类资源进行有效的管理，即处理机管理，用于分配和控制处理机；存储器管理，主要负责内存的分配与回收；I/O 设备管理，负责 I/O 设备的分配与操纵；文件管理，负责文件的存取、共享和保护。此外，OS 应该为用户使用计算机系统提供一个友好界面，并尽力提高系统完成作业任务的效率，这一部分需求可以称之为作业管理。

（1）处理机管理

处理机管理指操作系统根据一定的调度算法对处理器进行分配，并对其运行进行有效的控制和管理。在传统的多道程序系统中，处理机的分配和运行都是以进程为基本单位的，因而对处理机的管理可归结为对进程的管理。处理机管理的主要功能有：创建和撤销进程，对诸进程的运行进行协调，实现进程之间的信息交换，以及按照一定的算法把处理机分配给进程。

在传统的多道程序环境下，要使作业运行，必须先为它创建一个或几个进程，并为之分配必要的资源。当进程运行结束时，立即撤销该进程，以便能及时回收该进程所占用的各类资源。进程控制的主要功能是为作业创建进程、撤销已结束的进程以及控制进程在运行过程中的状态转换。进程同步机制的主要任务是为多个进程（含线程）的运行进行协调。进程通信是指完成一个共同任务的若干个进程（线程）相互合作时，往往需要交换信息。进程调度的任务，则是从进程的就绪队列中选出一新进程，把处理机分配给它，并为它设置运行现场，使进程投入执行。

（2）存储器管理

存储器管理的主要任务是为多道程序的运行提供良好的环境，提高存储器的利用率，方便用户使用，并能从逻辑上扩充内存。为此，存储器管理应具有内存分配和回收、内存保护、地址映射和内存扩充等功能。

内存分配的主要任务是：为每道程序分配内存空间，使它们"各得其所"；提高存储器的利用率，尽量减少不可用的内存空间（碎片）；允许正在运行的程序申请附加的内存空间，以适应程序和数据动态增长的需要。

内存保护的主要任务是：确保每道用户程序都仅在自己的内存空间内运行，彼此互不干扰；绝不允许用户程序访问操作系统的程序和数据，也不允许用户程序转移到非共享的其他用户程序中去执行。

地址映射功能，是将地址空间中的逻辑地址转换为内存空间中与之对应的物理地址。在多道程序环境下，每道程序不可能都从"0"地址开始装入内存，这就致使地址空间内的逻辑地址和内存空间中的物理地址不相一致。该功能应在硬件的支持下完成。

存储器管理中的内存扩充任务，并非是去扩大物理内存的容量，而是借助于虚拟存储技术，从逻辑上去扩充内存容量，使用户所感觉到的内存容量比实际内存容量大得多；或者是让更多的用户程序能并发运行。这样，既满足了用户的需要，改善了系统的性能，又基本上不增加硬件投资。

（3）I/O 设备管理

设备管理用于管理计算机系统中所有的外围设备。其主要任务有：完成用户进程提出的 I/O 请求；为用户进程分配其所需的 I/O 设备；提高 CPU 和 I/O 设备的利用率；提高 I/O 速度；方便用户使用 I/O 设备。为实现上述任务，设备管理应具有缓冲管理、设备分配和设备处理，以及虚拟设备等功能。

缓冲管理是在内存中设置缓冲区，以缓解 CPU 运行的高速性和 I/O 低速性之间的矛盾，从而提高 CPU 的利用率，提高系统吞吐量，改善系统的性能。

设备分配的基本任务是根据用户进程的 I/O 请求、系统的现有资源情况以及按照某种设备分配策略，为之分配其所需的设备。如果在 I/O 设备和 CPU 之间还存在着设备控制器和 I/O 通道，还必须为分配出去的设备分配相应的控制器和通道。

设备处理程序又称为设备驱动程序。其基本任务是实现 CPU 和设备控制器之间的通信，即由 CPU 向设备控制器发出 I/O 命令，要求它完成指定的 I/O 操作；反之由 CPU 接收从控制器发来的中断请求，并给予迅速响应和相应处理。

（4）文件管理

文件管理的主要任务是对用户文件和系统文件进行管理以方便用户使用，并保证文件的安全性。为此，文件管理应具有对文件存储空间的管理、目录管理、文件的读/写管理以及文件的共享与保护等功能。

（5）作业管理

作业是用户在一次事务处理中要求计算机系统所做工作的总和，是用户向计算机系统提交一项工作的基本单位。按照用户观点，操作系统是用户与计算机系统之间的接口，因此，作业管理的任务是为用户提供一个使用系统的良好环境，使用户能有效地组织自己的工作流程，并使整个系统能高效地运行。

操作系统不仅是计算机系统资源的管理者，而且还是用户与计算机硬件系统之间接口，也就是说 OS 处于用户与计算机硬件系统之间，用户通过 OS 来使用计算机系统。或者说，用户在 OS 帮助下，能够方便、快捷、安全、可靠地操纵计算机硬件和运行自己的程序。所以现代操作系统都要向用户提供"用户与操作系统的接口"。该接口通常可分为两大类：用户接口（用户可通过该接口向自己的作业发出命令以控制作业的运行）和程序接口（是为用户程序在执行中访问系统资源而设置的，是用户程序取得操作系统服务的唯一途径）。

2. 语言处理程序

计算机不能直接执行用各种程序设计语言编写的源程序，需经过翻译后才能被执行。承担翻译任务的程序就是语言处理程序。语言处理程序包括汇编程序、各种高级语言的解释程序和编译程序等。汇编程序的功能是将使用汇编语言编写的源程序翻译成计算机硬件能够直接识别和执行的机器语言程序；解释程序和编译程序的功能是将使用高级语言编写的源程序翻译成机器语言程序。

3. 数据库管理系统

数据库管理系统（DataBase Management System，DBMS）是一种操纵和管理数据库的大型软件，用于建立、使用和维护数据库。它对数据库进行统一的管理和控制，以保证数据库的安全性和完整性。用户通过 DBMS 访问数据库中的数据，数据库管理员也通过 DBMS 进行数据库的维护工作。它可使多个应用程序和用户用不同的方法在同时或不同时刻去建立、修改和查询数据库。

4. 支持服务程序

支持服务程序也称为"软件研制开发工具""支持软件""软件工具"等,主要为用户使用计算机和维护管理计算机提供服务,包括协助用户进行开发或硬件维护的软件,如编辑程序、测试诊断程序、连接程序、调试程序等。

3.3.4　应用软件

应用软件是和系统软件相对应的,是用户可以使用的各种程序设计语言,以及用各种程序设计语言编制的应用程序的集合,分为应用软件包和用户程序。应用软件包是利用计算机解决某类问题而设计的程序的集合,供多用户使用。用户程序是为满足用户不同领域、不同问题的应用需求而提供的那部分软件。应用软件种类繁多,涉及人们日常生产、生活的各个方面,下面介绍几类常见的应用软件。

(1)文字处理软件:一般用于文字的格式化和排版,常用的中文文字处理软件主要有微软公司的 Word、金山公司的 WPS 等。

(2)电子表格软件:电子表格是一类模拟纸上计算表格的计算机程序。它会显示由一系列行与列构成的网格,可以输入/输出、显示数据,也可利用公式实现一些简单或烦琐的数据计算,并能对输入的数据进行各种复杂统计运算后显示为可视性极佳的表格,同时它还能形象地将大量枯燥无味的数据变为多种漂亮的彩色商业图表显示出来,极大地增强了数据的可视性。另外,电子表格还能将各种统计报告和统计图打印出来。电子表格通常用于财务信息管理。常见电子表格软件有 Excel、WPS、Lotus 等。

(3)辅助设计软件:辅助设计软件是指利用计算机及其图形设备帮助设计人员进行设计工作的软件,适用于建筑、机械、电子、服装等多个领域。利用辅助设计软件可以帮助设计人员对不同方案进行大量的计算、分析和比较,以决定最优方案,同时提高设计人员的工作效率。在计算机辅助设计软件中,Autodesk 公司推出的 AutoCAD 是功能比较强大的一款软件,它的适用范围很广,对于一般建筑、机械、电子等方面的绘图设计,都是可以胜任的,是绝大多数工程设计人员都需要掌握的。

(4)工控软件:工控软件从狭义上来讲就是工业控制软件。自从采用可编程控制器以来,工控软件就成为工业自动化密不可分的一部分,但在实际应用中控制软件并不是孤立的,而是与其他软件相集成才能发挥其应有的作用。所以从广义上来讲,它包括数据采集、人机界面、软件应用、过程控制、数据库、数据通信等,其涵盖的内容也随着技术的发展不断地丰富,从单纯的控制走向与管理融为一体的工厂信息化。

(5)信息管理软件:用于输入、存储、修改、检索各种信息,例如工资管理软件、人事管理软件、仓库管理软件、计划管理软件等。这种软件发展到一定水平后,各个单项的软件相互联系起来,计算机和管理人员组成一个和谐的整体,各种信息在其中合理地流动,形成一个完整、高效的管理信息系统。

此外还有休闲娱乐软件、科学和工程计算软件、图形图像处理软件、网络应用软件等。

习　题

一、填空题

1. 冯·诺依曼机计算机硬件由 5 大功能部件组成,分别是_____、_____、_____、

_____、_____。

2. 内存可以分为 ROM 和 RAM 两种，其中，ROM 称为_____，RAM 称为_____。静态随机存储器可简写为_____，动态随机存储器可简写为_____。

3. 可擦除、可编程的 ROM 可简写为_____，电可擦除、可编程的 ROM 可简写为_____。

4. 任意列出 3 种输入设备：_____、_____、_____；任意列出 3 种输出设备：_____、_____、_____。

5. 常用的显示器主要有两种类型：一种是_____显示器；另一种是_____显示器。

6. 软件系统一般分为_____和_____两大部分。

7. 按照用户使用计算机语言的方便程度，计算机语言可分为三大类，即_____、_____和_____。

二、判断题

1. 计算机硬件和计算机软件在逻辑功能上是等价的。（　　）

2. 固件是固化在硬件内的软件，其本质还是软件，但因不宜轻易变更而被固化。（　　）

3. 控制器的功能就是依次取指令、分析指令和翻译指令，并将翻译得到的控制信号按一定的时序发送给相关部件，那些部件根据这些控制信号进行工作。（　　）

4. 控制器由程序计数器（PC）、指令寄存器（IR）、地址寄存器（AR）、指令译码器（ID）、时序控制电路以及微操作控制电路等几部分组成。（　　）

5. 运算器由算术逻辑单元（ALU）、累加器、通用寄存器组、状态寄存器以及暂存寄存器等组成。（　　）

6. 运算器既能进行算术运算，也能进行逻辑运算。（　　）

7. 早期的计算机以运算器为中心，现在的计算机以存储器为中心。（　　）

8. 存储器可分为两大类：一类叫内部存储器，简称内存或主存，一般由半导体材料构造；另一类叫外部存储器，简称外存或辅存，一般由磁性材料或光介质材料构造。（　　）

9. RAM 保存数据需要电源的支持，而 ROM 在断电后也能正常保存数据。（　　）

10. 动态随机存储器需要刷新，静态随机存储器不需要刷新。（　　）

11. 可编程的 ROM（PROM）在由用户按照需要一次性地写入信息后不能再更改。（　　）

12. 闪速存储器（Flash Memory）属于 EEPROM 类型，性能又优于普通的 EEPROM。（　　）

13. 外存在断电时也可长期保存信息，但其缺点是 CPU 不能直接对它进行访问。（　　）

14. 不要在 U 盘的指示灯闪得飞快时拔出 U 盘，因为这时 U 盘正在读取或写入数据，中途拔出可能会造成硬件、数据的损坏。（　　）

15. 按工作机构进行划分，打印机可以分为击打式打印机和非击打式打印机。其中，击打式打印机又分为字模式打印机和点阵式打印机，点阵式打印机又称为针式打印机；非击打式打印机又分为喷墨打印机、激光打印机、热敏打印机和静电打印机。（　　）

16. CPU 是英文 Central Processing Unit 的缩写词，意为中央处理器，也可称为中央处理单元或微处理器。CPU 实际上就是将控制器和运算器合二为一的一个部件。（　　）

17. 系统总线上传送的信息包括数据信息、地址信息、控制信息，因此，系统总线包含 3 种不同功能的总线，即数据总线（Data Bus，DB）、地址总线（Address Bus，AB）和控制总线（Control Bus，CB）。（　　）

18. 数据总线的位数是微型计算机的一个重要指标，通常与微处理器的字长一致。（　　）

19. 地址总线是专门用来传送地址的，地址总线的位数决定了 CPU 可直接寻址的内存空间大小。（　　）

20. 操作系统（Operating System，OS）是软件系统的核心，是管理计算机硬件与软件资源的计算机程序，同时也是计算机系统的内核与基石。（　　）

21. 高级语言是比较接近自然语言和数学公式的编程语言，它用人们更易理解的方式编写程序，基本脱离了机器的硬件系统。（　　）

22. 数据库管理系统是一种常用的应用软件。（　　）

23. 微软公司的 Word 文字处理软件是一种常用的系统软件。（　　）

04 第 4 章 数据库技术基础

数据库技术是计算机数据处理与信息管理系统的核心，是研究、管理和应用数据库的一门软件科学，是现代信息科学与技术的重要组成部分。作为一种计算机辅助管理数据的方法，数据库技术研究和解决了计算机信息处理过程中大量数据有效地组织和存储的问题，在数据库系统中减少数据存储冗余、实现数据共享、保障数据安全以及高效地检索数据和处理数据。当今数据库的建设规模、信息容量及使用频度已成为衡量一个国家信息化程度的重要标志。

4.1 数据库系统概述

数据库系统是为适应数据处理的需要而发展起来的由数据库及其管埋软件组成的系统。数据库系统的出现是计算机应用的一个里程碑，它使得计算机应用从以科学计算为主转向以数据处理为主，并使计算机在各行各业中得到了广泛的应用。

4.1.1 数据库的基本概念

1. 数据

用来描述事物的符号记录就是数据（Data），数据有多种表现形式，可以是数字、文本、图形、图像、音频、视频等。

数据的表现形式不能完全表达其内容，需要经过解释，数据和关于数据的解释是不可分的。例如，38 是一个数据，可以是一个同学某门课的成绩，也可以是天气的温度，还可以是一个班级的学生人数。数据的解释是指对数据含义的说明，数据的含义称为数据的语义，数据与其语义是不可分的。

2. 数据库

数据库（DataBase，DB）顾名思义，它是存放数据的仓库，是长期存储在计算机内的、有组织的、可共享的大量数据的集合。这种集合具有如下特点。

（1）数据库中的数据是按一定的数据模型组织、描述和存储的。

（2）具有较小的冗余度。

（3）具有较高的数据独立性和易扩展性。

（4）可为多个用户共享。

4.1.2　数据管理技术的产生和发展

数据管理是指对数据进行分类、组织、编码、存储、检索和维护等活动。数据管理的主要目的是从大量的、原始的数据中筛选出对人们有价值的信息，实现数据共享，为人们的行动和决策提供依据。

数据管理技术就是把需要处理的数据存放在计算机中，然后使用相应的命令对数据进行维护、搜索、计算等操作。随着计算机技术的发展，在应用需求的推动下，在计算机硬件、软件发展的基础上，数据管理技术经历了人工管理、文件系统和数据库系统 3 个发展阶段，每一阶段的发展以数据存储冗余不断减小、数据独立性不断增强、数据操作更加方便和简单为标志。

1. 人工管理阶段

20 世纪 50 年代中期以前，计算机主要应用于科学计算。当时没有磁盘等直接存取设备，只有纸带、卡片、磁带等外存，也没有操作系统和管理数据的专门软件，数据的组织和管理完全依靠程序员手工完成。该阶段数据管理的特点如下。

（1）数据不保存。计算机仅用于科学计算，数据保存的需求尚不迫切。

（2）没有专门的数据管理软件。每个应用程序都要包括数据的存储结构、存取方法和输入方法等。程序员编写应用程序时还要安排数据的物理存储，因此程序员负担很重。

（3）数据不共享。数据是面向程序的，一组数据只能对应一个程序。

（4）程序和数据实现了分离，因此程序与数据间具有一定的独立性，但是应用程序中依然要反映数据在存储设备上的组织方法、存取方法等物理细节，因而只要数据做了修改，程序仍然需要做相应改动，因此数据独立性比较差。

人工管理阶段程序与数据之间的对应关系如图 4.1 所示。

图 4.1　人工管理阶段程序与数据之间的对应关系

2. 文件系统阶段

20 世纪 50 年代后期到 60 年代中期，随着计算机硬件和软件的发展，磁盘、磁鼓等直接存取设备开始普及，软件领域出现了操作系统和高级软件。数据以文件为单位，与计算机程序脱离，由操作系统统一管理用户的程序和数据可以分别存储在外存储器，各个应用程序共享一组数据，实现了以文件为单位的共享。该阶段数据管理的特点如下。

（1）数据以文件形式长期保存。

（2）由文件系统管理数据。文件系统实现了记录内的结构化，从文件的整体来看却是无结构的，文件和文件之间是独立的，数据间的联系较弱，不能反映现实世界中事物之间的联系。

（3）数据具有一定的共享性，但数据仍然面向特定的应用程序，因此数据共享性差、冗余度大，容易造成数据的不一致。

（4）程序与数据间有一定独立性，但是这种独立性主要是指设备的独立性，还未能彻底体现用户观点下的数据逻辑结构独立于数据在外部存储器的物理结构要求，因此数据独立性比较差。

文件系统阶段程序与数据之间的对应关系如图 4.2 所示。

3. 数据系统阶段

20 世纪 60 年代后期以来，计算机管理的对象规模越来越大，应用范围也越来越广泛，数据量急剧增长，同时多种应用、多种语言互相覆盖地共享数据集合的要求越来越强烈。在此背景下数据库技术应运而生了，出现了统一管理数据的专门软件系统——数据库系统。此阶段的特点如下。

（1）数据结构化。在描述数据时不仅要描述数据本身，还要描述数据之间的联系。数据结构化是数据库的主要特征之一，也是数据库系统与文件系统的本质区别。

（2）数据的共享性高，冗余度低，易扩展。数据不再针对某一个应用，而是面向整个系统，数据可被多个用户和多个应用共享使用，而且容易增加新的应用。

（3）数据独立性高。数据库系统通过映像，使数据的物理结构独立于全局逻辑结构，也使全局逻辑结构独立于应用程序。

（4）数据由数据库管理系统（DBMS）统一管理和控制，保证了数据的安全性和完整性。

数据库系统阶段程序与数据之间的对应关系如图 4.3 所示。

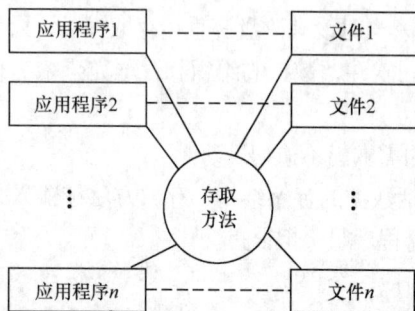

图 4.2　文件系统阶段程序与数据之间的对应关系

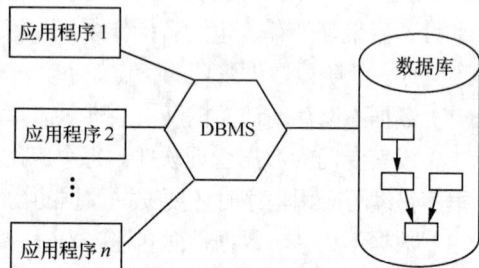

图 4.3　数据库系统阶段程序与数据之间的对应关系

4.1.3　数据库系统

数据库系统（DataBase System，DBS）是指在计算机系统中引入数据库后的系统，是存储介质、处理对象和管理系统的集合体，如图 4.4 所示。数据库系统一般由以下 4 个部分组成。

1. 数据库

数据库是按照数据结构来组织、存储和管理数据的仓库。数据库的概念实际上包括两层意思。

（1）数据库是一个实体，它是能够合理保管数据的"仓库"，用户在该"仓库"中存放了要管理的事务数据，"数据"和"库"这两个概念相结合就成为数据库。

（2）数据库是数据管理的新方法和新技术，它能更合适地组织数据、更方便地维护数据、更严密地控制数据和更有效地利用数据。

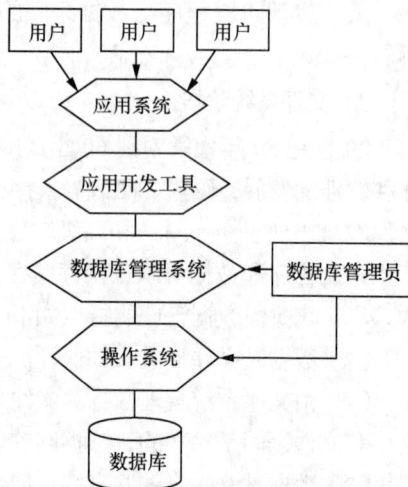

图 4.4　数据库系统

2. 硬件

硬件即构成计算机系统的各种物理设备，包括存储所需的外部设备。硬件的配置应满足整个数据库系统的需要。

3. **软件**

软件包括操作系统、数据库管理系统（及其应用开发工具）、应用程序。数据库管理系统是数据库系统的核心软件，在操作系统的支持下工作，解决如何科学地组织和存储数据，如何高效获取和维护数据的系统软件。

4. **人员**

（1）数据库管理员

数据库管理员负责数据库的总体信息控制，具体职责包括：设计数据库中的信息内容和结构，决定数据库的存储结构和存取策略，定义数据库的安全性要求和完整性约束条件，监控数据库的使用和运行，负责数据库的性能改进、数据库的重组和重构，以提高系统的性能。

（2）系统分析员和数据库设计人员

系统分析员负责应用系统的需求分析和规范说明，他们和用户及数据库管理员一起确定系统的硬件配置，并参与数据库系统的概要设计。数据库设计人员负责数据库中数据的确定、数据库各级模式的设计。

（3）应用程序员

负责编写使用数据库的应用程序。这些应用程序可对数据进行检索、建立、删除或修改。

（4）最终用户

最终用户通过应用系统的接口或查询语言访问数据库。常用的接口方式有浏览器、菜单驱动、表格操作、图形显示和报表书写等。

4.1.4　数据库管理系统

数据库管理系统是位于用户与操作系统之间的一层数据管理软件，它在操作系统的支持下工作，解决如何科学地组织和存储数据，如何高效地获取和维护数据的系统软件，图 4.5 为引入数据库管理系统后计算机系统的层次结构。

数据库管理系统是数据库系统的核心软件，其主要功能如下。

（1）数据定义功能

DBMS 提供了数据定义语言（Data Definition Language，DDL），用户通过 DDL 可以方便地定义数据库中的数据对象。

（2）数据操纵功能

DBMS 提供了数据操纵语言（Data Manipulation Language，DML），用户可以使用 DML 实现对数据的基本操作，如查询、插入、删除和修改等。

图 4.5　数据库管理系统在计算机系统中的地位

（3）数据库的运行管理

数据库建立、运用和维护时由数据库管理系统统一管理、统一控制，以保证数据的安全性、完整性、多用户对数据的并发使用及发生故障后的系统恢复。

（4）数据的组织、存储和管理

DBMS 分类组织、存储和管理各种数据，包括数据字典、用户数据和存取路径等。要确定以何种文件结构和存取方式在存储级上组织这些数据，以提高存取效率。

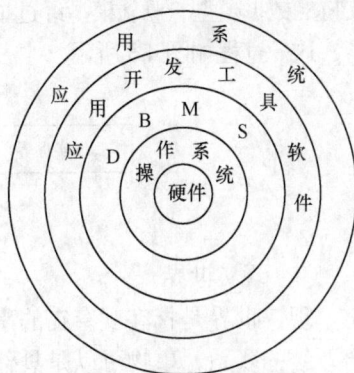

（5）数据库的建立和维护功能

数据库的建立和维护包括数据库的初始建立、数据的转换、数据库的转储和恢复、数据库的重组和重构、性能监测和分析等。

（6）其他功能

DBMS 与网络中其他软件系统的通信功能，一个 DBMS 与另一个 DBMS 或者文件系统的数据转换功能等。

4.1.5　数据模型

由于计算机不能直接处理现实世界的具体事物及其联系，为了利用数据库技术管理和处理现实世界中的事物及其联系，人们必须事先将这些具体事物及其联系转换成计算机能够处理的数据。我们采用数据模型这个工具来抽象、表示和处理现实世界的具体事物和联系。

1. 数据模型的基本概念

数据是对客观事物的符号表示，模型是现实世界的抽象，数据模型是对现实世界数据特征的抽象，数据模型是数据库系统的核心和基础。

数据模型应满足以下 3 个方面的要求。

（1）能比较真实地模拟出现实世界。

（2）容易被人所理解。

（3）便于在计算机上实现。

2. 数据处理的抽象与转换

为了把现实世界中的具体事物抽象、组织为某一数据库管理系统支持的数据模型，在实际的数据处理过程中，首先将现实世界中的具体事物及联系抽象成信息世界的概念模型，然后抽象成计算机世界的数据模型。概念模型并不依赖于具体的计算机系统，不是某一个数据库管理系统（DBMS）支持的数据模型，概念模型经过抽象，转换成计算机某一个数据库管理系统（DBMS）支持的数据模型，这一过程如图 4.6 所示。

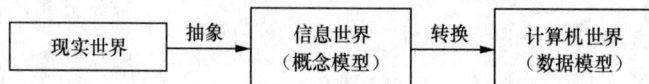

图 4.6　数据转换过程

（1）现实世界

现实世界是指客观存在的事物及其相互间的联系。现实世界中的事物有着众多的特征和千丝万缕的联系，事物可以是具体的、可见的实物，也可以是抽象的事物。但人们只选择感兴趣的事物的一部分特征来描述，如学生，人们通常用学号、姓名、班级、成绩等特征来描述和区分，而对身高、体重、长相不太关心。联系可能是多方面的，人们只选取感兴趣的联系，而无须选取所有的联系。如图书借阅系统中，可以选择"学生借阅图书"这一联系表示学生和图书之间的关系。

（2）信息世界

信息世界是对现实世界的一种抽象，是现实世界在人们头脑中的反映，人们把事物的特征和联系通过符号记录下来，经过人脑的分析、归纳和抽象，并用规范化的语言描述，从而构成一个基于现实世界的信息世界。

信息世界常常会用到如下一些基本概念。

① 实体（Entity）：客观存在并可相互区别的事物称为实体。实体可以是具体的人、事、物，也可以是抽象的概念或联系。例如，教师、教师和学院的工作关系等都是实体。

② 属性（Attribute）：实体所具有的某一特性就称为属性。一个实体可以由若干个属性来刻画。例如，学生实体的属性有学号、姓名、性别、年龄等。

③ 码（Key）：唯一标识实体的属性集称为码。例如，学号是学生实体的码。

④ 域（Domain）：属性的取值范围称为该属性的域，是一组具有相同数据类型的值的集合。例如，学号的域为 8 位整数，性别的域是"（男，女）"。

⑤ 实体型（Entity Type）：用实体名和属性名集合来抽象和刻画同类实体，称为实体型。例如，学生（学号，姓名，性别）。

⑥ 实体集（Entity Set）：同一类型实体的集合。例如，所有学生构成的集合就是学生实体集。

⑦ 联系（Relationship）：现实世界中事物内部以及事物之间的联系在信息世界中反映为实体（型）内部的联系和实体（型）之间的联系。实体内部的联系通常是指组成实体的各属性之间的联系，实体之间的联系通常是指不同实体集之间的联系。

- 两个实体型之间的联系

两个实体型之间的联系有一对一、一对多、多对多三种类型。

一对一联系：如果实体集 E_A 中每个实体至多和实体集 E_B 中的一个实体有联系，反之亦然，就称实体集 E_A 和实体集 E_B 的联系为"一对一联系"，记为"1:1"。

例如，班级和班长之间的联系，一个班级只有一个班长，一个班长只能管理一个班级。

一对多联系：如果实体集 E_A 中每个实体与实体集 E_B 中的任意个（零个或多个）实体有联系，而 E_B 中每个实体至多与实体集 E_A 中的一个实体有联系，就称实体集 E_A 对 E_B 的联系为"一对多联系"，记为"1:N"。

例如，班级和学生的联系。一个班级中有若干名学生，每个学生只在一个班级中学习。

多对多联系：如果实体集 E_A 中的每个实体与实体集 E_B 中的任意个（零个或多个）实体有联系，反之，实体集 E_B 中的每个实体与实体集 E_A 中的任意个（零个或多个）实体有联系，就称实体集 E_A 和 E_B 的联系为"多对多联系"，记为"M:N"联系。

例如，课程与学生之间的联系。一门课程同时有若干个学生选修，一个学生可以同时选修多门课程。

两个实体型之间的三类联系如图 4.7 所示。

- 两个以上实体型之间的联系

两个以上的实体型之间也存在一对一、一对多和多对多的联系。

例如，对于课程、教师与参考书三个实体型，一门课程可以有若干个教师讲授，使用若干本参考书，而每一个教师只讲授一门课程，每一本参考书只供一门课程使用，则课程与教师、参考书之间的联系是一对多的，如图 4.8 所示。

- 单个实体型内的联系

同一个实体集内的各实体之间也可以存在一对一、一对多和多对多的联系。

例如，职工实体型内部具有领导与被领导的联系，即某一职工（干部）领导若干名职工，而一个职工仅被另外一个职工直接领导，因此这是一对多的联系，如图 4.8 所示。

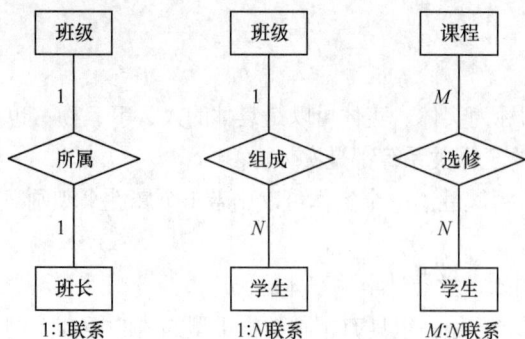

图 4.7　两个实体型之间的联系　　　　　　　　　　图 4.8　多实体型间和单实体型内的联系

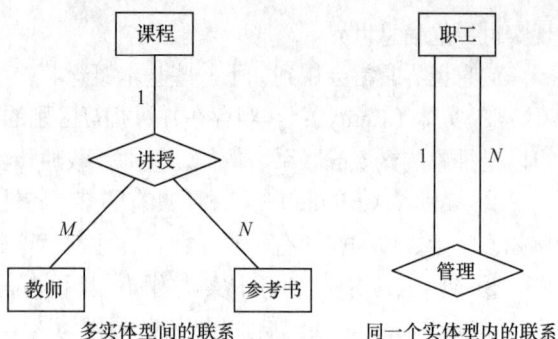

（3）计算机世界

计算机世界是将信息世界的内容数据化后的产物。将信息世界中的概念模型，进一步转换成数据模型，形成便于计算机处理的数据表现形式。

3.　数据模型的分类

根据模型应用的不同目的，可以将这些模型分为两大类，它们分别属于两个不同的层次。第一类是概念模型，第二类是逻辑模型和物理模型。

（1）概念模型

概念模型用于信息世界的建模，是现实世界到信息世界的抽象，也被称作信息模型，它是按照用户的观点来对数据和信息建模，这类模型中最常见的是实体-联系模型，简称 E-R 模型。现实世界到概念模型这部分工作由数据库设计人员来进行完成。

（2）逻辑模型

逻辑模型主要包括层次模型、网状模型、关系模型、面向对象数据模型。它是按照计算机系统的观点来对数据建模，用于 DBMS 实现。概念模型到逻辑模型这部分也由数据库设计人员完成。

（3）物理模型

物理模型是对数据最底层的抽象，描述数据在系统内部的表示方式和存取方法，或在磁盘上的存储方式和存取方法，是面向计算机系统的。逻辑模型到物理模型这部分由 DBMS 完成。

4.　数据模型的组成要素

数据模型是严格定义的一组概念的集合，通常由数据结构、数据操作和数据约束三部分组成。

（1）数据结构

数据结构用于描述系统的静态特征，包括数据的类型、内容、性质及数据之间的联系等。它是数据模型的基础，也是刻画一个数据模型性质最重要的方面。在数据库系统中，人们通常按照其数据结构的类型来命名数据模型。例如，层次模型和关系模型的数据结构就分别是层次结构和关系结构的。

（2）数据操作

数据操作用于描述系统的动态特征，包括数据的插入、修改、删除和查询等。数据模型必须定义这些操作的确切含义、操作符号、操作规则及实现操作的语言。

（3）数据约束

数据的约束条件实际上是一组完整性规则的集合。完整性规则是指给定数据模型中的数据及其联系所具有的制约和存储规则，用以限定符合数据模型的数据库及其状态的变化，以保证数据的正确性、有效性和相容性。例如，限制一个表中学号不能重复，或者成绩的取值不能为负，这些都属于完整性规则。

5. 常用的数据模型

数据库领域中，主要的逻辑数据模型有层次模型、网状模型、关系模型和面向对象数据模型。这些数据模型是按其数据结构而命名的，其中应用最为广泛的是关系模型。

（1）层次模型

层次模型是数据库系统中最早出现的数据模型，它采用树形结构表示各类实体以及实体间的联系，每个节点表示一个记录类型，记录之间的联系是一对多的联系。现实世界中许多实体之间的联系就呈现出一种很自然的层次关系，如家族关系、行政组织机构等，如图 4.9 所示。其拓扑结构的特点如下。

① 有且只有一个节点没有双亲节点，这个节点称为根节点。

② 根以外的其他节点有且只有一个双亲节点。

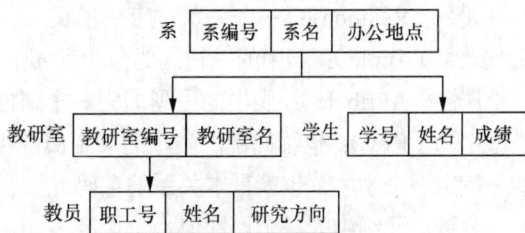

图 4.9　层次模型示例

层次模型的优点：结构简单、易于实现；实体间的联系是固定的，且预先定义好了应用系统；采用层次模型来实现，其性能优于关系模型，不低于网络模型；层次模型提供了良好的完整性支持。层次模型的缺点：现实世界中很多联系是非层次性的，如多对多联系、一个节点具有多个双亲等；对插入和删除操作的限制比较多；查询子女节点必须通过双亲节点等。

（2）网状模型

网状模型可以看作层次模型的一种扩展，其基本结构是一个不加任何限制条件的无向图。它采用网状结构表示实体及实体之间的联系，网状结构的每一个节点都代表一个记录类型，记录类型可包含若干字段，联系用链接指针表示，如图 4.10 所示。其拓扑结构的特征如下。

① 允许一个以上的节点无双亲。

② 一个节点可以有多于一个的双亲。

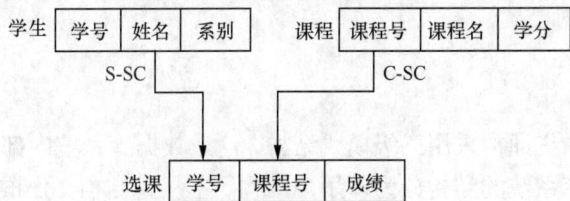

图 4.10　网状模型示例

网状模型的优点：能够更为直接地描述现实世界，如一个节点可以有多个双亲；具有良好的性能，存取效率较高。其缺点为：结构比较复杂，且随着应用环境的扩大，数据库的结构会变得越来越复杂，不利于最终用户掌握。

（3）关系模型

1970 年，IBM 公司的研究员科德（E. F. Codd）首次提出了数据库系统的关系模型，开创了数据库关系方法和关系数据理论的研究，为关系型数据库奠定了理论模型。为此，科德于 1981 年获得了ACM 图灵奖。

关系模型是目前应用最多、最为重要的一种数据模型。关系模型有严格的数据基础，抽象级别比较高，而且简单清晰，便于理解和使用，关系模型的存取路径对用户透明，具有更高的数据独立性、更好的安全保密性，简化了程序员的工作和数据库开发建立的工作。从用户观点看，关系模型由一组关系组成，每个关系的数据结构都是一张规范化的二维表。以学生表（见表 4.1）为例，介绍关系模型中的一些术语。

表 4.1   关系模型示例

学号	姓名	性别	年龄	系名
20190001	张鹏飞	男	18	汽车工程系
20190002	王晓明	男	20	计算机系
20190003	秦天敏	女	19	物理系
……	……	……	……	……

关系（Relation）：一个关系对应一张表。

元组（Tuple）：表中的一行即为一个元组。

属性（Attribute）：表中的一列即为一个属性，给每一个属性起一个名称即为属性名。

主码（Key）：也称码键。表中的某个属性组，它可以唯一确定一个元组。图 4.11 中的学号可以唯一确定一个学生，也就是本关系的主码。

分量：元组中的一个属性值。

关系模式：对关系的描述，关系名（属性 1,属性 2,…,属性 n），如学生（学号,姓名,性别,年龄,系名）。

关系模型也有缺点，如查询效率低。关系数据模型提供了较高的数据独立性和非过程化的查询功能（查询的时候只需指明存在数据的表和需要的数据所在的列，不必指明具体的查找路径），因此加大了系统的负担。

（4）面向对象模型

面向对象模型是一种新兴的数据模型，它采用面向对象的方法来设计数据库。面向对象的数据库的存储对象是以对象为单位的，每个对象均包含对象的属性和方法，具有类和继承的特点。面向对象模型比网络、层次、关系模型具有更加丰富的表达能力；但正因为面向对象模型的丰富表达能力，其模型相对复杂、实现起来比较困难。

4.1.6   数据库系统的结构

从数据库应用开发人员的角度看，数据库系统通常采用三级模式结构，这是数据库系统内部体系结构。从数据库最终用户的角度看，数据库系统的结构分为单用户结构、主从式结构、分布式结构、客户端/服务器、浏览器/应用服务器/数据库服务器多层结构，这是数据库系统外部体系结构。

1. 数据库系统内部体系结构

数据库的产品有很多，它们支持不同的数据模型，使用不同的数据库语言，构建在不同的操作系统之上。数据的存储结构各不相同，但体系结构基本上都具有相同的特征，如采用三级模式结构，并提供二级映像功能。

（1）三级模式结构

数据库的三级模式结构是指数据库系统是由外模式、模式和内模式三级构成的，如图 4.11 所示。

① 模式

模式（Schema）又称概念模式或逻辑模式，是数据库中全体数据的逻辑结构和特征的描述，是所有用户的公共数据视图（全局视图）。它是数据库系统模式结构的中间层，不涉及数据的物理存储细节和硬件环境，且与具体的应用程序、所使用的开发工具及高级程序设计语言无关。

模式实际上是数据库数据在逻辑级上的视图，一个数据库只有一个模式。

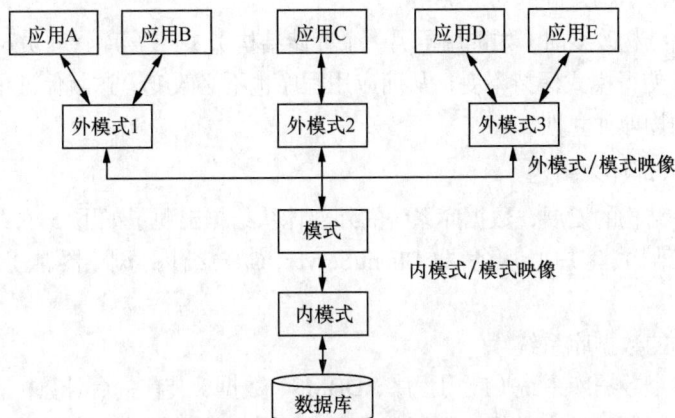

图 4.11 数据库模式结构

② 外模式

外模式（External Schema）又称子模式或用户模式，对应于用户级，是用户与数据库系统的接口，它是某个或某几个用户所看到的数据库的数据视图，是与某一应用有关的数据的逻辑表示。外模式是从模式导出的一个子集，包含模式中允许特定用户使用的那部分数据。

一个数据库可以有多个外模式，外模式是保证数据安全性的一个有力措施。

③ 内模式

内模式（Internal Schema）也称为存储模式，一个数据库只能有一个内模式。它是数据库物理结构和存储方式的描述，是数据在数据库内部的表示方式。例如，记录的存储方式是顺序存储、按照 B 树结构存储还是按散列方法存储；索引按照什么方式组织；数据是否压缩存储，是否加密；数据的存储记录结构有何规定。

（2）二级映像

数据库的三级模式对应数据的三个抽象级别。它使得用户能够抽象地处理数据，将数据的定义从程序中分离出来，由 DBMS 负责数据的存储，而不必再去关心数据在计算机中的具体表示方式与存储方式，从而简化应用程序，大大减少应用程序编写的工作量。实际上，为了能够实现在这三个抽象层次之间的联系和转换，DBMS 在这三级模式之间设计了二级映像：外模式/模式映像、模式/内模式映像。正是这两级映像保证了数据库中的数据具有较高的逻辑独立性和物理独立性。

① 外模式/模式映像

一个数据库只有一个模式，但可以有多个外模式。所以，对于每一个外模式，数据库系统都有一个外模式/模式映像，它定义了这个外模式与模式的对应关系。外模式的描述中通常包含了这些映像的定义。

当模式改变时（如增加新的关系、新的属性、改变属性的数据类型等），由数据库管理员对各个外模式/模式映像做出相应的改变，可以使得外模式保持不变。而又由于应用程序是依据外模式编写的，从而应用程序不必修改，这就保证了数据与程序的逻辑独立性，简称数据的逻辑独立性。

② 模式/内模式映像

一个数据库只有一个模式，也只有一个内模式。所以，模式/内模式映像是唯一的，它定义了数据全局逻辑结构与存储结构之间的对应关系。

当数据库的存储结构改变时（如选用了另一个存储结构），由数据库管理员对模式/内模式映像做出相应的改变，可以使得模式保持不变，从而应用程序也不必改变。这就保证了数据和程序的物理独立性，简称数据的物理独立性。

2. 数据库系统外部体系结构

随着计算机体系结构的发展，数据库系统的外部体系结构出现了如下 5 种结构：单用户结构、主从式结构、分布式结构、客户端/服务器（Client/Server，C/S）结构、浏览器/服务器（Browser/Server，B/S）结构。

（1）单用户结构的数据库系统

单用户结构的整个数据库系统（应用程序、DBMS、数据）装在一台计算机上，由一个用户独占使用，不同计算机之间不能共享数据，数据冗余度大，是早期的最简单的数据库系统。例如，一个企业的各个部门都使用本部门的机器来管理本部门的数据，各个部门间的机器是相互独立的。由于不同部门之间不能共享数据，因此企业内部存在大量的冗余数据。

（2）主从式结构的数据库系统

主从式结构的数据库是大型主机带多终端的多用户结构的系统。在这种结构中，包括应用程序、DBMS、数据，都集中存放在主机上，所有的处理任务都由主机来完成。各个用户通过主机的终端可同时或并发地存取数据库、共享数据资源。其优点是结构简单，易于管理、控制与维护；缺点是所有的处理任务都由主机完成，对主机的性能要求比较高，当终端用户数目增加到一定程度后，主机的任务会过于繁重，成为瓶颈，使系统性能下降。系统的可靠性依赖于主机，当主机出现故障时，整个系统就都不能使用了。

（3）分布式结构的数据库系统

分布式数据库是数据库技术与网络技术相结合的产物。在实际应用中，一些大型企业和连锁店等在物理位置上是分布式存在的，单位中各个部门都维护着自身的数据，整个单位的信息被分解成了若干信息分块，分布式数据库正是针对这种情形建立起来的信息桥梁。

分布式数据库中的数据在逻辑上相互关联，是一个整体，但物理分布在计算机网络的不同节点上，网络中的每个节点都可以独立处理本地数据库中的数据，执行局部应用，同时也可以通过网络通信系统执行全局应用。

分布式结构的优点是适应了地理上分散的公司、团体和组织对于数据库应用的需求；缺点是数据的分布存放给数据的处理、管理与维护带来了困难。当用户需要经常访问远程数据时，系统效率会明显地受到网络传输的制约。

（4）客户端/服务器（C/S）结构的数据库系统

它将数据库系统看作由两个非常简单的部分组成：一个服务器（后端）和一组客户端（前端）。服务器指 DBMS 本身；客户端指在 DBMS 上运行的各种应用程序，包括用户编写的应用程序和内置的应用程序。

在 C/S 结构的数据库系统中，客户端具有一定的数据处理、数据表示和数据存储能力，服务器可实现数据库管理系统的核心功能。客户端和服务器两者都参与一个应用程序的处理，可以有效地降低网络通信量和服务器运算量，从而降低系统的通信开销，我们可以将之称为一种特殊的协作式处理模式。在该体系结构中，客户端向服务器发送请求，服务器响应客户端发出的请求并返回客户端所需要的结果。

C/S 结构的优点是充分利用两端硬件环境的优势，发挥客户端的处理能力，很多工作可以在客户端处理后再提交给服务器端，以便降低系统的通信开销，缺点是只适用于局域网，客户端需要安装专用的客户端软件，升级维护不太方便，并且对客户端的操作系统也会有一定限制。

（5）浏览器/服务器（B/S）结构的数据库系统

该结构实质上是一个三层结构的客户端/服务器体系。它是一种以 Web 技术为基础的新型数据库应用系统体系结构。它把传统 C/S 模式中的服务器分解为一个数据服务器和多个应用服务器（Web 服务器），统一客户端为浏览器。作为客户端的浏览器并非直接与数据库相连，而是通过应用服务器与数据库进行交互。这样减少了与数据库服务器的连接数量，而且应用服务器分担了业务规则、数据访问、合法校验等工作，减轻了数据库服务器的负担。

B/S 结构的优点：首先是简化了客户端，客户端只要安装通用的浏览器软件即可。因此，只要有一台能上网的计算机就可以在任何地方进行操作而不用安装专门的客户端应用软件，节省了客户端的硬盘空间与内存，实现了客户端的零维护。其次是简化了系统的开发和维护，使系统的扩展非常容易。系统的开发者无须再为不同级别的用户设计开发不同的应用程序，只需把所有的功能都实现在应用服务器上，并就不同的功能为各个级别的用户设置权限即可。

B/S 结构的缺点：首先是应用服务器端处理了系统的绝大部分事务逻辑，从而造成应用服务器运行负荷较重。其次是客户端浏览器功能简单，许多功能不能实现或实现起来比较困难。例如，通过浏览器进行大量的数据输入就比较困难和不便。

4.2　结构化查询语言及其应用

结构化查询语言（Structured Query Language，SQL）是关系数据库的标准语言，也是一个通用的、功能极强的关系数据库语言。该语言不仅只有查询的功能，它还包括数据库模式创建、数据库数据的插入与修改、数据库安全性及完整性的定义与控制等一系列功能。

4.2.1　SQL 概述

1. SQL 的产生与发展

1974 年，IBM 公司的钱伯林（Chamberlin）和博伊斯（Boyce）在研制关系数据库管理系统 System R 时，研制出了一套规范语言 Sequel，1980 年将之改名为 SQL。

1986 年 10 月，美国国家标准学会采用 SQL 作为关系数据库管理系统的标准语言，后被国际标准化组织（ISO）采纳为国际标准。1989 年，ISO 提出了具有完整性特征的 SQL89 标准，1992 年公布了 SQL92（SQL2）标准，1999 年公布了 SQL99（SQL3）标准，2003 年公布了 SQL2003（SQL4）标准。2008 年及 2011 年又对 SQL2003 做了修改和补充。

2. SQL 的特点

（1）综合统一。SQL 集数据定义、数据操纵和数据控制功能于一体，语言风格统一，可独立完成数据库生命周期的所有活动。

（2）高度非过程化。SQL 是高度非过程化语言，当进行数据操作时，只要提出"做什么"，无须指出"怎么做"，因此用户无须了解存取路径，大大减轻了用户负担，提高了数据的独立性。

（3）面向集合的操作方式。SQL 采用面向集合的操作方式，不仅操作对象、查找结果可以是元组的集合，而且一次插入、删除、更新操作的对象也可以是元组的集合。

（4）以同一种语言提供多种使用方式。SQL 是独立的语言，可以在终端上以命令形式进行查询、修改等交互操纵，也可以编制成程序（SQL 文件）执行；SQL 又是嵌入式语言，可以嵌入多种高级语言（C、C++、Java 等）程序中一起使用。

（5）语言简洁，易学易用。SQL 功能极强，完成核心功能只用了 9 个动词，如表 4.2 所示。

表 4.2	SQL 的动词
SQL 功能	动　词
数据查询	SELECT
数据定义	CREATE、DROP、ALTER
数据操纵	INSERT、UPDATE、DELETE
数据控制	GRANT、REVOKE

4.2.2　学生选课数据库

以学生选课数据库为例来讲解 SQL 的数据定义、数据操纵、数据查询和数据控制语句。

数据库名为 ST，包含学生信息、课程信息、选课信息等。因此，数据库 ST 设计了 3 张表，分别如下。

学生信息表：Student(Sno,Sname,Ssex,Sage,Sdept)

课程表：Course(Cno,Cname,Cpno,Ccredit)

学生选课表：SC(Sno,Cno,Grade)

其中，Sno 为学号，Sname 为姓名，Ssex 为性别，Sage 为年龄，Sdept 为系别，Cno 为课程号，Cname 为课程名，Cpno 为先行课号，Ccredit 为学分，Grade 为年级。

关系的主码加下画线表示。各个表中的数据示例如图 4.12 所示。

Student

Sno	Sname	Ssex	Sage	Sdept
20190001	张天翼	男	18	物理系
20190002	李晓云	女	19	汽车系
20190003	陈明清	男	20	计算机系

Course

Cno	Cname	Cpno	Ccredit
1	数据库系统原理	2	4
2	数据结构	3	3
3	C 语言程序设计	—	4

Sc

Sno	Cno	Grade
20190001	1	95
20190001	2	73
20190001	3	93
20190002	1	80
20190002	3	75

图 4.12　学生选课数据库的数据示例

4.2.3　SQL 应用实例

1. 数据定义

（1）基本表的创建、修改与删除

① 创建基本表

SQL 使用 CREATE TABLE 语句创建基本表，其一般格式如下：

```
CREATE TABLE <表名> (<列名> <数据类型>[ <列级完整性约束条件> ]
    [,<列名> <数据类型>[ <列级完整性约束条件>] ] …
    [,<表级完整性约束条件> ] );
```

定义表的各个属性时需要指明其数据类型及长度，SQL 支持多种数据类型，例如，SMALLINT 为短整数（2 字节），INT 为长整数（4 字节），CHAR(n)为长度是 n 的定长字符串，VARCHAR(n) 为最大长度是 n 的变长字符串等。要注意，不同的关系数据库管理系统中支持的数据类型不完全相同。

【例 4.1】　建立一个学生表 Student。

```
CREATE TABLE Student
    (Sno  CHAR(8) PRIMARY KEY,     /* 列级完整性约束条件*/
    Sname CHAR(20) UNIQUE,         /* Sname 取唯一值*/
    Ssex  CHAR(2),
    Sage  SMALLINT,
    Sdept CHAR(20)
    );
```

② 修改基本表

当已建立的基本表需要修改时，可以使用 ALTER TABLE 语句修改，其一般格式为：

```
ALTER TABLE <表名>
[ ADD <新列名> <数据类型> [ 完整性约束 ] ]
[ DROP <完整性约束名> ]
[ ALTER COLUMN<列名> <数据类型> ];
```

其中，<表名>为要修改的基本表，ADD 子句可增加新列和新的完整性约束条件，DROP 子句可删除指定的完整性约束条件，ALTER COLUMN 子句可用来修改列名和数据类型。

【例 4.2】　向 Student 表中增加"入学时间"列，其数据类型为日期型。

```
ALTER TABLE Student ADD S_entrance DATE;
```

【例 4.3】　将年龄的数据类型由短整数改为整数。

```
ALTER TABLE Student ALTER COLUMN Sage INT;
```

③ 删除基本表

当某个基本表不再需要时，可以使用 DROP TABLE 语句删除，其一般格式为：

```
DROP TABLE <表名>[RESTRICT| CASCADE];
```

RESTRICT：删除表是有限制的。欲删除的基本表不能被其他表的约束所引用，如果存在依赖该表的对象，则此表不能被删除。

CASCADE：删除该表没有限制。在删除基本表的同时，相关的依赖对象会一起删除。

默认值是 RESTRICT。

【例 4.4】　删除 Student 表。

```
DROP TABLE Student ;
```

（2）视图的建立和删除

视图是从一个或几个基本表（或视图）导出的表，是一个虚表。数据库中只存放视图的定义，不存放视图对应的数据，这些数据仍存放在原来的基本表中。基表中的数据发生变化，从视图中查询出的数据也随之改变。视图一旦建立以后，就可以和其他基本表一样进行各种操作。

①视图的建立

SQL 用 CREATE VIEW 命令建立视图，其一般格式为：

```
CREATE VIEW <视图名> [(<列名> [,<列名>]…)]
AS <子查询> ;
```

【例 4.5】 建立信息系学生的视图。

```
CREATE VIEW IS_Student
AS
SELECT Sno,Sname,Sage
FROM Student
WHERE Sdept= 'IS';
```

② 视图的删除

删除视图是指从数据字典中删除指定的视图定义，其一般格式为：

```
DROP VIEW <视图名>;
```

【例 4.6】 删除视图 IS_Student。

```
DROP VIEW IS_Student;
```

（3）索引的建立与删除

当表的数据量比较大时，查询操作会比较耗时。建立索引是加快查询速度的有效手段。数据库索引类似图书的目录，能快速定位到需要查询的内容。用户可以根据应用环境的需要在基本表上建立一个或多个索引，以提供多种存取路径，加快查找速度。

① 建立索引

在 SQL 中，建立索引使用 CREATE INDEX 语句，其一般格式为：

```
CREATE INDEX <索引名>
ON <表名>(<列名>[<次序>][,<列名>[<次序>] ]…);
```

其中，表名是要建立索引的基本表的名字。索引可以建立在一列或多列上，每个<列名>后面还可以用<次序>指定索引值的排列次序，可选 ASC（升序）或 DESC（降序），默认值为 ASC。

【例 4.7】 为学生选课数据库中的 Student、Course、SC 表建立索引。其中，Student 表按学号升序建立索引，Course 表按课程号升序建立索引，SC 表按学号升序和课程号降序建立索引。

```
CREATE INDEX Stusno ON Student(Sno);
CREATE INDEX Coucno ON Course(Cno);
CREATE INDEX SCno ON SC(Sno ASC, Cno DESC);
```

② 删除索引

在 SQL 中，删除索引使用 DROP INDEX 语句，其一般格式为：

```
DROP INDEX <索引名>;
```

【例 4.8】 删除 Student 表的 Stusno 索引。

```
DROP INDEX Stusno;
```

2. 数据查询

数据查询是数据库的核心操作。SQL 提供了 SELECT 语句进行数据查询，该语句用途广泛，应用灵活，功能丰富。其一般格式为：

```
SELECT [ALL|DISTINCT] <目标列表达式> [,<目标列表达式>]…
FROM <表名或视图名>[, <表名或视图名> ] …
[ WHERE <条件表达式> ]
[ GROUP BY <列名1> [ HAVING <条件表达式> ] ]
[ ORDER BY <列名2> [ ASC|DESC ] ];
```

整个 SELECT 语句的含义是：根据 WHERE 子句的条件表达式，从 FROM 子句指定的基本表或视图中找出满足条件的元组，再按 SELECT 子句中的目标列表达式，选出元组中的属性值形成结果表，如果有 GROUP BY 子句，则将结果按<列名1>的值进行分组，该属性列值相等的元组为一个组。通常会在每组中作用集函数。如果 GROUP BY 子句带 HAVING 短语，则只有满足指定条件的组才予以抽出；如果有 ORDER BY 子句，则结果表还要按<列名2>的值的升序或降序排序。

（1）基本部分

```
SELECT [ALL|DISTINCT] <目标列表达式> [,<目标列表达式>]…
FROM <表名或视图名>[,<表名或视图名> ] …
```

SELECT 语句的一个简单用法是：

```
SELECT 属性1,…,属性n FROM 表名
```

【例 4.9】　查询全体学生的学号、姓名和所在系。

```
SELECT Sno,Sname
FROM Student;
```

① FROM 子句指明了从何处查询所需要的数据，可以是多个表或视图。对 SELECT 语句来说，FROM 子句是必需的，不能缺省。

② ALL 表示查询结果中可以包含重复的元组，是默认值；DISTINCT 表示查询结果中不能出现重复的元组，如果有相同的元组只保留一条。

③ 一般情况下，目标列中的列名是 FROM 子句中基本表或视图中的属性名。如果 FROM 子句中指定了多个基本表或视图，且列名相同时，则列名之前应加上前缀，格式为"表名.列名"或"视图名.列名"。

④ 目标列为"*"时表示输出所有的列名。

⑤ 为增强检索功能，SQL 提供了聚集函数，主要有以下几种。

```
COUNT ([DISTINCT|ALL] *)          统计元组个数
COUNT ([DISTINCT|ALL] <列名>)      统计一列中值的个数
SUM ([DISTINCT|ALL] <列名>)        计算一列值的总和
AVG ([DISTINCT|ALL] <列名>)        计算一列值的平均值
MAX ([DISTINCT|ALL] <列名>)        计算一列值最大值
MIN ([DISTINCT|ALL] <列名>)        计算一列值的最小值
```

【例 4.10】　查询全体学生的基本情况。

```
SELECT *
FROM Student;
```

【例 4.11】　查询学生的总人数。

```
SELECT COUNT(*)
FROM Student;
```

（2）WHERE 子句

WHERE 子句有双重作用：一是选择元组，输出满足条件的元组；二是建立多个表或查询之间的连接。常用的查询条件如表 4.3 所示。

表 4.3　　　　　　　　　　　　　　　常用的查询条件

查 询 条 件	谓　　词
比较	=、>、<、>=、<=、!=、<>、!>、!<、NOT+上述比较运算符
确定范围	BETWEEN AND、NOT BETWEEN AND
确定集合	IN、NOT IN
字符匹配	LIKE、NOT LIKE
空值	IS NULL、IS NOT NULL
多重条件（逻辑运算）	AND、OR、NOT

【例 4.12】　查询物理系全体学生的名单。
```
SELECT Sname
FROM Student
WHERE Sdept=' 物理 ';
```
【例 4.13】　查询年龄在 20～23 岁（包括 20 岁和 23 岁）的学生的姓名、系别。
```
SELECT Sname, Sdept
FROM Student
WHERE Sage BETWEEN 20 AND 23;
```
【例 4.14】　查询所有年龄在 20 岁以下的学生的姓名及年龄。
```
SELECT Sname, Sage
FROM Student
WHERE Sage < 20;
```
【例 4.15】　查询既不是物理系、汽车系，也不是计算机系的学生的姓名和性别。
```
SELECT Sname, Ssex
FROM Student
WHERE Sdept NOT IN ( '物理系', '汽车系', '计算机系' );
```
【例 4.16】　查询所有姓"刘"的学生的姓名、学号和性别。
```
SELECT Sname, Sno, Ssex
FROM Student
WHERE  Sname LIKE '刘%';
```
说明：%代表任意长度的字符串；_代表任意单个字符。

【例 4.17】　查询汽车系年龄在 20 岁以下的学生的姓名。
```
SELECT Sname
FROM  Student
WHERE Sdept= '汽车系' AND Sage<20;
```
【例 4.18】　计算选修 1 号课程的学生的平均成绩。
```
SELECT AVG(Grade)
FROM SC
WHERE Cno= ' 1 ';
```
（3）ORDER BY 子句

ORDER BY 子句用于对查询结果按照一个或多个属性的升序（ASC）或降序（DESC）排列。

【例 4.19】　查询选修了 3 号课程的学生的学号及其成绩，查询结果按分数降序排列。
```
SELECT Sno, Grade
FROM SC
WHERE Cno= ' 3 '
ORDER BY Grade DESC;
```
【例 4.20】　查询全体学生的情况，查询结果按所在系的系号升序排列，同一系中的学生按年龄降序排列。

```
SELECT  *
FROM  Student
ORDER BY Sdept, Sage DESC;
```

（4）GROUP BY 子句

GROUP BY 子句可用来对查询结果进行分组，把某一列的值相同的元组分在一组。对查询结果分组的目的是细化聚集函数的作用对象。如果未对查询结果分组，聚集函数将作用于整个查询结果。分组后的聚集函数将作用于每一个组，即每一个组都有一个函数值。

【例 4.21】　求每门课程及相应的选课人数。

```
SELECT Cno, COUNT(Sno)
FROM SC
GROUP BY Cno;
```

该语句对查询结果按照 Cno 的值分组，所有具有相同 Cno 值的元组为一组，然后对每一组作用聚集函数 COUNT 进行计算，以求得每一组学生人数。

当 SELECT 语句含有 GROUP BY 子句时，HAVING 子句用来对分组后的结果进行过滤，选择由 GROUP BY 子句分组后并且满足 HAVING 子句条件的所有元组。

【例 4.22】　查询选修了 3 门以上课程的学生的学号。

```
SELECT Sno
FROM  SC
GROUP BY Sno
HAVING  COUNT(*) >3;
```

先用 GROUP BY 子句按照 Sno 进行分组，再用聚集函数 COUNT 对每一组进行计数；HAVING 短语给出选择组的条件，只有满足条件（即元组个数>3）的组才会被选出来。

说明：WHERE 子句和 HAVING 短语的区别在于作用对象不同。WHERE 子句作用于基本表或视图，从中选择满足条件的元组。HAVING 短语作用于组，从中选择满足条件的组。

（5）连接查询

前面的查询都是针对一个表进行的。有时需要的数据分布在几个基本表或视图中，此时需要按照某个条件将这些表或视图连接起来，形成一个临时的查询表，再对该临时表进行查询。

下面通过一个实例说明连接查询的原理和过程。

例如，查询所有学生的学号、姓名及其选修课程号和成绩。分析表 Student 和 Sc 可以知道，需要的数据分布在这两个表中，因此需要把它们连接起来，连接的条件为 Students.Sno=Sc.Sno。

首先在表 Student 中找到第一个元组，然后从头开始扫描表 Sc，逐一查找满足连接件的元组，找到后就将表 Student 中的第一个元组与该元组拼接起来，形成临时表中一个元组；表 Sc 全部查找完后，再找表 Student 中第二个元组，然后从头开始扫描表 Sc，逐一查找满足连接条件的元组，找到后就将表 Student 中的第二个元组与该元组拼接起来，形成临时表中一个元组。 重复上述操作，直到表 Student 中的全部元组都处理完毕。

在表 Sc 中，学号为"20190001"的元组有 3 个，所以在临时表中形成了 3 个元组，学号为"20190002"的元组有 2 个，所以在临时表中形成了 2 个元组，而因为没有学号为"20190003"的元组，不满足连接条件，所以最后不产生元组，尽管它在表 Students 中有相应的元组。

完整的查询语句为：

```
SELECT Student.Sno, Sname, Cno, Grade
FROM Students,Sc
WHERE Students.Sno= Sc.Sno;
```

【例4.23】　查询每个学生的学号、姓名、选修的课程名及成绩。

```
SELECT Student.Sno, Sname, Cname, Grade
FROM Student, SC, Course    /*多表连接*/
WHERE Student.Sno = SC.Sno and SC.Cno = Course.Cno;
```

（6）嵌套查询

在 SQL 中，一个 SELECT…FROM…WHERE 称为一个查询块，将一个查询块嵌套在另一个 SELECT 语句的 WHERE 子句或 HAVING 子句中称为嵌套查询，也就是说，SELECT 语句中还有 SELECT 语句叫作嵌套查询。外层查询称为父查询，内层查询称为子查询。

嵌套查询的工作方式是从内到外，即先进行内层查询，外层查询则利用内层查询的结果作为条件进行查询。嵌套查询的优点是让用户能够用多个简单查询构造复杂的查询，从而增加 SQL 的查询能力，体现查询的结构化。

【例4.24】　查询选修了 2 号课的学生姓名。

```
SELECT Sname            /*外层查询/父查询*/
FROM Student
WHERE Sno IN
    （SELECT Sno          /*内层查询/子查询*/
    FROM SC
    WHERE Cno= ' 2 '）;
```

3. 数据操纵

数据操纵有 3 种操作：向表中插入数据、修改表中的数据和删除表中的数据。

（1）插入数据

将新元组插入指定表中，其语句格式为：

```
INSERT
INTO <表名> [(<属性列1>[, <属性列2 >…])
VALUES (<常量1> [, <常量2>]…) ;
```

【例4.25】　将一个新学生元组（学号：20190005；姓名：张悦；性别：男；所在系：汽车系；年龄：19 岁）插入 Student 表中。

```
INSERT
INTO Student (Sno,Sname, Ssex, Sdept, Sage)
VALUES ('20190005', '张悦', '男', '汽车系', 19);
```

（2）修改数据

修改指定表中满足 WHERE 子句条件的元组，其语句格式为：

```
UPDATE  <表名>
SET <列名>=<表达式>[, <列名>=<表达式>]…
[WHERE <条件>];
```

【例4.26】　将学生 20190005 的年龄改为 20 岁。

```
UPDATE  Student
SET Sage=20
WHERE  Sno=' 20190005 ';
```

（3）删除数据

删除指定表中满足 WHERE 子句条件的元组，其语句格式为：

```
DELETE
FROM <表名>
[WHERE <条件>];
```

【**例 4.27**】　删除学号为 20190005 的学生记录。

```
DELETE
FROM Student
WHERE Sno= ' 20190005 ';
```

4. 数据控制

数据库安全最重要的一点就是确保只授权给有资格的用户访问数据库的权限，同时令所有未被授权的人员无法接近数据，这可通过 SQL 的 GRANT 或 REVOKE 语句来实现。

GRANT 语句向用户授予权限，其语义为：将指定操作对象的指定操作权限授予指定的用户。其语句格式为：

```
GRANT <权限>[,<权限>]...
[ON <对象类型> <对象名>]
TO <用户>[,<用户>]...;
```

【**例 4.28**】　把查询 Student 表的权限授予用户 U1。

```
GRANT SELECT
ON TABLE Student
TO U1;
```

4.3　常用的数据库管理系统及其开发工具

4.3.1　常用的数据库管理系统

数据库管理系统软件的种类有很多，根据不同人群的使用需求，常用的数据库管理系统主要有 DB2、Oracle、SQL Server、MySQL、Access 等。不同的数据库系统有不同的特点，也有相对独立的应用领域和用户支持。

1. DB2

DB2 是美国 IBM 公司开发的一种关系型数据库管理系统。DB2 主要应用于大型应用系统，具有较好的可伸缩性，其主要的运行环境为 UNIX（包括 IBM 的 AIX）、Linux 以及 Windows 等服务器操作系统平台。DB2 提供了高层次的数据利用性、完整性、安全性、可恢复性，以及小规模到大规模应用程序的执行能力，具有与平台无关的基本功能和 SQL 命令。

2. Oracle

Oracle 是美国甲骨文公司研发的一个关系型数据库管理系统，它在数据库领域一直处于领先地位，也是目前世界上使用广泛的数据库管理系统之一。该系统可移植性好、使用方便、功能强，适用于各类大、中、小型机，是一种高效率、可靠性好、适应高吞吐量的数据库解决方案。作为一个通用的数据库系统，它具有完整的数据管理功能；作为一个关系数据库，它是一个完备关系的产品；作为分布式数据库，它实现了分布式处理功能。

3. SQL Server

SQL Server 是微软公司推出的关系型数据库管理系统。SQL Server 是一个全面的、集成的、端到端的数据解决方案，为关系型数据和结构化数据提供了更安全可靠的存储功能，为组织中的用户提供了一个更安全可靠和更高效的平台用于企业数据和 BI 应用，可以构建和管理用于业务的高可用和高性能的数据应用程序，此外它还继承了微软产品的界面友好、易学易用、与相关软件集成程度高的特点。

4. MySQL

MySQL 是一个小型关系型数据库管理系统，它由瑞典 MySQL AB 公司开发，目前属于 Oracle 公司旗下的产品。MySQL 广泛应用在中小型系统中，特别是在网络应用中用户群更多。MySQL 可以在 Windows 环境下使用，不过其最经典的组合是 Apache+PHP+MySQL。MySQL 的资源占用非常小，更加易于安装、使用和管理。由于数据库本身的限制，MySQL 不适合大访问量的商业应用。

5. Access

Access 是微软公司发布的关系型数据库管理系统。它结合了数据库引擎的图形用户界面和软件开发工具两项特点，是 Microsoft Office 的系统程序之一。它最大的优点是易学，提供了多种向导、生成器、模板，把数据存储、数据查询、界面设计、报表生成等操作规范化，为建立功能完善的数据库管理系统提供了方便，也使得普通用户不必编写代码，就可以完成大部分数据管理的任务。

4.3.2 常用的开发工具

数据库应用系统开发工具有多种，常见的开发工具有 Java、C#、PHP、Python 等。

1. Java

Java 是一门面向对象的编程语言，它不仅吸收了 C++语言的各种优点，还摒弃了 C++中难以理解的多继承、指针等概念，因此 Java 语言具有功能强大和简单易用两个特征。Java 语言作为静态的面向对象编程语言的代表，极好地实现了面向对象理论，它允许程序员以优雅的思维方式进行复杂的编程。Java 具有简单性、面向对象、分布式、多线程、安全性、平台独立性与可移植性、动态性等特点。Java 可以编写桌面应用程序、Web 应用程序、分布式系统和嵌入式系统的应用程序等。

2. C#

C#是微软公司发布的一种面向对象的、运行于.NET Framework 之上的高级程序设计语言。C#看起来与 Java 很相似，它包括了诸如单一继承、接口、与 Java 几乎同样的语法和编译成中间代码再运行的过程。但是 C#与 Java 又有着明显的不同，它借鉴了 Delphi 的一个特点，与 COM（组件对象模型）是直接集成的，而且它是微软公司.NET Windows 网络框架的主角。

3. PHP

PHP 即"超文本预处理器"，是一种通用的开源脚本语言，其语法吸收了 C、Java 和 Perl 语言的特点，主要适用于 Web 开发领域，具有成本低、速度快、可移植性好、内置丰富的函数库等优点，因此被越来越多的企业应用于网站开发中。

4. Python

Python 是一种模块化的、易于学习的、面向对象的解释型计算机程序设计语言。Web 应用、用户界面、数据分析、数据统计，Python 都有框架可以解决。用 Python 编写的许多开源库能够实现数据科学广泛使用的一些核心的机器学习算法，数据科学家也将其当作筛选大型数据集的一个关键工具。

4.4　数据库设计

4.4.1　数据库设计方法

　　数据库设计属于系统设计范畴，通常把使用数据库的系统统称为数据库应用系统，把对数据库应用系统的设计简称为数据库设计。数据库设计的任务是针对一个给定的应用环境（硬件环境和操作系统及数据库管理系统等软件环境），构造优化的数据库逻辑模式和物理结构，建立数据库及其应用系统，使之能有效地存储和管理数据，满足各类用户的需求。

　　合理的数据库结构是数据库应用系统性能良好的基础和保证，但数据库的设计和开发是一项庞大而复杂的工程。从事数据库设计的人员，不仅要具备数据库知识和数据库设计技术，还要有程序开发的实际经验，掌握软件工程的原理和方法。人们经过探索，提出了各种数据库设计方法。例如，新奥尔良方法、基于 E-R 模型的设计方法、面向对象的数据库设计方法、统一建模语言方法等。

　　1978 年 10 月，研究人员在新奥尔良（New Orleans）会议上提出的关于数据库设计的步骤（即新奥尔良法），是目前得到公认的、较为完整及权威的数据库设计方法。

4.4.2　数据库设计的基本步骤

　　新奥尔良法把数据库设计分为如下 6 个阶段。

　　（1）用户需求分析阶段：数据库设计人员准确了解和分析用户需求（包括数据与处理）。

　　（2）概念结构设计阶段：将用户需求转化为概念模型。

　　（3）逻辑结构设计阶段：将概论模型转化为逻辑模型。

　　（4）物理结构设计阶段：设计数据物理结构，包括存取方法及存储结构等。

　　（5）数据库实施阶段：数据入库，应用程序调试，数据库试运行。

　　（6）数据库运行与维护阶段：数据库运行期间对其进行评价、调整和修改。

　　当各个阶段不能满足用户需求时，均需返回到前面适当的阶段，进行必要的修正。如此经过不断地迭代和求精，直到各种性能均能满足用户的需求为止。

　　1. 用户需求分析

　　需求分析是在项目确定后，用户和设计人员对数据库应用系统所要涉及的内容（数据）和功能（行为）的整理和描述。需求分析的任务是综合各个用户的应用需求，参与需求分析的人员是设计人员和用户，由于数据库应用系统是面向企业和部门的具体业务，设计人员一般并不了解，而同样用户也不具有系统分析能力，无法准确表达自己的需求，这就需要双方进行有效沟通，使得设计人员逐步确定用户的实际需求，将用户眼中的业务转换成设计人员所需要的信息，需求分析过程如图 4.13 所示。

　　需求分析阶段的成果是系统需求说明书，主要包括数据流图、数据字典、各种说明性表格和系统功能结构图等。系统需求说明书是设计、开发、测试和验收等过程的重要依据。

　　2. 概念结构设计

　　将需求分析阶段所得到的应用需求抽象为概念结构的过程就是概念结构设计。概念结构独立于支持数据库的 DBMS 和使用的硬件环境。

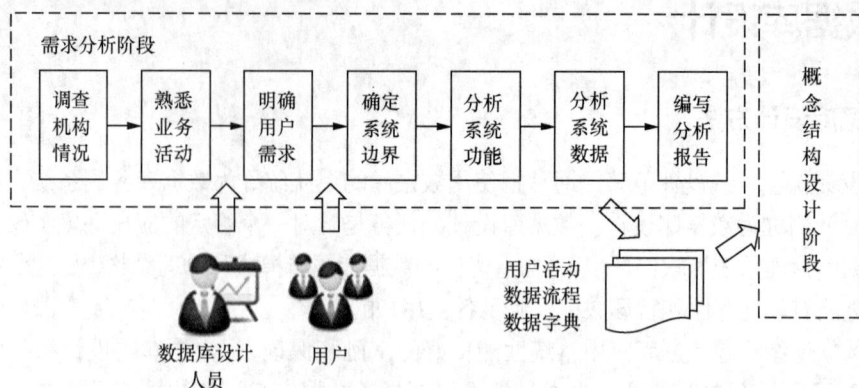

图 4.13　需求分析过程

概念结构设计最常用的方法是实体-联系（Entity-Relationship Approach，E-R）方法。它采用 E-R 模型将现实世界的信息结构统一由实体、属性以及实体之间的联系来描述。E-R 图的设计依据抽象机制，对需求分析阶段所得到的数据进行分类、聚集和概括，确定实体、属性和联系，概念结构设计过程如图 4.14 所示。

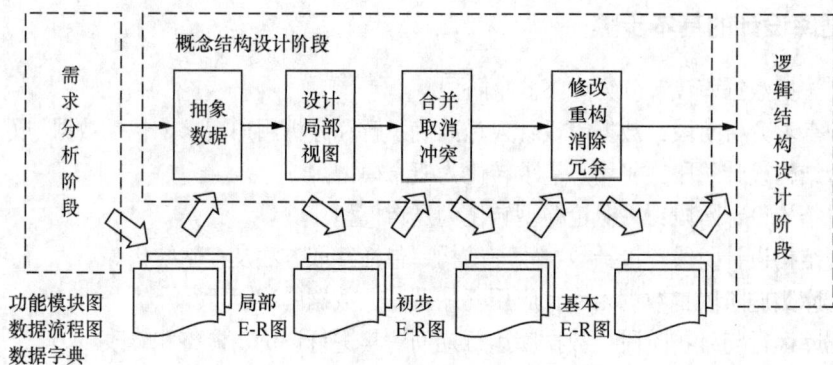

图 4.14　概念结构设计过程

3. 逻辑结构设计

逻辑结构设计是将概念结构设计阶段完成的概念模型，转换成能被选定的数据库管理系统（DBMS）支持的数据模型相符合的逻辑结构。

由于目前使用的数据库基本上都是关系数据库，因此首先需要将 E-R 图转换为关系模型，然后根据具体数据库管理系统的特点和限制将之转换为指定数据库管理系统支持的数据模型，最后进行优化，逻辑结构设计过程如图 4.15 所示。

4. 物理结构设计

数据库的物理结构设计是指数据库在物理设备上的存储结构与存取方法，是对已经确定的逻辑结构，利用 DBMS 提供的方法、技术，以较优的数据存储结构、数据存取路径、合理的数据存放位置以及存储分配，设计出一个高效的、可以实现的物理结构，物理结构设计过程如图 4.16 所示。

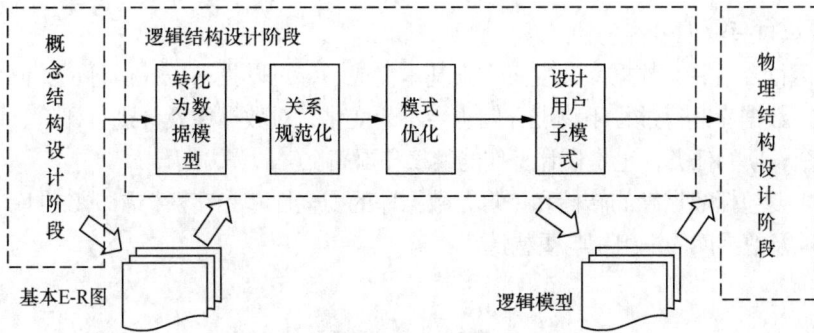

图 4.15　逻辑结构设计过程

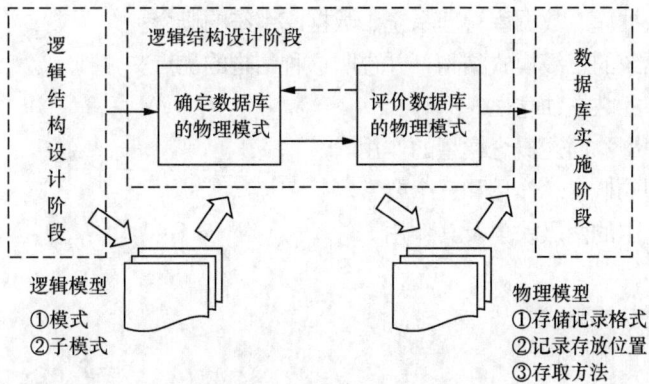

图 4.16　物理结构设计过程

　　数据库物理结构设计过程中需要对时间效率、空间效率、维护代价和各种用户要求进行权衡，选择一个优化方案作为数据库物理结构，在数据库物理结构设计中，最有效的方式是集中地存储和检索对象。

5. 数据库实施

　　数据库实施阶段包括数据的载入与应用程序的编码和调试。

　　数据库应用程序的设计应该与数据库设计同时进行，因此在组织数据入库的同时还要调试应用程序。当应用程序开发与调试完毕后，就可以对原始数据进行采集、整理、转换及入库，开始数据库的试运行，并在试运行过程中对系统进行评价，如果评价结果不能满足要求，还需要对数据库进行修正设计，直到满意为止。数据库实施过程如图 4.17 所示。

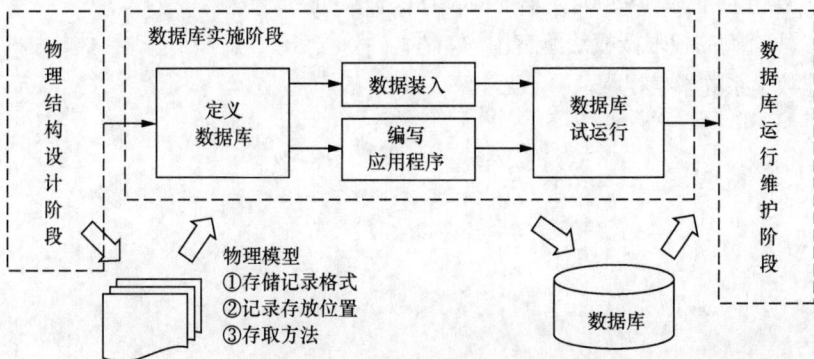

图 4.17　数据库实施过程

6. 数据库运行与维护

数据库试运行合格后，数据库开发工作就基本完成了，可以投入正式运行了。但是由于应用环境在不断变化，数据库运行过程中物理存储也会不断变化，对数据库设计进行评价、调整、修改等维护工作是一个长期的任务，也是设计工作的继续和提高。

维护工作主要包括数据库的转储和恢复，数据库的安全性和完整性控制，数据库性能的监督、分析和改造，以及数据库的重组织与重构造。

习　　题

1. 简述数据、数据库、数据库管理系统、数据库系统的概念。
2. 简述数据库系统的三级模式结构，并说明这种结构的优点。
3. 什么是数据库的数据独立性？
4. 什么是概念模型？简述概念模型的作用。
5. 简述数据模型的概念、作用和三个要素。
6. 简述三级模式中的两级映射及其作用。
7. 什么是视图？
8. 简述数据库系统的组成。
9. 简述关系数据库的特点。
10. 简述 SQL 的特点。
11. 数据库设计一般分为哪几个阶段？每个阶段的主要任务是什么？
12. 现有学生选课数据库：Student(Sno,Sname,Sage,Ssex,Sdept)、Course(Cno,Cname,Teacher)、SC(Sno,Cno,Grade)，试用 SQL 完成下列操作。

（1）创建 SC 表，注明主码和外码。

（2）检索刘军老师所授课程的课程号和课程名。

（3）检索年龄大于 23 的男学生的学号和姓名。

（4）检索学号为 95001 学生所学课程的课程名与任课教师名。

（5）检索课程平均成绩 90 分（含 90 分）以上的学生姓名和学号。

（6）删除学号为 95002 学生的选课记录。

（7）将学号为 95003 学生的年龄修改为 19 岁。

（8）插入一条学生记录（95004，李玉荷，18，计算机系，女）。

（9）将 SC 表查询的权限授权给所有用户。

（10）创建数学系的学生视图。

05 第 5 章　计算机网络与信息安全

　　随着社会信息化进程的加速，数据的分布处理及各种计算机资源的共享，使得计算机网络成为一个热门的技术领域。Internet 作为一个全球性的网络正以前所未有的冲击力影响和改变着人类的生活方式。每个公民在享受网络带来便利的同时，也应认识到网络环境下计算机安全的复杂性，并了解信息系统中面临的各种威胁。

5.1　计算机网络基础

　　计算机网络的崛起，不仅使计算机世界发生了日新月异的变化，而且还改变了人们生产、生活和社会活动的方式。计算机网络广泛应用于政府机关、学校、企事业单位、金融系统、军事指挥系统以及科学实验系统等领域。通过计算机网络，人们可以访问千里之外的数据库，共享远离本地的资源，传递各种各样的信息，管理企业，指挥部队等。如今一个国家计算机网络的发展水平已成为衡量其国力及现代化程度的重要标志。

5.1.1　计算机网络的概念

　　计算机网络是计算机技术与通信技术紧密结合的产物，它出现的历史虽然不长，发展却非常迅速，目前已成为计算机应用的一个重要领域。它的出现推动了信息产业的发展，对社会经济的发展起着非常重要的作用，对人类社会的进步做出了巨大贡献。

　　计算机网络是利用通信设备和传输介质，将分布在不同地理位置上、具有独立功能的两台或多台计算机相互连接，并在网络协议的控制下进行数据通信，实现资源共享的系统。

5.1.2　计算机网络的分类

　　计算机网络可按不同的标准进行分类，如按网络拓扑结构分类、按地理范围分类、按信息交换方式分类和按网络的应用范围分类等。其中，最常用的分类方法是按照网络的拓扑结构和地理范围进行划分。

1. 按照网络的拓扑结构分类

网络拓扑结构是指网络节点和连接线路所构成的网络几何图形。网络中的装置称为网络节点，在两个节点间承载信息流的线路称为链路。网络节点根据承担的角色不同可分为转接节点和访问节点两类。转接节点通过所连接的链路转接信息，通常有集线器、交换机、路由器等。访问节点也称为端点，一般包括计算机或终端设备。

网络的基本拓扑结构有总线结构、星形结构、环形结构、网状结构和树形结构。在实际构造网络时，大量的网络都是这些基本拓扑结构的组合。网络基本拓扑结构如图 5.1 所示。

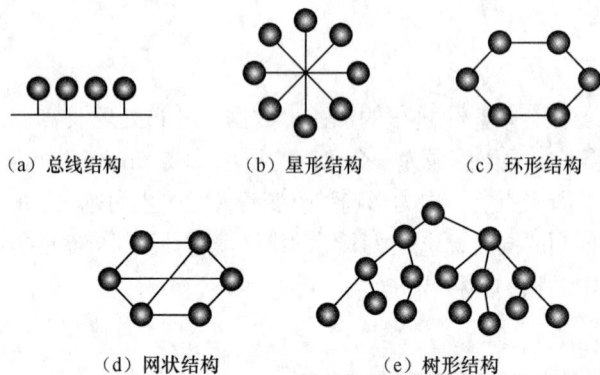

（a）总线结构　　　　（b）星形结构　　　　（c）环形结构

（d）网状结构　　　　　　（e）树形结构

图 5.1　网络的基本拓扑结构

（1）总线拓扑结构

如图 5.1（a）所示，总线拓扑结构是将网络中所有设备都通过一根公共总线连接，通信时信息沿总线进行广播式传送。

总线拓扑结构优点：结构简单，增删节点容易；缺点：网络中任一节点的故障都会造成全网的瘫痪，可靠性不高。总线网是常用的局域网拓扑结构之一，最有代表性的总线网是以太网。

（2）星形拓扑结构

星形拓扑结构由一个中央节点和若干从节点组成，如图 5.1（b）所示。中央节点可以与从节点直接通信，而从节点之间的通信必须经过中央节点的转发。星形拓扑结构简单，建网容易，传输速率高。每个节点都可独占一条传输线路，消除了数据传送冲突现象。一台计算机及其接口故障不会影响到整个网络。该拓扑结构扩展性好，配置灵活，网络易于管理和维护。网络可靠性依赖于中央节点，中央节点一旦出现故障将导致全网瘫痪。

目前星形网的中央节点多采用交换机、集线器等网络转接、交换设备。常见的星形拓扑网络有100BaseT 以太网。

（3）环形拓扑结构

环形拓扑结构中所有设备被连接成环，信息是沿着环广播传送的，如图 5.1（c）所示。在环形拓扑结构中每一台设备只能和相邻节点直接通信。与其他节点通信时，信息必须依次经过两者间的每一个节点。

环形拓扑结构传输路径固定，无路径选择问题，实现起来比较简单。但任何节点的故障都会导致全网瘫痪，可靠性较差。网络的管理比较复杂，投资费用较高。当环形拓扑结构需要调整时，一般需要对整个网络进行重新配置。该拓扑结构扩展性、灵活性差，维护困难。

环形网一般采用令牌来控制数据的传输，只有获得令牌的计算机才能发送数据，因此避免了冲突现象。环形网有单环和双环两种结构。双环结构常用于以光导纤维作为传输介质的环形网中，目的是设置一条备用环路，当光纤环发生故障时，可迅速启用备用环，提高环形网的可靠性。最常用的环形网有令牌环网和 FDDIC 光纤分布式数据接口。

（4）网状拓扑结构

网状结构是指将各网络节点与通信线路互连成不规则的形状，每个节点至少与其他两个节点相连，或者说每个节点至少有两条链路与其他节点相连，如图 5.1（d）所示。该结构网络的容错能力强，如果网络中一个节点或一段链路发生故障，则信息可通过其他节点和链路到达目的节点，故可靠性高。

网状结构的网络的最大特点是，它具有强大的容错能力。因此，该结构的网络主要用于强调可靠性的网络中，如 ATM 网、帧中继网等。

（5）树形结构

树形结构是一种分层的宝塔形结构，如图 5.1（e）所示，该结构的控制线路比较简单，管理也易于实现。它是一种集中分层的管理形式，但各部分之间很少进行信息流通，其共享资源的能力较差。

2. **按照地理范围分类**

按照地理范围，计算机网络可分为广域网、城域网和局域网。

（1）广域网

广域网（Wide Area Network，WAN）的覆盖范围通常为一个城市、一个国家或者全世界。在广域网内，用于通信的传输装置和介质一般由电信部门提供，网络则由多个部门或国家联合组建。广域网网络规模大，能实现较大范围的资源共享。

（2）局域网

局域网（Local Area Network，LAN）是一个单位或部门组建的小型网络，一般局限在一座建筑物或园区内，其覆盖范围通常为几十米至几千米。局域网规模小、速度快，应用较为广泛。

（3）城域网

城域网（Metropolitan Area Network，MAN）的覆盖范围介于广域网和局域网之间，通常指城市内部的网络连接，其作用范围一般为几十千米。城域网以及宽带城域网的建设已成为目前网络建设的热点，需要指出的是，广域网、城域网和局域网的划分只是一个相对的分界，而且随着计算机网络技术的发展，三者之间的界限已经变得模糊了。

5.1.3　计算机网络的功能

计算机网络不仅使计算机跨越了地理位置，而且大大增强了计算机本身的功能。根据网络的规模和设计的目的，它一般具有以下 5 项功能。

1. **资源共享**

计算机资源主要是指计算机的硬件、软件和数据资源。共享硬件资源可以避免贵重硬件设备的重复购置，提高硬件设备的利用率；共享软件资源可以避免软件开发的重复劳动与大型软件的重复购置，进而实现分布式计算的目标；共享数据资源可以促进人们相互交流，达到充分利用信息资源的目的。

2. **信息快速传输和集中处理功能**

终端和主机之间、主机和主机之间可以快速可靠地传输信息，对信息进行分散和集中处理大型的信息管理系统正是靠着网络的支持实现的。

3. 均衡负载及分布处理

当网络中某台计算机的任务很重时，可以通过网络将它的部分任务传给其他的计算机系统协助处理，特别是对于大型科学计算和信息处理的问题，可以采用一定的算法，将任务分交给网络中不同的计算机，以达到均衡使用网络资源、实现分布处理的目的。

4. 提高系统的可靠性

在计算机网络系统中，可以通过结构化和模块化设计将大的、复杂的任务分别交给几台计算机处理，用多台计算机提供冗余，以使其可靠性大大提高。当某台计算机发生故障，不至于影响整个系统中其他计算机的正常工作，使被损坏的数据和信息能得到恢复。

5. 综合信息服务功能

目前，人们可以通过网络进行信息传送、信息查询以及召开网络会议等。计算机网络为经济贸易、社会教育、办公自动化及家庭办公等方面提供了全方位的服务，成为信息社会中传送和处理信息的强有力的手段。

5.1.4 计算机网络的构成

从物理角度上看，计算机网络一般由网络服务器、工作站、网络适配器（网卡）、通信介质和网络软件五部分组成。

1. 网络服务器

网络服务器是网络资源管理和共享的核心，它为网络提供共享资源并对其进行管理。网络服务器一般由具有足够内存和大容量硬盘的高端微机或专用服务器担任。网络服务器的性能对整个网络的性能有着决定性的影响。

常用的服务器有文件服务器、打印服务器、通信服务器等。文件服务器提供完整的数据、文件和目录共享服务，是网络中最基本、最常用的服务器。打印服务器可以是安装有打印服务程序的文件服务器或专用的打印服务器，网络环境下的各工作站可把打印数据送到打印服务器的打印队列，通过与其连接的共享打印机打印出来。通信服务器装有通信服务软件，能够完成网络的通信服务功能。

一个网络中可安装多个服务器以满足不同用户的需求，也可以在一台计算机上同时运行多个服务器程序，这样这台计算机就成了集多种服务于一身的服务器。

2. 网络工作站

网络工作站是指连接到计算机网络中并通过应用程序执行任务的个人计算机。用户通过工作站来访问网络的共享资源，并由工作站对取出的程序和数据进行处理，然后将结果存储在服务器上或工作站的磁盘上。网络工作站通常使用 PC 来充当。

网络工作站分为有盘工作站和无盘工作站两种。

有盘工作站通过装在软盘或硬盘上的开机引导程序引导，与服务器连接。工作站磁盘上的数据和文件不能被其他工作站上的用户共享，用户需要把共享的数据放到服务器磁盘上。

而无盘工作站的开机引导程序装在网络适配器的 EPROM 上，这个 EPROM 称为开机 ROM，在计算机加电开机时，ROM 中的引导程序自动运行，完成与服务器的连接。由于无盘工作站没有磁盘，不存在通过工作站复制文件到服务器上的情况，从面防止了服务器从工作站传入病毒。

3.　网络适配器

网络适配器又称为网卡、网络接口板，通过它可将服务器或工作站连接到网络上，实现网络资源的共享和相互通信。计算机可以通过网络适配器上的接口连入网络。

网络适配器所实现的基本功能有：实现工作站、服务器与传输介质之间的物理连接和电信号匹配，接收和执行工作站及服务器送来的各种控制命令；实现网络的存取控制、信息帧的发送和接收、差错的校验和串/并编码的转换等；提供收发数据的缓冲能力；对于无盘工作站，可以通过网络适配器将工作站连接到网络服务器上。

4.　通信介质

通信介质是网络中信息传输的媒体，是实现网络通信的物理通道。网络的传输速度、每段网络的最大长度和可靠性主要是由通信介质决定的。

局域网中的通信介质主要分有线介质和无线介质两类。有线介质如双绞线、同轴电缆和光纤等；无线介质如微波、卫星、激光和红外线等。

5.　网络软件

计算机网络的软件包括网络操作系统、网络通信软件、网络协议软件、网络数据库管理系统和网络应用软件。

（1）网络操作系统是对计算机网络进行管理的软件，它负责管理网络中的所有硬件和软件资源，协调它们一致地工作。目前常用的网络操作系统有 NOVELL 公司的 Netware、Microsoft 公司的 Windows 系列以及 UNIX 操作系统等。

（2）网络通信软件负责管理各个计算机之间的信息传输，如网络驱动程序。

（3）网络协议软件可用来实现计算机中进程间的连接，它包括在各种网络适配器上实现的软件。

（4）网络数据库管理系统是用户编程或通信软件进行工作时要调用的数据部分，是进行网络编程用的工具，可以远程调用。通过网络数据库管理系统，可以对网络中的各种数据做各种处理。目前常用的网络数据库管理系统有 SQL Server、Oracle、Sybase、Informix 等。通过 Microsoft 公司制定的开放式数据库互连标准 ODBC，还可以实现不同数据库之间的相互调用。

（5）网络应用软件是根据用户的需要，在网络环境中利用软件开发工具编制出来的应用软件，如 Office 办公软件、财务管理软件、股票交易软件等。

随着计算机网络结构的不断完善，人们又从逻辑上把数据处理功能和数据通信功能分开，将数据处理部分称为资源子网，而将通信功能部分称为通信子网。通信子网是指网络中实现网络通信功能的设备及其软件的集合。资源子网负责全网数据处理和向网络用户提供资源及网络服务，包括网络的数据处理资源和数据存储资源。

5.1.5　计算机网络的主要性能指标

计算机网络的性能指标可从不同的方面来描述计算机网络的性能好坏。下面介绍几个主要的性能指标。

（1）速率

网络技术中的速率指的是数据的传输速率，是指单位时间内传输的信息量，可用"比特率"和"波特率"来表示。比特率是每秒传输二进制信息的位数，通常记作 bit/s，主要单位有 kbit/s、Mbit/s、Gbit/s。

（2）带宽

带宽作为信息论、无线电、通信、信号处理和波谱学等领域的一个核心概念，通常有以下两种不同的意义。

① 带宽本来是指某个信号具有的频带宽度。信号的带宽是指该信号所包含的各种不同频率成分所占据的频率范围。在过去很长的一段时间，通信的主干线路传送的都是模拟信号（即连续变化的信号）。因此，表示某信道允许通过的信号频带范围就称为该信道的带宽。

② 在计算机网络中，带宽可用来表示网络中某通道传送数据的能力，因此，网络带宽表示在单位时间内网络中的某信道所能通过的"最高数据率"，这种意义的带宽的单位就是 bit/s。

（3）吞吐量

吞吐量表示在单位时间内通过某个网络（或信道、接口）的实际的数据量。吞吐量受网络的带宽或额定速率的限制。吞吐量与网络带宽容易混淆，需要区分链路上的可用带宽（带宽）与实际链路中每秒所能传送的比特数。例如，一段带宽为 10Mbit/s 的链路连接的一对节点也许只能达到 3Mbit/s 的吞吐量。

（4）时延

时延是指数据（一个报文或分组，甚至比特）从网络（或链路）的一端传送到另一端所需的时间。时延可分为节点处理时延、排队时延、传输时延、传播时延。

5.1.6 网络模型和协议

1. ISO/OSI 参考模型

在研究计算机网络时，分层的设计思想有助于我们清晰地描述和理解复杂的计算机网络系统的工作模式与数据加工过程。

如何划分这个"层"，使之既便于理论研究又便于实施呢？国际上计算机网络理论研究界与应用界提出了很多方案，出于各种目的，他们制定和公布了各自的协议体系。其中有些协议体系得到了理论界的推崇而被不断地补充、完善；有些协议在组网中得到了广泛应用，以及进一步的实践与推广；还有些协议被国际标准化组织（International Standards Organization，ISO）采纳，成为组建计算机网络的国际标准。常见的计算机网络体系结构有 ISO/OSI、TCP/IP 等。

OSI（Open System Interconnect，OSI）是国际标准化组织和国际电报电话咨询委员会联合制定的开放系统互连参考模型。该参考模型将计算机网络体系结构划分为 7 个层次，并将之作为发展计算机网络的指导标准。图 5.2 展示了 ISO/OSI 参考模型。

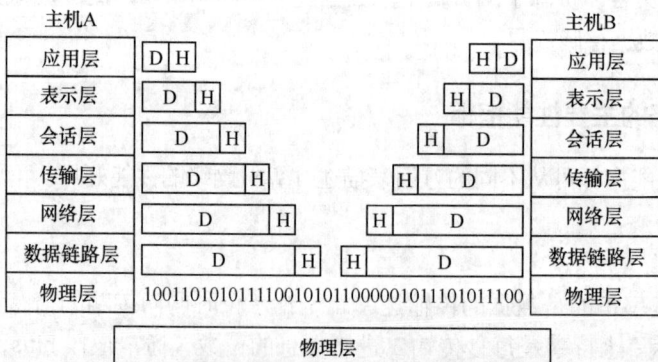

图 5.2　ISO/OSI 参考模型

如图 5.2 所示，ISO/OSI 参考模型定义的网络通信的 7 个功能层分别为物理层、数据链路层、网络层、传输层、会话层、表示层和应用层，并规定了每层的功能以及不同层之间是如何协调的。

OSI 参考模型对人们研究网络起了重要的指导作用。为了方便理解，人们把 7 个层次分为高层与低层。1~4 层为底层，是面向通信的；5~7 层为高层，是面向信息处理的。按网络功能来划分，1~3 层就是网络功能，4~7 层则是用户功能。

必须说明的是，OSI 模型本身不是网络体系结构的全部内容。这是因为它并未确切地描述用于各层的服务和协议，而仅仅告诉我们每一层应该做什么。ISO 已经为各层制定了标准，尽管这些标准并不是模型的一部分，但它们是作为独立的国际标准公布的。

OSI 参考模型从理论上来说是一个试图达到理想标准的网络体系结构，因此一直到 20 世纪 90 年代初整套标准才被制定完成。尽管 OSI 模型因层次清晰、便于论述等优点得到了计算机网络理论界的推崇，但是符合该模型标准的网络却从来没有被实现过。因为应用界认为，OSI 参考模型实施起来过于繁杂，运行效率太低；还有人认为 OSI 模型中层的划分不够精确，许多功能在不同层中有所重复，影响了网络的运行速度，而另外个别层的工作又过于繁多。然而 OSI 没能实现的主要原因在于制定它的周期过于漫长，还有它追求理想化标准的做法不太切合实际。因此，当 OSI 模型的专家们在很多网络硬件制造商一致表示"支持 OSI 参考模型"的姿态下忙于制定和完善工作时，另一套并不是国际标准但很实用的 TCP/IP 体系结构很快就占领了计算机网络市场，成为事实上的国际标准而被沿用至今。

2. 协议

在计算机网络中用于规定信息的格式以及如何发送和接收信息的一套规则、标准或约定就称为网络协议（Network Protocol），简称协议。一般来说，协议由 3 个要素组成，分别是语法、语义和同步。

（1）语法：规定了数据与控制信息的结构或格式。

（2）语义：定义了发送者或接收者所要完成的工作及响应。

（3）同步：规定了操作的执行顺序。

3. 协议分层的目的

为了减少网络协议设计的复杂性，网络设计者把通信问题划分为许多个小问题，然后为每一个问题设计一个通信协议。这样使得每一个协议的设计、分析、编码和测试都比较容易。所谓协议分层，是指按照信息的流动过程将网络的整体功能划分为多个不同的功能层。每一层都建立在它的下层之上，每一层的目的都是向它的上一层提供一定的服务，所谓下层提供的服务就是上层能够看得见的功能。

4. TCP/IP

TCP/IP 是一个优秀的、历史悠久的协议簇，是 1969 年随 ARPANET 的出现而产生的标准。该协议和 ARPANET 取得了巨大的成功，从而使得 TCP/IP 在许多网络系统中得到了采用，ARPANET 也发展成为今天的 Internet。TCP/IP 实际上是由两个协议组成的，即传输控制协议（Transmission Control Protocol，TCP）和网际协议（Internet Protocol，IP），现在 TCP/IP 成了一组协议的代名词。

TCP/IP 包含着许多别的协议。TCP/IP 的层次结构如图 5.3 所示。

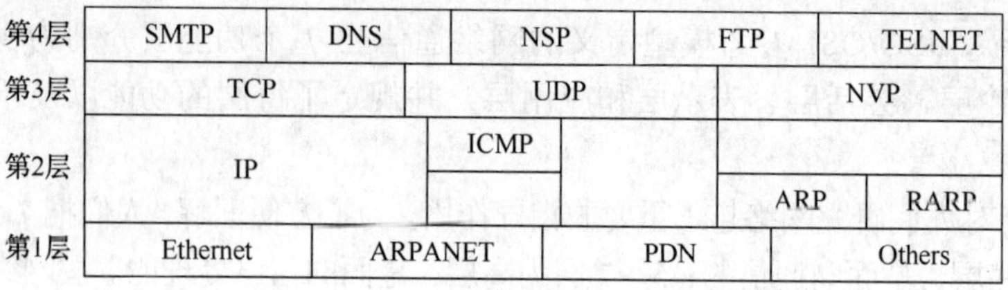

第4层	SMTP	DNS	NSP	FTP	TELNET
第3层	TCP		UDP		NVP
第2层	IP		ICMP		ARP	RARP
第1层	Ethernet	ARPANET	PDN		Others

图 5.3　TCP/IP 层次模型

① 第 1 层为网络接口层，是 TCP/IP 的实现基础，它兼并了物理层和数据链路层，因此网络接口层既是传输数据的物理媒介，也可以为网络层提供一条准确无误的线路。

② 第 2 层为网际层，IP 为网际协议、ICMP（Internet Control Message Protocol）为网际报文控制协议、ARP（Address Resolution Protocol）为地址分析协议、RARP（Reverse Address Resolution Protocol）为反向地址分析协议。

③ 第 3 层为传输层，TCP 为传输控制协议、UDP（User Datagram Protocol）为用户数据报协议、NVP（Network Voice Protocol）为网络语音协议。

④ 第 4 层为应用层，SMTP（Simple Mail Transfer Protocol）为简单邮件传送协议、DNS（Domain Name Service）为域名服务、NSP（Name Service Protocol）为名字服务协议、FTP（File Transfer Protocol）为文件传输协议、TELNET（Telecommunication Network）为通信网络。

从 TCP/IP 的分层模型与 ISO/OSI 的 7 层模型对比可知，TCP/IP 用网络接口层来代表 OSI 中的物理层和链路层。TCP/IP 的网际层对应于 OSI 的网络层，TCP/IP 的传输层对应于 OSI 的传输层，而 TCP/IP 的应用层则代表 OSI 中的会话层、表示层和应用层。

TCP/IP 的体系结构和协议设计支持可靠和灵活的网络，它战胜了曾经出现过的其他网络设计方案，在互联网中占据了主导地位。

5.2　Internet

Internet 是世界范围内实现互连的各种网络的集合。在 Internet 上，通过 Web 技术可实现全球信息资源共享，如信息查询、文件传输、远程登录、发送电子邮件等。Internet 是实现多网融合的基础，同时也是实现信息高速公路的重要支柱。

5.2.1　Internet 概述

Internet 是以美国国家科学基金会（National Science Foundation，NSF）的主干网 NSFNET 为基础的全球最大的计算机互联网，其中文译名为"互联网"或"因特网"。Internet 使用了 TCP/IP 协议，将全球不同国家、不同地区、不同部门的计算机以及计算机网络，通过互连设备高速互连。

1．Internet 的发展阶段

Internet 的基础结构大体上经历了 3 个阶段的发展。但这 3 个阶段在时间划分上并非截然分开，而是有部分重叠的，这是因为 Internet 的发展是逐渐的而不是突然的。1969 年，美国国防部创建了第一个分组交换网 ARPANET，最初 ARPANET 只是一个单个的分组交换网（并不是一个互联网）。所有要连接到 ARPANET 上的主机都直接与就近的交换节点机相连。在 ARPANET 问世后，其规模增长很快，到了 20 世纪 70 年代中期，人们已认识到不可能仅使用一个单独的网络来满足所有的通

信问题。于是 ARPA 开始研究多种网络（如分组无线电网络）互连的技术，这就导致后来互联网的出现。1983 年 TCP/IP 协议成为 ARPANET 上的标准协议。这样，在 1983 年到 1984 年间 Internet 的雏形就形成了。

　　ARPANET 的发展使 NSF 认识到计算机网络对科学研究的重要性，因此 1985 年起，NSF 就围绕 6 个大型计算机中心建设计算机网络。1986 年，NSF 建立了国家科学基金网 NSFNET。它是一个 3 级计算机网络，分为主干网、地区网和校园网。这种 3 级计算机网络覆盖了全美国主要的大学和研究所。1987 年，互联网上的主机超过 1 万台。最初，NSFNET 主干网的速率不高，仅为 56kbit/s。1989 年，NSFNET 主干网的速率提高到 1.544Mbit/s，并且成为 Internet 中的主要部分。

　　1991 年，NSF 和美国政府开始认识到，Internet 必将扩大其使用范围，不能只限于大学和研究机构。世界上许多公司纷纷接入互联网，使网络上的通信量急剧增大，每日传送的分组数达 10 亿个之多。Internet 的容量已满足不了需要。于是美国政府决定将 Internet 的主干网转交给私人公司来经营，并开始对接入互联网的单位收费。1992 年，Internet 上的主机超过 100 万台。1993 年，互联网主干网的速率提高到 45Mbit/s。不久，3 级结构互联网又演进到现在第 3 个阶段的多级结构 Internet（由许多公司经营的）。因此，现在的 Internet 并不是单个组织所拥有的。

　　从 1993 年开始，由美国政府资助的 NSFNET 逐渐被若干个商用的互联网主干网替代。这种主干网也叫作服务提供者网络。任何人只要向互联网服务提供者（Internet Service Provider，ISP）交纳规定的费用，就可通过该 ISP 接入互联网。考虑到互联网商用化后可能会出现很多的 ISP，为了使不同 ISP 经营的网络都能够互通，在 1994 年开始创建了 4 个网络接入点（Network Access Point），分别由 4 家电信公司经营。所谓网络接入点 NAP 就是用来交换互联网上流量的节点。在 NAP 中安装有性能好的交换设施（例如，使用 ATM 交换技术）。到 21 世纪初，美国的 NAP 的数量已达到十几个。这样，从 1994 年到现在，互联网逐渐演变成多级结构网络。

　　1996 年，速率为 155Mbit/s 的主干网 vBNS（very high-speed Backbone Network Service）建成了。1998 年开始建造更快的主干网 Abilene，比特率最高达 2.5Gbit/s。

　　现在 Internet 已经成为世界上规模最大和增长速率最快的计算机网络，没有人能够准确说出互联网究竟有多大。Internet 的迅猛发展始于 20 世纪 90 年代。由欧洲原子核研究组织开发的万维网 WWW(World Wide Web) 被广泛使用在互联网上，大大方便了广大非网络专业人员对网络的使用，成为互联网的指数级增长的主要驱动力。万维网的站点数目也出现了急剧增长。

　　由于 Internet 存在着技术上和功能上的不足，加上用户数量猛增，使得现有的 Internet 不堪重负。因此美国的一些研究机构和大学提出了研制和建造新一代互联网的设想，并宣布实施"下一代互联网计划"，即 "NGI 计划"（Next Generation Internet Initiative）。

　　NGI 计划要实现的一个目标是开发下一代互联网，以比现有的互联网高 100 倍的速率连接至少 100 个研究机构，以比现有的互联网高 1000 倍的速率连接 10 个类似的网点。其端到端的传输速率要达到 100Mbit/s ～ 10Gbit/s；另一个目标是使用更加先进的网络服务技术和开发更多带有革命性的应用，如远程医疗、远程教育、有关能源和地球系统的研究、高性能的全球通信、环境监测和预报、紧急情况处理等。NGI 计划将使用超高速全光网络，能实现更快速的交换和路由选择，同时具有为一些实时（Real Time）应用保留带宽的能力。此外，在整个互联网的管理和保证信息的可靠性及安全性方面，NGI 计划也会有很大的改进。

　　2. 标准化工作

　　互联网的标准化工作对互联网的发展起到了非常重要的作用。我们知道，标准化工作的好坏对一种技术的发展有着很大的影响。缺乏国际标准将会使技术的发展处于比较混乱的状态，而盲目自由竞争的结果很可能形成多种技术体制并存且互不兼容的状态（如过去形成的彩电三大制式），给用户带来较大的不方便。但国际标准的制定又是一个非常复杂的问题，这里既有很多技术问题，也有很多非技术问题，如不同厂商之间经济利益的争夺问题等。标准制定的时机也很重要。若标准制定得过早，由于技术还没有发展到成熟水平，会让陈旧的标准限制了产品的技术水平。其结果是以后不得不再次修订标准，造成浪费。反之，若标准制定得太迟，也会使技术的发展无章可循，造成产品的互不兼容，也不利于产品的推广。互联网在制定其标准上很有特色，其中一个很大的特点是面向公众。互联网所有的文档都可从互联网上免费下载，而且任何人都可以用电子邮件随时发表对某个文档的意见或建议。这种开放方式对互联网的迅速发展影响很大。

1992 年，由于互联网不再归美国政府管辖，因此一个叫作互联网协会（Internet Society，ISOC）的国际性组织成立，以便对互联网进行全面管理以及在世界范围内促进其发展和使用。ISOC 下面有一个技术组织叫作互联网体系结构委员会（Internet Architecture Board，IAB），负责管理互联网有关协议的开发。IAB 下面又设有两个工程部。

（1）互联网工程部（Internet Engineering Task Force，IETF）

IETF 是由许多工作组（Working Group，WG）组成的论坛，具体工作由互联网工程指导小组（Internet Engineering Steering Group，IESG）管理。这些工作组划分为若干个领域（Area），每个领域集中研究某一特定的短期和中期的工程问题，主要是针对协议的开发和标准化。

（2）互联网研究部（Internet Research Task Force，IRTF）

IRTF 是由一些研究组（Research Group，RG）组成的论坛，具体工作由互联网研究指导小组（Internet Research Steering Group，IRSG）管理。IRTF 的任务是研究一些需要长期考虑的问题，包括互联网的一些协议、应用、体系结构等。

所有的互联网标准都是以 RFC 的形式在互联网上发表的。RFC（Request For Comments）的意思就是"请求评论"。所有的 RFC 文档都可从互联网上免费下载。但应注意，并非所有的 RFC 文档都是互联网标准。互联网标准的制定往往要花费漫长的时间，并且是一件非常慎重的工作。只有很少部分的 RFC 文档最后能变成互联网标准。RFC 文档按发表时间的先后编上序号。一个 RFC 文档更新后就使用一个新的编号，并在文档中指出原来老编号的 RFC 文档已变得陈旧或者已被更新，但陈旧的 RFC 文档并不会被删除，而是永远保留着，供用户参考。现在 RFC 文档的数量增长得很快，到 2016 年 7 月，RFC 的编号就已高达 7694。制定互联网的正式标准要经过以下 3 个阶段。

① 互联网草案：互联网草案的有效期只有 6 个月。

② 建议标准：从这个阶段开始就成为 RFC 文档。

③ 互联网标准：达到正式标准后，每个标准都分配到了一个编号 STDxx。一个标准可以和多个 RFC 文档关联。截止到 2016 年 7 月，互联网标准的最大编号是 STD830，可见要成为互联网标准还是很不容易的。

要成为互联网标准，原先必须经过 3 个阶段，即建议标准→草案标准→互联网标准。由于"草案标准"容易和"互联网草案"混淆，从 2011 年 10 月起就取消了"草案标准"这个阶段。这样，现在制定互联网标准的过程变为两个阶段，即建议标准→互联网标准。在新的规定以前就已发布的草案标准，将按照以下原则进行处理：若已达到互联网标准，就升级为互联网标准；对目前尚不够互联网标准条件的，则仍称为发布时的名称"草案标准"。我们可以很方便地在网上查到有哪些 RFC 文档是建议标准或互联网标准。

除了建议标准和互联网标准这两种 RFC 文档外，还有 3 种 RFC 文档，即历史的、实验的和提供信息的 RFC 文档。历史的 RFC 文档或者是被后来的规约所取代，或者是从未到达必要的成熟等级因而未变成互联网标准。实验的 RFC 文档表示其工作属于正在实验的情况，而不能够在任何实用的互联网服务中进行实现。提供信息的 RFC 文档包括与互联网有关的、一般的、历史的或指导的信息。RFC 文档的数量很大，为便于查找，应利用其索引文档"RFC INDEX"。这个文档给出了已经发布的所有的 RFC 文档的标题、发表时间、类别，以及这个 RFC 文档更新了哪个老的 RFC 文档，或者被在它以后发表的哪个 RFC 文档更新了。

3. IPv6 与下一代互联网

IPv6 指的是网络协议版本 6，网络协议是指在 Internet 中普遍使用的通信规程。目前使用较广泛的网络协议是 IPv4，它不久会被 IPv6 取代。IPv4 有 32 位地址长度，理论上能编址 1600 万个网络、40 亿台主机。IPv6 将把地址长度扩展至 128 位，是 IPv4 地址空间的近 1600 亿倍。在以 IPv6 为基础的下一代互联网（Internet 2）上不但可以实现现有 IPv4 网络所提供的全部通信业务，还能体现 IPv6 价值和发展前景的创新业务，并体现出更大、更快、更安全、更及时、更方便、更可管理和更有效等特征。Internet 2 的应用将使真正的数字化生活来临，人们可以随时、随地用任何一种方式高速上网，任何可能的东西都会成为网络化生活的一部分。

下一代互联网与第一代互联网的区别不仅存在于技术层面，也存在于应用层面。例如，目前网络上的远程教育、远程医疗，在一定程度上并不是真正的网络教育或远程医疗。由于网络基础条件的原因，大量还是采用了网上、网下相结合的方式，对于互动性、实时性极强的课堂教学，一时还难以实现。而远程医疗更多的只是远程会诊，它并不能进行远程的手术，尤其是精细的手术治疗。但在下一代互联网上，这些都将成为最普通的应用。

4. Internet 在我国的发展

中国科学院高能物理研究所最早在 1987 年就开始通过国际网络线路接入 Internet。1994 年，我国正式接入 Internet，从而开通了 Internet 的全功能服务。我国在接入 Internet 的网络基础设施上进行了大规模投入，建成了中国公用分组交换数据网（ChinaPAC）和中国公用数字数据网（ChinaDDN）。由光缆、微波和卫星通信所构成的通达各省、自治区、直辖市的主干信息网络初步建成，覆盖全国范围的数据通信网络初具规模，为 Internet 在我国的普及打下了良好的基础。

我国在实施国家信息基础设施计划的同时，也积极参与了国际下一代互联网的研究和建设。1998 年，建设了我国第一个 IPv6 试验床，两年后开始分配 IP 地址。2000 年，中国高速互连研究试验网络 NSFCNET 开始建设，NSFCNET 采用密集波分多路复用技术，分别与 CERNET、CSTNET 以及 Internet 2 和亚太地区高速网 APAN 互连。

目前国内的 Internet 主要有以下 4 大网络。

（1）中国公用计算机互联网

中国公用计算机互联网（China Public Computer Network，ChinaNET）覆盖全国各省市、自治区，以营业商业活动为主，业务范围覆盖所有电话能通达的地区。

ChinaNET 与公用电话分组交换网、中国公用分组交换网、中国公用数字数据网、帧中继网等互连，国际线路带宽的总容量占全国互联网出口总带宽的 80%，是接入 Internet 网的理想选择。

（2）中国科技网

中国科技网是由中国科学院主持，联合北京大学、清华大学共同建设的全国性的网络。该工程于 1990 年 4 月启动，1993 年正式开通与 Internet 的专线连接，1994 年 5 月 21 日完成了我国最高域名 cn 主要服务器的设置。

（3）中国教育和科研计算机网

中国教育和科研计算机网（China Education and Research Network，CERNET）是 1994 年由国家投资建设，教育部负责管理，清华大学等高等学校承担建设和管理运行的全国性学术计算机互联网络。它主要面向教育和科研单位，是全国最大的公益性互联网络。CERNET 具有雄厚的技术实力，是我国互联网研究的"排头兵"，在全国第一个实现了与国际下一代高速网 Internet 2 的互连。

CERNET 分 4 级管理，简单介绍如下。

① 全国网络中心：设在清华大学，负责全国主干网的运行管理。

② 地区网络中心和地区主节点：分别设在清华大学、北京大学、北京邮电大学、上海交通大学、西安交通大学、华中科技大学、华南理工大学、电子科技大学、东南大学、东北大学等 10 所高校中，负责地区网的运行管理和规划建设。

③ 省教育科研网：设在 36 个城市的 38 所大学中。

④ 校园网：某大学校园内网络。

（4）中国国家公用经济信息通信网

中国国家公用经济信息通信网（China Golden Bridge Network，ChinaGBN）又称金桥网，是 1993 年开始建设的计算机网络，是国民经济信息化的基础设施，面向政府、企业、事业、社会公众提供数据通信和信息服务。ChinaGBN 是以卫星综合数字业务网为基础，以光纤、无线移动等方式形成天地一体的网络结构，使天上卫星网和地面光纤网互连互通，互为备用，可以覆盖全国。

5.2.2 IP 地址和域名

1. IP 地址

如果我们把整个 Internet 看成一个单一的、抽象的网络，那么 IP 地址就是给每个连接在 Internet 上的主机分配的一个在全世界范围内唯一的 32 位的标识符，即通信时每个计算机的名字。IP 地址由 32 位二进制数码表示，包含 4 字节。为了表示方便，通常将每字节用其等效的十进制数字表示，每字节间用圆点"."分隔。例如，IP 地址可以是 10000000 00001011 00000011 00011111 或者 128.11.3.31。

IP 地址是层次性的地址，由网络地址和主机地址两个部分组成。网络地址由 Internet 注册管理机构网络信息中心分配，主机地址由网络管理机构负责分配。

IP 地址分为 A、B、C、D 和 E 五类，分别用 0、10、110、1110 和 11110 标识，如图 5.4 所示。

A 类地址的网络地址空间占 7 位，可提供使用的网络号有 126 个（2^7-2）。这里减 2 的原因是：网络地址全 0 的 IP 地址是保留地址，意思是"本网络"；而网络号为 127（即 01111111）保留作为本机软件回路测试之用。A 类地址可提供的主机地址为 16777214（$2^{24}-2$）。这里减 2 的原因是：主机地址全 0 表示"本主机"，而全 1 表示"所有"，即该网络上的所有主机。A 类地址适用于拥有大量主机的大型网络。

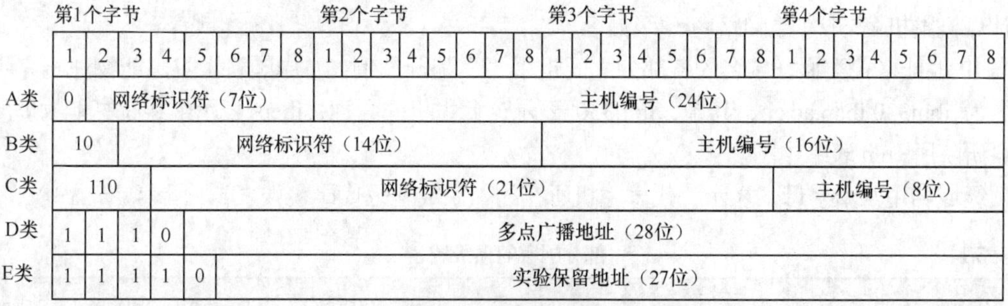

图 5.4　IP 地址的分类

B 类地址的网络地址空间占 14 位，允许 16384（2^{14}）个不同的 B 类网络。B 类地址每一个网络的最大主机数是 65534（2^{16}–2），一般用于中等规模的网络。

C 类地址的网络地址空间占 21 位，允许 2097152（2^{21}）个不同的 C 类网络。C 类地址每一个网络的最大主机数是 254（2^8–2），一般用于规模较小的局域网。

D 类地址用于其他特殊的用途，如网内多目的地址广播数据包。

E 类地址暂时保留，用于某些实验，或者以备将来使用。

2. 域名系统原理

在 Internet 上，对于众多的以数字表示的一长串 IP 地址，人们记忆起来是很困难的。为此，便引入了域名的概念。通过为每台主机建立 IP 地址与域名之间的映射关系，用户在网上可以避开难以记忆的 IP 地址，而使用域名来唯一标识网上的计算机。域名和 IP 地址之间的关系就像是某人的姓名和其身份证号码之间的关系；显然，记忆某人的姓名比记忆身份证号码容易得多。

在 Internet 早期，整个网络上的计算机数目只有几百台，那时使用一个对照文件，列出所有主机名称和其对应的 IP 地址，用户只要输入主机的名称，计算机就可以很快地将其转换成 IP 地址。

随着 Internet 规模的扩大，网上主机的数目也开始迅速增加，仅使用一台域名服务器来负责域名到 IP 地址的转换不可行，一是该域名服务器的负荷过重，二是如果该服务器出现故障，域名解析将全部瘫痪。因此，自 1983 年起，Internet 开始采用一种树状、层次化的主机命名系统，即域名系统（Domain Name System，DNS）。

域名系统是一个遍布在 Internet 上的分布式主机信息数据库系统，它采用客户端/服务器的工作模式。域名系统的基本任务是将文字表示的域名（如 www.ryjiaoyu.com），"翻译"成 IP 协议能够理解的 IP 地址格式（如 123.23.43.121），亦称为域名解析。域名解析的工作通常由域名服务器来完成。

域名系统是一个高效、可靠的分布式系统。域名系统可确保大多数域名在本地与 IP 地址进行解析，仅少数需要向上一级域名服务器请求，使得系统高效运行。同时域名系统具有可靠性，即使某台计算机发生故障，解析工作仍然能够进行。

域名系统是一种包含主机信息的逻辑结构，它并不反映主机所在的物理位置。同 IP 地址一样，Internet 上主机的域名具有唯一性。

（1）域名系统的分级结构

要把计算机接入 Internet，必须获得网上唯一的 IP 地址和对应的域名。Internet 主机域名的排列原则是低层的子域名在前面，而它们所属的高层域名在后面，一般格式为：

计算机主机名.机构名.网络名.顶级域名

同 IP 地址格式类似，域名的各部分之间也用"."隔开。例如，中国科学院高能物理研究所的主机域名为 ibm330.ihep.ac.cn，其中，ibm330 表示这台主机的名称，ihep 表示中科院高能物理所，ac 表示科研院所，cn 表示中国。

顶级域名用两个字母来表示，代表主机所在的国家或地区代码，如表 5.1 所示。

表 5.1　　　　　　　　　　　　部分国家的顶级域名

代码	国家	代码	国家
au	澳大利亚	be	比利时
fl	芬兰	de	德国
nl	荷兰	it	意大利
es	西班牙	ru	俄罗斯
uk	英国	ch	瑞士
ca	加拿大	sg	新加坡
fr	法国	in	印度
il	以色列	jp	日本
cn	中国	us	美国

第二级域名为网络名，用于区分主机所在单位的类型，如表 5.2 所示。

表 5.2　　　　　　　　　　　　行业领域的顶级域名

域名	含义	域名	含义
com	商业机构	mil	军事机构
edu	教育机构	net	网络服务提供者
gov	政府机构	org	非营利性组织
int	国际机构（主要指北约组织）	nom	个人

第三级域名为机构名，用于说明主机所在的单位名称。

例如，域名 book.sina.com.cn 表示中国的商业网络新浪网的主机 book。其中，book 为主机名，sina 代表新浪网，com 表示商业机构，cn 代表中国。

为了确保域名的唯一性，域名统一由各级网络信息中心分配。中国互联网信息中心（China Network Information Center，CNNIC）负责中国地区的互联网域名注册以及实施对中国互联网络的管理。

（2）域名服务器

一个服务器所负责管辖的（或有权限的）范围叫作区（Zone）。各单位根据具体情况来划分自己管辖范围的区。但在一个区中的所有节点必须是能够连通的。每一个区设置相应的权限域名服务器（Authoritative Name Server），用来保存该区中的所有主机的域名到 IP 地址的映射。

根据域名服务器所起的作用，可以把域名服务器划分为以下 4 种不同的类型。

① 根域名服务器。根域名服务器是最高层次的域名服务器，也是最重要的域名服务器。

② 顶级域名服务器。注册的所有二级域名。当收到 DNS 查询请求时，就给出相应的回答。

③ 权限域名服务器。这就是前面已经讲过的负责一个区的域名服务器。当一个权限域名服务器还不能给出最后的查询回答时，就会告诉发出查询请求的 DNS 客户，下一步应当找哪一个权限域名服务器。

④ 本地域名服务器。本地域名服务器并不属于域名服务器层次结构，但它对域名系统非常重要。当一台主机发出 DNS 查询请求时，这个查询请求报文就会发送给本地域名服务器。

5.2.3　Internet 应用

1. 万维网 WWW

WWW（World Wide Web）译为全球信息网、万维网，简写为 Web。WWW 是以超文本标记语言（Hypertext Markup Language，HTML）与超文本传输协议（Hypertext Transfer Protocol，HTTP）为基础，能够以十分友好的接口提供 Internet 信息查询服务的多媒体信息系统。这些信息资源分布在全球数以万计的 WWW 服务器（或称 Web 站点）上，并由提供信息的专门机构进行管理和更新。用户通过一种称为 Web 浏览器的软件，就可浏览 Web 上的信息，并可单击标记为"链接"的文本或图形，随心所欲地转换到世界各地的其他 Web 站点，访问其上丰富的信息资源。

WWW 系统的结构采用客户端/服务器工作模式，所有的客户端和 Web 服务器统一使用 TCP/IP 协议，统一分配 IP 地址，使得客户端和服务器端的逻辑连接变成简单的点对点连接，用户只需要提出查询要求就可自动完成查询操作。我们可以形象地将 WWW 视为 Internet 上一个大型的图书馆，Web 中某一特定信息资源的所在地（称为 Web 节点或 Web 站点，通常都对应某一 Web 服务器）就像图书馆中的一本本书，而 Web 则是书中的某一页，即 Web 节点的信息资源是由一篇篇称为 Web 页的文档组成的。多个相关 Web 页组合在一起便组成了一个 Web 站点，用户每次访问 Web 时，总是从一个特定的 Web 站点开始的。每个 Web 站点的资源都有一个起始点，即处于顶层的 Web 页，就像一本书的封面或目录，通常可称之为主页或首页。

WWW 上的 Web 页采用超文本（Hypertext）格式，即每份 Web 文档除包含自身信息外，还包含指向其他 Web 页的超级链接（Hyperlink，简称链接或 link），可将链接理解为指向其他 Web 页的"指针"，由链接指向的 Web 页可能是在近处的一台计算机上，也可能是远在万里之外的一台计算机上，但对用户来说，通过单击超链接，所需的信息便会显现在眼前，非常方便。需要说明的是，现在的超级文本已不仅仅只含有文本，还增加了多媒体内容，故有时也把这种增强的超级文本称为超媒体。

（1）URL

在 Internet 中的 WWW 服务器上，每一个信息资源，如一个文件等都有统一的且在网上唯一的地址，该地址称为全球统一资源定位点（Uniform Resource Locator，URL）。URL 主要用来确定 Internet 上信息资源的位置，它采用统一的地址格式，以方便用户通过浏览器查阅 Internet 上的信息资源。URL 地址的组成为资源类型、存放资源的主机域名及端口和网页路径。

（2）构建 Web 服务器

今天 WWW 技术在全世界范围内相当流行，在 Internet 上存在着无数 Web 站点，人们每天都能通过这些 Web 站点获取需要的信息，使生活和工作变得前所未有的方便和快捷。Web 服务器就是一种运行在计算机上用来构建 Web 站点的软件。当前流行的 Web 服务器软件有微软的 IIS 和 PWSC，Netscape 的 Netscape EnterpriseServer，NCSA 的 HTTPD 和 W3C，以及开源组织的 Apache。

2. FTP 与 Telnet 服务

文件传输协议（File Transfer Protocol，FTP）是 Internet 上使用最广泛的文件传送协议。FTP 能屏蔽计算机所处位置、连接方式以及操作系统等细节，而让 Internet 上的计算机之间实现文件的传送。用户登录到远程计算机上，搜索需要的文件或程序，然后下载（Download）到本地计算机，也可以将本地计算机上的文件上传（Upload）到远程计算机上。

远程登录 Telnet 是由本地计算机通过 Internet 登录到另一台远程计算机上去，这台计算机可以就在你的隔壁，也可以在地球的另一端。当登录到远程计算机上的，你的计算机仿佛成为这台远程主机的终端，可以用自己的计算机直接操作远程计算机，可以查询数据库、检索资料，也可以利用远程计算机完成大量的计算工作。

（1）文件传输 FTP

不管是 UNIX 还是 Windows 操作系统，都包含 FTP 协议。FTP 采用客户端/服务器工作方式，用户计算机称为 FTP 客户，远程提供 FTP 服务的计算机称为 FTP 服务器，它通常是信息服务提供者的计算机。FTP 服务是一种实时联机服务，用户在访问 FTP 服务器之前需要进行注册。不过，Internet 上大多数 FTP 服务器都支持匿名服务，即以 anonymous 作为用户名，以任何字符串或电子邮件的地址作为口令登录。当然匿名 FTP 服务也有很大的限制，匿名用户一般只能获取文件，而不能在远程计算机上建立文件或修改已经存在的文件，另外对可以复制的文件也有严格的限制。

目前，利用 FTP 传输文件的方式主要有 3 种：FTP 命令行、浏览器和 FTP 下载工具。

① FTP 命令行

UNIX 操作系统中有大约 50 条丰富的 FTP 命令行，能方便地完成文件传送等操作。

② 浏览器

IE 浏览器和 Navigator 浏览器中都带有 FTP 程序模块，因此可在地址栏中直接输入 FTP 服务器的 IP 地址或域名，浏览器将自动调用 FTP 程序完成连接。例如，要访问域名为 ftp.cdut.edu.en 的 FTP 服务器，可在地址栏中输入 http://ftp.cdut.edu.en/。连接成功后，浏览器界面中会显示出该服务器上的文件夹和文件名列表。

③ FTP 下载工具

FTP 工具软件同时具有远程登录、对本地计算机和远程服务器的文件和目录进行管理，以及相互传送文件等功能。而且 FTP 下载工具还具有断点续传功能，当网络连接意外中断后，还可继续进行剩余部分的传输，提高了文件下载速率。常用的 FTP 下载软件是 CuteFTP，它是一个共享软件，功能强大，支持断点续传上传、文件拖放等。在浏览器中还可使用 HTTP 的下载工具，如网络蚂蚁，它支持断点续传，非常适合与浏览器配合使用。

（2）远程登录 Telnet

Telnet 采用客户端/服务器工作方式，进行远程登录时需要满足以下条件：在本地计算机上必须装有包含 Telnet 协议的客户程序；必须知道远程主机的 IP 地址或域名；必须知道登录标识与口令。

Telnet 远程登录服务分为以下 4 个过程。

① 本地计算机与远程主机建立 TCP 连接，用户必须知道远程主机的 IP 地址或域名。

② 将本地计算机上输入的用户名和口令以及以后输入的任何命令或字符串变成 NVT（Net Virtual Terminal，网络虚拟终端）格式传送到远程主机。

③ 将远程主机输出的 NVT 格式的数据转化为本地所能接受的格式送回本地终端，包括输入命令回显和命令执行结果。

④ 最后，本地终端对远程主机撤销 TCP 连接。

世界上有许多图书馆都通过 Telnet 对外提供联机检索服务，一些政府部门和研究机构也将他们的数据库对外开放，供用户通过 Telnet 查询。当然，要在远地计算机上登录，首先要成为该系统的合法用户，并有相应的账号和口令。一旦登录成功，用户便可使用远地计算机查询或检索对外开放的全部信息和资源。

3. 电子邮件

电子邮件（Electronic mail, E-mail）是一种利用计算机网络交换电子信件的通信手段，它是 Internet 上使用最多、最受欢迎的一种服务。电子邮件将邮件发送到收信人的邮箱中，收信人可随时进行读取。电子邮件不仅使用方便，而且还具有传递迅速和费用低廉等优点。电子邮件不仅能传递文字信息，还能传递图像、声音、动画等多媒体信息。

E-mail 地址是以域为基础的，它分为两部分，中间以"@"隔开，读作"at"，其一般格式如下：

用户邮箱名@邮箱所在的主机域名

电子邮件服务提供的功能是电子邮件的收、发以及电子邮件的管理功能，另外电子邮件服务还支持多媒体信息的传输和电子邮件分组等功能。

一个电子邮件系统应具有 3 个重要组成构件，即用户代理、邮件服务器和电子邮件使用的协议。用户代理（User Agent，UA）就是用户与电子邮件系统的接口，大多数情况下它就是在用户计算机中运行的程序。用户代理使用户能够通过一个很友好的接口来发送和接收邮件。现在可供选择的用户代理有很多。例如，微软公司的 Outlook Express 和我国的 Foxmail，都是很受欢迎的电子邮件用户代理。邮件服务器是电子邮件系统的核心构件，Internet 上所有的 ISP 都有邮件服务器。邮件服务器的功能是发送和接收邮件，同时还可向发信人报告邮件的发送情况（如已发送、发送失败、丢失等）。电子邮件所使用的协议有简单邮件传输协议、多用途网际邮件扩展协议、邮局协议、Internet 报文存取协议等。

下面介绍电子邮件的收发功能。

（1）发送电子邮件。当用户需要向指定的目标发送邮件时，可先与其主机进行连接，再把准备好的邮件发往该主机的信箱中。这样，电子邮件系统就会自动把邮件发送到目标主机的邮箱中。

（2）接收电子邮件。用户可以从自己申请到的邮箱中，读取其他用户发来的电子邮件。

（3）邮件分发。电子邮件与普通邮件的最大区别是，可以将一份电子邮件同时发送给多个目标用户，这就是邮件分发的功能。它有以下两种分发方式。

① 成组分发：在电子邮件的信封上同时标明多个目标用户的地址和名字，电子邮件系统按照各地址分别发送邮件。

② 标准分发：当分发的对象较多且固定时，用户可事先定义一张分发表，记录分发对象的地址和名字，并对此表进行命名，当用户需要发送邮件时，只需要在邮件的信封上填写分发表的名字，并选择标准分发，电子邮件系统就会按照分发表上的地址和名字进行分发。

5.3　信息安全

　　信息社会的到来，给全球带来了信息技术飞速发展的契机，然而，人们在享受网络信息带来的巨大利益的同时，也面临着信息安全的严峻考验。信息安全，是指网络系统的硬件、软件及其系统中的数据受到保护，不会因偶然的或者恶意的原因遭到破坏、更改、泄露，系统连续可靠正常地运行，网络服务不中断。网络需要与外界联系，同时也就受到了多方面的威胁。开放性的网络，导致网络的技术是全开放的，网络所面临的破坏和攻击可能是多方面的。

5.3.1　信息安全的基本概念

　　人们一直希望能设计出一种安全的计算机网络，但网络的安全性是不可判定的。目前在安全协议的设计方面，主要是针对具体的攻击设计安全的通信协议。但如何保证设计出的协议是安全的？可以使用两种方法：一种是用形式化方法来证明；另一种是用经验来分析协议的安全性。形式化证明的方法是人们所希望的，但一般意义上的协议安全性也是不可判定的，只能针对某种特定类型的攻击来讨论其安全性。对于复杂的通信协议的安全性，形式化证明比较困难，所以主要采用人工分析的方法来找漏洞。下面介绍信息安全的一些基本概念。

　　（1）保密性。保密性是指阻止非授权的主体阅读信息，只有信息的发送方和接收方才能懂得所发送信息的内容，而信息的截获者是看不懂所截获的信息的。显然，保密性是网络安全通信最基本的要求，也是对付被动攻击所必须具备的功能。

　　（2）真实性。安全的计算机网络必须能够鉴别信息的发送方和接收方的真实身份。网络通信和面对面的通信差别很大。现在频繁发生的网络诈骗，在许多情况下，就是由于在网络上不能鉴别出对方的真实身份。当我们进行网上购物时，首先需要知道卖家是真正有资质的商家还是犯罪分子假冒的商家，若不能解决这个问题，就不能认为网络是安全的。端点鉴别在对付主动攻击时是非常重要的。

　　（3）完整性。完整性是网络信息未经授权不能进行改变的特性，即网络信息在存储或传输过程中不被偶然或蓄意地删除、修改、伪造、乱序、重放、插入和丢失的特性。完整性与保密性不同，保密性要求信息不被泄露给未授权的人，而完整性则要求信息完整无缺，保证其不被更改。影响网络信息完整性的主要因素有：设备故障、误码、人为攻击、计算机病毒等。

　　（4）可靠性。可靠性是指网络信息系统能够在规定条件下、规定时间内完成规定功能的特性。可靠性是系统安全的基本要求之一，是所有网络信息系统的建设和运行目标。

　　（5）可用性。可用性是指网络信息可被授权实体访问并按需求使用的特性，即网络信息服务在需要时，允许授权用户或实体使用的特性。可用性是网络信息系统面向用户的安全性能。

　　（6）不可抵赖性（也称作不可否认性）。在网络信息系统的信息交互过程中，确信参与者的真实统一性，即所有参与者都不可能否认或抵赖曾经完成的操作和承诺。

5.3.2　网络信息安全的结构层次

　　网络信息安全的结构层次主要包括物理安全、安全控制和安全服务。

1. 物理安全

物理安全是指在物理介质层次上对存储和传输的网络信息的安全保护。目前，该层次上常见的不安全因素包括以下几类。

（1）自然灾害、物理损坏、设备故障。

（2）电磁辐射、趁机而入、痕迹泄露。

（3）操作失误。

2. 安全控制

安全控制主要包括以下 3 种。

（1）操作系统的安全控制。包括对用户的合法身份进行核实，对文件的读写存取的控制。此类安全控制主要保护被存储数据的安全。

（2）网络接口模块的安全控制。在网络环境下对来自其他机器的网络通信进程进行安全控制。此类控制主要包括身份认证、客户权限设置与判别、审计日志等。

（3）网络互连设备的安全控制。对整个子网内的所有主机的传输信息和运行状态进行安全监测和控制。此类控制主要通过网管软件或对网络连接设备的配置来实现。

3. 安全服务

在应用程序层对网络信息的保密性、完整性和信源的真实性进行保护及鉴别，以满足用户的安全需求。例如，以保护网络信息的保密性为目标的数据加密和解密；以保证网络信息来源的真实性和合法性为目标的数字签名及签名验证；以保护网络信息的完整性，防止检测数据被修改、插入、删除和改变的信息认证等。

5.3.3　网络信息安全面临的威胁

网络信息安全面临的威胁主要来自人为或自然威胁、安全缺陷、软件漏洞、病毒和黑客入侵等方面。

1. 人为或自然威胁

人为威胁通过攻击系统暴露的要害或弱点，使得网络信息的保密性、完整性、可靠性、可控性和可用性等受到伤害，造成不可估量的损失。人为威胁又分为两种：一种是以操作失误为代表的无意威胁（偶然事故）；另一种是以计算机犯罪为代表的有意威胁（恶意攻击）。

自然威胁来自各种自然灾害、恶劣的场地环境、电磁辐射、电磁干扰和设备自然老化等。这些事件有时会直接威胁网络信息安全，影响信息的存储媒体。

2. 安全缺陷

网络信息系统是计算机技术和通信技术的结合，计算机系统的安全缺陷和通信链路的安全缺陷构成了网络信息系统的潜在安全缺陷。网络信息系统的安全缺陷通常包括物理网络的安全缺陷、逻辑网络的安全缺陷以及通信链路的安全缺陷等。

3. 软件漏洞

由于软件程序的复杂性和编程的多样性，在网络信息系统的软件中很容易有意或无意地留下一些不易被发现的安全漏洞。下面介绍一些有代表性的软件安全漏洞。

（1）陷门：所谓陷门就是一个程序模块的秘密的未记入文档的入口。一般陷门是在程序开发时插入的一小段程序，是为了测试这个模块或者连接将来的更改和升级程序，或者是为了将来发生故障时，为程序员提供方便等。通常在应在程序开发后期这些陷门会被去掉，但是由于各种有意或无意的原因，陷门也有可能被保留了下来，一旦被程序员利用或者被人发现，将会带来严重的安全后果。

（2）操作系统的安全漏洞：操作系统是硬件和软件应用程序之间的接口程序，是整个网络信息系统的核心控制软件，系统的安全体现在整个操作系统之中。广泛应用的 Windows 操作系统就发现过很多重大的安全漏洞。

（3）数据库的安全漏洞：有些数据库将原始数据以明文形式存储于数据库中，这是不够安全的。入侵者可以从计算机系统的内存中导出所需的信息，或者侵入系统，从系统的后备存储器上窃取数据或修改数据，因此，必要时应该对存储数据进行加密保护。数据库的加密应该采用较安全的加密方法和密钥管理方法，因为数据的生命周期一般较长，密钥的保存时间也相应较长。

（4）TCP/IP 协议的安全漏洞：TCP/IP 通信协议在设计初期并没有考虑到安全性问题，因而连接到网络上的计算机系统就可能受到外界的恶意攻击。

此外，还有网络软件、网络服务和口令设置等方面的漏洞，这里不再一一赘述。

4. 黑客和病毒

黑客一词源于英文 Hacker，原指热心于计算机技术、水平高超的计算机专家，尤其是程序设计人员。黑客一般利用黑客程序来入侵信息系统，或者利用信息系统的缺陷和漏洞来达到目的。许多软件中的漏洞就是他们最先发现的。

病毒是一种具有自我复制能力和破坏力的程序，它们经常伪装成无害的程序，侵入人们的系统，破坏资料和程序。

5.3.4　计算机病毒及其防范

随着计算机的不断普及和网络的发展，伴随而来的计算机病毒传播问题越来越引起人们的关注。1999 年 4 月 26 日的 CIH 病毒的大爆发给全球带来了巨大损失，共造成全球 6000 万台计算机瘫痪，直接经济损失达数十亿美元。而其后出现的 Melissa、ExploreZIP、July-Killer 以及"冲击波"等病毒也在计算机用户中造成了恐慌。随着计算机技术的不断发展和人们对计算机系统及网络依赖程度的增加，计算机病毒已经构成了对计算机系统和网络的严重威胁。

1. 计算机病毒及其特征

我国的《计算机信息系统安全保护条例》将计算机病毒定义为："计算机病毒，是指编制或者在计算机程序中插入的破坏计算机功能或者数据，影响计算机使用，并能自我复制的一组计算机指令或者程序代码。"

计算机病毒具有以下几个特点。

（1）破坏性：无论何种病毒程序，一旦侵入系统，都会造成不同程度的影响。有的病毒会破坏系统运行，有的病毒不仅会删除文件、破坏数据、格式化磁盘，还会破坏主板等。

（2）传染性：更有害的是具有传染性的病毒，传染性是病毒最本质的特征。病毒借助非法复制进行传播，其中一部分是自己复制自己，并在一定条件下传染给其他程序；另一部分则是在特定条件下执行某种行为。计算机病毒传染的渠道多种多样，如软盘、光盘、活动硬盘、网络等。一旦病毒被复制或产生变种，若不加以控制，其传染速度会令人难以预防。

（3）潜伏性：有些病毒像定时炸弹一样，具有潜在的破坏力。病毒感染系统一般可以潜伏一定时间，等到条件具备的时候一下子就爆发开来。病毒的潜伏性越好，其在系统中存在的时间就越长，病毒传染的范围也就越广。

（4）隐蔽性：计算机病毒具有很强的隐蔽性，为了逃避检查，病毒制造者总是想方设法地使用各种隐藏术。病毒一般都是些短小精悍的程序，通常依附在其他可执行程序体中或磁盘较为隐蔽的地方，因此用户很难发现它们。

（5）可触发性：病毒在潜伏期内一般是隐蔽地活动（繁殖），当病毒的触发机制或条件满足时，就会以各自的方式对系统发起攻击。病毒触发机制和条件五花八门，如指定日期或时间、文件类型，或指定文件名、文件的使用次数等。

（6）不可预见性：不同种类的病毒代码千差万别，病毒的制作技术也在不断提高，就病毒而言，它永远超前于反病毒软件。新的操作系统和应用系统的出现，软件技术的不断发展，为计算机病毒的发展提供了新的发展空间，对未来病毒的预测将变得更加困难，这就要求人们要不断提高对病毒的认识，增强对病毒的防范意识。

历史上一些危害巨大的计算机病毒简介如表 5.3 所示。

表 5.3　　　　　　　　　　　　　历史上危害巨大的计算机病毒

病毒名称	发作年份	损失估计
CIH 病毒	1998 年	约 5 亿美元
梅利莎	1999 年	3 亿~6 亿美元
爱虫	2000 年	超过 100 亿美元
红色代码	2001 年	约 26 亿美元
冲击波	2003 年	数百亿美元
巨无霸	2003 年	50 亿~100 亿美元
MyDoom	2004 年	上百亿美元
震荡波	2004 年	5 亿~10 亿美元
熊猫烧香	2006 年	上亿美元
网游大盗	2007 年	上千万美元

2. 计算机病毒的防范

通过技术和管理两个方面的努力，病毒是完全可以预防的。"预防为主、治疗为辅"这一方针也完全适合于计算机病毒的处理。预防计算机感染病毒，要注意以下几个方面。

（1）养成良好的安全习惯，不打开来路不明的邮件和附件，不登录一些不太了解的网站，不安装和使用非正版软件。

（2）关闭或删除系统中不需要的服务工具。

（3）经常升级操作系统的安全补丁。

（4）迅速隔离被病毒感染的计算机。

（5）安装正版的计算机防病毒软件和防火墙软件。

5.3.5　网络攻击及手段

由于计算机网络系统存在着操作系统安全的脆弱性、网络安全的脆弱性、数据库管理系统安全的脆弱性、防火墙的局限性，使得计算网络系统常常遭到黑客的攻击。常见的攻击方式有窥探、服务拒绝、假冒、数据劫持等。一般黑客的攻击分为以下 3 个步骤。

（1）信息收集

信息收集是为了了解所要攻击目标的详细信息，通常黑客利用相关的网络协议或实用程序来收集。

（2）探测分析系统的安全弱点

在收集到目标的相关信息以后，黑客会探测网络上的每一台主机，寻找系统的安全漏洞或安全弱点，然后获取攻击目标系统的非法访问权。

（3）实施攻击

在获得了目标系统的非法访问权以后，黑客一般会实施以下攻击。

① 试图毁掉入侵的痕迹，并在受到攻击的目标系统中建立新的安全漏洞或后门，以便在先前的攻击点被发现以后能继续访问该系统。

② 在目标系统上安装探测器软件，如特洛伊木马程序，以便窥探目标系统的活动，收集黑客感兴趣的一切信息，如账号与口令等敏感数据。

③ 进一步发现目标系统的信任等级，以展开对整个系统的攻击。

④ 如果黑客在被攻击的目标系统上获得了特许访问权，那么他就可以读取邮件、搜索和盗取私人文件、毁坏重要数据以至破坏整个网络系统，其后果将不堪设想。

黑客攻击通常采用以下几种典型的攻击方式。

① 密码破解：通常采用的攻击方式有字典攻击、假登录程序、密码探测程序等，从而获取系统或用户的口令文件。

② 欺骗：欺骗是一种主动式的攻击，即将网络上的某台计算机伪装成另一台不同的主机，目的是欺骗网络中的其他计算机将冒名顶替者当作原始计算机，而向其发送数据或允许它修改数据。常用的欺骗方式有 IP 欺骗、路由欺骗、DNS 欺骗、ARP（地址转换协议）欺骗及 Web 欺骗等。攻击者还可以假冒成用户给服务器发送数据，也可以假冒成服务器给用户发送消息，这样攻击者就可以监视和控制整个通信过程。

③ 系统漏洞：漏洞是指程序在设计、实现和操作上存在的错误。由于程序或软件的功能一般都较为复杂，程序员在设计和调试过程中总有考虑欠缺的地方，绝大部分软件在使用的过程中都需要不断地改进与完善。

④ 端口扫描：由于计算机与外界通信都必须通过某个端口才能进行，黑客可以利用一些端口扫描软件，如 SATAN，IP Hacker 等对被攻击的目标计算机进行端口扫描，查看该计算机的哪些端口是开放的，由此可以知道与目标计算机能进行哪些通信服务。了解了目标计算机开放的端口服务以后，黑客一般会通过这些开放的端口发送特洛伊木马程序到目标计算机上，利用木马来控制被攻击的目标。

5.3.6 防止攻击的策略

1. 密码体制

密码编码学是密码体制的设计学，而密码分析学则是在未知密钥的情况下从密文推演出明文或密钥的技术。密码编码学与密码分析学合起来就是密码学。

早在几千年前人类就已经有了通信保密的思想和方法。直到 1949 年，信息论的创始人香农发表文章，论证了一般经典加密方法得到的密文几乎都是可破解的。密码学的研究曾面临着严重的危机。但从 20 世纪 60 年代起，随着电子技术、计算技术的迅速发展以及结构代数、可计算性和计算复杂性理论等学科的研究，密码学又进入了一个新的发展时期。在 20 世纪 70 年代后期，美国的数据加密标准（Data Encrgption Standard，DES）和公钥密码体制（又称为公开密钥密码体制）的出现，成为近代密码学发展史上的两个重要里程碑。

（1）对称密钥密码体制

所谓对称密钥密码体制，即加密密钥与解密密钥使用相同的密码体制。DES 属于对称密钥密码体制。它由 IBM 公司研制，于 1977 年被美国定为联邦信息标准后，在国际上引起了极大的重视。ISO

曾将 DES 作为数据加密标准。

（2）公钥密码体制

公钥密码体制的概念是由斯坦福大学的研究人员于 1976 年提出的。公钥密码体制使用不同的加密密钥与解密密钥。

公钥密码体制的产生主要有两个方面的原因，一是由于对称密钥密码体制的密钥分配问题，二是由于对数字签名的需求。在对称密钥密码体制中，加解密的双方使用的是相同的密钥。但怎样才能做到这一点呢？一种是事先约定，另一种是用信使来传送。在高度自动化的大型计算机网络中，用信使来传送密钥显然是不合适的。如果事先约定密钥，就会给密钥的管理和更换带来极大的不便。若使用高度安全的密钥分配中心时，也会使得网络成本增加。

对数字签名的强烈需要也是产生公钥密码体制的一个原因。在许多应用中，人们需要对纯数字的电子信息进行签名，表明该信息确实是某个特定的人产生的。公钥密码体制提出不久，人们就找到了三种公钥密码体制。目前最常用的是 1978 年正式发表的 RSA 体制，它是一种基于数论中的大数分解问题的体制。

在公钥密码体制中，加密密钥 PK（即公钥）是向公众公开的，而解密密钥 SK（即私钥或密钥）则是需要保密的。加密算法 E 和解密算法 D 也都是公开的。

加密方法的安全性取决于密钥的长度，以及攻破密文所需的计算量，而非简单地取决于加密的体制（公钥密码体制或传统加密体制）。公钥密码体制并没有使传统密码体制被弃用，因为目前公钥加密算法的开销较大，在可见的将来还不会放弃传统加密方法。

（3）有关密码的注意事项

① 确保密码的长度大于 8 个字符，且字母、数字、其他符号混合使用。

② 不同系统或领域不要使用相同的密码。

③ 尽量不要在公共场合登录重要的领域，如网上银行等。

④ 经常更换密码，以确保信息安全。

⑤ 登录完成相应的操作后，立刻退出登录，关闭浏览器。

2. 数字签名

简单地说，数字签名就是附加在数据单元上的一些数据，或是对数据单元所作的密码变换。这种数据或变换允许数据单元的接收者用以确认数据单元的来源和数据单元的完整性并保护数据，防止被人（例如接收者）进行伪造。它是对电子形式的消息进行签名的一种方法，一个签名消息能在一个通信网络中传输。基于公钥密码体制和私钥密码体制都可以获得数字签名，目前主要是基于公钥密码体制的数字签名，它包括普通数字签名和特殊数字签名。普通数字签名算法有 RSA、ElGamal、Fiat-Shamir、Guillou-Quisquarter、Schnorr、Ong-Schnorr-Shamir、Des/DSA、椭圆曲线数字签名算法和有限自动机数字签名算法等。特殊数字签名有盲签名、代理签名、群签名、不可否认签名、公平盲签名、门限签名、具有消息恢复功能的签名等，它与具体应用环境密切相关。

3. 防火墙技术

网络系统中的防火墙功能与此类似，它是用于防止网络外部的恶意攻击对网络内部造成不良影响而设置的安全防护设施。近年来，随着 Internet 的迅速发展，网络安全已经成为人们日益关心的问题。在共享强大的网络资源的同时，网络上的许多敏感信息和保密数据难免受到各种主动的或被动的人为攻击，如信息泄露、信息窃取、数据篡改、数据增删及计算机病毒感染等。网络规模越来越大、越来越开放，其安全性也会随之变低，或变得难以控制。在网络安全中，使用最广泛的就是防火墙技术。

防火墙实际上是一个独立的进程或一组紧密联系的进程，运行于路由服务器上，控制经过它们的网络应用服务及数据。安全、管理、速度是防火墙的三大要素。防火墙已成为实现网络安全策略有效的工具之一，被广泛地应用到 Internet/Intranet 的建设上。防火墙作为内部网与外部网之间的一种访问控制设备，常常安装在内部网和外部网交流的点上。

防火墙系统可以是路由器，也可以是个人主机、主系统或一批主系统，用于把网络或子网同那些子网外的可能是不安全的系统隔绝。防火墙系统通常位于等级较高网关或网点与 Internet 的连接处。

防火墙即使具备许多特性，但仍不可避免地存在一些缺陷。

（1）不能防范恶意的知情者。防火墙可以禁止系统用户通过网络连接发送专有的信息，但用户也可以将数据复制到磁盘或磁带上带出去。如果入侵者已在防火墙内部，则防火墙就无能为力了。

（2）防火墙不能防范不通过它的连接。防火墙能够有效防止通过它进行传输的信息，却不能防止不通过它而传输的信息。例如，如果站点允许对防火墙后面的内部系统进行拨号访问，那么防火墙是没有办法阻止入侵者进行拨号入侵的。

（3）防火墙几乎不能防范病毒。普通防火墙虽然会扫描通过它的信息，但一般只扫描源地址、目的地址和端口号，而不扫描数据的确切内容。

（4）防火墙不能防备全部的威胁。防火墙可用来防备已知的威胁，但它不能防备新的、未知的威胁。

4. 入侵检测系统

防火墙试图在入侵行为发生之前阻止所有可疑的通信。但事实上，它是不可能阻止所有的入侵行为的，计算机用户有必要采取措施在入侵已经开始，但并未造成危害或在造成更大危害之前，及时检测到入侵，以便尽快阻止入侵，把危害降至最小。入侵检测系统（Intrusion Detection System，IDS）就具备这样一种技术。

IDS 对进入网络的分组执行深度分组检查，当观察到可疑分组时，向网络管理员发出警告或执行阻断操作（由于 IDS 的"误报"率通常较高，多数情况不执行自动阻断）。IDS 能用于检测多种网络攻击，包括网络映射、端口扫描、Dos 攻击、蠕虫和病毒、系统漏洞攻击等。

入侵检测方法一般可以分为基于特征的入侵检测和基于异常的入侵检测两种。基于特征的 IDS 维护一个所有已知攻击标志性特征的数据库。每个特征是一个与某种入侵活动相关联的规则集，这些规则可能基于单个分组的首部字段或数据中特定比特串，或者与一系列分组有关。当发现有与某种攻击特征匹配的分组或分组序列时，则认为可能检测到了某种入侵行为。这些特征和规则通常由网络安全专家生成，机构的网络管理员定制并将其加入数据库中。基于特征的 IDS 只能检测已知攻击，对于未知攻击则束手无策。基于异常的 IDS 通过观察正常运行的网络流量，学习正常流量的统计特性和规律，当检测到网络中流量的某种统计规律不符合正常情况时，则认为可能发生了入侵行为。例如，当攻击者在对内网主机进行 ping 搜索时，或导致 ICMP ping 报文突然大量增加，与正常的统计规律有明显不同。但区分正常流和统计异常流是一个非常困难的事情。至今为止，大多数部署的 IDS 主要是基于特征的，尽管某些 IDS 包括了某些基于异常的特性。

不论采用什么检测技术都存在"漏报"和"误报"的情况。如果"漏报"率比较高，则只能检测到少量的入侵，给人以安全的假象。对于特定 IDS，可以通过调整某些阈值来降低"漏报"率，但同时会增大"误报"率。"误报"率太高会导致大量虚假警报，网络管理员需要花费大量时间分析报警信息，甚至会因为虚假警报太多而对报警"视而不见"，使 IDS 形同虚设。

5.3.7 良好的安全习惯

1. 云服务时代之良好网络安全习惯

资深信息技术业界人士表示，不同终端的网络连接成为大众生活中不可避免的一部分，许多智能设备是通过带有备份和便携等特点的云服务连接在一起。公众使用云服务需要提升网络安全意识，养成良好的网络安全习惯，例如，账户名和密码分别存放，避免不同密码相互关联，对不合理的问卷和网络奖品及礼品保持应有的警惕性，提高防范意识，等等。

2. 智能家居时代之良好网络安全习惯

在互联网服务接入不可避免的时代，对于普通人而言，各种终端设备与各种广域网服务器之间随时连接和交换数据，为"黑客"入侵家庭网络留下了"方便之门"。当我们不用计算机时要记得关机，智能手机不需要网络服务时要及时断开网络，还要养成经常更换密码的良好的生活习惯。

3. 移动互联网时代之良好网络安全习惯

随着互联网以及移动互联网的发展，人们的日常生活、工作和学习与网络联系越来越紧密，我们不仅从互联网上获取信息、社交、娱乐，甚至通过互联网购物、理财等，如此多的个人信息数据在互联网上流动，在获得前所未有方便的同时，我们也面临着更大的安全风险和隐患。中国国家互联网应急中心统计数据显示，目前互联网用户的个人信息泄露情况非常严峻：2013 年约有 600 余个中国网站用户信息数据库在互联网上公开售卖，其中真实数据有近亿条。

2013 年 10 月，我国多家连锁酒店的客人入住信息因为系统漏洞而泄露，黑客窃取了 2000 万条酒店开房信息。据报道，某女士通过手机 App 替同事订机票后却收到航班取消的诈骗短信，在按对方提示操作退款的过程中，该女士被骗子累计骗走 12 万元，损失惨重。除了网络服务商应更进一步牢固安全防线以外，个人用户的良好安全意识与习惯也非常重要。我们平时应多了解一些网络上可能出现的危险，掌握防范手段，提高警惕，尽量将网络安全隐患降至最小。

4. 安装应用软件之良好网络安全习惯

无论是 PC 端还是移动设备端，各种各样的软件、工具、应用非常多，需要特别注意部分安装文件中暗含危险插件、木马等，我们应到可信任的网站下载软件，并仔细确认是否安全。对于所谓的"绿色版""破解版"等含有危险插件的软件更要多加防范。

5. 大学生层面之良好网络安全习惯

大学生作为互联网时代最活跃的参与群体，其在信息的搜集与利用等方面得心应手。但调查发现大学生信息安全素养现状不容乐观，同时各个层次的水平也参差不齐。因此，基于大学生自身层面，提出以下几点策略。

（1）自觉通过各种渠道了解信息安全相关知识，重视个人信息安全素养的培养，树立个人信息安全保护意识。

（2）积极参与学校及社会组织的各类信息安全沙龙活动，通过法规普及教育等一系列主题讲座、课程、班会等活动来增强自己的信息安全理论水平和实践操作能力。

（3）从精神境界上提升自己的信息安全伦理道德水平，在合法合理使用信息的前提下，积极呼吁和号召身边人关注信息安全，维护和保障自身及他人的信息安全。

（4）大学生应摒弃从众消费的行为习惯，养成正确的消费观，不要被虚假的借贷营销手段迷惑，避免"高利贷"陷阱，远离校园网贷。

习　题

1. 计算机网络的分类有哪些？具体的内容是什么？
2. 信息安全面临哪些威胁？
3. 计算机网络的组成的分类标准有哪些？其将网络分为哪些部分？
4. 按拓扑结构分类，可将网络分为哪些部分？
5. 信息安全包括哪几个方面的内容？
6. 什么是计算机病毒？如何有效预防计算机病毒？
7. 黑客攻击通常采用哪些攻击方式？防止黑客攻击的策略有哪些？
8. 防火墙的作用是什么？

第6章 信息检索

本章介绍了信息检索的基本理论知识，信息检索的步骤与策略，并以百度搜索引擎为例介绍了网络信息资源的获取方法与技巧，最后介绍了常用的中英文数据库的使用方法。

6.1 信息检索概述

6.1.1 信息检索的概念

信息检索（Information Retrieval）的代表性定义有以下几种。

1. 信息检索过程说

《图书馆学百科全书》认为：信息检索是"知识的有序化识别和查找的过程，广义的情报检索包括情报的检索与存储，而狭义的情报检索仅指后者"。

2. 全息检索说

上海交通大学王永成教授认为：全息检索就是"可以从任意角度、从存储的多种形式的信息中高速准确地查找，并可以任意要求的信息形式和组织方式输出，也可仅输出人们所需要的一切相关信息的计算机活动"。

3. 概念信息检索说

有学者认为：概念信息检索是基于自然语言处理中对知识在语义层次上的析取，并由此形成知识库，再根据对用户提问的理解来检索其中的相关信息。它用概念而不是关键词来组织信息。

4. 大量相关信息检索说

南京大学叶继元教授认为：信息检索是"从大量相关信息中利用人-机系统等各种方法加以有序识别与组织以便及时找出用户所需部分信息的过程"。

一般来说，信息检索是指信息按一定的方式组织起来，并根据信息用户的需要找出有关的信息的过程和技术。狭义的信息检索就是信息检索过程的后半部分，即从信息集合中找出所需信息的过程，也就是我们常说的信息查询（Information Search 或 Information Seek）。

6.1.2　信息检索的类型

1．按检索对象划分

可分为数据型信息检索、事实型信息检索和文献型信息检索，这也是我们常用的几种检索类型。

（1）数据型信息检索

它以特定的数据为检索对象，是一种确定性检索，直接回答用户所提出的问题。其检索结果是可供直接使用的科学数据。

查找某一数学公式、某一种材料的成分等都属于数据型信息检索的范畴。

例如，"鱼腥草的化学成分是什么"。

（2）事实型信息检索

它以特定的客观事实为检索对象，其检索结果为基本事实。

查找某一历史事件发生的时间、地点与经过等都属于事实型信息检索的范畴。

例如，"简述西安事变"。

（3）文献型信息检索

它是指利用检索工具或检索系统查找文献的过程。以文献为检索对象，是一种相关性检索，不直接回答用户所提问题，只提供有关的文献供参考。

查找某一课题、某一著者、某一地域、某一机构、某一事物的有关文献的出版和收藏单位等，都属于文献型信息检索的范畴，其检索的结果就是文献信息。

例如，"涉及人行天桥的参考文献有哪些"。

2．按检索方式划分

可分为手工检索和机器检索。

（1）手工检索

即用人工来直接查找所需信息，在多数情况下，是利用各种检索工具的印刷版来实现的。手工检索的优点是较为直观，不需要借助辅助设备；缺点是检索速度慢，漏检情况严重，查全率受到检索资源储备数量的制约。

（2）机器检索

它又称为计算机检索，是指通过机器对已数字化的信息，按照设计好的程序进行查找和输出的过程。与手工检索相比，计算机检索具有速度快、效率高、查全率高、不受时空限制的优点，但检索质量要受到网络及数据库的制约。

6.1.3　信息检索的意义

信息检索的意义表现为以下几个方面。

（1）信息检索是有效利用信息资源，实现其最大价值的科学方法。

信息资源管理与开发水平已成为衡量一个国家信息文明程度的重要标志之一，信息检索为我们提供了一套比较完整的利用和开发信息的方法。信息检索是信息分析和科技创新的基础。现代信息技术的发展，推动了信息检索手段的日益现代化，大大加快、加深了社会信息资源的开发速度和程度。

（2）信息检索是再学习的工具，是获取知识的有效途径。

我们生活在一个知识经济社会，知识老化周期变短，产品换代加速，是知识经济社会一个非常明显的特征。这就要求我们每一个人都必须不断地学习新东西，获得新情报，运用新方法，更新自身的知识结构，以适应社会快速发展的步伐。人们通过各种途径获取信息，完成知识更新，适应社会的发展。而信息检索正是人们获取知识的有效途径。

（3）信息检索能有效地提高科研工作的效率，节省人力、物力及时间。

对科学研究工作者来说，信息检索更为重要。高效的信息检索可以起到事半功倍的效果，使科研人员掌握相关工作的进展，避免重复研究，将精力和时间集中于创新工作，多出成果，出好成果。

德国柏林图书馆门前有这样一段话："这里是知识的宝库，你若掌握了它的钥匙，这里的全部知识都是属于你的。"这里的"钥匙"指的就是信息检索的方法。

6.1.4　信息检索技术

信息检索技术主要有以下几种。

1. 布尔逻辑检索

在进行信息检索时，检索项之间概念有相交关系、同义关系或相关关系，这时可采用布尔逻辑进行检索项之间的逻辑组配，即用"与"（AND）、"或"（OR）、"非"（NOT）来表达。

（1）逻辑"与"

逻辑"与"是表达概念交叉和限定关系的一种组配，具有缩小检索范围和提高专指性的功能。

例如，"计算机"AND"文献检索"，表示查找文献内容中既含有"计算机"又含有"文献检索"词的文献。

（2）逻辑"或"

逻辑"或"可表示主题概念之间的同义、近义、相关或多个并列的检索概念。具有扩大检索范围，减少漏检的功能。

例如，"计算机"OR"文献检索"，表示查找文献内容中含有"计算机"或含有"文献检索"以及两词都包含的文献。

（3）逻辑"非"

逻辑"非"是具有概念包含关系的一种组配，可以从原检索范围中排除某一内容。具有缩小命中范围，提高查准率，增强检索的专指性，减少输出量的作用。

例如，计算机"NOT"文献检索"，表示查找文献内容中含有"计算机"但不含有"文献检索"的那部分文献。

2. 截词检索

截词检索（*、?）是指在检索标志中保留相同部分，用相应的截词符代替可变化部分，计算机会将所有含有相同部分标志的记录全部检索出来。

按截断字符数量分为有限截词"?"（即一个截词符只代表一个字符）和无限截词"*"（即一个截词符可代表多个字符）。

例如，Econom* 可以检出 Economy、Economics、Economical、Economist 等，而 Econom? 只能检索出 Economy，而检索不出 Economics、Economical、Economist。

另外，截词运算符（？、*）在不同数据中表示的含义不同。截词检索可以减少检索词的输入量，扩大检索范围，提高查全率。

3. 位置检索

文献记录中词语的相对次序或位置不同，所表达的意思可能不同，而同样一个检索表达式中词语的相对次序不同，其表达的检索意图也不一样。布尔逻辑运算符有时难以表达某些检索课题确切的提问要求。字段限制检索虽能使检索结果在一定程度上进一步满足提问要求，但无法对检索词之间的相对位置进行限制。

位置检索也叫作全文检索。它的基本工作方式是能够将所有包含检索词的文献检索出来，不管这个词出现在文献的什么位置，或者说文献中的任意一个词都可以作为检索该文献的条件。

其中位置算符是用来表示检索词间位置关系的符号，可以是检索词间的距离，也可以是检索词的先后顺序等。按照两个检索出现的顺序和距离，可以有多种位置算符。而且对同一位置算符，检索系统不同，规定的位置算符也不同。

位置算符主要应用于外文检索，用以弥补布尔逻辑运算符的不足，提高查准率。常用的有 nW、nN、S、F 等。

（1）相邻位置算符（nW word）

表示其连接的两个检索词必须按输入时的先后顺序排列，而且所连接的词之间最多插入 $0\sim n$ 个其他词。

例如：silicon(nW)sensor。

可能检出：silicon sensor，silicon integrated sensor，silicon image sensor，silicon-based sensor 等。

（2）相邻位置算符（nN near）

表示其连接的两个检索词的顺序可以互换，两词间允许插词量少于或等于 n 个。

例如：internet(nN)accessing。

可能检出：internet accessing，accessing internet，accessing the internet 等。

（3）句子位置算符（S subfield）

表示其连接的两个检索词只要出现在文献记录的同一子字段中即为命中，两个词的词序不限，两词之间可间隔若干个词。

例如：silicon(S)sensor。

可能检出：A vacuum magnetic sensor(VMS) using a silicon field emitter tip was fabricated and demonstrated。

（4）字段算符（F field）

表示其连接的两个检索词必须出现在同一字段中，字段不限，词序可变。

例如：silicon(F)sensor/TI 表示在题名字段（TI）中同时出现这两个检索词，才算命中信息。

4. 短语检索

短语检索也称为词组检索或字符串检索。它是将一个词组或短语用双引号（""）括起作为一个独立运算单元，进行严格匹配，以提高检索准确度的一种方法。

例如："statistics"。

5. 字段检索

限定检索词出现在数据库记录中某一字段范围的一种检索技术。例如，限定作者、单位、关键词、题名等字段的范围。

例如：检索某某某在清华大学或上海大学时发表的文章。

检索公式：作者=某某某 and (单位=清华大学 or 单位=上海大学)

6.2 信息检索的途径、步骤与策略

6.2.1 信息检索的途径

信息检索途径是与文献信息的特征和检索标识相关。根据文献外部特征和内部特征，信息检索途径分为以下两大类。

1. 以文献的外部特征为检索途径

（1）题名途径。

利用文献题名（如篇名、书名、专利名等）作为检索入口查找文献。

例如：检索"书名为离散数学"的文献。

（2）责任者途径。

利用文献的作者、机构名、专利申请人等作为检索入口查找文献。

例如：查找"专利申请人为德州学院"的文献。

（3）号码途径。

利用文献信息出版时所编的号码顺序来检索文献信息的途径。如技术标准的标准号、专利说明书的专利号、科技报告的报告号、合同号、任务号、馆藏单位编的馆藏号、索取号、排架号等。

例如：检索"专利申请号为 CN201120520427.6"的文献。

2. 以文献内容为检索特征

文献的内容特征是指从文献所载的知识信息中隐含的、潜在的特征，如分类、主题等。内容特征作为检索途径更适宜检索未知线索的文献。

（1）分类途径

以课题的学科属性为出发点，按学科分类体系来查找文献信息，以分类作为检索点，利用学科分类表、分类目录、分类索引等按学科体系编排的检索工具来查找有关某一学科或相关学科领域的文献信息。

例如：检索"分类号为 F21S9/02 的所有专利"。

（2）主题检索

以课题的主题内容为出发点，按主题词、关键词、叙词、标题词等来查找文献。以主题作为检索点，利用主题词表、主题目录、主题索引等按主题词的字顺编排的检索工具来查找有关某一主题或某一事物的文献信息，主题检索适合查找比较具体的课题。

例如："检索关键词为云计算"的文献。

（3）分类主题索引

它是分类途径与主题途径的结合。

6.2.2 信息检索的步骤

信息检索步骤就是根据课题要求，利用检索工具查找有关资料的具体过程。包括明确需求、分析主题、选择检索工具或数据库，确定检索词、构造检索表达式、提交检索表达式、显示与优化检索结果等。

信息检索的一般步骤如下。

（1）分析检索课题，明确信息需求。

首先需要根据待完成的任务，确定信息问题，然后根据信息问题，确定信息需要。

（2）选择检索工具，了解检索系统。

首先确定所有可能的信息工具，然后加以比较，确定其优先顺序。

（3）确定检索途径，选定检索方法。

检索系统中包含的信息可能是海量的，如果在开始检索之前没有一个确定的检索策略，可能用户很快就会在信息中"迷失"。确定好需要查找的检索系统及查找的顺序之后，就需要确定具体的检索策略，根据拟定好的优先顺序检索文献信息。

（4）实施检索策略，浏览初步结果。

在对不同的检索系统进行检索之后，取得的文献信息数量可能相当庞大，内容也有相互重复甚至冲突的地方。这就需要有一定的评价方法对信息进行筛选，找到那些来源可靠，内容相关且详尽的文献，剔除错误、过时、不相关的信息。

（5）调整检索策略，获取所需信息。

根据检索过程中出现的各种问题及时调整方案，扩大或缩小检索范围，进而获取满意的结果。

6.2.3 信息检索的策略

信息检索策略即对检索过程的安排，是为实现检索目标而制定的计划和方案，是对整个检索过程的谋划和指导。

检索策略就是在分析检索提问的基础上，确定检索的数据库、检索的用词，并明确检索词之间的逻辑关系和查找步骤的科学安排。检索式（即检索用词与各运算符配而成的表达式）仅仅是狭义上的检索策略。执行一个课题的检索是有过程、分步来完成的，检索步骤的科学安排称为检索策略，它是为实现检索目标而制定的全盘计划或方案。主要包括以下几个内容。

1. 选择合适的检索系统

选择检索系统关键是数据库的选择，应根据课题的特点选择学科专业对口、覆盖信息面广、报道及时、揭示信息内容准确、有一定深度的数据库。

2. 确定恰当的检索词

检索词是表达信息需求和检索课题内容的基本单元，也是数据库进行匹配运算的基本单元，检索词选择恰当与否，直接影响检索查全率和查准率。

3. 构造合适的检索表达式并实施检索策略

构造检索表达式的核心是构造一个既能表达检索课题需求，又能被计算机识别的检索表达式。由于不同的数据库操作算符不同，因此，构造检索表达式前要弄清所使用数据库的检索功能和所采用的操作算符，才能有效地进行信息检索。另外，要善于使用高级检索表达式，只有用逻辑表达式将不同的检索标识组合在一起，才有可能表达完整的检索课题。若检索结果内容较多，还需要进行二次检索。

4. 索取原始信息

对检索结果进行归档整理，并按相关度进行排序，从而获取相关度较高、较有价值的原始信息。

5.　修改检索策略

检索结果的查全率、查准率与检索表达式的建立、检索途径的选择、检索词的选用以及各检索词之间的逻辑关系直接有关，还有检索人员对课题的了解、对事物的认知能力、专业知识水平的高低都会影响课题检索的结果。因此，要注意适当调整检索策略。

检索策略的修改可以在检索前、检索过程中、检索后，具体内容如下。

（1）检索前要查询一次文献、词表和数据库指南。

（2）检索过程中要充分利用人-机对话的有利条件，随时根据信息反馈情况调整检索策略。

（3）检索后对检索结果进行分析评价，建立文档，为今后的检索积累经验。

6.3　网络信息资源的获取

6.3.1　网络信息资源概述

网络信息资源是指将文字、图像、声音等多种形式的信息以电子数据的形式存储在光、磁等非印刷介质的载体中，并通过网络通信、计算机或终端等方式再现出来的信息资源。简言之，网络信息资源就是通过计算机网络可以利用的各种信息资源的总和。它包括在 Internet 平台上可以获得的一切信息资源，如数据库、电子图书、电子期刊、电子报纸和其他的网站、网页等。

网络信息资源检索是将网络信息资源按一定方式存储起来，用科学的方法，利用检索工具，为用户检索、揭示、传递知识和信息的业务过程。

广义的网络信息资源检索包括网络信息整序和网络信息搜寻。网络信息整序是对网络上的知识和信息进行加工，按学科分类、主题词顺序或其他方式组织排序，形成检索工具或检索系统。网络信息整序既是网络信息搜寻的基础和前提，又是整理搜寻结果使之能加以利用的必要阶段。

狭义的网络信息资源检索就是指网络信息搜寻，即利用相应的检索工具或检索系统，运用科学的方法，从有序的信息集合中查出所需信息的过程。

6.3.2　搜索引擎

搜索引擎是指根据一定的策略、运用特定的计算机程序从互联网上采集信息，在对信息进行组织和处理后，为用户提供检索服务，将检索的相关信息展示给用户的系统。搜索引擎是工作于互联网上的一门检索技术，它旨在提高人们获取搜集信息的速度，为人们提供更好的网络使用环境。从功能和原理上搜索引擎大致被分为全文搜索引擎、目录搜索引擎、元搜索引擎和垂直搜索引擎等。

（1）全文搜索引擎

它们都是通过从互联网上提取的各个网站的信息而建立的数据库中，检索与用户查询条件匹配的相关记录，然后按一定的排列顺序将结果返回给用户。一般网络用户适用于全文搜索引擎。这种搜索方式方便、简捷，并容易获得所有相关信息。但搜索到的信息过于庞杂，因此用户需要逐一浏览并甄别出所需信息。尤其在用户没有明确检索意图情况下，这种搜索方式非常有效。

国内外具有代表性的全文搜索引擎有 Google、AltaVista、百度等。

（2）目录搜索引擎

目录搜索引擎是网站内部常用的检索方式，旨在对网站内信息整合处理并分目录呈现给用户。用户完全可以不用进行关键词查询，仅靠分类目录也可找到需要的信息。搜狐、新浪、网易等都属于这一类。

（3）元搜索引擎

元搜索引擎就是通过一个统一的用户界面帮助用户在多个搜索引擎中选择和利用合适的搜索引擎来实现检索的操作，是对分布于网络中的多种检索工具的全局控制机制。元搜索引擎可以充分集中各搜索引擎的优势，有效地扩大了搜索引擎的检索广度和提高了检索结果的准确率。元搜索引擎是基于多个搜索引擎上的二次整合，它没有数据库，因此相同的检索请求会导致重复检索。

（4）垂直搜索引擎

垂直搜索引擎适用于有明确搜索意图情况下的检索。例如，用户购买机票、火车票、汽车票时，或想要浏览网络视频资源时，都可以直接选用行业内专用搜索引擎，以便准确、迅速地获得相关信息。

垂直搜索引擎有乐谱搜索、极客搜索等。

6.3.3　网络信息资源检索技巧

百度是人们常用的搜索引擎之一，下面以百度为例介绍常用的网络信息资源搜索技巧。

1. 精确匹配

如果输入的关键词很长，搜索引擎在经过分析后，给出的搜索结果中，关键词可能是拆分的。例如，输入"德州学院高考"，搜索结果中既有"德州学院"也有"高考"的信息，如果不想拆分关键词，可给关键词加上双引号（""），这样就能达到精确匹配的效果，如图6.1和图6.2所示。

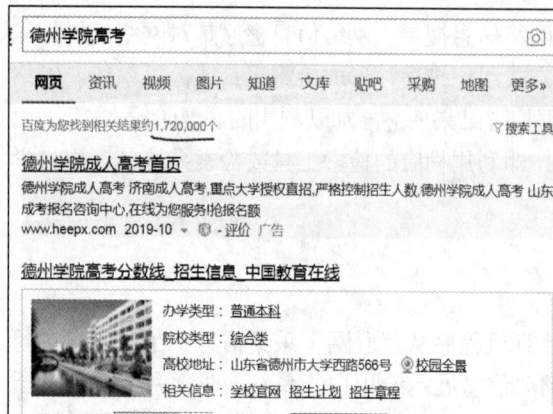

图6.1　关键词：德州学院高考

图6.2　关键词："德州学院高考"

2. 消除无关性

消除无关性（-）可用于排除无关信息，缩小查询范围。

例如，要搜寻关于"德州学院"，但不含"高考"的资料，可使用""德州学院"-(高考)"进行搜索。注意，关键词和减号之间必须有空格，否则减号会被当成连字符处理，而失去减号功能。减号和后一个关键词之间，有无空格均可，如图6.3所示。

3. 并行搜索

并行搜索是指使用"A | B"来搜索包含关键词A或者包含关键词B的网页。使用同义词作关键词并在各关键词中使用"|"运算符可提高检索的全面性。例如，关键词为"德州学院|高考"的检索

结果，如图 6.4 所示。

图 6.3　关键词："德州学院"-(高考)

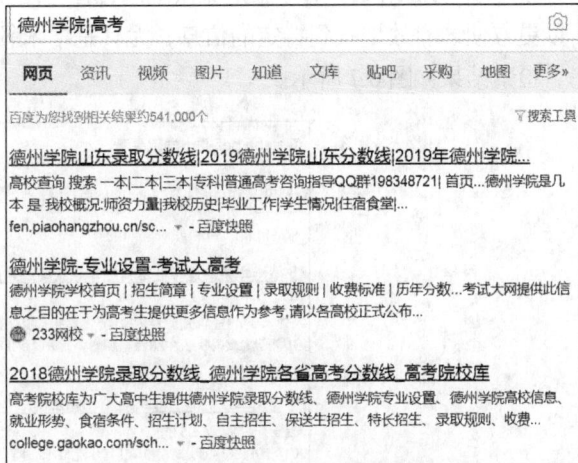

图 6.4　关键词：德州学院|高考

4. 把搜索范围限定在网页标题中

使用 title 可把查询内容范围限定在网页标题中，从而得到和输入的关键字匹配度更高的检索结果。例如，title:(德州学院高考)。注意，"title:"和后面的关键词之间不要有空格，如图 6.5 所示。

5. 把搜索范围限定在特定站点中

有时，如果知道某个站点中有自己需要找的内容，就可以使用 site 把搜索范围限定在这个站点中，以提高查询效率。

例如，site:(baidu.com) 德州学院高考。注意，"site:"后面跟的站点域名，不要带"http://"；另外，"site:"和站点名之间不要带空格。检索结果如图 6.6 所示。

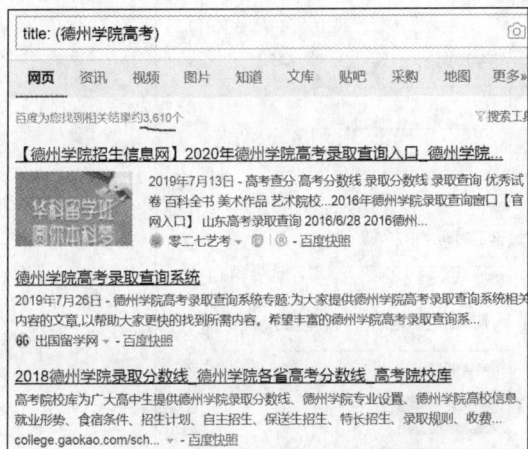

图 6.5　关键词：title:(德州学院高考)

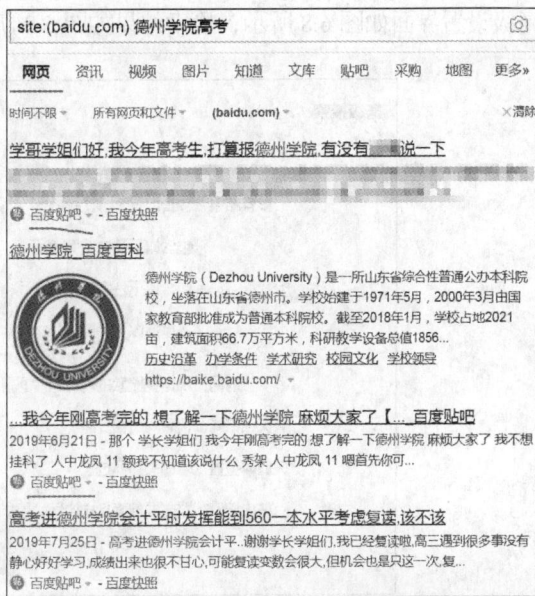

图 6.6　关键词：site:(baidu.com) 德州学院高考

6. 特定格式的文档检索

百度以"filetype:"对搜索对象做限制，冒号后是文档格式，如 pdf、doc、xls 等。利用 filetype 可以更方便、有效地找到特定的信息，尤其是学术领域的一些信息。例如，filetype:pdf 德州学院高考，检索结果如图 6.7 所示。

图 6.7　关键词：filetype:pdf 德州学院高考

7. 高级搜索的设置

如果希望更准确地利用百度进行搜索，却又不熟悉搜索语法，可以使用高级搜索功能对搜索结果、时间、文档格式、关键词位置、站内搜索等内容进行限定，使得查找信息更加准确、快捷。

例如，在百度网站内搜索关键词为"信息检索"，且文档格式类型为.doc 的符合要求的信息，其高级设置界面如图 6.8 所示，检索结果如图 6.9 所示。

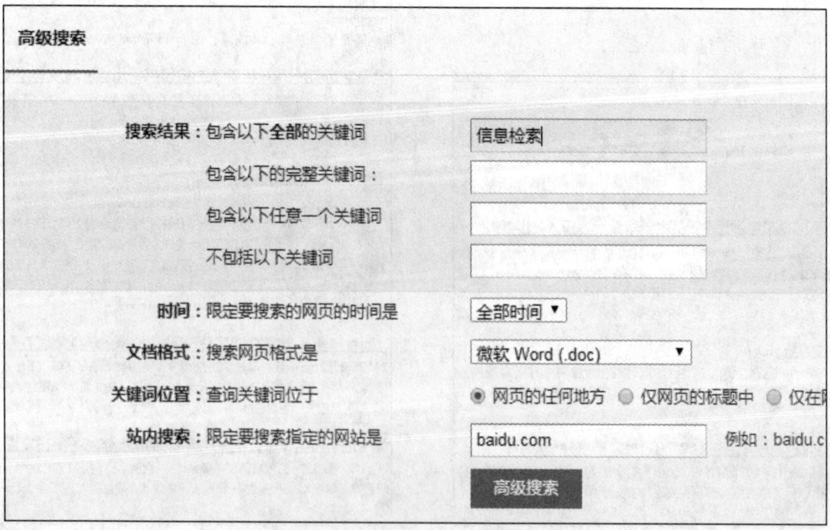

图 6.8　百度的高级搜索界面

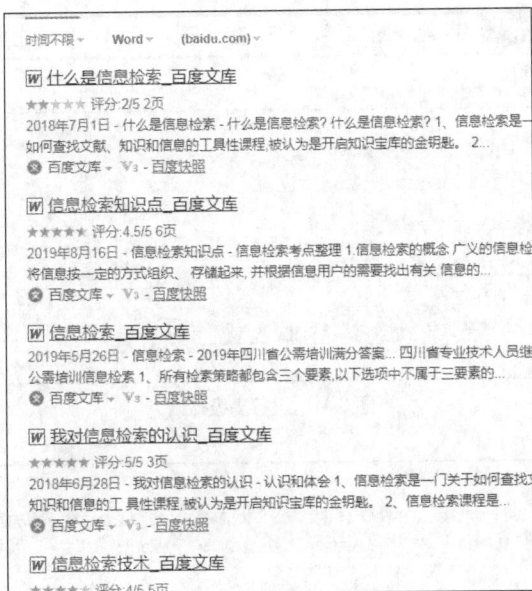

图 6.9　高级搜索结果界面

6.4　中文文献检索平台及其数据库的检索

6.4.1　中国知网网络平台

国家知识基础设施（National Knowledge Infrastructure，CNKI）始建于 1999 年 6 月，即中国知网。CNKI 采用自主开发并具有国际领先水平的数字图书馆技术，建成了世界上全文信息量规模最大的"CNKI 数字图书馆"，并正式启动建设"中国知识资源总库"及 CNKI 网络资源共享平台，通过产业化运作，为全社会知识资源高效共享提供丰富的知识信息资源和有效的知识传播与数字化学习平台。图 6.10 所示为中国知网首页的检索界面。

图 6.10　中国知网首页检索界面

例如，利用 CNKI 的高级检索，检索作者单位为"德州学院"，时间为 2009—2019 年，发表在核心期刊上的所有期刊类型的参考文献。其检索方式及检索结果如图 6.11 和图 6.12 所示。参考文献的导出如图 6.13 所示。

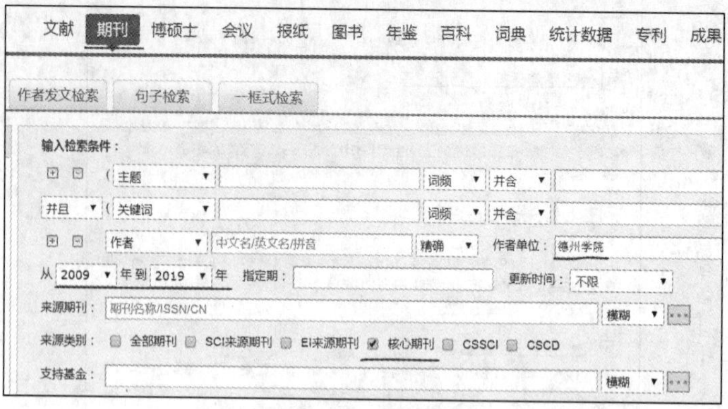

图 6.11　进行高级检索

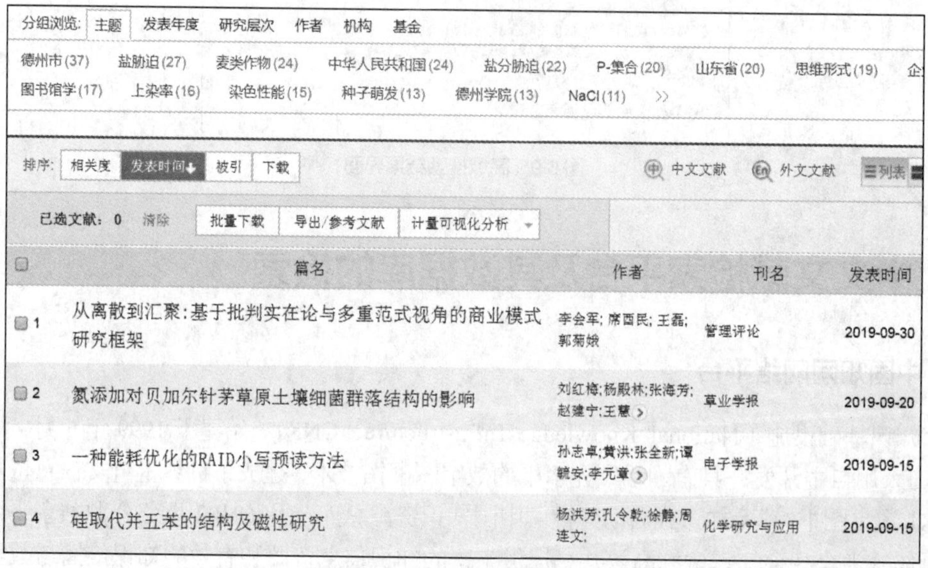

图 6.12　检索结果

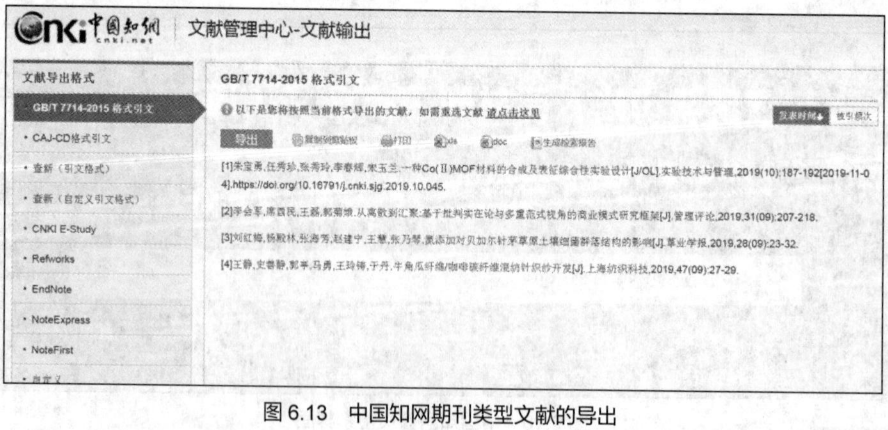

图 6.13　中国知网期刊类型文献的导出

6.4.2　万方数据知识服务平台

万方数据知识服务平台整合了数亿条全球优质学术资源，集成期刊、学位、会议、科技报告、专利等 10 余种资源类型，覆盖自然科学、工程技术、医药卫生、农业科学、哲学政法、社会科学、科教文艺等全学科领域各研究层次。万方数据官网首页如图 6.14 所示。

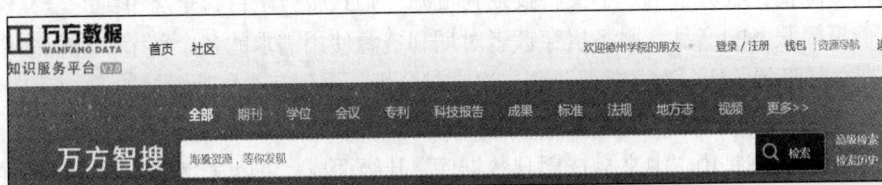

图 6.14　万方数据知识服务平台首页检索界面

例如，利用万方数据库的高级检索，检索作者单位为"清华大学"，时间为 2015—2019 年，主题为大数据的所有学位论文类型的参考文献。其检索表达式为"(主题:(大数据)*作者单位:(清华大学))*Date:2015-2019"，检索结果如图 6.15 和图 6.16 所示。

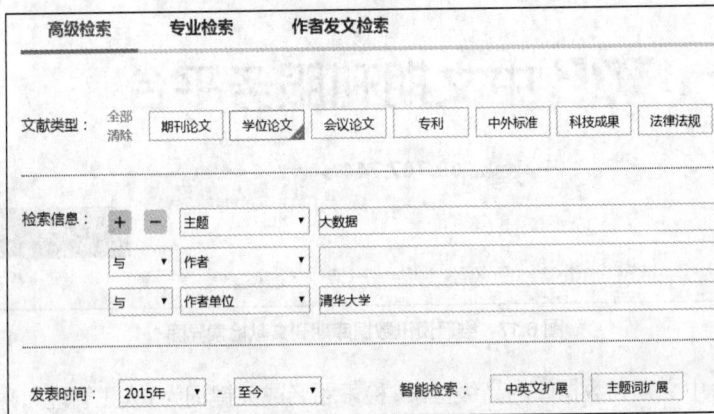

图 6.15　进行高级检索

检索出的结果为 516 条，既有博士论文也有硕士论文。

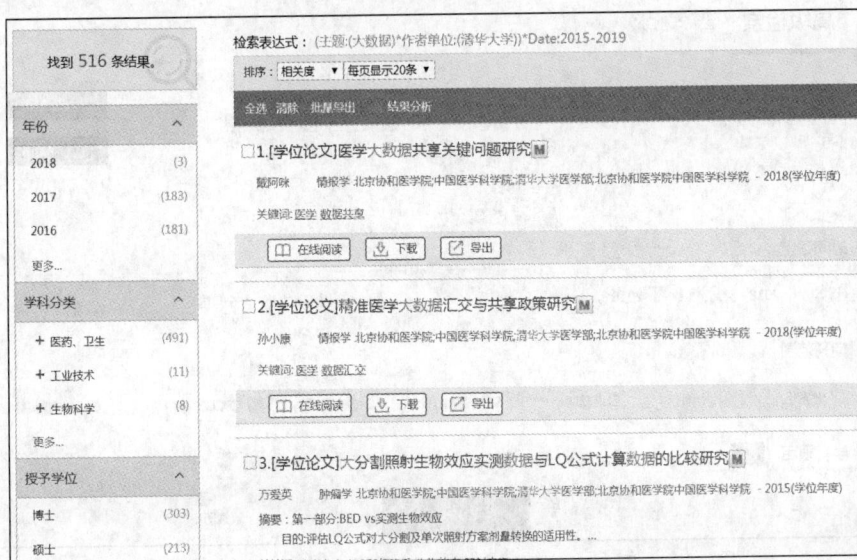

图 6.16　检索结果

6.4.3　维普期刊资源整合服务平台

维普期刊资源整合服务平台是中文科技期刊资源一站式服务平台，是从单纯的全文保障服务延伸到引文、情报等服务的产品。服务贯穿读者对期刊资源使用需求的各个环节，提供多层次、纵深度的集成期刊文献服务。从一次文献保障到二次文献分析、再到三次文献情报加工，深入整理期刊文献服务价值。

期刊文献检索模块是由"中文科技期刊数据库"升级而成，可以满足用户对文献资源的检索及全文保障需求。包含期刊 12000 余种，其中核心期刊约 2000 种，文献总量高达 4000 余万篇，大多数期刊可回溯至 1989 年，部分期刊可回溯至 1955 年。其学科范围包括社会科学、自然科学、工程技术、农业科学、医药卫生、经济管理、教育科学和图书情报等。图 6.17 所示为维普资讯数据库期刊文献检索界面。

图 6.17　维普资讯数据库期刊文献检索界面

例如，利用维普中文期刊数据库的高级检索，检索题名或关键词为"人工智能"，时间为 2018—2019年，期刊范围为 "CSCD 来源期刊"，所有的期刊类型的参考文献。其检索结果如图 6.18 和图 6.19所示。

图 6.18　维普资讯数据库期刊文献检索界面

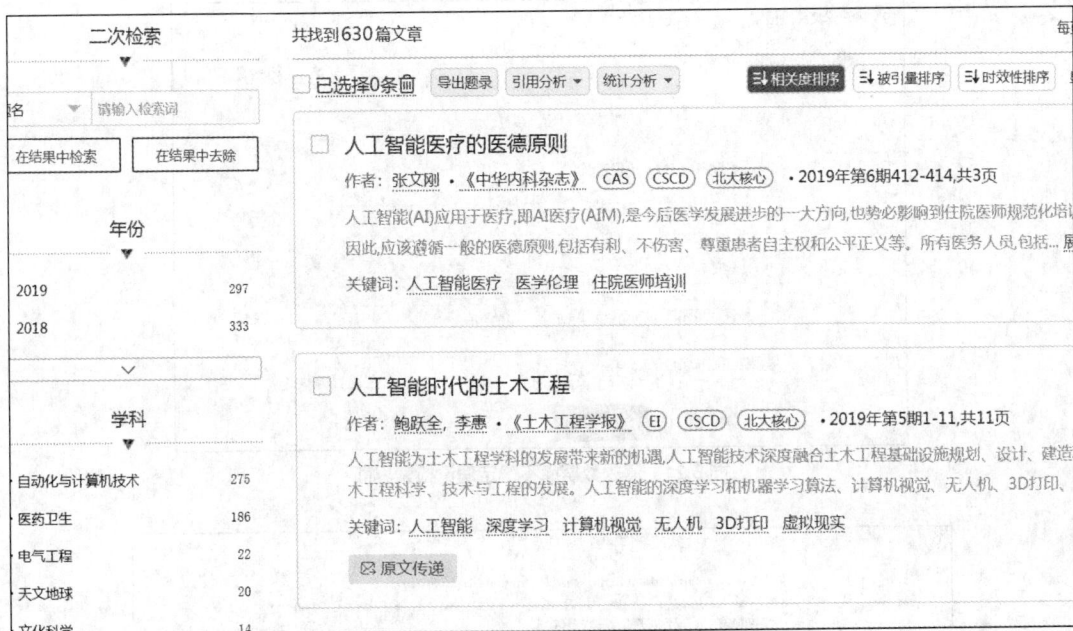

图 6.19　维普资讯数据库期刊文献检索结果界面

6.4.4　读秀学术搜索

读秀是由海量全文数据及元数据组成的超大型数据库，以海量中文图书和全文资料为基础，为用户提供深入图书章节和内容的全文检索，部分文献的原文试读，以及高效查找、获取各种类型学术文献资料的一站式检索。它是一个学术搜索引擎及文献资料服务平台。图 6.20 所示为读秀数据库首页。

图 6.20　读秀数据库首页界面

例如，利用读秀数据库的高级检索，检索会议名称为"不确定理论"，时间为 2009—2019 年的会议论文类型的参考文献。其检索的设定及其检索结果如图 6.21 和图 6.22 所示。

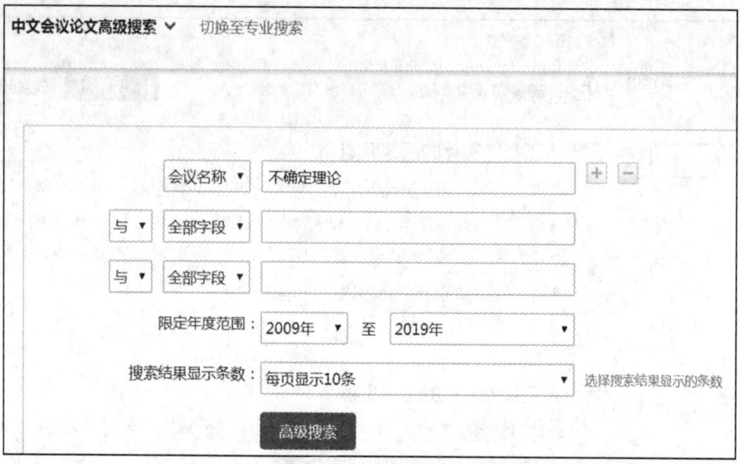

图 6.21　读秀数据库不确定理论检索界面

图 6.22　读秀数据库不确定理论检索结果界面

例如，利用读秀学术搜索的高级检索，检索书名包含信息检索，出版社为清华大学出版社的所有的图书类型的参考文献，其检索式的设定及其检索结果如图 6.23 和图 6.24 所示。

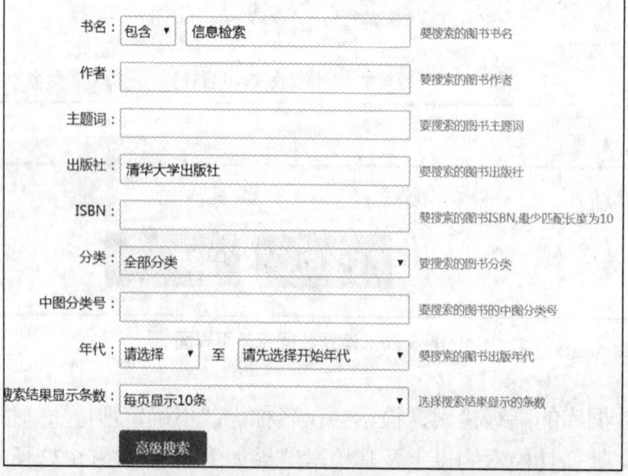

图 6.23　读秀学术搜索的图书类型的高级检索的检索式

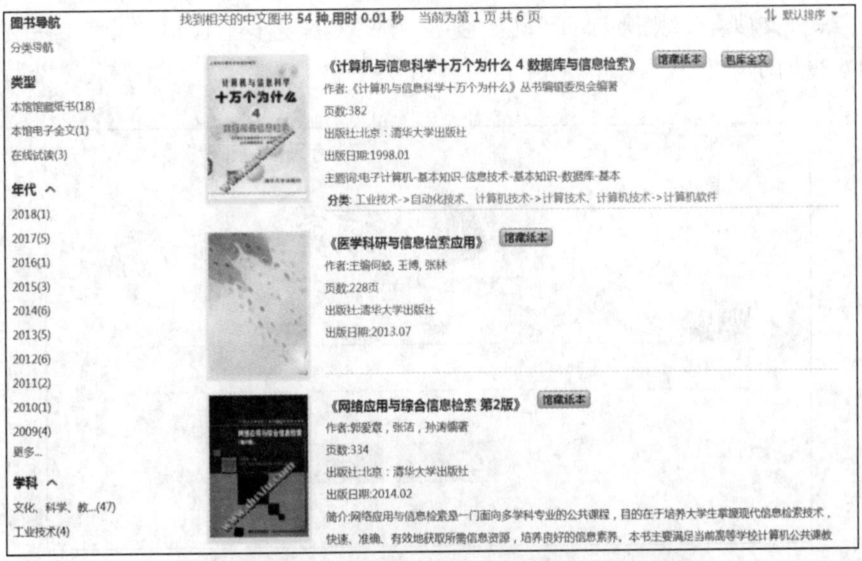

图 6.24 读秀学术搜索的图书类型的高级检索的检索结果列表

单击 "馆藏纸本" 可显示德州学院图书馆书目检索系统中的馆藏情况，结果如图 6.25 所示。

图 6.25 德州学院图书馆书目检索系统中的馆藏情况

单击 "包库全文" 可显示检索图书的具体内容，结果如图 6.26 所示。

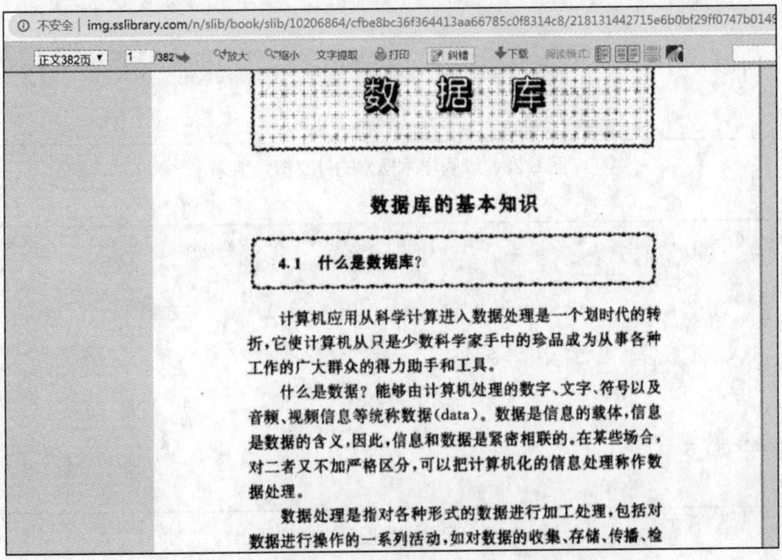

图 6.26 "包库全文" 显示检索图书的具体内容

如果单击"外文搜索"，则会自动跳转到百链，整个检索过程、检索结果和参考文献的导出如图 6.27～图 6.29 所示。

图 6.27　读秀学术搜索的外文搜索界面

图 6.28　读秀学术搜索的外文搜索结果

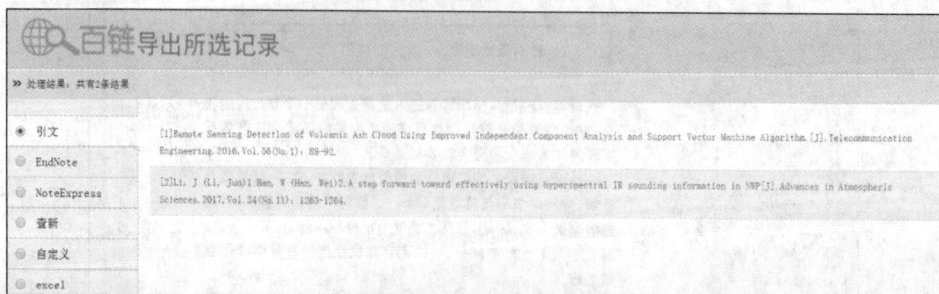

图 6.29　读秀学术搜索文献的导出

6.5　外文检索平台及其数据库的检索

6.5.1　EBSCOhost 平台及其数据库的检索

EBSCOhost 是美国 EBSCO 公司为数据库检索设计的系统，它有近 60 个数据库，其中全文数据库有 10 余个。图 6.30 为 EBSCOhost 数据库文献检索初级检索界面。

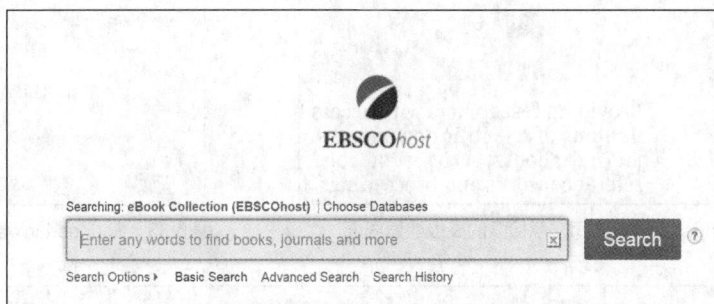

图 6.30　EBSCOhost 数据库文献检索初级检索界面

例如，查找任何字段含有"Petri net"的所有参考文献，其检索式设定及检索结果如图 6.31 所示。

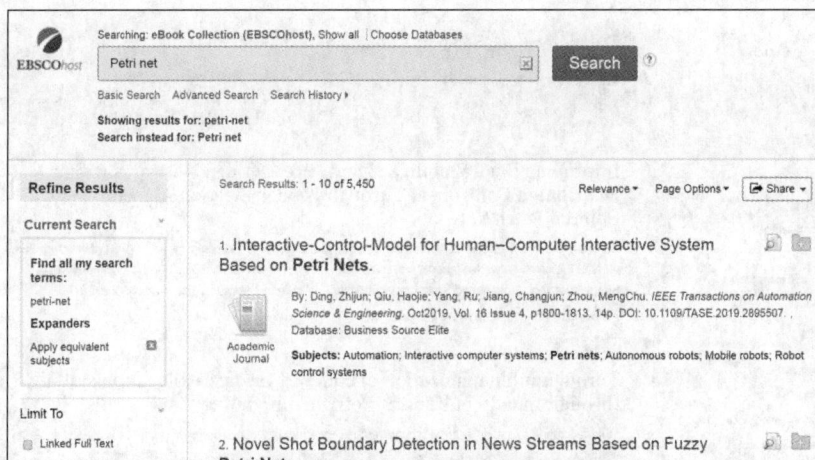

图 6.31　EBSCOhost 数据库文献检索式及其检索结果

6.5.2　SpringerLink 平台及其数据库的检索

SpringerLink 是全球较大的在线科学、技术和医学领域学术资源平台。凭借弹性的订阅模式、可靠的网络基础以及便捷的管理系统，SpringerLink 已成为各家图书馆最受欢迎的产品。SpringerLink 是科学出版界的领导者，一直凭着其卓越表现而享有美誉。SpringerLink 已经出版了 150 多位诺贝尔奖得主的著作。图 6.32 为 SpringerLink 数据库文献检索的高级检索界面。

例如，查找题目含有"Petri net"且发表时间为 2018—2019 年的所有参考文献，其检索设置如图 6.33 所示，检索结果如图 6.34 所示。

图 6.32　SpringerLink 数据库文献检索的高级检索界面

图 6.33　SpringerLink 数据库高级检索设置

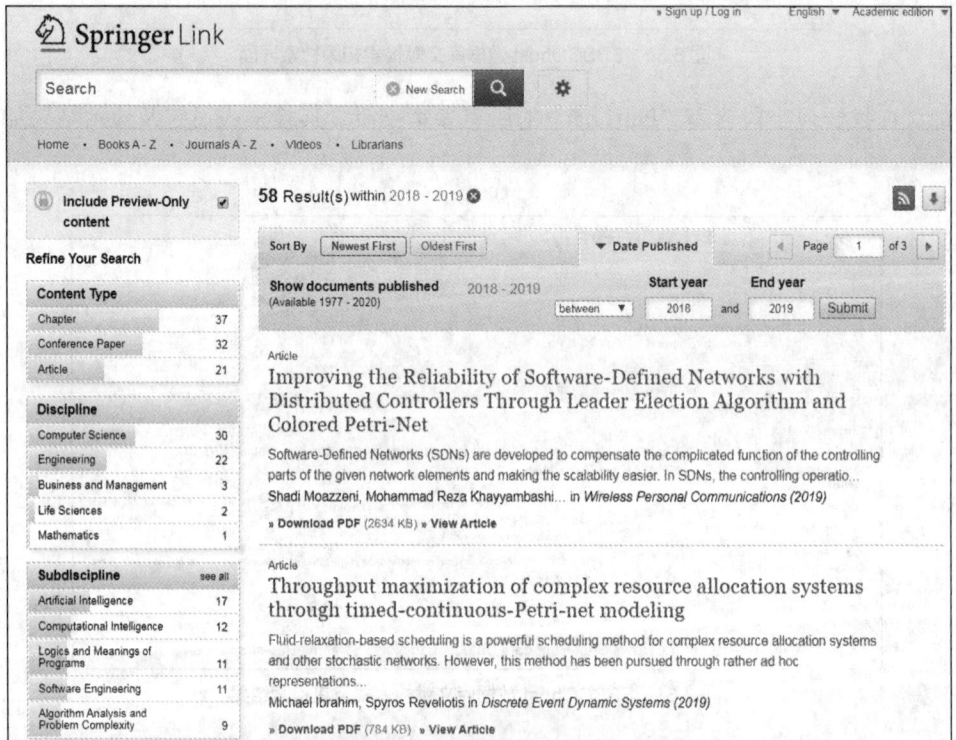

图 6.34　SpringerLink 数据库高级检索界面的检索结果

6.5.3　SciVerse 平台及其 ScienceDirect 数据库的检索

　　荷兰 Elsevier 公司是世界知名的学术期刊出版商，出版有 2000 多种同行评审的学术期刊，包括数学、物理、生命科学、化学、计算机、临床医学、环境科学、材料科学、航空航天、工程与能源技术、地球科学、天文学及经济、商业管理、社会科学等学科。从 1997 年开始，该公司推出了一个名为 ScienceDirect 的电子期刊计划，并将该公司的全部印刷版期刊都转换为电子版，内容每日更新。

图 6.35 为 ScienceDirect 的初级检索界面。

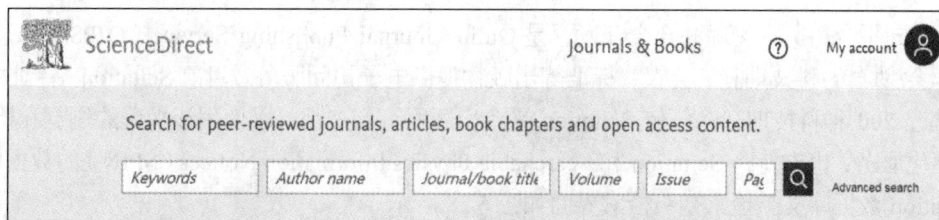

图 6.35 ScienceDirect 数据库文献检索初级检索界面

SciVerse 平台不仅整合了 ScienceDirect、Scopus 和相关科技网页上大家所熟知的、备受信赖的高品质内容，还具前瞻性的添加了第三方开放的创新性工具和应用程序，丰富、扩展了原有内容的价值。通过 SciVerse 这一全面的资源，研究人员可以及时地访问 SciVerse ScienceDirect、SciVerse Scopus、SciVerse Hub、SciVerse SciTopics 和 SciVerse Applications。

例如，查找作者单位为"德州学院"，时间为 2018—2019 年的所有参考文献。其检索式设置界面如图 6.36 所示，检索结果如图 6.37 所示。

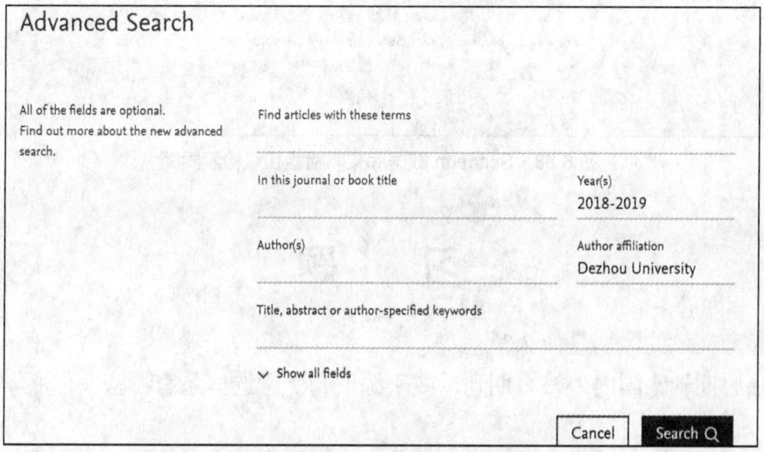

图 6.36 ScienceDirect 数据库高级检索界面及检索式

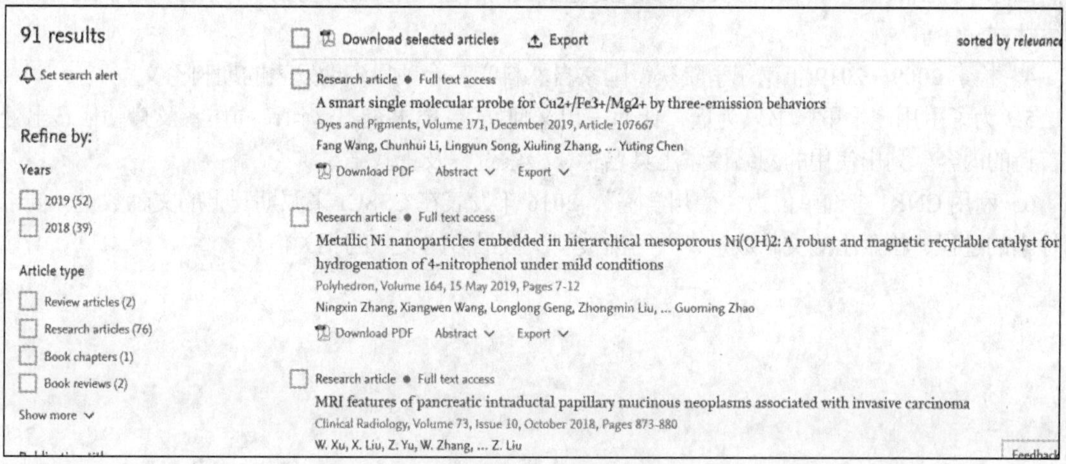

图 6.37 ScienceDirect 数据库检索结果列表

6.5.4 Scitation 平台及其电子全文期刊的检索

Scitation 平台由美国物理联合会开发，是 Online Journal Publishing Service（OJPS）的升级版，为多个学会/协会的科技期刊、会议、标准等出版物提供电子访问服务。目前 Scitation 平台收录了 27 个出版社近 200 种科技期刊，任何 Scitation 平台出版物订阅户都可以使用该平台的浏览和检索功能以及个性化服务，也支持跨 Scitation 和 Searchable Physics Information Notices（SPIN）的数据库检索。

Scitation 数据库文献检索初级检索界面如图 6.38 所示。

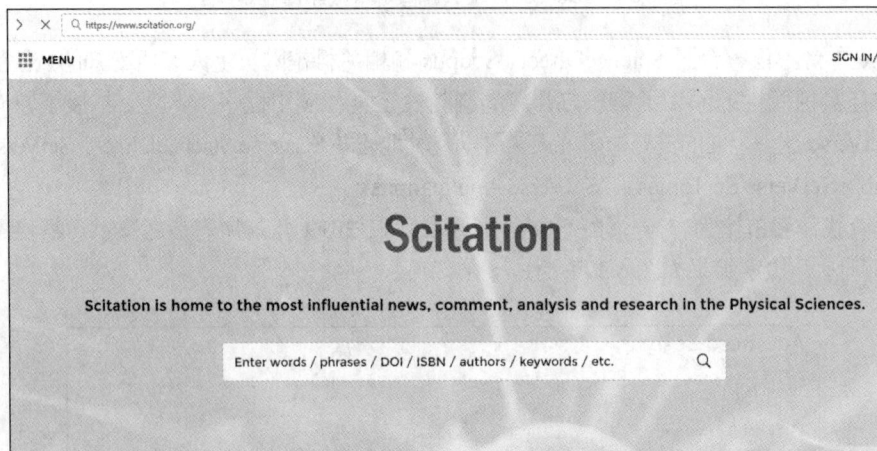

图 6.38 Scitation 数据库文献检索初级检索界面

习 题

1. 剽窃与参考文献的区别是什么?

2. 什么是核心期刊? 国内外核心期刊（或来源期刊）遴选体系有哪些? 你所学专业的核心期刊有哪些?

3. 利用超星数字图书馆，获取"书名:《开普勒》，编著: 佘尔，出版时间: 1998 年，出版社: 中国国际广播出版社"一书中正文第 20 页的电子版内容。简述检索过程，并简述从根本上改变开普勒生活的一件事。

4. 检索 2009—2019 年德州学院获得国家自然科学基金项目资助发表的期刊论文。

5. 为了引用"千里修书只为墙，让他三尺又何妨"，要求查出这句诗的作者及其朝代、出处和整首诗的内容。列出使用的网络检索工具名称、检索过程及查找结果。

6. 利用 CNKI 查询单位为"德州学院"，2016 年发表在 CSSCI 来源期刊上的文献数量。要求写出检索的过程、检索出的文献数量，并写出被引次数最多的文献的相关信息。

第 7 章　信息伦理修养

信息技术在促进社会经济发展、推动社会进步的过程中，引发了新的挑战和危机，如信息安全的挑战、隐私的泄露、网络诈骗、恶意攻击等，不仅危害到个人安全，甚至危及国家安危。因此加强信息伦理修养，增强个体在信息社会的适应力与创造力，对个人发展、国力增强、社会变革有着十分重要的意义。本章主要介绍三部分内容：第一部分信息伦理的基本知识；第二部分信息检索与使用的法律规范和信息道德；第三部分信息检索与使用过程中的道德自律。

7.1　信息伦理

7.1.1　信息伦理的含义

信息伦理是指涉及信息开发、信息传播、信息管理和利用等方面的伦理要求、伦理准则、伦理规范，以及在此基础上形成的新型的伦理关系。具体来讲，它是指信息用户的查询、获取、处理、利用、创造等整个信息活动中应该遵循的行为规范的总和。

西方学术界对信息伦理的研究起步较早，1985 年，哈佛大学教授 J. H. 穆尔（J. H. Moor）发表了《什么是计算机伦理学》一文，对计算机技术运用中发生的一些"专业性的伦理学问题"进行了探讨。1995 年，美国学者斯皮内洛（Spinello）出版了《信息技术的伦理方面》一书。

有些机构也制定了一些具体的道德准则，如美国计算机伦理协会的"十条戒律"。

① 你不应该用计算机去伤害他人。

② 你不应该影响他人的计算机工作。

③ 你不应该到他人的计算机文件里去。

④ 你不应该应用计算机去偷窃。

⑤ 你不应该用计算机作伪证。

⑥ 你不应该使用或复制你没有付费的内容。

⑦ 你不应该使用他人的计算机资源，除非你得到了准许或做出了补偿。

⑧ 你不应该剽窃他人的智力成果。

⑨ 你应该注意你正在写入的程序和你正在设计的系统的社会后果。

⑩ 你应该以深思熟虑和慎重的方式来使用计算机。

信息伦理注重以"慎独"为特征的道德自律。由于以数字化的信息为中介，人与人之间的关系凸显出间接的性质，特别是在互联网中，网络行为主体具有匿名性、面具化的特点，直面的道德舆论抨击难以进行，信息伦理对于道德自律的强调显得更为重要。

关于高等教育领域信息伦理教育，《美国高等教育信息素养能力标准》进行了如下阐述："具有信息素养能力的学生懂得有关由信息技术的使用所产生的经济、法律与社会问题，并能够在获取和使用信息过程中遵守公德和法律。"执行指标如下。

（1）能够懂得与信息和信息技术有关的道德、法律和社会经济问题。效果包括：

① 能够正确判断和讨论给予纸介和电子文本环境下有关隐私和安全问题的讨论；

② 能够正确判断和讨论有关获取信息的免费与收费问题的讨论；

③ 能够正确判断和讨论有关审查与言论自由的讨论；

④ 懂得知识产权与版权，以及合法使用带有版权的资料。

（2）能够遵守法律、规章、团体制度，以及有关获取与使用信息资源的礼貌规范、网络行为规范。效果包括：

① 能够遵守公认的惯例参与电子讨论；

② 能够利用合法的密码和其他形式的身份证明获取信息资源；

③ 能够遵守团体的有关获取信息资源的政策规定；

④ 能够维护信息资源、设备、系统与仪器的完整性；

⑤ 能够合法地获取、储存、传播文本、数据、镜像与声像信息；

⑥ 能够懂得构成剽窃的成分，不把属于他人的成果窃为己有；

⑦ 能够懂得课题研究的团体政策。

（3）能够正确地在交流作品或作品表现形式中使用信息来源。效果包括：

① 能够选择正确的文件格式并一直使用同一格式的引用来源；

② 在必要时，公布被允许使用的版权资料的通知信息。

7.1.2 信息伦理的特征

信息伦理具有以下 3 个方面的特征。

1. 自主性与自律性

信息活动是一个全新的领域，各种各样的新的信息行为不断涌现，许多新的信息行为案例在法律规范中还找不到依据，信息立法在世界各国普遍滞后。特别是在网络虚拟世界中，信息主体的行为往往具有匿名性，致使相应的法律制裁缺乏明确的实施对象。由于用以规范信息活动的法律的局限性，致使信息活动秩序的维持还需依靠另一种规范形式——信息伦理。信息伦理在形式上的特征是自主性和自律性，自律在形式上是人们内心的自我要求，实质上是对道德规范内省的结果。信息主体即使在没有任何外部规范的情况下，凭借内在的良心机制、依据自身的道德观念，自主地选择正确的道德行为。信息伦理对于信息主体行为的这种自我约束，是法律规范无法做到的。

2. 多元性与普遍性

信息技术的发展使人们信息活动和范围得以极大地扩展，使人类交往的时空障碍消除了，"地域"

概念在当今信息交往中逐渐淡化，信息"地球村"时代已经来临。全球化的信息交往正推动着人类社会交往向"普遍交往"的高级阶段发展。在这种文化背景下，人们在信息交往中的道德规范的差异性越来越小，在相互沟通之中，人们理解和宽容了"异己文化"。这样，信息道德规范的多元性和普遍性成为信息伦理的一个重要特征。而且，信息自身就具有共享性和普遍性，信息的跨国传播、网络信息交流的迅猛发展以及国际间数据流的增长，都空前地彰显了信息的共享性和普遍性。在信息伦理的基本价值与原则上求同存异、达成全球性的共识，是对信息无国界传播有利的，并且也有利于信息资源的全球性共享。

信息道德的全球性与普遍性具体表现为：第一，全球人们在信息交流中遵守共同的技术要求和协议，尤其在互联网上的信息交流表现最为明显；第二，信息交往的互动性，使传播中的信息发出者与接受者的角色模糊，世界上每个人都可以是信息的发出者，也可以是信息的接受者，因而信息道德规范对每个人的要求是一致的；第三，信息交往中存在的道德问题也是共性的，任何不道德的行为都会危及全球社会成员的利益。因此，信息伦理对每个社会成员的道德规范要求是普遍的，在信息交往自由的同时，每个人都必须承担同等的道德责任，共同维护信息伦理秩序。

3. 技术相关性

当今网络时代世界的信息交流越来越表现出更高的技术相关性。因为信息不是单独孤立存在的，信息的生产、传播和利用都需要有技术的支持，信息与技术是不可分的。信息伦理是信息活动中的伦理，信息与技术不可分，信息活动也是离不开技术的，所以信息伦理是与技术相关的，即信息伦理具有技术相关性。当信息伦理面对具体的信息活动中所存在的伦理问题时，有时就会有许多技术层面的困扰。例如在判断什么形式的超文本链接是合伦理的，什么形式的是不合伦理的，就与技术高度相关。另外，很多预防信息解密、信息剽窃鉴定等措施也是与技术分不开的。

7.2　信息检索与使用的法律规范和信息道德

7.2.1　信息检索与使用的相关法律制度

社会的进步、科学的发展、技术的变革，这一切必将带来法律制度的演变，而著作权法也同样会随着社会的发展而不断变化。"合理使用"是著作权法中的一项重要制度，是指根据著作权法的规定，以一定方式使用作品可以不经著作权人的同意，也不向其支付报酬。在一般情况下，未经著作权人许可而使用其作品的，就构成了侵权，但为了保护公共利益，一些对著作权危害不大的行为，著作权法不会视其为侵权行为，这些行为在理论上被称为"合理使用"。计算机技术和网络技术的普及，使得著作权法在新的网络环境下迎来了机遇，也迎来了挑战。著作权的各项权利内容面临着数字化技术的严重威胁，计算机网络的开放性也与传统著作权保护的垄断性发生了冲突。近年来出现的许多著作权侵权案件，都是由于未经授权上传受到著作权保护的作品而引起的。在进行信息检索课程的教学过程中，要培养学生获取和利用文献信息的敏锐性，在获取和使用信息时，自觉遵循学术规范、信息道德和信息法规，使学生具有强烈的社会责任感和正直严谨的科学态度。

在合理使用制度方面，各国的著作权法对于其内涵的界定基本相同，仅仅是在外延上有一些不同。数字化技术的出现，无论是对原作品的复制还是基于原作品进行修改和再创作，都变得十分便捷、方便和成本低廉。有学者认为，"数字产品在复制传播上的这些特点是对现行著作权制度的最大的威胁"。因此，对于合理使用制度的考量，必须基于平衡著作权人与使用者之间的利益关系。立法界对于这种技术改进带来的冲击早就有所考虑，因此许多欧洲国家早在复印技术发生改革以后，就对著作权法进行了修改，主要是针对复印书刊作品的数量和范围进行限定。

目前，各国和一些国际组织制定的一些有关版权的法律法规、国际条约，允许对权利人的著作权进行必要的限制，或者对"合理使用"进行直接的规定。尽管这种对权力限制原则的逐步紧缩是国际立法的发展趋势，但可以肯定：著作权人的权利一定要受到保护，而"合理使用"制度也一定会不断健全。

1. 国外相关的立法现状

世界各国均各自订立了其版权法，但大部分国家在调整及执行其法律的灵活度时，受到了一系列国际条约的约束，合理使用情形自不例外。《伯尔尼公约》是关于著作权保护的国际条约，1886 年9 月9 日制定于瑞士伯尔尼。1992 年10 月15 日我国成为该公约成员方。

在 1996 年 12 月世界知识产权组织的外交会议上，两项关于网络环境中著作权的重要的国际条约正式通过。由于在 TRIPs 协议和《伯尔尼公约》制定的年代，网络技术并没有像现在这样深远地影响着人们的日常生活，所以这两项条约包含了人们对于运用现有著作权制度规制网络时代下数字作品的传播的殷切期望。《世界知识产权组织版权条约》和《世界知识产权组织表演和录音公约》就是为了适应信息网络技术的发展而产生的。在此背景下，世界各国均开始对其国内立法进行修订。1997 年 6 月 13 日，德国联邦议院通过了世界上第一部全面调整信息时代新型通信媒体 Internet 的法律——《多媒体法》，并于 1997 年 8 月 1 日开始实施。

国际图书馆协会联合会(The International Federation of Library Associations and Institutions，IFLA，简称国际图联)认为，著作权法一直以来都强烈地影响着图书馆活动、用户以及图书资料本身。对于数字图书馆以及数字网络环境下的图书馆，国际图联一直长期倡导"数字的并没有不同"的观点，其主张应当将传统著作权的规则延伸至数字网络环境下，并不主张为数字图书馆或网络环境下的著作权相关问题单独进行立法。《国际图联关于在数字环境下版权问题的立场声明》中主张，对于传统著作权法中的合理使用制度，应当在数字环境下继续维持。国际图联在《国际借阅与文献传递原则与程序》中阐述了各国馆际互借与文献传递应遵循的原则与实施方针。

2. 我国相关的立法现状

我国对于网络领域的著作权问题进行规制经历了一个过程，立法要晚于司法。早在 1999 年就有法院审理了一起有关网络领域的著作权侵权案件。该案件的主审法院结合国际条约和外国立法，创造性地认定了未经著作权人同意利用网络传播他人作品的行为构成侵权。随后，更多的网络著作权侵权案件被起诉至法院，但是由于当时并没有相关的立法，所以各地各级法院的做法并不一致。直到 2000 年 11 月出台的《关于审理涉及计算机网络著作权纠纷案件适用法律若干问题的解释》对计算机网络著作权侵权案件的法律适用问题做出了相关规定，传统作品的数字化形式被纳入著作权保护的作品范围，同时利用网络传播数字化作品也被视为作品的使用方式。

7.2.2　知情权问题

知情权又称为信息权或了解权。知情权作为一种必然要求和结果，首先是公法领域内的概念。

现今，随着知情权作为一项独立权利的发展演变，其外延已不断扩大，不仅涉及公法领域，还涉及私法领域。

知情权的概念有广义与狭义之分。广义的知情权是指知悉、获取信息的自由与权利，包括从官方或非官方知悉、获取相关信息。狭义的知情权仅指知悉、获取官方信息的自由与权利。随着知情权外延的不断扩展，知情权既有公法权利的属性，又有民事权利的属性，特别是对个人信息的知情权，是公民作为民事主体所必须享有的人格权的一部分。而狭义的知情权仅指公法领域内的一项政治权利，故现在的知情权概念一般是指广义的知情权。

1. 性质特征

随着社会的进步，信息的作用越发变得重要，其价值也日渐提升，每个人的生活中时时刻刻都离不开各种各样的信息。人们需要不断地获取各种信息来充实自己的生活，做出自己的选择，可以说，现代社会就是"信息化社会"。知情权首先是一种个人权。对知情权的保障，使公民有机会充分获取对个人而言至关重要的各种信息，使得个人发展自身人格以及实现自身价值成为可能，在一定程度上也可以说是公民其他的基本权利得以实现的基础，无论信息与思想的社会价值是什么样的，获取信息的权利都是最基本的。现代社会里拥有信息对个人的社会性地位尤为重要，信息自由的基本权利与表现自由的基本权利一样，是民主制度重要的前提之一。

2. 法律根据

知情权是公民的宪法性的权利。首先在宪法中明确规定这一权利的是 1949 年实施的《联邦德国基本法》。世界上虽然有很多国家没有在宪法中明确写明这一权利，但人们一般都认为从宪法的有关规定中可以找到知情权存在的根据。

个人需要尽可能多的信息来增长知识，形成和发展个人的人格，这些都是作为人必须具有的最本质的要求。尤其是在现代社会中，信息已成为每个人活动的基础和动力，每个人都需要大量的信息来判断自身的处境并做出各种选择，信息是决定每个人发展与进步的重要因素，离开了信息，每个人必将落后于时代而无从发展。同时，现实生活中存在大量与个人生活息息相关的信息，如自然环境、社会治安、政府决策等诸多信息，都会直接影响个人的生存与发展。只有充分了解这些方面的信息，公民个人才能采取各种手段予以应对，趋利避害。例如，人们在准备购房时需要了解该地近期有无拆迁的计划，环境污染是否严重，治安状况是否良好等信息。而"公民享有知情权"的另一层法律意义是通过政府提供的信息，公民可以更好地实现宪法和其他法律所规定的权利。

3. 保障实现

如果知情权仅仅限于宪法的解释或是一般性、原则性的规定，而没有上升为具体化的制度，那么它仍然是一种抽象性的权利，在个人权、参政权、请求权等方面的作用亦无从实现。要真正使其得到保障就必须使其具体化，如明确知情权的对象、公民行使知情权的程序以及对知情权的限制等。

宪法中的知情权是公民对国家的权利，包括获取立法机关、司法机关、行政机关所掌握信息的权利。其中，立法机关、司法机关的信息公开较容易，各国也都有相关的规定。行政机关掌握着绝大部分的政府信息，信息公开不太容易。迄今为止，世界上有许多国家都制定了政府信息公开方面的法律，以加强对公民知情权的保护。有关信息公开立法的趋势表现为：保障公民的知情权，增强政府的透明度，公开范围日益扩大，以公开为原则、不公开为例外，注意协调信息公开与个人隐私、商业秘密、国家秘密间的关系。可以说，对信息公开请求权的认可和保障知情权这一抽象性的权利得以具体化，使知情权能得到有力的保障。

7.2.3　国家秘密问题

根据我国法律的规定，国家秘密是指关系国家安全和利益，依照法定程序确定，在一定时间内只限一定范围的人员知悉的事项。这是世界主要国家普遍采纳的定义，但各个国家对国家安全和利益的内涵及外延理解有不同。一般理解，国家秘密的确定包括实质要件和形式要件。实质要件即关系国家安全和利益，泄露后会给国家造成实质性的损害；形式要件即国家秘密必须依照法律规定的主体、权限、标准和程序确定。此外，国家秘密的确定还暗含着两个前提要素：一个是保密的必要性，即保密价值问题；另一个是保密的可保性，即是否具有保密条件问题。

目前，我国的国际地位日益提高，和谐稳定的社会环境和安居乐业的幸福生活使大学生总感觉到媒体上报道的地区冲突和局部战争离自己、离我国很遥远，认为战争中的流血牺牲不会发生在中国。一部分大学生对国家安全知识不甚了解，或者在认识上存在偏颇，他们狭隘地认为国家安全只是政治安全和国防安全，甚至觉得国家安全是军队、警察的事情，与自己没有关系。国家安全既包括国土安全、主权安全、政治安全、经济安全、国民安全等传统内容，又包括文化安全、科技安全、金融安全、信息安全等多方面的新内容，因此全方位理解国家安全有助于端正大学生的思想认识，增强其国家安全意识。

在进行信息检索时，我们总是告诉搜索引擎自己最想知道的是什么，自己一直在想的是什么，甚至为了搜索的精准，会用最准确、最简练的语言来描述自己的想法。当众多的搜索记录汇聚起来时，人们就能认识真实的自己，他人也就认识了真实的你。因此，当我们遵循由数据产生信息、由信息做出判断的认知逻辑时，只要占有了数据，不论拥有数据的主体是谁，都会根据算法得出的结论，做出理性的判断，采取理性的措施。从资料看，大数据科学研究的重点之一—集中于人类社会行为方面的研究。如果人类的社会行为也能够通过算法来做出判断，那么由人构成的国家机构的行为也同样能够通过算法做出预测。因此国家秘密安全在某种程度上已经越来越算法化。当前，保密工作正处在由传统形态向以信息化、网络化为主要特征的现代形态转型升级期，需要以总体国家安全观为指导，坚决贯彻落实网络强国战略思想，筑牢新时代维护国家秘密安全的坚固防线。

7.2.4　商业秘密问题

随着大数据分析技术在各领域的推广应用，数据信息的价值日益凸显，企业因对数据信息的获取、占有和使用引发的法律纠纷频发，这些都迫切需要法律对大数据的运用与保护做出回应。

对于由企业的研究数据、技术信息等组成的大数据，其秘密性不难认定，易引起争议的是当大数据是由从公有领域获取的数据组成时是否具有秘密性。有观点认为，此类数据信息不能构成商业秘密进而获得保护，因为任何人都可以从公有领域中获得信息。但这种论断显然过于绝对，一方面，大数据以"容量大"为特征。虽然这类数据信息来源于公有领域，就单一的数据信息而言处于易被他人知晓和获取的状态，但当这些数据信息组成体量巨大的大数据时，他人就难以知悉其内容，更不能轻易获取了。另一方面，大数据的存储注重数据的一致性问题。大数据不是数据信息的简单集合，而是以目的信息为核心。根据我国法律规定，商业秘密具有相容性而不具有绝对的排他性。他人通过自身努力取得与权利人商业秘密内容相同或实质相同的信息，可以作为侵权抗辩，但并不阻碍权利人商业秘密的构成。因此即便大数据的数据来源于公有领域，但因其体量大，且需要分析整理以实现数据存储的一致性，他人难以知悉且难以获得，符合秘密性要件。我国法律规定"法律对数据、网络虚拟财产的保护有规定的，依照其规定"。从反不正当竞争法及其司法解释来看，商业秘密分为技术信息和经营信息。企业在其技术研究中积累的技术数据属于技术信息；而企业在经营过程中积累并作为商业秘密保护的用户行为数据和用户个人信息，是区别于相关公知信息的特殊客户信息，与用户名单没有本质区别，可以归类为经营信息。据此可知，作为数据信息集合的大数据受商业秘密保护，有反不正当竞争法作为依据，且不违背民法的精神。

7.2.5　隐私权保护问题

对比现实生活环境，目前的大数据环境使信息更加开放。无限的开放是隐私保护的危机所在。

（1）信息收集更加全面。大数据环境下公民的隐私不仅包括公民个人的姓名、性别、联系方式、家庭住址等基本信息，还包括一些对个人有价值的信息，如定位信息、医疗记录、抵押贷款记录。大数据时代要求数据公开，所以隐私泄露的风险也大大增加了。

（2）大数据时代要求数据公开，信息数据存在相关性，通过一些相关的技术就可以分析出信息之间的关联，尤其是人们在社交网站上的信息更容易被发掘收集、被利用。所以在大数据时代，公民的个人信息更容易泄露。

随着科技的进步和互联网的普及，公民的信息更加公开化，因此公民的个人信息极易被收集。在大数据环境下，对个人、集体的相关隐私进行保护，可以有效降低互联网带来的风险，并且对隐私进行保护可以保障公民的生命财产安全，使人民生活更加安定幸福。隐私保护有助于维护良好的社会秩序，营造良好的社会风气。

目前我国大数据环境下隐私保护不当的原因主要有以下几个方面。

（1）相关法律法规存在不足。

（2）有个别从业者缺乏行业自律。大数据时代，大部分的数据都具有二次利用价值，通过二次利用数据分析、处理可以发现事物之间存在一定的联系。因此，有关行业的商家购买公民的信息进行精准营销，如互联网公司不经允许私自记录了用户的浏览痕迹、社交媒体聊天记录、个人信息、兴趣偏好等。正是这种庞大的经济价值，让公民的隐私被泄露、买卖和利用。

（3）公民缺乏保护个人隐私的意识。随着网络的普及，越来越多的人开始使用互联网，有些人在享受网络便利服务的同时，缺乏自我保护的意识，忽视了保护个人信息的重要性，使自己成为隐私权侵权事件的受害者。

7.2.6　信息复制权保护问题

复制权作为著作财产权中的一项重要权利，《建立世界知识产权组织公约》《与贸易有关的知识产权协议》等国际性条约都在著作权部分做出了相应规定。1999 年 5 月，欧盟的《版权指令草案》第 2 条规定：复制权包括以任何方式或形式，直接或者间接的、暂时或永久的、整体或部分的复制。我国著作权法也对复制权做出了明确规定："复制权，即以印刷、复印、拓印、录音、录像、翻录、翻拍等方式将作品制作一份或多份的权利。"

传统意义下的复制权是一种有形的复制权的保护，往往是用肉眼看得见的。但目前在数字技术高度发达的情况下，对作品的复制，既不需要特殊的设备，也不需要专门的配套设施，任何人使用一台普通的计算机都可以进行。这在降低作品的传播成本，给作品使用者提供快捷便利服务的同时，也使得传统的复制权在新的环境之下变得模糊而不确定，往往在无形当中就侵犯了作者的复制权。

7.3 信息检索与使用过程中的道德自律

网络时代的信息资源极为丰富，它就像一把"双刃剑"，既有其积极的影响，又带来了很大的负面效应。一方面，先进的网络技术方便了人类的生产生活，促进了信息的交流与传播；另一方面它也导致了信息的过度膨胀和泛滥，严重妨碍了人们对有用信息的吸收和利用，更有人通过网络从事诈骗、破坏等犯罪活动，严重危害人们的生产、生活和健康，有些违法犯罪行为甚至影响了社会的稳定和发展。

重视大学生的思想道德培养，成为摆在每一位教育工作者面前的重大课题。高校信息道德教育的基本目标是使大学生熟悉信息道德法律和规范，引导大学生在学习和工作中成为具有较高信息道德素养的人。通过教育培养，使大学生充分认识网络的各种功能，发挥大学生利用网络信息资源的主观能动性，培养和训练大学生的创新思维和个性品质；同时指出网络的负面影响，规范大学生的上网行为，提高大学生的信息鉴别能力和自我约束能力，增强大学生对信息污染的免疫力。

7.3.1 法律约束的局限性

互联网信息环境因为其新兴、无序、自由的特点，从诞生之日起就伴随着各种各样的法律问题和争议，如网络环境下的知识产品保护问题就已经发展成为一个热点研究领域。对于网络信息检索，检索工具和检索行为在这样的环境下同样面临着一定的法律风险。

法律并非万能之器，不能完全依靠法律解决包括道德困境、行政难题和社会痼疾在内的一切社会问题，法律存在着固有的局限性。法律的局限性包括三个方面。

（1）法律是由国家制定或认可的社会规范，具有国家意志性，由此派生出法律的统一性和权威性，其内容是抽象的、概括的、定型的，不能朝令夕改。但法律要调整的现实社会的内容是具体的、多样的、易变的，随着科技的日新月异，由此产生的一些新生事物、进而形成的社会关系都是以前所不曾出现的，这就必然造成法律相对社会现实的滞后性和僵化性，法律本身就具有不可避免的时间上的滞后性。

（2）法律是调整社会关系的重要手段，但并非唯一手段和最佳手段。法律主要调整的是人的行为，不同于习惯、道德等社会规范主要从人的心理和思想上产生约束力和影响力。这在于法律是由国家制定的，具有国家强制性，而习惯与道德是人们在长期社会活动中自然形成的，它对人们行为的约束是靠社会舆论和品质修养来实现的。面对复杂的社会问题，法律手段只能调整一部分社会关系，其他部分仍然需要道德、教育、政策、纪律等手段并用。

（3）法律作为社会规范，其规则是抽象、概括和普遍的。抽象的规则要作用于具体的案件，必然通过法律实施（包括法律遵守、法律执行和法律适用）来实现，其中执法者的职业素质和守法者的法律意识都对法律的实施起相当大的影响作用。如果执法者没有良好的法律素质和职业道德，其作用也难以发挥，与此同时，守法者的法治意识、权利义务观念和社会氛围等也会直接影响法律作用的发挥。法律不是万能的，法律的局限性在法律产生之日起就如影随形，只有充分认识到法律的局限性，在社会发展的过程中不断提高法治水平，营造法治氛围，才能充分利用法律的优势。

7.3.2　信息道德自律问题的提出

随着信息技术的飞速发展，人类社会进入了信息时代，以计算机技术、通信技术、网络技术为核心的信息技术已经在社会各个领域中得到广泛的应用，人们获取、存储、处理、传输信息的行为已成为基本的社会行为之一，信息传播活动已成为主要的社会活动之一。人类的信息的行为对社会产生了巨大的影响，一方面人们的信息活动为社会创造了巨大的价值，另一方面也带来了诸如计算机犯罪、危害信息安全、侵犯知识产权、计算机病毒、信息垃圾、信息污染、网络黑客、网络迷信等一系列棘手的问题，这些问题反映了在信息活动中违法行为和道德失范的现实。青年学生正处在人生观、价值观、道德观形成的阶段，好奇心理、逆反心理又很强，最容易出现信息行为道德失范的问题，因此我们应将信息道德素质的培养作为信息素养中最基本的素质加以重点关注。

7.3.3　大学生信息伦理的培养和内省原则

1. 大学生信息伦理的培养

信息伦理修养是一个长期的过程，特别是在信息技术飞速发展的今天，信息伦理不断面临新的问题，如信息技术的非法使用、信息授权和个人隐私等，大学生作为未来信息社会的中坚力量，其信息伦理修养水平直接影响着整个社会的信息伦理水平，因此，大学生信息伦理修养显得尤为重要。然而，一些大学生的信息伦理很缺乏，加强大学生信息伦理自律意识、信息自律能力教育已经迫在眉睫。

（1）了解信息法的有关内容

信息法是调整人们在信息的采集、加工、存储、传播和利用等活动中发生的各种社会关系的法律规范的总称。信息法的核心是有关知识产权的问题，我国《民法通则》规定，知识产权的范围包括以下内容。

① 著作权（文学、科学和艺术作品、计算机软件）。

② 邻接权（出版物、演出、录音录像以及广播电视节目）。

③ 发现权（科学发现）。

④ 专利权（发明、实用新型、外观设计）。

⑤ 发明权和其他科技成果权（发明、科学技术进步、合理化建议、技术改进）。

⑥ 商标权（商标以及服务标记）。

掌握有关信息法的常识，既可以保护自己的有关权益，同时，也可以规范自身利用信息的行为。

（2）加强信息伦理自律

信息伦理的重要特征之一就是自律性，当代大学生要努力做到"慎独"，特别是在"虚拟"的数字化空间的信息使用过程中，更要加强道德上的自律。

首先，大学生要避免道德观念的紊乱，杜绝道德相对主义、无政府主义和个人主义的盛行和泛滥。道德相对主义源于后现代主义思潮，认为一切都是没有客观根据的和不确定的，他们怀疑权威，排斥规范和道德标准的统一性。当代大学生有较强的个人观念，有时乐于表现自己，个别学生有时考虑自己的利益较多，而对承担的责任却考虑很少。大学生对网络知识接受较快，但是极少数大学生不是利用所掌握的知识合法地创造价值获取报酬，而是利用互联网进行高科技犯罪，对他人和国家造成严重影响。部分大学生把黑客行为英雄化，视黑客为天才，对其顶礼膜拜。有的大学生黑客已经由最初的恶作剧发展到故意进行数字破坏甚至犯罪的程度。

其次，要养成良好的网络习惯，要避免上网成瘾，不要沉迷于网络游戏、网络色情，造成学业荒废。少数大学生像吸上"精神鸦片"一样身陷其中，对网络游戏难以自拔，造成多科成绩不及格，不仅毁了自己的前程，也给自己的父母带来巨大的痛苦；也有部分大学生长期沉迷于一些不良信息，扭曲了对人生、人性的正确认识，对身心健康造成严重影响，甚至滑向犯罪的深渊。

（3）要避免道德行为的失范

要具有较强的法律意识，严格按照法律规范自身的行为，注意杜绝失范行为。

① 侵犯知识产权。知识产权是法律所赋予的知识产权所有人对其创造性智力成果的专有权力。知识产权的产权和信息二重属性使其在理论和实践上一直面临着限制使用和信息共享的矛盾。信息网络技术所具有的大批量复制潜能等新的技术特征使上述矛盾进一步复杂化。在现代信息社会，信息技术高度发达，借用、复制软件变得轻而易举，少数人受利益的驱使，侵犯他人的知识产权，复制别人的源代码，并作为自己创作的软件卖给别人，或者抄袭别人的程序逻辑结构、顺序和设计思想，嵌入自己的源代码作为专利出售。在学术界，抄袭剽窃他人成果，也是值得我们引以为戒的问题。

② 侵犯个人隐私。个人隐私权即个人有保守隐私且使其不受他人侵犯的权利，是受法律保护的一种天赋权利。保护隐私是对人性自由和尊严的尊重，是一项基本的社会伦理要求。一方面，信息技术可以将个人在网络上输入的几乎所有资料极为方便地存储起来；另一方面，信息技术增强了信息系统的采集、检索、重组和传播所有种类信息的能力，部分个人信息轻而易举地被检索出来，那些个人不愿公开的隐私就有了被暴露的危险。当代大学生有着先进的信息技术，更要注意不要因好奇等原因而非法侵犯他人的隐私。

③ 信息污染。信息污染又称为信息垃圾，是指由于个别人有意地制造和发布有害的、虚假的、过时的和无用的不良信息而导致的危及人们生存和信息活动低效率的状况。由于网络的开放性和匿名性，使不良信息的制造和发布得不到有效的监督和控制，信息污染日益加深并成为严重的社会问题。在现代社会中存在着各种各样的污染信息，如冗余信息、盗版信息、虚假信息、过时信息、错位信息等，都是信息垃圾。因此，当代大学生要注意自觉维护我们共同拥有的信息环境，不要人为地制造信息污染。

④ 信息安全。在网络时代，信息已成为社会上的一种重要资源，有的可以转化为资产，有的甚至在某些产业中已成为重要的产品，所以信息安全已成为当代社会中的一个非常重要的问题。非法入侵、信息窃取和网络犯罪是从伦理角度重点关注的三个信息安全问题。网络黑客为了显示其个人技术，获取个人的精神满足，进行恶意攻击；不法商人为了获取非法利益利用计算机软件的漏洞，非法侵入他人的计算机获取信息等都是我们要杜绝的行为。

⑤ 信息责任。传统的媒体信息从采集、制作到向公众传播交流的全过程，都有严格的规范与审查制度。而网络媒体则不然，任何人在任何时间、任何地点都可以发表自己的看法。在为大众带来前所未有的信息传播自由的同时，也导致了网络空间信息传播的失范，以至于那些无从证实的传闻、流言、诽谤、谎言等无时不有，无处不在。在现实世界里许多网络用户不负责任地将各种信息垃圾在网络中不断传播，占用网络资源。他们不顾法律责任、道德责任将他人隐私和商业秘密公布于网络或诽谤他人。在高校，也存在着少数学生利用网络宣泄自己私愤的现象，他们在校园生活中稍有不满便大发雷霆，利用网络进行恶意投诉，语言尖刻，甚至谩骂、歪曲事实，这种不负责任的行为应该杜绝，任何网络用户都应该负起自身的责任。

2. 内省原则

所谓内省，就是个体对自己的行为表现进行反省和评价，重在追究自我过失，以图弥补，及时矫正。这一原则是大学生自律意识培养的关键，是大学生自我认识、自我评价日趋正确和合理的不可跨越的阶段。

通过内省，大学生对自己原有的思想和认识进行自我反省、自我再认识、自我评价，对原有的自我意识中错误和不正确的进行摒弃，对合理的进行张扬，并不断分析、监督自己的行为，从而使自律意识不断增强。大学生自我意识发展教育是大学生心理健康教育与思想政治教育的重要内容。大学生自我意识的健全是一个渐进的心理与思想过程，需要全方位地给予关注。要引导大学生形成正确的世界观、人生观和价值观，从而实现从"内省"到"慎独"的飞跃。网络和网络文化不仅深刻地影响着当代大学生的日常学习、生活和工作，而且深刻地影响着大学生的政治观念、思维方式、价值取向、道德判断等。网络可以为大学生提供无限宽广、无比快捷的知识与信息平台，大学生在网络中以最快的速度和最新的方式积淀知识、交流信息、创造价值，但网络上的信息鱼龙混杂、良莠并存，加之网络环境中缺少社会舆论的监督和现实的规范约束，容易诱发道德行为的失控。内心信念、社会舆论和传统习俗三者是传统思想道德教育的三大因素，而网络的开放性、虚拟性特征使得传统的道德评价鞭长莫及，社会舆论、风俗习惯等在现实社会中的监督作用无法正常发挥，道德的存在要靠内省来维系。当前，大学生面临着多元的道德选择，时时受到不良思想的挑战，这一切无不要求当代大学生加强自律意识的培养，实现自我监督、自我控制和自我管理。

习　题

1. 简述信息检索与使用过程中道德自律的必要性和重要性。
2. 阐述对信息伦理道德的认识。

08 第8章　学术论文的写作

学术论文是对科研成果的描述和记录，同时也方便科研人员对相关内容进行查找、阅读和理解，因此，撰写学术论文是每位科研人员、大学生和研究生的必备技能。本章主要介绍学术论文写作的相关知识。

8.1　学术论文概述

8.1.1　学术论文的概念和特点

1. 学术论文的概念

学术论文是对某个科学领域中的学术问题进行研究后表述科学研究成果的理论文章，是用系统的、专门的知识来讨论、研究某种问题或研究成果的学理性文章。

按研究的学科，学术论文可分为自然科学论文和社会科学论文。每类又可按各自的门类分下去，例如，社会科学论文又可细分为文学、历史、哲学、教育、政治等学科论文。按研究的内容，学术论文可分为理论研究论文和应用研究论文。理论研究，重在对各学科的基本概念和基本原理的研究；应用研究，则侧重于如何将各学科的知识转化为专业技术和生产技术，直接服务于社会。按写作目的，学术论文可分为交流性论文和考核性论文。交流性论文的目的在于专业工作者进行学术探讨，发表各家之言，以显示各门学科发展的新态势；考核性论文的目的在于检验学术水平，成为有关专业人员升迁晋级的重要依据。

2. 学术论文的特点

（1）科学性

学术论文的科学性，要求作者在立论上不得带有个人好恶的偏见，不得主观臆造，必须切实地从客观实际出发，从中引出符合实际的结论。在论据上，应尽可能多地占有资料，以最充分的、确凿有力的论据作为立论的依据。在论证时，必须经过周密的思考，进行严谨的论证。

（2）创造性

科学研究是对新知识的探求，创造性是科学研究的生命。学术论文的创造性在于作者要有自己独到的见解，能提出新的观点、新的理论。这是因为科学的本质就是"革命的和非正统的""科学方法主要是发现新现象、制定新理论的一种手段，旧的科学理论必然会不断地被新理论推翻"。因此，没有创造性，学术论文就没有科学价值。

（3）理论性

学术论文在形式上属于议论文，但它与一般的议论文不同，它必须有自己的理论系统，不能只是材料的罗列，应对大量的事实、材料进行分析、研究，使感性认识上升到理性认识。一般来说，学术论文具有论证色彩，或具有论辩色彩。论文的内容必须符合历史唯物主义和唯物辩证法，符合"实事求是""有的放矢""既分析又综合"的科学研究方法。

（4）平易性

平易性指的是要用通俗易懂的语言表述科学道理，不仅要做到"文从字顺"，还要做到准确、鲜明、和谐，并力求生动。

（5）专业性

专业性是区别不同类型论文的主要标志，也是论文分类的主要依据。

（6）实践性

实践性是论文价值的具体体现。它还表现在内容上，旨在根据一定的岗位职责与目标要求培养能力。

8.1.2 学术论文的选题

学术论文的写作非常重要，它是衡量一个人学术水平和科研能力的重要标志。在学术论文撰写中，选题与选材是头等重要的问题。一篇学术论文的价值关键在于作者选择了什么主题，并在这个特定主题下选择了什么典型材料来表述研究成果。只有选择了有意义的课题，才有可能收到较好的研究成果，写出较有价值的学术论文。所以学术论文的选题和选材，是研究工作开展前具有重大意义的一步，是必不可少的准备工作。

爱因斯坦曾说过："提出一个问题往往比解决一个问题更重要，因为解决一个问题也许仅仅是数学上的或实验上的技能，而提出新的问题、新的可能性，从新的角度去看旧的问题，却需要有创造性的想象力，而且也标志着科学的真正进步。"选题就是作者在论文写作之前选择自己研究、论证、写作的方向及问题。选题是论文写作的第一步，也是极其重要且具有战略性意义的一步，它决定了论文的研究目标、研究内容、研究性质与研究方法等。选题是否具有意义、是否具有可研究性，会直接影响接下来论文写作各步骤的开展能否顺利进行，如文题的最后确定、论证角度的选择、材料的选取和使用、篇章内容的组织安排等，以及论文能否最终出色地完成。

1. 选题的原则

选题没有固定的套路与模式，每个学科领域对论文选题的要求也不尽相同，但总的来说，论文选题应该遵循以下几点基本原则。

（1）创新性原则

学术研究最大的意义就在于揭示探讨前人没有研究或者还未完全解决的课题，它是一种具有创新性的脑力劳动。选题是学术论文写作的开端，选题的创新性直接关系到整个研究的创新，选题的创新性是衡量学术论文内在价值的关键。选题的创新，就是对于研究方向、研究方法等较之前人有所突破与不同，具有新颖性与先进性。选题的创新性主要包括三种形式：一是研究领域的创新，就是在学术研究的空白之处去寻求研究课题，寻找前人没有发现和涉及的空白研究领域，这种创新往往会开启一片新的研究领域；二是研究视角的创新，就是在已有的研究领域和研究基础之上，找出已有研究成果的不足和缺失，然后去补充和加深这方面的研究，或为某领域的研究提供新的研究视角；三是研究方法的创新，就是在所研究的领域采用前人未使用或者鲜有使用的研究方法、技术和手段进行研究。研究方法的创新通常是将其他领域的技术方法嫁接到本领域课题研究上来，以求运用新的研究方法得出更有价值的研究结果。

（2）价值性原则

选题的价值性原则是指学术论文的选题要有学术研究价值和实践运用价值。选题要么着眼于发现新事物、提出新问题、创建新理论、提出新思想、总结新经验；要么着眼于实际社会需求，能够反映现实生活与科技发展，具有社会效益与经济效益。选题切忌闭门造车，不联系实际，凭空想象，脱离学术发展现状和社会实际需求。

（3）科学性原则

选题应该有严谨的科学理论和鲜明的客观事实作为依据，选题必须符合科学理论和发展规律。选题要以科学理论为根据和指导，以客观事实为依据，把握事物的本质特征，按客观规律来设计研究课题。当然，前人所研究的理论并不一定是完全正确的，研究者要以批判的眼光加以检验吸收。在选题中，研究者既要尊重事实，又要不拘泥于事实；既要接受已有理论的指导，在前人成果的基础上深入研究，又要敢于突破传统观点的束缚。这是做学术研究应有的辩证科学态度。

（4）可行性原则

在选题中，要充分考虑完成本课题现有的研究条件是否能够帮助研究者实现研究目的，充分考虑课题方向的可行性，不能脱离现实，否则就难以达到研究的预期效果甚至无法开展实际研究。因此，选题要根据自己所在地区、所在单位的外部条件，过往的研究成果，当前研究领域的发展情况等，做一个全面的权衡、考量，选择自己擅长且可研究实现的课题方向进行研究。选题的可行性要处理好两对关系：一是大和小的关系。一般来说，大课题的研究价值高，研究成果的社会影响力大，但它比较复杂，开展的条件要求高，不易出成果；小课题涉及的范围小，任务单纯，目标集中，容易开展，容易出成果。但研究者不能一味求大，而忽视了小课题的研究，有的小课题研究的价值并不比某些大课题低。二是难和易的关系，难的课题往往比较有价值，但难度大的课题对研究者主观和客观条件的要求高，需要花更长的时间、更多的精力，而且容易因久攻不克，失去信心，导致半途而废。

2. 选题的方法

（1）同步选题法

同步选题法就是顺应科技发展潮流，把握所研究学科的领域热点和前沿问题，将当前学科发展趋势作为出发点，寻找并确定研究课题方向。跟踪学科领域发展中的热点问题和前沿问题，是获取课题来源的有效途径。学科热点的产生往往有一定的理论背景和现实需要，其学术价值和社会价值突出。采用同步选题法选题时，需要很高的信息敏感度和信息收集量，能及早注意和预见到即将形成的学术热点。争取较早地参与到热点问题的研究是实现同步选题的关键，如果其他科研工作者已经着手研究该课题并已发表了大量学术成果，那么再去跟风开展该课题的研究，其研究价值就会大打折扣，甚至最终沦为学术垃圾。

（2）阶段分析法

阶段分析法是根据文献统计，确定某一学科所处的发展阶段，然后依据学科的成熟情况来选题。如果说同步选题法主要用来确定一个国家或研究部门的科研主攻方向，阶段分析法则更多地适用于选择具体的研究课题。经验表明，一门学科的发展大体上呈"S"形，即经过一个时期酝酿之后，进入指数增长阶段，然后按负数下降。这个过程一般要经历 4 个阶段，即学科诞生阶段、学科发展阶段、学科成熟阶段和学科相对饱和阶段。不同发展阶段，人们对所研究对象认识的深度是不同的，有待研究的主要内容及其相应的研究方法也不尽相同。所以，定选题时应该首先了解该学术领域的发展历史，明确该研究领域目前所处的发展阶段，然后根据各阶段的不同特点选择、确定研究课题。学科诞生阶段，选题的主要思路是抓苗头，即抓新发现、新现象和新理论；学科发展阶段，选题的工作特点是以实验研究为主，重点应放在选择实验性的课题上；学科成熟阶段，选题的重点应为进一步丰富理论，并为验证理论进行必要的实验或实证研究；学科相对饱和阶段，以探索发展规律为目的的研究成果越来越少，选题要更加注重应用研究和发展研究。

（3）交叉选择法

当前各学科领域都在向着高精尖方向发展，学科之间的差异越来越大，学科之间的空隙也变得越来越明显，然而恰恰在这种差异和空隙之中堆积的许多边缘性问题可供我们作为选题。人类社会的许多重大课题也面临着用单一学科难以解释和解决的问题，需要运用多学科的理论和方法才能加以应对。所以，当代科学研究已经悄然进入了一个学科交叉和协同创新的新时代，提倡多学科交叉和协同创新，在多学科边缘交界地带寻找研究方向，是学术论文选题的重要方法。多学科交叉选题，可以将一个学科的研究思路及方法带到另一个学科领域中，为研究注入新的活力，碰撞出新的思想火花。

（4）机遇线索法

科学发展史告诉我们，许多重大的科研成果往往出现在研究者长期投入精力钻研某一问题时，突然灵光一现，在偶然中发现意想不到的现象和问题，科学研究往往在必然性中存在着许多偶然性。所以，当研究课题遇到困难、停滞不前的时候，不妨回头仔细审视遇到的问题与细节，或许在问题细节处就会发现更广阔、更有价值的研究方向。当灵感来袭时，研究者应该不失时机地抓住这一闪念的灵感，对灵感进行及时捕捉记录，并加以思考整理，使之更加丰满，对其展开深入研究，是极有可能形成比较有价值的研究课题的。"机会通常是给有准备的人的"，在研究过程中的"有准备"不仅是机遇和灵感出现之前的艰苦探索，还是灵感孕育的基础和前提，甚至包括在灵感闪现时能及时抓住它、有效利用它、发展充实它。

3. 选题的常见问题

在学术论文的选题过程中，经常会遇到下面的问题，这些问题如果处理不好，则可能会使课题难以开展或者最终的论文质量不高。

（1）没有收集大量文献资料，盲目选题

大量文献资料的收集整理和阅读掌握是科学选题的前提，更是学术论文写作的基础。没有文献资料，或者文献资料收集不全面，就不能全面了解课题的发展历史、现状与趋势，也就难以发现新的研究视角与研究问题。没有现实意义地盲目选题，是无法写出高质量的学术论文的。当然，收集大量文献资料只是选题的开端，在掌握充足资料后，研究者还应该去粗取精、去伪存真、由此及彼、由表及里、由感性认识上升到理性认识，在大量的文献资料阅读中，找到自己感兴趣且有价值的课题去开展研究。

（2）选题陈旧，难以反映时代和科技的发展

选题成功与否很大程度上在于该选题是否能推陈出新，选题的创新主要体现在能寻求新思路、新技术、新结论。但在实际研究中，由于受知识的局限性、信息的滞后性与设备的落后性等因素影响，研究者的选题常常不够创新，难以反映时代和科技的发展。

（3）忽视现实条件，选题过大、过难

学术论文的选题切忌过大、过难，应与自己的知识结构、能力水平、技术专长等相符合，题目选择要大小适度、难易适中。许多研究者在选择学术论文题目时，往往为了获得更高的学术成绩，一味选择一些学术价值较高、难度较大、范围较广的题目，这种勇于探索和敢于挑战的精神是值得肯定的。但是如果选题超过了自己的学术能力及开展研究的软硬件条件，一旦选题，有可能中途陷入窘境，很难顺利地开展后续研究或论文写作。因此，学术论文选题切忌过大过难，研究者应充分考虑自己的能力水平、研究时间限制、客观条件等因素，选择难易适中的选题。

8.1.3 学术论文的材料收集

论文的基础在于研究，研究的基础是材料。材料可以提供某项科研项目的信息，了解研究工作的起点和终点。例如帮助我们弄清某一研究课题在国内外是否有人研究过？进行得如何？取得了哪些进展？达到了怎样的水平？存在哪些问题？对这项课题是否有再研究的必要？材料不仅是研究的对象和依据，而且从作者最初产生研究、写作的动机一直到执笔写作，始终处在活跃的位置，起着重要的作用。材料收集不仅是科学研究的第一步，而且在整个过程中，即从选题、制订方案、进行试验，到理论分析、撰写论文，再到研究成果的推广，都是非常重要的一个环节。可以说，一切科研和写作都是由材料收集开始的。

广泛收集和认真整理材料是写好学术论文的前提和基础。因为理论观点是从具体材料中分析归纳出来的，在文章中又是通过具体材料来论证和说明观点的。写学术论文不仅要大量收集和占有相关的二手材料，更要注意对原始材料的占有。收集材料的第一步是利用图书馆进行资料普查。了解本课题研究的发展历史和现状，对现阶段尚未解决的问题了然于心。这样才有可能选出独创性的好题目。一般来说，通过查阅本学科的有关目录索引和新近发表的文献资料就能掌握目前该课题的学术动态。下面介绍几种文献检索的方法。

（1）利用检索工具查找

可以先查找国内出版的中文检索工具，如《全国总书目》《全国中文期刊联合目录》《全国报刊索引》《报刊文摘》《人大复印报刊资料》等。然后查阅外文检索工具，如美国的《化学文摘》《生物学文摘》，英国的《科学文摘》等。这些杂志大都进行了分类，并附有分类索引、作者索引和主题词索引。找到所需的文献后，可随手将文摘摘录下来，以作为研究材料的基础。

（2）追溯收集

即从原文列出的参考文献追溯查找。一般参考文献中的原文结尾，都附有新的参考文献目录，这样可视需要一直追溯下去，从而获得足够的文献资料。利用这些资料时，特别要注意综述性的文献资料，因为这些资料已对某一问题进行了一定的归纳整理，这样可以节约查找、阅读原始文献的时间。

（3）掌握核心期刊，收集重点材料

核心期刊是某学科的主要期刊，一般是指所含专业情报信息量大、质量高，能够代表专业学科发展水平并受到本学科读者重视的专业期刊。有关研究发现，在文献情报源的实际分布中，存在着"核心期刊效应"，即世界上某一专业的大量科学论文，集中在少量的科学期刊中。因此，在文献情

报量激增的时代，核心期刊效应普遍引起了人们的重视。通过对核心期刊的掌握，可以收集到我们所需的重要资料。

（4）计算机检索

利用电子计算机代替人工进行的信息检索。计算机检索是 20 世纪 60 年代以后发展起来的，具有查找速度快、查准率和查全率高等优点，是目前最简便、最有效的一种检索方法。

（5）文献传递

将用户所需的文献复制品以有效的方式和合理的费用，直接或间接传递给用户的一种非返还式的文献提供服务，它具有快速、高效、简便的特点。现代意义的文献传递是在信息技术的支撑下从馆际互借发展而来，但又优于馆际互借的一种服务。如果师生读者在学校图书馆现有的资源（纸质资源和电子资源）中找不到所需的原文文献（主要为论文），就可以到图书馆申请开展文献传递服务。

8.2　学术论文的构成

学术论文一般由摘要、关键词、引言、正文、结论和参考文献构成。

8.2.1　摘要和关键词

1. 摘要

论文一般应有摘要，有时为了方便国际交流，还提供外文（多用英文）摘要。摘要又称概要、内容提要，是以提供文献内容梗概为目的，不加评论和补充解释，简明、确切地记述文献重要内容的短文。具体地讲就是研究工作的主要对象和范围，采用的手段和方法，得出的结果和重要的结论，有时也包括具有情报价值的其他的重要信息。

中文摘要一般不宜超过 300 字，外文摘要不宜超过 250 个实词。摘要中一般不用图、表、化学结构式、非公知公用的符号和术语。摘要可用另页置于题名页（页上无正文）之前，学术论文的摘要一般置于题名和作者之后，论文正文之前，与关键字分别置于上下。摘要的作用是不阅读论文全文即能获得必要的信息。摘要应包含以下内容：从事这一研究的目的和重要性；研究的主要内容，指明完成了哪些工作；获得的基本结论和研究成果，突出论文的新见解；结论或结果的意义。论文摘要虽然要反映以上内容，但文字必须十分简练，内容亦需充分概括。

论文摘要不要列举例证，不讲研究过程，不用图表，不给出化学结构式，也不要作自我评价。撰写论文摘要的常见问题：一是照搬论文正文中的小标题（目录）或论文结论部分的文字；二是内容不浓缩、不概括，文字篇幅过长。摘要写作的注意事项如下。

（1）摘要中应排除本学科领域已成为常识的内容；切忌把应在引言中出现的内容写入摘要；一般也不要对论文内容作诠释和评论，尤其是自我评价。

（2）不得简单重复题名中已有的信息。例如一篇文章的题名是《关于中国姓氏的研究》，摘要的开头就不要再写"为了……，对中国姓氏进行了研究"。

（3）结构严谨，表达简明，语义确切。摘要先写什么，后写什么，要按逻辑顺序来安排。句子之间要上下连贯，互相呼应。摘要慎用长句，句型应力求简单。每句话要表意明白，无空泛、笼统、含混之词，摘要不分段。

（4）摘要中使用第三人称。建议采用"对……进行了研究""报告了……现状""进行了……调查"等记述方法标明一次文献的性质和文献主题，不必使用"本文""作者"等作为主语。

（5）要使用规范化的名词术语，不用非公知公用的符号和术语。新术语或尚无合适中文术语的，可用原文或译出后加括号注明原文。

（6）除了实在无法变通以外，一般不用数学公式和化学结构式，不出现插图、表格。

（7）不用引文，除非该文献证实或否定了他人已出版的著作。

（8）缩略语、略称、代号，除了相邻专业的读者也能清楚理解的以外，在首次出现时必须加以说明。

2. 关键词

关键词源于英文"keywords"，特指单个媒体在制作使用索引时，所用到的词汇。关键词是用于表达文献主题内容，不仅用于科技论文，还用于科技报告和学术论文。在选取关键词时，一定要对所选的词或词组进行界定。关键词是将论文中起关键作用的、最能说明问题的、代表论文内容特征或最有意义的词选出来，列在摘要部分之后，便于情报信息检索系统存入该信息，以供计算机检索的需要，也有助于读者掌握本文的主旨。一般情况下，每篇论文选取3~5个词作为关键词。选择关键词既可以从论文的各级标题入手，也可以从论文本身的内容选取。

关键词用逗号分隔，最后一个词不要写标点符号。为了国际交流，应标注与中文对应的英文关键词。不能使用过于宽泛的词语，可参照《汉语主题词表》。

8.2.2 引言

引言是论文的开头部分，主要说明论文写作的目的、现实意义、对所研究问题的认识，并提出论文的中心论点等。引言是为论文的写作立题，目的是引出下文。一篇论文只有"命题"成立，才有必要继续写下去，否则论文的写作就失去了意义。一般的引言包括两层意思：一是"立题"的背景，说明论文选题在本学科领域的地位、作用以及目前研究的现状，特别是研究中存在的或没有解决的问题；二是针对现有研究的状况，确立本文拟要解决的问题，从而引出下文。

1. 引言的写作方法

（1）开门见山，不绕圈子。避免大篇幅地讲述历史渊源和立题的过程。

（2）言简意赅，突出重点。不应过多叙述同行熟知的或教科书中的常识性内容，确有必要提及他人的研究成果和基本原理时，只需以参考引文的形式标出即可。在引言中提到本文的工作和观点时，意思应明确，语言应简练。

（3）回顾历史要有重点，内容要紧扣文章标题，围绕标题介绍背景，用几句话概括即可；在提示所用的方法时，不要求写出方法、结果，不要展开讨论；虽可适当引用过去的文献内容，但不要长篇罗列，不能把引言写成该研究的历史发展；不要把引言写成文献小综述。

（4）尊重科学，实事求是。在引言中，评价论文的价值要恰如其分、实事求是，用词要科学，对本文的创新性最好不要使用"本研究国内首创、首次报道""填补了国内空白""有很高的学术价值"等不适当的自我评语。

（5）引言的内容不应与摘要雷同，注意不要使用客套话，如"恳请指正""抛砖引玉"之类的语言；引言最好不分段论述，不要插图、列表，不进行公式的推导与证明。

2. 引言的写作要点

（1）说明论文的主题、范围和目的。

（2）说明本研究的起因、背景及相关领域简要历史回顾。

（3）预期结果或本研究意义。

（4）引言一般不分段，长短视论文内容而定，涉及基础研究的论文引言较长，国外大多论文引言较长，一般在千字左右，这可能与国外多数期刊严格限制论文字数有关。

8.2.3　正文

论文的正文是核心部分，占主要篇幅，可以包括：调查对象、实验和观测方法、仪器设备、材料原料、实验和观测结果、计算方法和编程原理、数据资料、经过加工整理的图表、形成的论点和导出的结论等。由于研究工作涉及的学科、选题、研究方法、工作进程、结果表达方式等有很大的差异，对正文内容不能作统一的规定。但是，正文必须实事求是，客观真切，准确完备，合乎逻辑，层次分明，简练可读。

学术论文引言是提出问题，正文则是分析问题和解决问题。这部分是作者研究成果的学术性和创造性的集中体现，它决定着论文写作的成败和学术、技术水平的高低。正文的论述方式一般可以有两种形式：一种是将科学研究的全过程作为一个整体，对有关各方面作综合性的论述；另一种是将科学研究的全过程按研究内容的实际情况划分几个阶段，再对各个阶段的成果依次进行论述。一般的正文部分都应该包括研究的对象、方法、结果和讨论几个部分。

试验与观察、数据处理与分析、实验研究结果的得出是正文的主要部分，应该给予详细论述。要尊重事实，在资料的取舍上不应有作者主观成分，也不能忽视偶发性现象和数据。论文不必要讲求辞藻华丽，但要求思路清晰、合乎逻辑，用语简明准确、明快流畅。内容务求客观、科学、完备，应尽量利用事实和数据说话。凡是用简要语言能够讲述清楚的内容，应用文字陈述；用文字不容易说明白或说起来比较费劲的，可用图或表来说明。图或表要具有自明性，即图或表本身给出的信息就能够表达清楚要说明的问题。图和表要精心选择和设计，删除可有可无的或重复表达同一内容的图和表。正文中引用的资料，尤其是引用他人的成果时应注明出处。正文切忌用教科书式的方法进行撰写，对已有的知识避免重复论证和描述，尽量采用标注参考文献的方法，对用到的数学辅助手段，应防止过分注意细节的数学推演，必要时可采用附录的形式供读者选阅。正文撰写中涉及量和单位、插图、表格、数学公式、化学式、数字用法、语言文字和标点符号、参考文献等，都应符合有关国家标准的要求。

8.2.4　结论

《科学技术报告、学位论文和学术论文的编写格式》（GB 7713—1987）中规定："论文的结论是最终的、总体的结论，不是正文中各段的小结的简单重复。结论应该准确、完整、明确、精练。"标准中还指出："结论是科技论文主体的必要组成部分，只是在特殊情况下，如果不可能导出应有的结论，也可以没有结论而进行必要的讨论。"所以，"讨论"与"结论"的定义、含义和基本内容是不同的，在学术论文中不能以"讨论"代替"结论"。

参照国家标准规定，学术论文主体部分（正文）中必须有"结论"项，尤其论文的"摘要"中有"结论"者，其正文主体部分中必须有"结论"项。即任何一篇学术论文，均应以"结论"项结尾，而不是以"讨论"项结尾，除非论文没有导出应有的"结论"，方可以"讨论"结尾。作者撰写论文"结论"时，应使用极精练的语言，明确表述本研究的新理论、新观点、新发现、新认识、新结果，或本研究的理论意义与指导、应用价值或建议与展望；若有多项结论，可分条列序编写。

1. 结论包含的内容

论文的结论是在论证的基础上提出结论性的意见，作为文章的总概括，得出或重申自己的见解。写结论的目的是加强读者对全篇文章的印象，所以要简明扼要，精确有力。结论的位置一般写在文章的最后部分，但也有的文章因每层各段的意见已交代清楚，不需另作结论。结论既然不能简单重复研究结果，就必须对研究结果有进一步的认识。结论的内容应着重反映研究结果的理论价值、实用价值及其适用范围，并可提出建议或展望。也可指出有待进一步解决的关键性问题和今后研究的设想。因此，在结论中一般应阐述以下内容。

（1）研究结果说明了什么问题及所揭示的原理和规律（理论价值）。

（2）在实际应用上的意义和作用（实用价值）。

（3）与前人的研究成果进行比较，有哪些异同，做了哪些修正、补充和发展。

（4）本研究的遗留问题及建议和展望。

当然并不是所有的结论写作都要具备上述内容，作者可根据研究结果的具体情况而定，但第一点应是必不可少的。

2. 结论写作的类型

学术论文结论的写作虽然没有固定的格式。但根据结论写作内容的要求，以及对若干结论实例的比较分析，可以归纳出以下几种类型。

（1）分析综合。即对正文内容重点进行分析、进行概括，突出作者的观点。

（2）预示展望。即在正文论证的理论、观点基础上，对其理论、观点的价值、意义、作用推导至未来，预见其生命力。

（3）事实对比。即对正文阐述的理论、观点，最后以事实做比较形成结论。

（4）解释说明。即对正文阐述的理论、观点做进一步说明，使作者阐发的理论、观点更加明朗。

（5）提出问题。即在对正文论证的理论、观点进行分析的基础上。提出与本研究结果有关的，有待于进一步解决的关键性问题。

3. 结论语言的要求

（1）学术论文结论的语言应严谨、精练、准确、逻辑性强。凡归纳一个认识，肯定或否定一个观点都要有根据，不能模棱两可、含糊其词，也不能用"大概""或许""可能是"等词语。使用这些词语会令读者对研究结果的真实性和科学性产生疑虑。

（2）结论应条理分明，内容较多的论文，其结论可以按研究结果的重要性递次排列，或分项编号逐条列出。

4. 结论写作的注意事项

（1）避免用抽象和笼统的语言。一般不单用量的符号，而宜用量的名称，例如，不说"V 与 P 成正比关系"，而说"××速度与××肌力成正比关系"。

（2）结论不能写成对文中各段小结的简单重复。如果得出的结果的要点在正文没有明确给出，可在结论部分以简洁易懂的文字写出。

（3）不要轻易否定或批评别人的结论，也不必作自我评价，如用"本研究具有国际先进水平""本研究结果属国内首创""本研究结果填补了国内空白"等语句进行自我评价。成果到底属何种水平，读者自会评说，不必由论文作者把它写在结论里。

（4）不要出现"通过上述分析，得出如下结论"这样的行文。

8.2.5 参考文献

参考文献是在学术研究过程中，对某一著作或论文的整体的参考或借鉴。征引过的文献在注释中已注明，不再出现于文后参考文献中。

《信息与文献 参考文献著录规则》（GB/T 7714—2015）规定了各个学科、各种类型信息资源的参考文献的著录项目、著录顺序、著录用符号、著录用文字、各个著录项目的著录方法以及参考文献在正文中的标注法。标准适用于著者和编辑著录参考文献，而不是供图书馆员、文献目录编制者以及索引编辑者使用的文献著录规则。

1. 参考文献的书写格式

（1）采用顺序编码制的具体编排方式。参考文献按照其在正文中出现的先后以阿拉伯数字连续编码，序号置于方括号内。一种文献被反复引用者，在正文中用同一序号标示。一般来说，引用一次的文献的页码（或页码范围）在文后参考文献中列出。格式为著作的"出版年"或期刊的"年，卷（期）"等和"：页码（或页码范围）"。多次引用的文献，每处的页码或页码范围（有的刊物也将能指示引用文献位置的信息视为页码）分别列于每处参考文献的序号标注处，置于方括号后（仅列数字，不加"p"或"页"等前后文字、字符；页码范围中间的连线为半字线）并作上标。作为正文出现的参考文献序号后需加页码或页码范围的，该页码或页码范围也要作上标。作者和编辑需要仔细核对顺序编码制下的参考文献序号，做到序号与其所指示的文献同文后参考文献列表一致。另外，参考文献页码或页码范围也要准确无误。

（2）参考文献类型，以单字母方式标识。文献类型和标识代码如表 8.1 所示。

表 8.1   文献类型和标识代码

参考文献类型	文献类型标识代码
普通图书	M
会议录	C
汇编	G
报纸	N
期刊	J
学位论文	D
报告	R
标准	S
专利	P
数据库	DB
计算机程序	CP
电子公告	EB
档案	A
舆图	CM
数据集	DS
其他	Z

电子资源载体类型和标识代码如表 8.2 所示。

表8.2   电子资源载体类型和标识代码

电子资源的载体类型	载体类型标识代码
磁带（Magnetic Tape）	MT
磁盘（Disk）	DK
光盘（CD-ROM）	CD
联机网络（Online）	OL

2. 主要文献类型的著录格式

（1）普通图书

著录格式：[序号]主要责任者. 题名：其他题名信息[M]. 其他责任者. 版本项. 出版地：出版者，出版年：引文页码[引用日期]. 获取和访问路径（电子资源必备）. 数字对象唯一标识符（电子资源必备）。

示例：[1]韦鹏程，肖丽，邹晓兵. Java程序设计[M]. 成都：电子科技大学出版社. 2017.

（2）期刊文章

著录格式：[序号]主要责任者. 题名：其他题名信息[J]. 期刊名，年，卷（期）：页码[引用日期]. 获取和访问路径（电子资源必备）. 数字对象唯一标识符（电子资源必备）.

示例：[1]周徐磊. 工资管理系统设计[J]. 数码世界. 2017，(6)：36-37.

（3）论文集、会议录

著录格式：[序号]主要责任者. 题名：其他题名信息[C]. 出版地：出版者，出版年[引用日期]. 获取和访问路径（电子资源必备）. 数字对象唯一标识符（电子资源必备）.

示例：[1] 饶卫振，金淳，刘锋，杨磊. 动态车辆路径问题的模型及快速两阶段算法研究[A]. 中国系统工程学会. 中国系统工程学会第十八届学术年会论文集——A03系统科学理论研究创新[C]. 中国系统工程学会：中国系统工程学会，2014：6.

（4）报纸文章

著录格式：[序号]主要责任者. 题名：其他题名信息[N]. 报纸名，出版日期（版面数）[引用日期]. 获取和访问路径（电子资源必备）. 数字对象唯一标识符（电子资源必备）.

示例：[1]湖南日报记者 易禹琳 通讯员 蒋志平. 人工智能，将重构教育生态[N]. 湖南日报，2019-11-07(014).

（5）电子文献

著录格式：[序号]主要责任者. 题名：其他题名信息[EB/OL]. 出版地：出版者，出版年：引文页码[引用日期]. 获取和访问路径（电子资源必备）. 数字对象唯一标识符（电子资源必备）.

示例：[1]HOPKINSON A.UNIMARC and metadata:Dublin core[EB/OL].(2009-04-22)[2013-03-27].http://archive.ifla.org/IV/ifla64/138-161e.html.

（6）学位论文

著录格式：[序号]主要责任者. 题名[D]. 大学所在城市：大学名称，出版年[引用日期]. 获取和访问路径（电子资源必备）. 数字对象唯一标识符（电子资源必备）.

示例：[1]张保富. 综合征管数据监控系统的设计与开发[D]. 长春：吉林大学，2012.

（7）专利文献

著录格式：[序号]专利申请者或所有者. 专利题名：专利号[P]. 公告日期或公开日期[引用日期]. 获取和访问路径（电子资源必备）. 数字对象唯一标识符（电子资源必备）.

示例：[1]单志翔. 儿童羽绒服：CN305410463S, [P]. 浙江省 2019-11-01.

8.3 学术论文的编写

8.3.1 学术论文写作规范

学术论文是以文字材料为表现形式的科研产品，是科研工作者脑力劳动的成果。一篇好的学术论文，不但要有独到的学术见解、科学的分析论证，还应有严谨的论文结构、清晰的段落层次，同时还不能忽视语言的通顺、用词的准确。学术论文写作规范主要概括为三个方面。

（1）学术论文应该观点明确、论证严密，内容与形式要统一，主题鲜明、结果严谨、条理清楚、文字通畅。

（2）学术论文的格式要符合要求。国内不同的刊物对论文的格式要求不是统一的，有的刊物执行国家标准，也有执行自定标准的。论文中一般要包含以下项目：题名、作者姓名及工作单位、摘要、关键词、中图分类号、正文、参考文献、作者简介，以及英文题名、英文摘要和英文关键词等，基金资助项目论文应对有关项目信息加以注明。

（3）参考文献的著录要符合要求。我国在 1987 年、2005 年就颁布了国家标准《文后参考文献著录规则》，对学术论文的参考文献的著录做了明确规定。2015 年，修订后的《信息与文献参考文献著录规则》（GB/T 7714—2015）开始实施。学术论文的作者在文后著录参考文献时，要自觉执行相关的标准。

8.3.2 学术论文的标点符号

标点符号是书面上用于标明句读和语气的符号。标点符号是书面语言的有机组成部分，是书面语言不可缺少的辅助工具，它可以帮助人们确切地表达思想感情和理解书面语言。句子前后都有停顿，并带有一定的句调，表示相对完整的意义。句子前后或中间的停顿，在口头语言中，表现出来就是时间间隔，在书面语言中，就用标点符号来表示。

标点符号对于一篇论文来说，绝非可有可无、无关紧要的。它可以帮助读者分清句子结构，准确了解文意。在我国古代文书中，一般是不加标点符号的，而是通过语感、语气助词、语法结构等进行断句，这样会使句子出现歧义、造成对文章字句的误解。例如，清代诗人赵恬养《增订解人颐新集》中"下雨天留客天留我不留"一句就有 7 种解释方法。

根据我国 1990 年 3 月修订发布的《标点符号用法》，现行标点符号如表 8.3 所示。

表 8.3   现行标点符号

序号	中文名称	符号	用 途
1	句号	。	（1）用于句子末尾，表示陈述语气。 （2）图或表的短语式说明文字，中间可用逗号，但末尾不用句号。即使有时说明文字较长，前面的语段已出现句号，最后结尾处仍不用句号
2	问号	？	（1）句末问号，表示句子的疑问语气。 （2）使用问号应以句子表示疑问语气为依据，而非句中含有疑问词。当含有疑问词的语段充当某种句子成分，而句子并不表示疑问语气时，句末不用问号
3	叹号	！	句末感叹号，主要表示句子的感叹语气

序号	中文名称	符号	用　途
4	逗号	,	（1）句内逗号，表示句子或语段内部的一般性停顿。 （2）用顿号表示较长、较多或较复杂的并列成分之间的停顿时，最后一个成分前可用"以及"或"及"进行连接，"以及"或"及"之前应用逗号
5	顿号	、	（1）句内顿号，表示语段中并列词语之间或某些序次语之后的停顿。 （2）表示含有顺序关系的并列各项间的停顿，用顿号，不用逗号。下例解释"对于"一词用法，"人""事物""行为"之间有顺序关系（即人和人、人和事物、人和行为、事物和事物、事物和行为、行为和行为六种关系），各项之间应用顿号。 （3）用阿拉伯数字表示年月日的简写形式时，用短横线连接号，不用顿号
6	分号	;	（1）句内分号，表示复句内部并列关系分句之间的停顿，以及非并列关系的多重复句中第一层分句之间的停顿。 （2）分项列举的各项有一项或多项已包含句号时，各项的末尾不能再用分号
7	冒号	:	（1）句内冒号，表示语段中提示下文或总结上文的停顿。 （2）冒号用在提示性话语之后引起下文。表面上类似但实际不是提示性话语的，其后用逗号。 （3）冒号提示范围无论大小（一句话、几句话甚至几段话），都应与提示性话语保持一致（即在该范围的末尾要用句号点断）。应避免冒号涵盖范围过窄或过宽。 （4）冒号应用在有停顿处，无停顿处不应用冒号
8	引号	""	（1）引号，标示语段中直接引用的内容或需要特别指出的成分。 （2）"丛刊""文库""系列""书系"等作为系列著作的选题名，宜用引号标引。当"丛刊"等为选题名的一部分时，放在引号之内，反之则放在引号之外
9	括号	（ ）	（1）括号，标示语段中的注释内容、补充说明或其他特定意义的语句。 （2）括号可分为句内括号和句外括号。句内括号用于注释句子里的某些词语，即本身就是句子的一部分，应紧跟在被注释的词语之后。句外括号则用于注释句子、句群或段落，即本身结构独立，不属于前面的句子、句群或段落，应位于所注释语段的句末点号之后
10	破折号	——	破折号，标示语段中某些成分的注释、补充说明或语音、意义的变化
11	省略号	……	（1）省略号，标示语段中某些内容的省略及意义的断续等。 （2）不能用多于两个省略号（多于12点）连在一起表示省略。 （3）省略号和"等""等等""什么的"等词语不能同时使用。在需要读出来的地方用"等""等等""什么的"等词语时，不用省略号
12	着重号	.	（1）着重号，标示语段中某些重要的或需要指明的文字。 （2）不应使用文字下加直线或波浪线等形式表示着重。文字下加直线为专名号形式；文字下加浪纹线是特殊书名号（　）。着重号的形式统一为相应项目下加小圆点
13	连接号	-、—、~	（1）连接号，标示某些相关联成分之间的连接。 （2）浪纹线、连接号用于标示数值范围时，在不引起歧义的情况下，前一数值附加符号或计量单位可省略
14	间隔号	·	（1）间隔号，标示某些相关联成分之间的分界。 （2）当并列短语构成的标题中已用间隔号隔开时，不应再用"和"类连词
15	书名号	《》	（1）书名号，标示语段中出现的各种作品的名称。 （2）不能视为作品的课程、课题、奖品、奖状、商标、组织机构、会议、活动等名称，不应用书名号。 （3）有的名称应根据指代意义的不同确定是否用书名号。 （4）书名后面表示该作品所属类别的普通名词不标在书名号内。 （5）书名有时带有括注。如果括注是书名、篇名等的一部分，应放在书名号之内，反之则应放在书名号之外。 （6）书名、篇名末尾如有叹号或问号，应放在书名号之内。 （7）在古籍或某些文史类著作中，为与专名号配合，书名号也可改用浪线式"＿"。这可以看作特殊的专名号或特殊的书名号

序号	中文名称	符号	用　途
16	专名号	—	专名号，标示古籍和某些文史类著作中出现的特定类专有名词。形式是一条直线，标注在相应文字的下方
17	分隔号	/	分隔号，标示诗行、节拍及某些相关文字的分隔

8.3.3　学术论文的修改与定稿

1. 论文修改的意义

修改是论文写作过程中不可或缺的重要步骤，是提高论文质量的有效环节。修改的过程其实就是去伪存真、去糟粕取精华，使论文不断"升华"的过程。反复修改是写作的一般规律，所谓"文章是改出来的"，在一定程度上道出了修改的真谛。那么，如何认识论文修改的重要意义呢？

（1）修改是对读者负责。论文是写给读者看的，是用来影响读者的，从对读者负责的角度来讲，也应当不断加以修改，奉献给读者的应该是优质的精神产品而绝非是粗糙的劣质产品。修改论文要处处为读者着想，要考虑论文从内容到形式是否对读者有用。一个作者如果对自己的论文不加修改，就随便拿出来发表，是一种不负责任的表现。老舍先生在《我怎样学习语言》一文中说得好，"我们须狠心地删，不厌烦地改！改了再改，毫不留情！对自己宽大便是对读者不负责。字要改，句要改，连标点都要改"。

（2）修改可以出佳作。"百炼成字，千炼成句"，好文章多是从千锤百炼中获得的。鲁迅先生的论文集《坟》的"题记"，只有 1000 多字，却改动了十多处；曹雪芹的《红楼梦》"披阅十载，增删五次"，"字字吟来都是血，十年辛苦不寻常"；欧阳修的《醉翁亭记》开头"环滁皆山也"五字，就是从"滁州四面有山"等数十字中提炼出来的。修改不仅仅产生文学佳作，优秀的科学论文同样出自反复修改。陈景润摘取数学王冠明珠的著名论文《大偶数为一个素数及一个不超过两个素数乘积之和》也是经过反复修改、大加删减之后才发表的。总之，修改可使论文的思想内容不断升华，修改也使论文的表达形式更趋完美，从某种意义上来讲，好论文是改出来的。

（3）修改可以提高写作水平。修改是一项艰苦的脑力劳动，也是一种实际有效的写作锻炼，论文的每一次修改都是作者对客观事物的进一步认识，又是写作经验的又一次总结，作者在修改论文的实践中发现问题，加以修正，就能吸取教训，获得经验，领悟出写好论文的道理，从而提高写作水平。

由于每个人知识、阅历、语言表达能力等具体情况不同，修改论文的程度与方法也各异。有人初稿写出后很少改动，有的人则改动很多；有人习惯于把所思所想统统写下来再行修改，有的人则先在头脑中细细揣摩，打好腹稿，不到十分把握决不轻易动笔。尽管各人情况不同，修改有多有少，但修改这一道工序是必不可少的。

2. 论文修改的方法

（1）立足全篇，大处着眼。通常，人们在评论一篇论文时，总是先从大处着眼，我们在修改时，也不妨先从全局出发，从大的方面入手，通盘考虑各部分内容及其表达方式，对于大大小小的修改，都要从是否有利于更正确、更有力地表现论文的论点去衡量。具体修改时，应先考虑中心论点和分论点是否已准确、鲜明地表达出来，有无模糊之处；材料是否充实、妥当，有无说服力；布局是否合理、严谨；然后看细小之处，逐段、逐句、逐字推敲。因为，局部的这些材料都是从属于整体的，它们的存在与表现形式应该服从于整体的需要，如果只立足于修改这些局部的工作，难免会犯"捡了芝麻丢西瓜"这样因小失大的错误。老舍先生以切身的教训告诫我们，"我进行修改的时候，多半注意细节的对与不对，而很少涉及思想根据，于是改来改去，并没有挑出那些琐碎事实，只是使作品的记录性更强一些，而无关宏旨。这种零碎的修改，可能越改越坏"。

（2）严修细改，精益求精。众所周知，人的认识难于一次完成，所以反映人们思想认识的文章自然也难于一次达到完善的程度，那么对论文的严修细改自然就在所难免。因为，对论文内容上的严修，是为了使思想认识能够更准确地反映客观现实，即"意"与"物"更相称；文字方面的细改，是为了使表现形式能够更准确地反映出作者的思想认识，即"言"与"物"无限贴近。"一字究岁月，十年成一赋""一诗千改始心安""为求一字稳，耐得半宵寒""百炼成字，千炼成句"，这些都是前人留传给我们的宝贵的精神财富，也是一种严谨的治学精神。我们理当对自己的论文严修细改，精益求精，以达到"意"与"物"及"言"与"意"之间的相对平衡和无限接近。

（3）集中优势，集体修改。即多人合作，各以所长分别加以修改。集体修改便于发挥各自的长处，集中集体的优势，写出高水平的论文，也能使读者在阅读过程中获得多方面的教益。

修改论文的方法有多种，孰优孰劣难以界定，每个论文作者也各有偏爱，具体修改时，还要根据作者的习惯及论文写作的具体情况而选定。当然，无论采用哪种方法，我们的最终目的都是为了将论文修改得更好。

3. 论文的定稿

论文经过多次修改以后，并请有关的专家或教师审阅，就可以定稿了。论文定稿要符合以下要求：要注意行款格式的规范，行文中条目清晰，要正确使用标点符号；引文转行时，所有的逗号、引号、句号、括号、冒号及书名号的后一部分，都不能用在一行的开头，如有这种情况，都要写在一行的末尾；省略号、破折号不可分写在两行；有关注释要统一；如需装订封面、封底，都要按统一规格装订。

8.3.4　学术论文的排版

本节将以毕业论文排版为例，详细介绍 Word 软件中长文档的排版方法和技巧，其中包括应用样式、添加目录、添加页眉页脚、插入域等内容。毕业论文不仅文档长，而且格式多，处理起来比普通文档更复杂，如为章节和正文等快速设置相应的格式、自动生成目录、为奇偶页添加不同的页眉、让页眉随文档标题而改变等。

1. 相关概念

（1）样式

样式就是一组已经命名的字符格式或段落格式。样式的方便之处在于可以把它应用于一个段落或者选定的字符中，按照样式定义的格式，能批量地完成段落或字符格式的设置。样式分为内置样式和自定义样式。

（2）目录

目录通常是长文档不可缺少的部分，有了目录，用户就能很容易地了解文档的结构内容，并快速定位需要查询的内容。目录由左侧的目录标题和右侧标题所对应的页码组成。

（3）节

节就是 Word 软件中用来划分文档的一种方式，之所以引入"节"的概念，是为了实现在同一文档中设置不同的页面格式，如不同的页眉页脚、不同的页码、不同的页边距、不同的页面边框、不同的分栏等。建立新文档时，Word 将整篇文档视为一节，此时，整篇文档只能采用统一的页面格式。为了在同一文档中设置不同的页面格式，我们就必须将文档划分为若干节。节可小至一个段落，也可大至整篇文档。节用分节符标识，在普通视图中分节符是两条横向的平行虚线。

（4）页眉和页脚

页眉和页脚是页面的两个特殊区域，位于文档每个页面边距（页边距：页面上打印区域之外的空白空间）的顶部和底部区域。通常诸如文档标题、页码、公司徽标、作者名等信息需打印在文档的页眉或页脚上。

（5）页码

页码用来表示每页在文档中的顺序。Word 可以快速地给文档添加页码，并且页码会随文档内容的增删而自动更新。

（6）Word 域

Word 域是一种特殊的代码，用来指示 Word 在文档中插入某些特定的内容或自动完成某些复杂的功能。例如，使用域可以将日期和时间插入 Word 文档中，并使 Word 自动更新日期和时间。域最大的优点是可以根据文档的改动或其他有关因素的变化而自动更新。例如，生成目录后，目录中的页码会随着页面的增减而产生变化，可以通过更新域来自动修改页码。因而使用域不仅可以方便地完成许多工作，更重要的是能够保证得到正确的结果。

2. 论文排版操作过程

（1）排版要求

① 页面设置与属性设置。

② 对章节、正文等所用到的样式进行定义。

③ 将定义好的各种样式分别应用于论文的各级标题及正文。

④ 利用具有大纲级别的标题为毕业论文添加目录。

⑤ 利用插入域的方法设置页眉和页脚。

⑥ 边浏览边修改，直到满意为止。

（2）操作步骤

① 页面和属性的设置此处不再赘述。

② 选择全文的每一章名称，选择"开始"选项卡，在"样式"功能区中单击"标题 1"，使用同样的操作步骤，将全文中每一节的名称设置为"标题 2"，每一小节的名称设置为"标题 3"。再根据论文排版格式的要求，修改标题的格式。

③ 在论文的封面页最后一行插入"分页符"，选择"页面布局"，在"页面设置"选项卡中单击"分隔符-分页符"。

④ 在新插入的一页中插入目录，选择"引用"选项卡，在"目录"选项卡中单击"目录-插入目录"。

⑤ 设置不同的页眉页脚，因为目录页的页码是用罗马数字，正文的页码是用阿拉伯数字，目录页没有页眉，正文页的页眉是"毕业论文 章名"样式，为实现不同的页眉页脚设置，可在目录页后面插入分节符。

⑥ 在页眉中实现插入章名的方法是，在页眉插入处选择"插入"选项卡，单击"文本"功能区

中的"文档部件-域-StyleRef-标题 1"。

⑦ 根据毕业论文的具体要求再对图表及正文、目录等进行细致排版。

排版前论文部分的页面截图如图 8.1 所示。

图 8.1　排版前论文部分的页面截图

排版后论文部分的页面截图如图 8.2 所示。

图 8.2　排版后论文部分的页面截图

8.4 学术论文的答辩

本节将以大学中最常见的毕业论文答辩为例详细讲解学术论文答辩的主要内容。

8.4.1 论文答辩的意义

毕业论文答辩是一种有组织、有准备、有计划、有鉴定的比较正规的审查论文的重要形式。为了搞好毕业论文答辩，在举行答辩会前，校方、答辩委员会、答辩者（撰写毕业论文的作者）三方都要做好充分的准备。

论文答辩的目的，对于组织者（校方）和答辩者（论文作者）是不同的。校方组织论文答辩的目的简单来说是为了进一步审查论文，即进一步考查和验证论文作者对所著论文的认识程度和当场论证论题的能力；进一步考察论文作者对专业知识掌握的深度和广度；审查论文是否由学生自己独立完成等情况。

（1）进一步考查和验证毕业论文作者对所著论文的认识程度，当场论证论题的能力是高等学校组织毕业论文答辩的目的之一。一般来说，从学生所提交的论文中，已能大致反映出各个学生对自己所写论文的认识程度和论证论题的能力。但由于种种原因，有些问题没有充分展开细说，有的可能是限于全局结构不便展开，有的可能是受篇幅所限不能展开，有的可能是作者认为这个问题不重要，或者以为没有必要展开详细说明的；有的很可能是作者说不下去或者说不清楚而故意回避了的薄弱环节，有的还可能是作者自己根本就没有认识到的不足之处等。通过对这些问题的提问和答辩，就可以进一步弄清作者是由于哪种情况而没有展开深入分析的，从而了解学生对自己所写的论文的认识程度、理解深度和当场论证论题的能力。

（2）进一步考察毕业论文作者对专业知识掌握的深度和广度，是组织毕业论文答辩所要达到的目的之二。通过论文，虽然也可以看出学生已掌握知识面的深度和广度。但是，撰写毕业论文的主要目的不是考查学生掌握知识的深广度，而是考查学生综合运用所学知识独立地分析问题和解决问题的能力，培养和锻炼进行科学研究的能力。学生在写作论文中所运用的知识有的已确实掌握，能融会贯通的运用；有的可能是一知半解，并没有转化为自己的知识；还有的可能是从别人的文章中生搬硬套过来，其基本含义都没搞清楚。在答辩会上，答辩小组成员把论文中有阐述不清楚、不详细、不完备、不确切、不完善之处提出来，让作者当场做出回答，从而就可以检查出作者对所论述的问题是否有深广的知识基础、创造性见解和充分扎实的理由。

（3）审查毕业论文是否学生独立完成，即检验毕业论文的真实性，是进行毕业论文答辩的目的之三。撰写毕业论文，要求学生在教师的指导下独立完成，但它不像考试、考查那样，在老师严格监视下完成，而是在一个较长的时期（一般为一个学期）内完成，难免有少数不自觉的学生会投机取巧，采取各种手段作弊。指导教师固然要严格把关，可是在一个教师要指导多个学生的不同题目、不同范围论文的情况下作假舞弊，很难做到没有疏漏。而答辩小组或答辩委员会有三名以上教师组成，鉴别论文真假的能力就更强些，而且在答辩会上还可通过提问与答辩来暴露作弊者，从而保证毕业论文的质量。

对于答辩者（毕业论文作者）来说，答辩的目的是通过答辩、按时毕业并取得毕业证书。学生要顺利通过毕业论文答辩，就必须了解上述学校组织毕业论文答辩的目的，然后有针对性地做好准备，继续对论文中的有关问题进行推敲和研究，把论文中提到的基本资料查清楚，把有关的基本理论和文章的基本观点弄懂、弄通。

8.4.2　论文答辩的准备和流程

1. 论文答辩的准备

（1）校方的准备

答辩前的准备，对于校方来说，主要是做好答辩前的组织工作。这些组织工作主要有：审定学生参加毕业论文答辩的资格，组织答辩委员会，拟订毕业论文成绩标准，布置答辩会场等。

① 审查学生参加毕业论文答辩的资格。

凡是参加毕业论文答辩的学生，都要具备一定的条件。

- 必须是已修完高等学校规定的全部课程的应届毕业生，以及符合有关规定并经过校方批准同意的上一届学生。

- 学生所学课程必须是全部考试、考查及格；实行学分制的学校，学生必须获得学校准许毕业的学分。

- 学生所写的毕业论文必须经过导师指导，并有指导老师签署同意参加答辩的意见。

以上 3 个条件必须同时具备，缺一不可，只有同时具备了上述 3 个条件的大学生，才有资格参加毕业论文答辩。

② 组织答辩委员会或答辩小组。

毕业论文的答辩，必须成立答辩委员会或答辩小组。答辩委员会是审查和公正评价毕业论文、评定毕业论文成绩的重要组织保证。

答辩委员会由学校和学校委托下属有关部门统一组织。答辩委员会一般由 3~5 人组成，其中应有两人或两人以上具有高级或中级职称，从中确定一位学术水平较高的委员为主任委员，负责答辩委员会会议的召集工作。

③ 拟订毕业论文成绩标准。

毕业论文答辩以后，答辩委员会要根据毕业论文以及作者的答辩情况，评定论文成绩。为了使评分宽严适度，大体平衡，学校应事先制定一个共同遵循的评分原则或评分标准。

④ 布置答辩会场。

毕业论文答辩会场地的布置会影响论文答辩会的气氛和答辩者的情绪，进而影响答辩会的质量和效果。因此，学校应该重视答辩会场的设计和布置，尽量创造一个良好的答辩环境。

（2）学生的准备

答辩前的准备，最重要的是学生的准备。要保证论文答辩的质量和效果，关键在答辩者一边。论文作者要顺利通过答辩，在提交了论文之后，不要有松一口气的思想，而应抓紧时间积极准备论文答辩。那么，答辩者在答辩之前应该从哪些方面去准备呢？

① 要写好毕业论文的简介，主要内容应包括论文的题目，指导教师的姓名，选择该题目的动机，论文的主要论点、论据和写作体会、本议题的理论意义和实践意义。

② 要熟悉自己所写论文的全文，尤其是要熟悉主体部分和结论部分的内容，明确论文的基本观点和主论的基本依据；弄懂弄通论文中所使用的主要概念的确切含义，所运用的基本原理的主要内容；同时还要仔细审查、反复推敲文章中有无自相矛盾、谬误、片面或模糊不清的地方，有无与国家的政策方针相冲突之处等。如发现有上述问题，就要作好充分准备（如进行补充、修正、解说等）。只要认真设防，堵死一切漏洞，这样在答辩过程中，就可以做到心中有数、临阵不慌、沉着应战。

③ 要了解和掌握与自己所写论文相关联的知识和材料。如自己所研究的这个论题学术界的研究已经达到了什么程度，存在着哪些争议，有几种代表性观点，各有哪些代表性著作和文章，自己倾向哪种观点及理由；重要引文的出处和版本；论证材料的来源渠道等。这些方面的知识和材料都要在答辩前做到较好的了解和掌握。

④ 论文还有哪些应该涉及或解决，但因力所不及而未能接触的问题；还有哪些在论文中未涉及或涉及很少，而研究过程中确已接触到了并有一定的见解，只是由于觉得与论文表述的中心关联不大而没有写入等。

⑤ 对于优秀论文的作者来说，还要搞清楚哪些观点是继承或借鉴了他人的研究成果，哪些是自己的创新观点，这些新观点、新见解是怎么形成的。对上述内容，作者在答辩前都要做好准备工作，经过思考、整理，写成提纲，记在脑中，这样在答辩时就可以做到心中有数，从容作答。

在进行论文答辩前，学生要对自己的论文选题、方法、结论、相关文献非常熟悉，回答老师的问题有理有据，演示文稿要做得简洁、漂亮、得体。

答辩演示文稿框架一般由以下几部分组成。

① 概述。用概括的几句话说明即可，主要包括研究背景、研究意义、研究目标和解决的问题。

② 研究框架。说明研究的展开思路和论文的结构。

③ 研究综述。简要说明国内外相关研究成果，然后简要评述，引出自己的研究。

④ 研究方法和过程。介绍采用的研究方法、在哪里展开以及如何实施。

⑤ 主要结论。介绍自己的研究成果，要简明扼要、条理清晰，建议使用图表、数据来说明和论证研究成果。

⑥ 问题讨论。在研究过程中发现的有待进一步讨论和研究的问题。

⑦ 致谢。

演示文稿模板的选择有以下几个原则。

① 选用基础的配色方案。一是白底，可以选择黑字、红字和蓝字，如果觉得不够丰富，可以改变局部的底色。二是蓝底（深蓝色较好），可以选择白字或黄字，也可以选择浅黄和橘黄色文字，注意，深蓝色背景下不要使用暗红色文字。三是黑底，可以选择白字和黄字，也可以选择橘黄色文字。注意，无论用哪种颜色，一定要让文字和背景形成明显反差。

② 为幻灯片增加色彩。一是插入学校的图标，二是在标题和正文之间加一条线，三是适当增加一点花边。

制作答辩演示文稿要注意以下几个问题。

① 不能在一张幻灯片上堆砌大量的文字或数据，每页幻灯片的文字不宜超过 10 行，正文字号不宜小于 5 号；最好采用标题式，讲解时按照标题发挥，可以考虑将表格换成更为直观的统计图。

② 不能将每一张幻灯片的内容都填得满满的，要适当留出边缘。

③ 不要过于单调和过分花哨，幻灯片的生动体现在背景与文字的颜色搭配、图片与动画的适当应用等方面，要注意保持和谐。

④ 压缩和编辑图片，幻灯片中经常会用到插图，扫描和部分下载的是 BMP 等各种格式的图片，要使用 Photoshop 等软件压缩成 JPG 格式。在网上下载的图片往往需要修改，掌握 Photoshop 等软件的使用方法可以提高演示文稿的制作水平。

⑤ 统计图表的制作，一般的图表在 PowerPoint 中可以直接制作，需要标记标准差的直方图需要在 Excel 里进行编辑，复杂的统计图需要使用专业统计软件制作。

⑥ 插入多媒体和动画，掌握插入视频和动画的方法以及设置播放的技巧。

⑦ 其他文字与动画技巧，掌握制作闪烁的文字和图案，定义动画、定义幻灯片切换方式等技巧。

2. 论文答辩的流程

毕业论文答辩的流程一般包括自我介绍、答辩人陈述、提问与答辩、总结和致谢 5 个部分。

（1）自我介绍

自我介绍作为答辩的开场白，包括姓名、学号、专业。学生在介绍时要举止大方、态度从容、面带微笑，礼貌得体地介绍自己，争取给答辩小组一个良好的印象。好的开端就意味着成功了一半。

（2）答辩人陈述

收到成效的自我介绍只是这场答辩的开始，接下来的自我陈述才进入正轨。自述的主要内容包括论文标题；课题背景、选择此课题的原因及课题现阶段的发展情况；有关课题的具体内容，其中包括答辩人所持的观点看法、研究过程、实验数据、结果；答辩人在此课题中的研究模块、承担的具体工作、解决方案、研究结果；文章的创新部分；结论、价值和展望；自我评价。

（3）提问与答辩

答辩教师的提问安排在答辩人自述之后，是答辩中相对灵活的环节，有问有答，是一个相互交流的过程。一般为 3 个问题，采用由浅入深的顺序提问，采取答辩人当场作答的方式。

（4）总结

上述程序一一完毕，答辩也即将结束。答辩人最后纵观答辩全过程，做总结陈述，包括两方面的总结：毕业设计和论文写作的体会；参加答辩的收获。答辩教师也会对答辩人的表现做出点评：成绩、不足、建议。

（5）致谢

感谢在毕业设计论文方面给予帮助的人们，并且要礼貌地感谢答辩教师。

8.4.3　论文答辩提问的方式和答辩技巧

1. 答辩提问的方式

在毕业论文答辩会上，答辩老师的提问方式会影响组织答辩会目的的实现以及学生答辩水平的发挥。

（1）提问要贯彻先易后难原则。答辩老师给每位答辩者一般要提三个或三个以上的问题，这些要提的问题以先易后难的次序提问为好。第一个问题一般应该是学生答得出并且答得好的问题。学生第一个问题答好，就会放松紧张心理，增强能答好的信心，从而有利于在以后几个问题的答辩中发挥出正常水平。反之，如果第一个问题答不上来，学生就会背上心理包袱，加剧紧张，产生慌乱，这势必会影响对后面几个问题的答辩，因而也难以正确检查出学生的答辩能力和学术水平。

（2）提问要实行逐步深入的方法。为了正确地检测学生的专业基础知识掌握的情况，有时需要把一个大问题分成若干个小问题，并采取逐步深入的提问方法。如有一篇《浅论科学技术是第一生产力》的论文，答辩老师出的探测水平题，是由以下 4 个小问题组成的。

①什么是科学技术？②科学技术是不是生产力的一个独立要素？在学生做出正确回答以后，紧接着提出第三个小问题：③科学技术不是生产力的一个独立要素，为什么说它也是生产力呢？④你是怎样理解科学技术是第一生产力的？通过这样的提问，根据学生的答辩情况，就能比较正确地测量出学生掌握基础知识的扎实程度。如果这 4 个小问题，一个也答不上，说明该学生

专业基础知识没有掌握好；如果 4 个问题都能正确地回答出来，说明该学生基础知识掌握得很扎实；如果能回答出其中几个，或每个小问题都能答一点，但答得不全面或不很正确，说明该学生基础知识掌握得一般。倘若不是采取这种逐步深入的提问法，就很难把一个学生掌握专业基础知识的情况准确测量出来。假如上述问题采用这样提问法：请你谈谈为什么科学技术是第一生产力？学生很可能把论文中的主要内容重述一遍。这样就很难确切知道该学生掌握基础知识的情况。

（3）当答辩者的观点与答辩老师的观点相左时，应以温和的态度、商讨的语气与之开展讨论，即要有风度，切忌出言不逊。不要以"真理"掌握者自居，不轻易使用"不对""错了""谬论"等否定的断语。虽然在答辩过程中，答辩老师与学生的地位是不平等的（一方是审查考核者，一方是被考核者），但在人格上是完全平等的。在答辩中要体现互相尊重，做到豁达大度，观点一时难以统一也属正常，不必将自己的观点强加于人，只要把自己的观点亮出来，供对方参考就行。事实上，只要答辩老师讲得客气、平和，学生倒越容易接受、考虑老师的观点，越容易重新审视自己的观点，达到共同探索真理的目的。

（4）当学生的回答答不到点子上或者一时答不上来的问题，应采用启发式、引导式的提问方法。有时可能有这样的情况：学生对老师所提的问题答不上来，有人就无可奈何地"呆"着；有人东拉西扯绕圈子，其实他也不知道答案。碰到这种情况，答辩老师既不能让学生尴尬地"呆"在那里，也不能听凭其神聊，而应当及时加以启发或引导。学生答不上来有多种原因，其中有的是原本掌握这方面的知识只是由于问题完全出乎他的意料而显得心慌意乱，或者是出现一时的"知觉盲点"而答不上来。这时只要稍加引导和启发，就能使学生"召回"知识，把问题答好。只有通过启发和引导仍然答不出或答不到点子上的，才可判定他确实不具备这方面的知识。

2. 答辩技巧

进行毕业论文答辩应掌握以下几个技巧，对提高答辩成绩是有益的。

（1）熟悉内容

作为将要参加论文答辩的同学，首先而且必须对自己的毕业论文内容有比较全面、深刻的理解。这是为回答答辩老师就有关毕业论文的深度及相关知识面而可能提出的论文答辩问题所做的准备。所谓"深刻的理解"是对毕业论文有横向的把握。

（2）图表穿插

无论是文科还是理科的毕业论文，都或多或少地涉及用图表表达论文观点，应该有此准备。图表不仅是一种直观的表达观点的方法，更是一种调节论文答辩会气氛的手段，特别是对论文答辩老师来讲，长时间地听述，听觉难免有排斥性，不再对答辩者论述的内容接纳吸收，这样，必然对答辩者的论文答辩成绩有所影响。所以，应该在论文答辩过程中适当穿插图表或类似图表的其他媒介以提高答辩者的论文答辩成绩。

（3）语速适中

进行毕业论文答辩的学生一般都是首次参加答辩会，在论文答辩时，说话速度往往会越来越快，以致答辩老师听不清楚，影响了毕业答辩成绩。毕业答辩的学生一定要注意在论文答辩过程中的语流速度，要有急有缓，有轻有重，不能像连珠炮似地轰向听众。

（4）目光移动

学生在论文答辩时，一般可脱稿，也可半脱稿，也可完全不脱稿。但不管哪种方式，都应注意自己的目光，使目光时常地瞟向答辩老师及会场上的同学们。这是答辩者用目光与听众进行心灵的交流，使听众对答辩的论题产生兴趣的一种手段。在毕业论文答辩会上，由于听的时间过长，答辩老师们难免会有分神现象，这时，答辩者用目光的投射会很礼貌地将老师们的注意力"拉"回来，使答辩老师的思路跟着答辩者的思路走。

（5）体态语辅助

虽然毕业论文答辩同其他论文答辩一样以口语为主，但适当的体态语运用会辅助论文答辩，使论文答辩效果更好。特别是手势语言的恰当运用会使答辩者显得自信、有力、不容辩驳。相反，如果答辩者在论文答辩过程中始终直挺挺地站着，或者始终如一地低头俯视，即使答辩者的论文结构再合理、主题再新颖、结论再正确，论文答辩的效果也会大受影响。所以在毕业论文答辩时，答辩者一定要注意使用体态语。

（6）时间控制

一般在比较正规的论文答辩会上，都对答辩人有答辩时间要求，因此，学生在进行论文答辩时，应重视论文答辩时间的掌握。对论文答辩时间的控制要有力度，到该截止的时间立即结束，这样，显得有准备，对内容的掌握和控制也轻车熟路，容易给论文答辩老师一个良好的印象。在毕业论文答辩前应该对将要答辩的内容有时间上的估计。当然在论文答辩过程中灵活地减少或增加也是对论文答辩时间控制的一种表现，应该重视。

（7）紧扣主题

在学校进行论文答辩，往往答辩的学生较多，因此，对于论文答辩老师来说，他们不可能对每一位学生的毕业论文内容有全面的了解，有的甚至连毕业论文题目也不一定熟悉。因此，在整个论文答辩过程中能否围绕主题进行，能否最后扣题就显得非常重要了。另外，老师们一般也容易就论文题目所涉及的问题进行提问，如果能自始至终地以论文题目为中心展开论述就会使答辩老师思维明朗，对毕业论文给予肯定。

（8）尽量使用第一人称和注意文明礼貌

在毕业论文答辩过程中必然涉及人称使用问题，尽量多地使用第一人称，这样会使听众有这样的印象：答辩者已经进行了比较多的研究，工作做了不少。在答辩过程中，要注意用语文明礼貌，可以给答辩老师留下一个好的印象。

8.4.4　论文成绩的评定及标准

毕业设计（论文）的成绩一般按优秀、良好、及格和不及格四级评定。

（1）优秀：90 分以上为优秀。评分标准：按期圆满完成任务书规定的任务；能熟练地综合运用所学理论与专业知识；立论正确，计算、分析、实验正确、严密，结论合理，独立工作能力较强，科学作风好；毕业设计（论文）有自己的见解，水平较高。

毕业论文条理清楚，论述充分，文字通顺，书写工整，图纸完备整洁、正确。答辩时，思路清晰，论点正确，回答问题有理论根据，基本概念清楚、对主要问题回答深入正确。

（2）良好：70～89 分为良好。评分标准：按期完成任务书规定的任务；能较好地运用所学理论与专业知识；立论正确，计算、分析、实验正确、严密，结论合理，有一定的独立工作能力和科学作风；较好地完成了任务。

毕业论文有一定水平。答辩时思路清晰，论点基本正确，能较好地回答主要问题。

（3）及格：60～69 分为及格。评分标准：按期完成任务书规定的任务；运用所学理论和专业知识基本正确；没有大的原则错误，只在非主要内容上有所欠缺和不足；立论正确，计算、分析、实验基本正确，有独立工作能力。科学作风一般；毕业论文达到了基本要求。

毕业论文条理基本通顺，论述有个别错误（或表达不清楚），书写不够工整，图纸完备、基本正确，但质量一般，或有小的缺陷。答辩时主要问题能答出或经启发才答出。回答问题基本正确，但分析、认识不够深入。

（4）不及格：60 分以下为不及格。评分标准：未按期完成任务书规定的任务，基本概念和基本技能未掌握，在运用理论和专业知识时出现了不应有的原则性错误，在整个方案立论分析、实验工作中独立工作能力差；毕业论文未达到最低要求。

毕业论文文理不通，书写潦草、质量很差、图纸不全，或有原则性错误。答辩时阐述不清论文的主要内容，基本概念模糊，对主要问题回答有误，或回答不出来。

习　题

1. 简述参考文献的标注方法。
2. 简述论文修改的意义。
3. 查找资料写一篇符合本专业培养目标的学术论文，字数不要少于 6000 字，按照以下要求排版，并制作成电子讲稿。

论文排版格式要求如下。

① 标题：题目用小二号黑体字（加黑），居中；副标题用三号黑体字，紧挨正标题下居中，文字前加破折号。英文题目为 18 磅加粗 Times New Roman 字体，副标题为 16 磅加粗 Times New Roman 字体。

② 中文摘要、关键词："摘要"和"关键词"字样用五号黑体字空两格打印，后空一格用五号宋体字打印摘要内容和关键词，每两个关键词之间空两格，用"："分开；英文摘要和关键词（Abstract、Keywords）为 12 磅加粗 Times New Roman 字体，其余为 12 磅 Times New Roman 字体。

③ 论文、设计正文。

• 正文部分主要包括：选题背景、论点或方案论证、过程（设计或实验）论述、结果分析、结论或总结。

• 正文打印要求：

第一层次（章）题序和标题用小三号黑体字；

第二层次（节）题序和标题用四号黑体字；

第三层次（条）题序和标题用小四号黑体字；

正文用宋体小四号字，英文用 12 磅 Times New Roman 字体。

• 页面设置要注意装订线，页码一律用小 5 号字标明；正文采用 1.5 倍行距，标准字符间距。

第9章 大学生创新创业教育

按照我国教育部的要求，各高校要把创新创业教育纳入人才培养方案中，促进专业教育与创新创业教育的有机融合。本章主要介绍了创新的定义、内涵、特征、成果，创业的定义、功能、关键要素、类型，创新创业教育的内涵、培养目标，以及大学生创新创业教育的基本方法和大学生创新创业设计大赛等。

9.1 创新创业教育概述

9.1.1 创新

1. 什么是创新

"创新"是现代社会出现频率比较高的一个词，它最早起源于拉丁语，其含义包括：更新；创造新的东西；改变。

1912 年，奥地利经济学家熊彼特（J. A. Schumpeter）最早提出了"创新"的概念。他提出"创新"就是建立一种新的生产函数，也就是说把一种从来没有过的关于生产要素和生产条件的新组合引入生产体系。他认为创新主要包括 5 个方面的内容：引进一种新产品；采用新的生产方式；开辟新的市场；开发和利用新的原材料；采用新的组织形式。

1985 年，被誉为"现代管理学之父"的彼得·德鲁克（Peter F. Drucker）发展了"创新"的理论。他主张任何使现有资源的财富创造潜力发生改变的行为都可称为创新。他认为创新不仅是创造，而且也不一定都是技术上的。一项创新的考验并不在于它的新奇性或科学内涵，而在于推出市场后的成功程度，即能否为大众创造出新的价值。

创新是以在现有的思维模式下提出有别于常规或常人思路的见解为导向，利用现有的知识和物质，在特定的环境下，本着理想化需要或为满足社会需求，而改进或创造新的事物、方法、元素、路径、环境，并能获得一定有益效果的行为。它是以新思维、新发明和新描述为特征的一种概念化过程。作为人类特有的主观能动性的高级表现，创新是推动民族进步和社会发展的不竭动力，一个民族要想走在时代前列，就一刻也不能没有创新思维，一刻也不能停止各种创新。

过去，人们一提到"创新"，总认为它是指创造、发明之类的新思想与结果的产生。为此，直到20世纪初，创新思维还被认为是天才专有的神秘天赋。到20世纪60年代以后，人们逐渐形成了一种较为实际的观点，就是认识到创新思维是每个正常人都拥有的思维形式，一个人只要会选择不同寻常的行走路线，就已经会创新了。

创新的定义包括狭义的创新和广义的创新。

① 狭义的创新是指相对于其他人或全人类而言，这是首创。狭义的创新是真正具有推动社会进步意义的，如爱因斯坦发现相对论、爱迪生发明电灯等。

② 广义的创新是指虽然相对于其他人不是首创，但相对于个人而言是首创。广义的创新比较简单，且容易学习和掌握，例如，单位举办一场与往年不同的新年联欢会，推行了新的工作方法，进行了某些方面的改进等。

一个成功的创新始于对机遇有目标、有系统的分析，而不仅仅是一个又一个的创意；成功的创新都是从小事做起，围绕某一特定事物展开，而不是一开始就规模庞大，或一次开始多种创新；成功的创新是为现在而创新，目的在于取得市场的领导地位，而不是为未来而创新。除此之外，成功的创新还需要勤奋、毅力和奉献。为赢得创新的成功，创新者必须充分发挥自身的长处。

2. 创新的内涵

（1）创新是一种实践

创新是一种创造性的实践行为，这种实践为的是增加利益总量，需要对事物和已有的发展进行利用和再创造，特别是对物质世界矛盾的利用和再创造。人类通过对物质世界的利用和再创造，制造出新的矛盾关系，形成新的物质形态。

创新活动是创新思维的发展与归宿，经不起实践检验的思维是无价值的。

经验性的研究表明：具有创新活动能力的人常常通过实践活动经历了丰富的人生，也经受过大量实践问题的考验；他们乐于动手设计与制作，有把想法或理论变成现实的强烈愿望；不受现实的束缚，会不断尝试、不断反思、不断纠错；愿意参加形式多样的活动，乐于求新、求奇，乐于创造新的事物等。这些都是创新思维的外显行为。

（2）创新是一种思维状态

① 创新精神

创新精神是主体创新的人格特征，是主体创新的内部态度，它包括创新意识、创新情感和创新意志3个方面。

• 创新意识

创新意识是个体追求新知的内部心理倾向，这种倾向一旦稳定化，就会成为个体的精神与文化。

创新意识是指人们根据社会和个体生活发展的需要，引起创造前所未有的事物或观念的动机，并在创造活动中表现出的意向、愿望和设想。它是人类意识活动中的一种积极的、富有成果性的表现形式，是人们进行创造活动的出发点和内在动力。没有创新意识，就不会有创新活动。

经验性的研究表明：具有创新意识的人常常是不满足于现实的，有强烈的批判态度；不满足于自己，有持续的超越精神；不满足于以往，有积极的反思能力；不满足于成绩，有旺盛的开拓进取精神；不怕困难，有冒险献身的精神；不怕变化，有探索求真的精神；不怕挑战，有竞争合作的精神；有强烈的好奇心、旺盛的求知欲、丰富的想象力和广泛的兴趣等。

- 创新情感

创新情感是个体追求新知的内部心理体验，这种体验的不断强化，就会转化为个体的动机与理想。

经验性的研究表明：有创新情感的人常常情感细腻丰富，外界微小的变化都能引起强烈的内心体验；人生态度乐观、豁达、宽容，能比较长时间地保持平和、松弛的心态；学习和工作态度认真、严肃、一丝不苟，有强烈的成就感，工作的条理性强；对所有的生命形态都具有同情心和责任感，愿意为改善他们的生存状态而尽心尽力。

- 创新意志

创新意志是个体追求新知的自觉能动状态，这种状态的持久保持，就会成为个体的习惯与性格。

经验性的研究表明：有创新意志的人常常能排除外界的各种干扰，长时间专注于自己的活动；工作勤奋，行为果断，对自我要求较高，对工作要求较严；善于沟通与协调，组织能力强，有较强的灵活性，为达到目的愿意变换工作的途径和方法；有较强的独立性和自制力，在没有充分的证据和理由之前，不轻易放弃自己的主张，能容忍别人的观点甚至错误。

② 创新思维

- 创新思维的含义

创新思维是个体在观念层面新颖、独特、灵活的问题解决方式，是创新实践的前提与基础。通过这种思维能突破常规思维的界限，以超常规甚至反常规的方式、视角去思考问题，提出与众不同的解决方案，从而产生新颖的、独特的、有社会意义的思维成果。

经验性的研究表明：具有创新思维的人感觉敏锐、思维灵活，能发现常人视而不见的问题，并能多角度地考虑解决方法；理解深刻，认识新颖，能洞察事物本质并能进行开创性的思考；思维辩证，实事求是，能合理运用发散与收敛、逻辑与直觉、正向与逆向等思维方式；不走极端，能把握事物的中间状态等。

创新思维是相对于传统性思维而言的，所有人都有创新思维，但不是每个人都能够用到创新思维。平常人的传统性思维、常规性思维占主导，所以他的创造力发挥不出来。

- 创新思维的特征

创新思维的特征主要体现在创新性、批判性和灵活性。

创新性是创新思维的基本特征和主要标志。评价创新性最重要的指标是思维成果的新颖程度，其中创新程度的最高级别是独创。

批判性一般是指对新旧理论间矛盾的取舍。研究者在发现新现象、新事实与既有知识、经验和定律相矛盾且采用常规思维方式无法解决矛盾时，创新思维的批判性就显得特别重要。

灵活性主要指研究者的思维活动不受常规思维定势的束缚与局限，并且能够根据具体的科研对象自由、灵活地采用多种思维方式探索问题的答案。

3. 创新的特征

创新在本质上是一个经济概念，它把新概念、新设想或者新技术变成了经济上的成就。创新具有目的性、变革性、新颖性、开拓性、超越性、前瞻性、批判性、风险性等特征。

（1）目的性

创新虽然是一种活动过程，但是在注重过程导向的同时，创新更重视的是结果导向。目的性是相对于随机性而言的。任何创新活动都有一定的目的性，这个特性贯穿于创新过程的始终。创新强调效益的产生，它不仅仅要知道"是什么""为什么"，还要知道"有什么用，怎样才能产生效益"。另外，创新也是一个创造财富、产生效益的过程。

（2）变革性

创新是对已有事物的改革和革新，是一种深刻的变革和重组。变革是创新活动所蕴含的正向价值观念，变革的内容涉及战略、结构、流程、技术、文化等多个方面。

（3）新颖性

创新以求新为灵魂，是对现有的不合理事物的扬弃，革除过时陈旧的内容，追求标新立异、新奇独特、与众不同，催生别致的新事物，也就是求新、求异。

（4）开拓性

创新是想前人未想、做前人未做之事。开拓性意指观念的超前性、模式的突破性、内容的独创性、技术的领先性。

（5）超越性

创新意味着对限制的一种时空超越，表现为对具体事物、具体现象、具体物品等的超越，对"传统"的超越，对思维定式的超越。

（6）前瞻性

前瞻性思维是指向未来，超越客观事物实际发展进程而进行的一种科学思维，其特点是在思维对象实际发生变化之前，就能够准确判断、把握、预计其未来可能出现的各种趋势、状态和结果。前瞻性赋予了创新一种"智慧资本"。前瞻性表现出了创新者的超前意识。

（7）批判性

创新过程要求创新者富有洞察力、辨别力、判断力，能运用敏锐的智慧进行回顾性的反思，且对传统和现实的事物持有一种质疑的态度。创新在一定程度上是对传统和习惯的一种否定。

（8）风险性

创新可能成功，也可能失败，这种不确定性就构成了创新的风险。因此，在创新过程中，只准成功、不许失败的要求，实际上是不切实际的。只能通过科学的设计和严格的实施，来尽量降低创新的风险。

4. 创新的分类

"创新"一词常使人们想到技术创新和产品创新，但是创新的种类远不止这些，创新按照不同的标准可以划分成不同的种类。

依据创新的表现形式，可将之分为知识创新、技术创新、服务创新、制度创新、组织创新、管理创新等。

依据创新的领域，可将之分为教育创新、金融创新、工业创新、农业创新、国防创新、社会创新、文化创新等。

依据创新的行为主体，可将之分为政府创新、企业创新、团队创新、大学创新、科研机构创新、个人创新等。

依据创新的方式，可将之分为独立创新、合作创新等。

依据创新的意义大小，可将之分为渐进性创新、突破性创新、革命性创新等。

依据创新的层次，可将之分为首创型创新、改进型创新、应用型创新等。

依据创新道路，可将之分为原始创新、集成创新以及引进、消化吸收再创新等。下面进行简单介绍。

① 原始创新是指前所未有的重大科学发现、技术发明、原理性主导技术等创新成果。原始创新意味着在研究开发方面,特别是在基础研究和高技术研究领域取得的独有发现或发明。原始创新是最根本的创新,是人类智慧的体现,是一个民族对人类文明进步做出贡献的重要体现。

② 集成创新是利用各种信息技术、管理技术与工具等,对各个创新要素和创新内容进行选择、集成和优化,形成优势互补的有机整体的动态创新过程。集成创新强调灵活性,重视质量和产品多样化。它与原始创新的区别是,集成创新所运用到的所有单项技术都不是原创的,都是已经存在的,其创新之处就在于对这些已经存在的单项技术按照自己的需要进行了系统集成并创造出全新的产品或工艺。

③ 引进、消化吸收再创新是最常见、最基本的创新形式。其核心是利用各种引进的技术资源,在消化吸收的基础上完成了重大的创新。它与集成创新的相同之处是都利用了已经存在的单项技术为基础,不同之处在于集成创新的结果是一个全新产品,而引进、消化吸收再创新的结果,是产品价值链某个或者某些重要环节的重大创新。引进、消化吸收再创新是各国尤其是发展中国家普遍采取的方式。

5. 创新的成果

创新的成果依据其创新类型、创新力度、创新难度、创新深度和创新广度,大致可分为发现、发明和发展三大类。

（1）发现

发现就是认识客观上存在的事物的过程或结果。科学研究中的发现,是指人们对客观存在的自然现象、自然规律和自然产物,经过创造性地探索揭示出其本来面目的过程。一般来说,这种创新成果无论是来自社会科学还是自然科学,对人类社会所产生的影响都很深远,甚至会改变人们的世界观。例如,约瑟夫·约翰·汤姆逊（Joseph John Thomson）发现了电子,打破了原子是自然界最小的微粒、原子是"宇宙之砖"的理论,开辟了原子物理学的全新研究领域。

（2）发明

发明是指提出或完成一个新事物的过程或结果。科学中的发明是指人们依据各种科学技术原理,开发创造出前所未有的新事物或新方法的一种技术性创造活动。发明的主体一般是人,而对象是物。在人类发展的历史长河中,正是有了形形色色的发明,人们的生活方式才得以改变,生活质量才得以不断提高。我国古代的四大发明对人类做出了巨大的贡献,时钟、蒸汽机、电话、飞机、电影、计算机等发明,使人们的生活更加便捷、更加多姿多彩。

（3）发展

发展是指对原有的事物进行改造、改善、改进或改革,使其更加完整、完备、完善、规范或先进。例如,一个企业的市场营销策略的创新,可以使企业的经济效益大大提高;从蒸汽机车、内燃机车、电力机车到今天的动车,这一发展成就是我国铁路与时俱进、不断自主创新的结果。当前,我国正处于大调整、大变革、大发展的关键时期,各种重大理论和各项方针政策的贯彻落实都加速推动了社会的进步和发展。

9.1.2 创业

1. 创业的定义

《辞海》对"创业"的解释是"创立基业"。在《新华词典》里,"创业"被定义为"开创事业"。在英文中,"创业"有两种表述方式：Venture 和 Entrepreneurship。Venture 最初的意义是冒险,但在创业领域,它的实际意义从单纯的冒险扩展为冒险创建企业,即被赋予了"创业"（动态过程）这一新的特定内涵。Entrepreneurship 则主要用于表示静态的创业状态或创业活动，侧重于从企业家、创业者的角度来理解创业。

经济学家罗伯特·容斯戴特（Robert C. Ronstadt）对于创业是这样定义的："创业是一个创造、增长财富的动态过程。财富是由这样的一些人创造的，他们承担资产价值、时间承诺或提供产品及服务的风险。他们的产品或服务未必是新的或唯一的，但其价值是由企业家通过获得必要的技能与资源并进行配置来注入的。"

哈佛商学院教授霍华德·史蒂文森（Howard H. Stevenson）则更加强调创业的过程，即"创业是一个人（不管是独立的还是在一个组织内部）追踪和捕捉机会的过程，这一过程与其当时控制的资源无关"。此外他还进一步指出："有三个方面对创业是特别重要的，即觉察机会、追逐机会的意愿及获得成功的信心和可能性。"

美国国家创业委员会的杰弗里·提蒙斯（Jeffry A. Timmons）认为，创业是一种思考、推理和行为方式，创业导致价值产生、增加、实现和更新。

复旦大学郁义鸿教授认为，创业是一个发现和捕获机会并由此创造出新颖的产品、服务，实现其潜在价值的过程。

上海财经大学宋克勤教授认为，创业是创业者通过发现和识别商业机会，组织各种资源提供产品和服务，以创造价值的过程。

创业的定义有狭义和广义之分。狭义的创业就是创建新企业，广义的创业则指社会生活各个领域里人们开创新事业的实践活动。

从上述国内外学者关于创业的释义中可以看出，虽然对创业这一词汇的研究角度不同，但仍有诸多的共通之处。一般认为，创业是不拘泥于当前资源约束、寻求机会、进行价值创造的行为过程。创业过程由组织资源、寻求机会和价值创造三部分构成。

（1）组织资源

企业是由资源构成的，而企业所掌握的资源总是稀缺的。对创业来讲，不应拘泥于当前资源的约束。正如史蒂文森（Stevenson）、罗伯茨（Roberts）和格罗斯贝克（Grousbeck）指出的那样，创业是一个人，不管你是独立的还是在一个组织内部，依靠运气追踪和捕捉机会的过程，这一过程与当时控制的资源无关。

（2）寻求机会

创业是建立在机会之上的，因此任何形式的创业都需要密切关注机会。如果创业者没有发现并捕捉适当的创业机会，创业就很难成功。

（3）价值创造

创业活动是一个价值创造的过程。这种价值可以有很多的表达方式，如精神价值、社会价值、资本实物价值、其中资本实物价值更贴近创业的实质。

2. 创业的功能

全球经济一体化进程的加快以及以信息技术为代表的知识经济的来临，不断改变着传统的产业格局。创业活动对我国经济发展有着重要的战略意义。创业具有增加就业、促进创新、增强经济活力、创造价值等功能。

3. 创业的关键要素

创业的基本要素包括创业环境、创业机会、创业能力、创业团队、创业资源等，其关键要素有三个，即创业环境、创业机会、创业能力。

（1）创业环境

创业环境是创业得以生存和发展的重要条件，创业环境具体包括政治、经济、社会等环境。

国家政策对创业活动有重大的影响。我国实行改革开放的政策，从经济发展向政治、文化、社会全面推进，综合国力全面提升。改革开放促进了民营经济的发展，创业环境逐渐宽松，大量民营企业涌现，并且不断发展壮大。

现在我国的创业环境与改革开放初期相比有了很大的变化，主要体现在以下几个方面。

① 放松了公司注册方面的限制，如允许一个人注册有限公司等。

② 股市"全流通"改革和创业板正式上市，使股市促进初创企业融资的功能再次放大。

③ 合伙企业不是企业所得税纳税人，为投资人以有限合伙制组建投资基金打开方便之门。

④ 创业上升到了国家战略层面，之后出台了减免税费、金融支持、教育与培训等一系列扶持创业的政策。

⑤ 民间资本有了更大的"活动空间"。

此外，近年来国内电信和互联网的快速发展，淘宝、百度、腾讯和新浪等网络平台的形成，有力地促进了互联网领域的创业活动。

目前，创业环境是比较好的。我国初创企业的税务负担比较低，而且，地方政府对新成立的企业优先给予扶持，对软件等科技创新企业在税收政策方面也给予了许多优惠政策，这些都有利于初创企业的成长和发展。

（2）创业机会

创业机会是创业过程的核心推动力，是创业成功的首要要素，特别是在企业创立之初。真正的商机比团队的智慧和技能、可获取的资源都重要得多，所以创业者应当投入大量的时间和精力寻找最佳的商机。

我国当前正处于工业化和城市化加速发展的阶段，产业结构调整升级、消费结构升级、城市化加速、人口结构突变、居民收入水平大幅提高，这些变化都增加了新的市场需求，从而产生了许多创业机会。捕捉到创业机会，也就是找到了创业项目。

好的开端是成功的一半。对于创业者来说，选择一个好项目，是创业成功的关键。创业的项目多种多样，涉及工作、学习和生活各个方面。

从观念上来看，创业项目可分为传统创业、新兴创业以及后来兴起的微创业。从方法上来看，创业项目可分为实业创业和网络创业。从投资上来看，创业项目可分为无本创业和小本创业。从方式上来看，创业项目可分为自主创业和加盟创业。

（3）创业能力

创业者的创业素质和能力直接关系到创业能否成功，创业者应具备创业素质和能力。

创业者最重要的不是资金，也不是经验，而是创业素质和能力。创业初始，并不要求创业者具备全面的创业素质和能力，但必须具备创业精神及最基本的创业素质和能力。迈克尔·戴尔（Michael Dell）是个了不起的学生创业者，他在大学宿舍里创办了戴尔公司，如今的戴尔公司已经发展成为科技企业的巨头。虽然戴尔在学生时代因为年轻并不具备所有的创业素质和能力，但他具有成功的欲望、创新的精神、冒险的勇气、团结合作的精神、不折不挠的决心和较强的执行力，这些都是一个创业者必备的素质和能力。

4. 创业的类型

按照创业资源需求的不同，创业活动可划分为资合型创业、人合型创业和技术型创业。

（1）资合型创业

资合型创业的基础是资产。创建的企业一般具有劳动生产率高、物资消耗省、单位产品成本低、竞争能力强等特点。资合型创业不仅要求有大量的资金、复杂的技术装备，还要有能掌握现代技术的各类人才和相应的配套服务设施，否则就难以发挥其应有的经济效果。该类创业通常出现在钢铁、重型机器制造、汽车制造、石油化工等行业领域内。

（2）人合型创业

人合型创业的基础主要表现为创业者之间的相互信任和创业者拥有平等的决策权。创建的企业受人际关系、信用程度和个人财力的限制，融资能力较差，规模比较小。该类型创业适合于产品生产技术简单、品种多、批量小、用工比重大的企业和产品，或主要依靠传统的手工艺、难以实行机械化、自动化生产的企业和产品。

（3）技术型创业

技术型创业的基础是先进、现代化的科学技术。创建的企业一般具有以下特点：需要综合运用多门学科的最新科学研究成果，技术装备比较先进复杂，研发费用较多，中高级科技人员比重大，操作人员也要求有较高的科学知识和技术能力，使用劳动力和消耗原材料较少，对环境污染较小等。该类型创业通常出现在需要花费较多的科研时间和产品开发费用，能生产高精尖产品的行业，如电子计算机工业、原子能工业等。此外，有人把创建电子计算机软件设计、技术和管理的咨询服务企业也归入技术型创业。

5. 创业精神的本质、来源、作用与培育

（1）创业精神的本质

创业者不同于其他群体的显著特点是创业者有其独特的创业精神。创业精神是一种精神品质，是创业者在创业过程中重要行为特征的高度凝练，主要表现为勇于创新、敢冒风险、团结合作、坚持不懈等。

① 勇于创新

创业精神的核心是创新。创新是创业者的灵魂，是创业者素质最主要的特征。创业者要有创新意识、创业精神、创新能力、创新行为，对新事物、新环境、新观念、新技术、新体制、新需求、新动向具有敏锐的洞察力、吸纳力、转化力，不断对生产要素进行新组合，不断开发新产品，采用新技术、新工艺，开辟新市场，建立新机制，启用创新人才，谋划新战略，制定新规章。

② 敢冒风险

当一个机会突然出现时，风险肯定也会随之而来。创业者只有敢于冒险才能果断地抓住机会，而胆子大是其中的关键。胆子大就意味着敢冒风险，这种特质在转折时刻至关重要。当然，冒险不是赌徒心理，创业者通常会通盘考量决策的成功概率以及失败后可承受的后果等。若创业者判断失误也许会让企业命悬一线，但创业过程中常常需要他进行冒险，并对结果有很强的心理承受力。

③ 团结合作

团结合作是创新精神的重要支柱。随着经济的发展，企业的生存与发展环境越来越复杂多变。在这样的环境下，创业者团结合作精神的发挥应当也必须以竞争意识和平等观念为前提。竞争是市场经济的必然产物，通常情况下也是竞争促进合作。当前，合作已经演变成竞争性的合作。竞争也在向合作性的竞争转化。因此，创业者必须具备强烈的团结合作意识，时刻保持竞争状态，并学会以团结合作促进竞争。但无论是竞争还是团结合作，平等的观念对创业者都非常重要。

④ 坚持不懈

坚持不懈是创业精神的本色。"锲而不舍，金石可镂；锲而舍之，朽木不折"，坚持不懈意味着锲而不舍，意志坚强，勇往直前，执着地向目标前进。坚持不懈的创业者个性坚定，做任何事情都非常有毅力，坚忍不拔，有无比的耐性和持久性。坚持不懈能够产生创办企业的激情。创业的道路充满坎坷，无论是面对成功还是失败，创业者都必须有坚持不懈的品格。纵观每个成功企业的创业史，都是在创业者的领导下经历了一次次失败后建立起来的。在失败面前创业者要坚忍不拔、矢志不渝，在成功时创业者也要如此。

（2）创业精神的来源

创业精神不是先天就有的，而是在一定的社会、经济、政治、文化等条件中形成的。也就是说，影响创业精神形成的因素主要有经济、文化、政治及家庭等。

（3）创业精神的作用

① 创业精神是创造财富的源泉

创业精神所形成的创新行为可以改变资源产出。创业精神的创新行为经常表现在建立新的顾客购买群。例如，麦当劳研究顾客所注重的价值，设计小孩喜欢的一套玩具，小孩每次来麦当劳就送给他一个玩具，吸引了许多孩子，建立了孩子这个新的顾客购买群，开发了购买力资源，为麦当劳创造了利润。

② 创业精神有利于加快转变经济发展方式

创业行为经常表现为创造新的产业。1975 年，史蒂夫·乔布斯（Steve Jobs）在车库里研制个人计算机，并在 1976 年创建了苹果（Apple）公司。1993 年，马克·安德森（Marc Andreessen）发明了互联网上的信息浏览器，并成立了网景（Netscape）公司。杨致远放弃了攻读博士学位的学业，1995 年成立了雅虎（Yahoo）公司。这些公司后来都成为了著名的企业，并且带动并形成了一个产业新的增长。不仅如此，创业精神的创新行为还改变了经济增长的方式，改变了产业结构，创造了新的产业——高新技术产业。

（4）创业精神的培育

创业精神的培育不仅要提高自身的学识修养，更要有制度建设。学识修养是软件，制度建设是硬件。不能只靠内在的修养，还要靠制度的调节。

9.1.3　创新教育、创业教育、创新创业教育

1. 创新教育、创业教育的定义与关系

（1）创新教育

创新教育的定义主要有两种。其一，创新教育是以培养创新意识、创新精神、创新思维、创造力或创新人格等创新素质以及创新型人才为目的的教育活动。此定义认为它是一种理念和思想。其二，创新教育是为了使人们能够更好地创新而开展的教育活动，也就是说凡是以培养人的创新素质、增强人的创新能力为主要目的的各种教育活动都可称为创新教育。此定义认为它是一种能力教育。

（2）创业教育

武汉理工大学的杨爱杰教授认为，创业教育是指培养学生的创业意识、创业素质和创业技能的教育活动，以及教会学生适应社会生存能力和自我创业的方法及途径。

国内部分教授及学者认为，创业教育是一种培养学生从事工商企业活动的综合能力的教育，让学生从单纯的就业求职者成为职业岗位的缔造者，即创业者。而且创业教育不仅仅是一种纯粹的、

单纯以盈利为目的教育活动，更是渗透于人们生活的一种思维方式和行为理念。

（3）创新教育、创业教育两者的关系

创新教育和创业教育二者的目标取向是一致的，都是致力于培养学生的创新精神和实践能力，创新教育注重的是对人的素质发展的总体把握，而创业教育看中的是如何实现人生的自我价值。

2. 创新创业教育

创新创业教育理念首先在西方发达国家形成，西方发达国家的教育中也较多地重视个体独立性、主动性、创造性培养，社会生活中的创业意识和实践也比较强。创新创业教育的概念也来源于西方。1989年，联合国教科文组织首次提出"事业心和开拓教育"（Enterprise Education）的概念，后被译为"创新创业教育"。联合国教科文组织指出："创新创业教育，广义上来说是指培养具有开拓性的个人，它对于拿薪水的人同样重要，因为用人机构或个人除了要求受雇者在事业上有所成就外，还越来越重视受雇者的首创、冒险精神，创业和独立工作能力以及技术、社交、管理技能。"

联合国教科文组织在《关于高等教育的变革和发展的政策性文件》中全面阐述了完整的创新创业教育概念，即创新创业教育包括两个方面的内容：求职和创造新岗位。《21世纪的高等教育：展望与行动世界宣言》中又进一步指出：高等教育应主要培养学生的创业技能与主动精神，毕业生不再仅仅是求职者，而是首先成为工作岗位的创造者。此后，联合国教科文组织除了进一步强调"创新创业教育"外，又特别强调了创业能力的重要性，在会议的主要文件中指出：为了迎接21世纪的新挑战和变革的需要，要革新教育和培训过程，要重视创业能力的培养。

美国学者柯林·博尔在《学会关心：21世纪的教育圆桌会议报告》中总结到：创新创业教育通过开发、提高学生创业的基本素质和能力，使学生具备从事创业实践活动必需的知识、精神、能力和心理品质，是未来的人除了学术性和职业性的"教育护照"之外应该掌握的第三本教育护照。

我国公布的《面向21世纪教育振兴计划》正式确立了创新创业教育理念，该计划提出了要"加强对教师和学生的创新创业教育，鼓励他们自主创办高校技术企业"。我国的大学生、研究生（包括硕士、博士）可以休学保留学籍创办高新技术企业，很多高校也试点开展创新创业教育。"挑战杯"全国大学生创业计划大赛在全国已广泛开展。由此可以看出，创新创业教育已经得到了全世界的高度重视。

关于创新创业教育的定义，国内外学者给出了很多典型性的表述。

（1）美国著名的创新创业教育研究机构考夫曼基金会对创新创业教育给出了一个操作性较强的定义：创新创业教育是一个过程，它向被教育者传授一种概念与技能以识别那些被别人忽视了的机会，以及当别人犹豫不决时他们有足够的洞察力与自信心付诸行动；教育内容包括在风险面前的机会识别与在资源整合的前提下创办一个企业，也包括对企业管理过程的介绍，如商业计划、市场营销等。

（2）周秋江研究员认为，创新创业教育，从广义上讲，是培养具有开拓性的个人，通过相关的课程体系整体提高学生的素质和创业能力，使其具有首创、冒险精神，创业能力，独立工作能力以及技术、社交和管理技能；从狭义上讲，大学里的创新创业教育主要针对大学生创业，培养大学生创办企业的能力。

（3）熊礼杭教授认为，广义的创新创业教育是指以提高受教育者创业素质为基本价值取向的一种教育理念和教育实践；狭义的创新创业教育是指对受教育者进行职业培训以满足自谋职业或创业致富需要的教育活动。在学校进行的创新创业教育，一般指广义的创新创业教育，又称为创业素质教育。

（4）张闯教授认为，创新创业教育是以具有一定科学文化知识和职业技能的青年大学生为主体，以开发、培养和提高他们的创业意识、创新精神、创业心理品质和创业技能为目标，使其走上自主创业之路，创造就业岗位和社会财富，最终为社会培养出创造型和开拓型人才。

综上所述，教育界认为：创新创业教育是开发和提高大学生创业基本素质，培养具有创新精神和创业能力的高素质建设者的教育。在高等教育领域内，创新创业教育是大学素质教育的基础上融入创业素质的基本要求，具有独特功能和体系的教育。创新创业教育旨在提高学生的创新精神和创造能力，增强自我创业的意识和能力，其实质就是要培养学生确立创业意识，形成创业初步能力，掌握创业基本技能。

3. 创新创业教育的必要性

当前，我国已进入发展的关键时期，形势凸显提高国民综合素质、培养创新创业人才的重要性和紧迫性。

（1）推进高校自身建设改革

高校承担着培养高素质技术、技能型人才的重任。近年来，全国各地很多高校在健全创新创业教育组织体系、完善创新创业教育基础设施、开展创新创业教育教学与课外活动、加大创新创业资金支持等方面做出了诸多努力与探索。取得了一定的成绩。但是，高校创新创业教育工作与稳增长、调结构、促改革、惠民生提出的新要求相比，还有很大差距，特别是在人才培养工作中的短板效应愈发明显。因此，加强大学生创新创业教育，提高其创新精神、创业意识和创业能力，鼓励其开展创新创业实践，是学校服务于国家转变经济发展方式，建设创新型国家和人力资源强国的现实要求。

随着我国经济的腾飞，创新创业型人才的缺乏会越来越成为影响经济进一步加快健康发展的瓶颈。创新创业教育是全社会的事情，更是高校义不容辞的责任。高校按照素质人才培养方案要求，严格遵循教育教学规律，做出从传统的"接受继承"教育转为"创新创业"为主的新型教育模式的重大转变。通过深化教育体制改革，加快开展创新创业教育步伐，提高人才培养水平。

高校的基本功能是教学、科研和服务社会，根本任务是培养人才。目前，学生适应社会和就业创业能力不强，创新型、实用型、复合型人才紧缺，这是我国当前教育面临的严峻现实问题。当今，世界各国都已经充分认识到高校在创新型国家建设中提供着有力的人才和智力支持的重要作用，从而把高校纳入国家创新体系的重要组成部分，大量推进创新创业教育。创新创业教育的理论体系是建立在众多学科的交叉点上，是一门新型综合应用社会科学，众多学科相互渗透，为创新创业教育奠定了极其厚实的理论基础。创新创业教育作为培养创新精神，提高创新能力的主要部分，随着国家教育战略主题的进一步明确发展而必然得到较强。高校不仅是作为知识传播、人才培养、发展科学技术的场所，也将是哺育知识型企业的重要依托。所以说，高校必须不辱使命，顺应时代要求，深化改革大力推进创新创业教育。

（2）培养创新创业型人才

适应市场经济发展需要、建设创新型国家、培育高素质创新创业型人才，是社会赋予创新创业教育的历史重任。知识经济时代的发展使得创新型人才成为高校培养的目标，同时这也是全社会的迫切要求，而创新创业教育是培养并造就大批创新型高素质人才的必然选择。以知识、信息和能力为主要支撑的知识经济，为大学生创新创业提供了现实可能性，同时也对大学生各方面的能力提出了更高的要求。自人类进入知识经济时代以来，创新就一直成为知识经济发展的核心动力，它也是提高一个国家综合国力的重要武器。各经济主体竞争的焦点不仅包括资金、技术等传统资源，还包括以人力资本为基础的创新能力。为了实现人才培养的目标，我们可以通过实施创新创业教育，增强学生的创新创业意识，提高学生的社会实践能力和技巧，培养善于创新的新型人才，全面提高高等教育的人才质量。建设创新型国家的关键是培养创新型人才，切实有效的创新创业教育不仅对经济的快速发展起着积极的推动作用，同时，对于构建和谐社会也是必要之举。以创新为核心的创业精神在新创企业和已存在的企业中都被看成非常重要的竞争因素，高科技创业企业的创新型人才在引导技术改良和生产力增长的创新中发挥着重要的作用。

（3）缓解就业压力实现自我价值

从 2002 年高校开始扩招后，我国高校毕业生人数激增，在这样的趋势下，就业岗位每年的新增数量无法满足需要，导致大学毕业生就业难的形势日益加剧。大学生就业难已成为一个亟待解决的现实问题和全社会关注的焦点。

面对激烈的就业竞争，需要学生、家长、学校保持清醒的头脑，正确认识就业的形势和自我的价值。为了使毕业生都能够顺利走上工作岗位，国家除了制定"创业带动就业"的方针外，还出台了一系列支持和鼓励创新创业的政策措施。创新创业教育成为缓解当前就业压力成效较明显的重要内容，越来越受到重视和加强。在创新创业教育的指导和服务下，一部分大学生将会成为自主创业者，不仅可以解决自己的就业问题，还可以为社会其他人员提供更多的就业岗位，这对缓解我国大学生就业压力具有非常重要的现实意义。

作为一个全面发展的大学生，对创新创业的认识和践行是大学生综合素质体现的重要内容，是大学生全面发展，融入社会，正确评估自己，给自己合理定位，实现自我价值的基本要求。面对严峻的就业形势，创新创业便成为打开就业难局面的关键。鼓励学生开拓创新的创业意识，使有开发潜力的学生真正走上创新创业的道路，也是他们能够很快融入社会、服务社会的前提。大学生接受过高等教育，是最具有创新创业潜力的精英群体，不仅是现有职位的占有者，更是未来职业的创造者。通过一定的创新创业教育传授，培养学生如何适应社会生存、经济竞争，学到自主择业、自谋职业的方法和途径，通高他们的创新精神和创业能力，使大学生成为高素质创新型人才，增强自身发展能力，在创新创业过程中使自我价值得到实现，在现代化建设大业中施展才干。

（4）符合世界高等教育发展潮流

从世界范围来看，高等教育发展创新创业教育正受到各国政府的重视，这方面的研究和活动日益引起各界的关注。在世界高等教育大力发展创新创业教育的大潮中，高校学生表现出来的创新精神和创业能力的强大推动力已经崭露头角。因为创新创业教育在西方发达国家起步较早，经验丰富，普遍将其纳入课程体系，已经取得了令人瞩目的巨大成效。以美国、英国为代表的西方发达国家开展的创新创业教育方兴未艾，正逐步形成一个完整的社会体系和教学研究体系，纳入国家教育体系之中。德国、法国等国高校不但拥有优良稳定的创业教育教学科研队伍，而且非常重视学生的创新创业实践体验并提供大量技术及资金支持。澳大利亚也是世界上较早开展创业教育的国家，已经形成了一个相当完善的体系，并且创出了自己独特的模式。所以说，实施创新创业教育已成为当今国际高等教育发展的重要组成部分和新趋势。创新创业教育在促进就业、发展经济、推动技术创新方面的作用更是不容小视。

在世界其他国家的发展水平面前，我国的创新创业教育起步较晚，还不成熟。我国绝大多数高校并没有把创新创业教育纳入高等教育体系，在教学管理师资力量方面没有给予充分的重视。创新创业教育不仅是解决当前社会就业矛盾的突破点，也是我国高等教育培养人才发展的要求，符合国家发展战略，适应经济和社会发展的需要。大力发展创新创业教育现已引起教育部门的高度重视。所以我们可以放心大胆地推动教育改革，面向未来，面向世界，借鉴西方发达国家教育成功的经验，取其精华，去其糟粕。因此，推行创新创业教育有着巨大的发展空间，同时这也是适应国际高等教育发展潮流的需要。

4. 创新创业教育的特征

作为一种全新的教育理念和教育模式，创新创业教育相对于传统教育有着无可比拟的优越性，它主体现在先进性、实践性、灵活性、系统性上。把握其特征，将有助于我们全面理解创新创业教育的意义。

（1）先进性

创新创业教育是一种前沿性全新理念，它的提出和发展史还不长，尤其在我国只有 10 年左右的时间，在世界范围来看，也还没有一个现成的完整的模式可供参考，在实践中没有一个统一的样板可以运用，需要我们不断探索。创新创业教育所瞄准的是未来教育的趋势和需要。因其先进性，创新创业教育的实施对社会环境也提出了更高的要求，所以创新创业教育正是紧扣了时代脉搏，发展了创新型国家理论，体现了时代精神，是一种先进的、科学的、全新的教育理念和模式。

（2）实践性

如何用最简捷的方法让学生知晓创新创业的流程、知识、技巧以及通常遇到的一些问题，做到准确把握、有的放矢，在教育教学实践中就应一改传统的讲授模式，改为注重学生的实践。因此，在人才培养的过程中，应组织一线有经验的老师，借鉴先进地方的做法，更多地为学生搭建实践性平台，全面推广实践教学，在实践过程中掌握创新创业的本领，着重强调受教育者社会行动能力的培养，在实践中学到书本上没有的，但实际会涉及的社会生存和处事方法，从而更好地适应和融入社会。加强社会实践活动是创新创业教育的一个重要环节。通过社会实践，使受教育者能正确地面对社会现实，并根据社会需要提高相关职业能力提升自己的素质。

（3）灵活性

相对其他教育模式而言，创新创业教育没有固定的模式，可以通过各种方法、途径来进行，非常灵活。创新创业教育是以市场为导向，以能力培养为目标的教育。新颖的体例、鲜活的内容、恰当的实训、创业的思考等都可以灵活运用。教育活动中素材的选择和应用会随着环境不同而变化，在实践中为适应不同层次的需要所产生的价值也会不同，所以满足不同学生的学习需要，以锻炼、培养、提高学生各方面的能力来灵活设计教育教学的各个环节和多样的教学手段，因地制宜，因时制宜，采用切实可行的、行之有效的、机动灵活的方式方法，不能一概而论。

（4）系统性

每一位高校毕业生的背后都寄托着一个家庭的殷切希望，关系着数百万家庭的幸福与和谐，可以说也寄托着社会各界乃至整个国家的希望与期盼。教育部有关文件也特别强调，要把创新创业教育纳入专业教育和素质教育体系，制定教学计划和学分体系，把创新创业教育课程建成多层次、立体化的教育教学体系。因此可以看出创新创业教育的系统是复杂而庞大的，主要体现在：它的教育过程是通过各种可利用的教育方式来培养的，不仅有理论，也有实践，而且要不断在探索中前进；

它的内容涉及经济社会文化各个层面甚至是交叉；它的实施不仅需要高效的教育，还需要社会各界的支持与理解，广泛联系与交流，它的科学系统性才能发挥良好的效果。

5. 创新创业教育的功能

创新创业教育是一个完整的系统，具备完善的功能，即服务社会功能、深化教育改革功能和促进大学生全面发展功能。

（1）服务社会功能

创新创业教育是一种教育的社会实践活动，对于促使国家加快转变经济发展方式，建设创新型国家起着非常重要的作用。一个国家的创新创业教育水平越高，其取得的社会效益和经济效益也就越好；社会的创新创业型人才发展越快，人们的物质生活水平也就越高，从而能够极大地推动社会的进步与发展。此外，创新创业教育还利于化解就业难题，消除社会不稳定因素，建设和谐社会。现在我国经济正处于稳定增长状态，发展创新创业教育对于推进社会稳定，建设人力资源强国尤为重要。我们要发挥好创新创业教育职能，使受教育的学生将来成为社会财富的创造者，成为社会发展的有力推动者。

（2）深化教育改革功能

通过把创新创业教育教学纳入学校改革发展规划，纳入教育教学评估指标，从根本上对传统教育理念进行深层次改革，确立与之相适应的新的人才培养模式，制订专门计划，明确职能部门，改革现有的专业教育和课程体系，对提高人才培养质量，保证高等教育的持续、健康发展起着重要的作用。大学生创新创业教育要通过展开教学内容、教学方法与评价方法的创新，走出传统教育理念的局限性，推进教育方法的启发性与参与性，使课堂的体验性和开创性得到发挥，不断实现教育功能的跨越式发展，培养出具有开拓精神、创新精神和国际竞争力的创新创业型人才。因此，高等教育以适应市场经济对人才培养规格的要求，适应国家发展战略对知识型、创新创业型人才培养的需要，适应世界高等教育的新趋势，促进教育体制改革与发展。

（3）促进大学生全面发展功能

创新创业教育强调全面开发人的潜能，培养学生创新性的思维方式，培养学生的能力及技术、社交和管理功能，通过树立正确的人生观、价值观、世界观从而确定自己的职业生涯，获得人生的成功。创新创业教育始终坚持以人为本、坚持面向全体，弘扬人的主体性和自由个性，帮助学生学会处理与他人、集体、社会的关系，提供了一个可以自由翱翔和自我设计的空间，通过完善自身的技能，注重提高自己的创造力，为在未来职业劳动中打下良好的基础，通过努力成功创业，可以升华自己的人格，实现自己的理想，证明自己的价值。所以在创新创业教育学习和实践环境中，既能培养健全人格，又能拓展知识和能力，从而有益于拓展大学生素质，促进人的全面发展。

9.1.4　大学生创新创业教育的基本形式

1. 设立创新创业教育课程

设立创新创业教育课程，学习理论是大学生掌握知识的一个重要途径。理论课程主要包括让大家了解现今创新创业的时代背景，了解国家对于现在创业的政策和支持力度，如大学创业贷款制度等；同时还应该为大家介绍创业的概念，创业需要什么条件，商业项目如何开展，并适当为学生分析一些创业成功的案例，让大家对创新创业有一个理性的认识。

2. 提供基地空间

很多大学生有了初步的行动和规划，但最开始可能缺乏空间来进行商业运作，学校可以为学生提供一个创业空间，鼓励他们进行实践，实践也是创新创业教育的重要途径。当然对于入驻创业空间的项目，学校应进行考察，并不是可以随意进入，只有优秀的项目才可以入驻空间。

3. 设立奖学金机制

对于学校来讲，设立奖学金是一种很好的鼓励方式，学校可对成果优良、有商业价值的优秀项目进行评比，并给予那些优秀创业的学生一定金额的金钱奖励，从而让一直在实践创新创业的同学获得更多的鼓励，更有自信地努力坚持下去。

4. 参加大赛

鼓励学生参加市级国家级的创新创业比赛。并不是每一个创业者都能成功，高校应该让学生在实践的同时也多了解市级、国家级优秀项目的新成果，鼓励学生走在创业的前沿，而非闭门造车。学校可以先在内部进行选拔或比赛，再推荐或鼓励优秀的项目或者团队去参加市级或更高级别的比赛。

5. 设置交流机会

学校应尽量联系一些成功的创业人士，或者创业成功的优秀校友来学校与在校学生分享自己的成功经验。这样的经验交流其实是很重要的，虽说大学生创业值得鼓励，但也不能光凭着意气去做事。学校应让学生了解成功的创业者应该具备哪些素质，倾听成功人士的经验交流可以让在校学生向前辈学习，积极培养自身的素质。

9.2　大学生创业

一些有理想、有胆识的大学生，利用自己的知识、技术和才能，以自筹资金、技术入股、寻求合作等方式，为自己在社会上"求生存、谋发展"开辟一条新的途径，创立新的社会经济单元。他们不是现有岗位的竞争者、填充者，而是为自己、为社会上更多人创造就业机会，并直接为社会创造价值做出贡献的开拓者。

大学生自主创业，不仅要求大学生能结合专业特长，根据市场前景和社会需求创造出有竞争力的新技术、新产品和服务，而且还直接面向市场、面向社会，在为社会创造价值的同时，使自我价值得到充分体现。目前，虽然自主创业成功的大学生还为数不多，但代表了一个方向，引领了一个新的就业浪潮。

9.2.1　大学生创业的特征

我国的大学生创业活动起步较晚，但是发展较快。近年来，随着国家政策的扶持和创业者社会地位的提升，越来越多的大学生选择创业这条道路。与其他时期创业不同，大学生创业是大学生这一特殊群体在特殊时间段内进行的创业活动，大学生创业将会拥有更多的机遇，但与此同时，也面临更多的挑战。

大学生创业具有以下特征。

1. 大学生创业热情高、机会多、挑战大，但是实际参与较少

清华大学中国创业研究中心提供的《全球创业观察中国报告》分析，我国的全员创业活动指数

为 10%～15%，即每百位 18～64 岁的成年人中，只有 10～15 人参与了创业活动。近年来的全球创业观察成员中，这一指数一直排在第 5～10 位，这说明我国在全球的创业活动中处于活跃程度。

搜狐网的一项调查结果表明，在每百位大学生调查者中，愿意选择自主创业的有 9.4%。大学阶段是学生心智和理想成熟的一个阶段，在此时，大部分大学生的金钱观逐渐形成，许多大学生都会产生赚钱的想法，而创业就是一个非常直接的途径，所以大学生的创业意愿非常强烈。大学生时间相对充裕，并且有国家和学校相关政策的扶持，整体来讲机会较多。但是，大学生同时还要面对学业的压力及较大的创业风险，即使学校提供了较好的创业环境，但总体来说选择自主参与的并不多。

2. 大学生创业成功率较低

近年来我国高校毕业生创业率一直在 1%徘徊，低于发达国家，其中创业成功的概率仅占 10%。正是因为多种因素，那些完全理性的风险投资公司大多不愿意投资到学生创建的规模小、风险大的企业中去，这更使得大学生创业成功的概率下降。据调查，创业者普遍反映在创业初期，最为匮乏的就是资金和经验。因此，大多数毕业生在创业时多半会选择启动资金少，容易开业且风险相对较小，较容易操作的传统行业，这样一方面节约了成本，另一方面也积累了经验。

3. 大学生开展创业活动的类型由传统行业向电商转变

由于资金和经验的缺乏，过去大学生的创业大多集中在传统较为简单和成本较低的行业，如餐厅、奶茶店、旅店等。进入 21 世纪以来，随着互联网和智能手机的普及，电子商务凭借其高数字化、高效率、低成本的特点迅速普及，而其特点恰好规避了大学生创业的部分问题。校园智能手机购物平台、团购网站等一系列服务于大学生的创业产物逐渐出现，打破了以传统行业为主的大学生创业类型。

4. 大学生创业多依托于学校区域，创业活动不够稳定

由于大学生居住在学校公寓内，因而大学生创业多依托于自身学校及周边区域。学校是一个巨大的市场，大学生创业者将目光对准了这个巨大的市场，学生群体是一个巨大的消费群体，创业者的顾客多半为学生。依托于学校区域，不仅有巨大的卖方市场，还有可以节省创业者的交通开支。

5. 创业大学生缺乏创业所需的知识和综合能力

"懂"经商不等于"会"经商。经商是一门学问，而且技巧性很强，对实践性的要求也很强。由于年轻缺乏实践经验，加之不少大学生是独生子女，一些人缺乏预见性和心理承受能力，使得这些大学生难以虚心接受一些成功经验、也难以认识自身不足，创业者对风险认识不够、风险意识不强，冷静理智平和的心态尚待锻炼。

9.2.2 大学生创业的类型

1. 网络创业

互联网改变人们生活的同时也提供了全新的创业方式。网络创业不同于传统创业，无须白手起家，而是要利用现成的网络资源。目前网络创业主要有两种方式：一是网上开店，在网上注册成立网络商店；二是网上加盟，以某个电子商务网站门店的形式经营，利用母体网站的资源和销售渠道。创业优势是门槛低、成本少、风险小、方式灵活，特别适合初涉商海的创业者。像易趣、淘宝等知名商务网站，都有着较完善的交易系统、交易规则、支付方式和成熟的客户群，每年还会投入大量的宣传费用。加盟这些网站，创立者便可近水楼台先得月。

2. 加盟创业

分享品牌金矿、经营诀窍、资源支持，连锁加盟凭借着诸多优势，成为备受青睐的创业新方式。这种创业的特点是利益分享、风险共担，创业者只需支付一定的加盟费，就能借用加盟商的金字招牌，并利用现成的商品和市场资源，还能长期得到专业指导和配套服务，而不必"摸着石头过河"，创业风险也会有所降低。但是，随着连锁加盟市场规模的不断扩大，鱼龙混杂的现象日趋严重，社会上一些不法者利用加盟圈钱的事件屡有发生。

3. 团队创业

在硅谷流传着这样一条"规则"：由两个博士组成的创业团队，几乎就是获得风险投资的保证。其中蕴含着这样的道理：创业已非纯粹追求个人英雄主义的行为，团队创业成功的概率要远高于个人独自创业。一个由研发、技术、市场、融资等各方面组成的优势互补的创业团队是创业成功的法宝，对于高科技创业企业来说更是如此。这种创业方式适合科技人员、在校大学生、在职人员等。

4. 大赛创业

大学生创业大赛来源于美国的商业计划竞赛，此类竞赛旨在为参赛者展示项目和获得资金提供平台，很多成功的企业都是从商业竞争中脱颖而出的。因此，创业大赛被形象地称为"创业孵化器"。从国内情况看，创业大赛也复制了一批大学生企业。创业大赛不仅为大学生创业者的闪亮登场提供了舞台，还为其提供了锻炼能力、转变观念的宝贵机会。通过这个平台，大学生可熟悉创业程序，储备创业知识，积累创业经验，接触和了解社会。这种创业方式只适合于在校大学生。

5. 概念创业

概念创业就是凭借创意、想法去创业。当然，这些创业概念必须标新立异，至少在打算进入的行业或领域是个创举，只有这样才能抢占市场先机，才能吸引风险投资商的眼球。这种创业方式适合具有强烈创意意识但是没有太多资源的创业者，可以通过独特的创意获得各种资源、包括资金、人才等。

对于在校大学生来说，可以借助学校品牌的项目创业，如各类教育与培训。假如你所在的学校有医学、心理学、教育学，便可借助大学这块牌子，学习发达国家，开展"婴儿早期教育"，还有成熟的技术转让，特别是理、工、农、医类院校，都有一些技术课题和成熟的技术项目。你可以为技术寻找市场，实现转化，或是开展各种专用的咨询。经济管理学院的学生可以成立企业咨询组。

9.2.3　大学生创业政策

政府的政策、法律法规及制度等相关因素会直接或间接地影响大学生的创业活动。1989 年，联合国教科文组织在"面向 21 世纪教育国际研讨会"上第一次提出"创业教育"的概念，又被称作"第三本教育护照"。1998 年，《21 世纪的高等教育：展望与行动世界宣言》重申：为方便毕业生就业，高等教育应主要培养学生的创业技能和主动精神，毕业生不再仅仅是求职者，而是首先成为工作岗位的创造者。

虽然我国创新创业教育起步较晚，但是国家对创新创业教育十分重视，尤其是创业对于解决就业问题已经或正在发挥着重要的作用。特别是进入 21 世纪之后，我国关于创业活动的政策、法律法规和措施相继出台，不断完善。

1. 创业优惠政策

2008 年实施的《中华人民共和国就业促进法》提出：要以创业带动就业，鼓励自主创业；各级政府和部门要简化程序，提高效率，为自主创业提供便利；对自主创业人员在一定期限内给予小额信贷等扶持；加强创业培训，提高劳动者、农村劳动者和失业人员的创业能力。

2008 年 9 月，《关于促进以创业带动就业工作的指导意见》对创业税收、培训、贷款等制定了详细的优惠政策，重点指导和促进高校毕业生、失业人员和返乡农民工创业。

2011 年，《关于进一步做好普通高等学校毕业生就业工作的通知》提出：政府会为高校毕业生就业提供一定政策与资源支持，鼓励高校学生创业。

2012 年，人事优惠政策出台：政府人事行政部门所属的人才中介服务机构，会免费为自主创业毕业生保管人事档案（包括代办社保、职称、档案工资等有关手续）两年；提供免费查询人才、劳动力供求信息，免费发布招聘广告等服务；适当减免参加人才集市或人才劳务交流活动的费用；优惠为创办企业的员工提供一次培训、测评服务。

2013 年，相关政府部门针对大学生创业出台了利率优惠政策，即对创业贷款给予一定的优惠利率扶持，视贷款风险度不同，在法定贷款利率基础上可适当下浮。

2014 年，大学生互联网创业的补贴政策出台：在电子商务网络平台开办"网店"的高校毕业生，可享受小额担保贷款和贴息政策。

2015 年，大学生创业可享税收、贷款等多重政策倾斜。

2016 年，出台了创业担保贷款和贴息政策：对符合条件的大学生自主创业者，可在创业地按规定申请创业担保贷款。鼓励金融机构参照贷款基础利率，结合风险分担情况，合理确定贷款利率水平，对个人发放的创业担保贷款，由政府给予贴息。

2017 年，出台了高校毕业生自主创业的税费补贴的政策。

2018 年，出台了一系列政策，如高校毕业生申请经营项目需经前置许可审批的，除涉及国家和人民群众生命财产安全的前置许可审批项目外，可实行"先照后证"。

2. 教育相关政策

2000 年 1 月，教育部提出：允许大学生、研究生（包括硕士、博士研究生）休学保留学籍创办高新技术企业，增强提高学生创业意识和实践能力（这是教育部首次提出大学生创业教育）。

2002 年初，教育部在 9 所高校试点创业教育。2004 年 7 月，在全国 37 所高等院校进行了以 SYB（Start Your Business，创业计划书）为中心内容的创业教育。

2005 年 7 月 6 日，清华大学、斯坦福大学、加州大学伯克利分校联合举办了创业教育亚洲会议（Roundable on Entrepreneurship Education，REE Asia）。本次会议是 REE 会议历史上规模较大的一次，受到了亚洲国家及地区的广泛关注。

2010 年 5 月，教育部指出大学生是最具创新、创业潜力的群体，从根本上增强大学生的创新创业能力，从观念上、理论上和行动上贯彻创新创业方针，积极鼓励各大高校大学生自主创业，是落实以创业带动就业、促进高校毕业生充分就业的重要举措。

2012 年，教育部提出全国各个大学中应该将创业教育放到一个重要高度，并且注重学生创业能力的培养。教育部要求面向全体学生开设大学生网络课堂，迅速将高新技术创业进行推广，不断地进行探索与改革。

2015 年 5 月 4 日，为了进一步推动大众创业、万众创新，我国颁布了《关于深化高等学校创新创业教育改革的实施意见》。

国家政策的不断出台，为高校开展大学生创业教育提供了良好的外部环境和法规、政策支持，提供了创新行动的平台和绿色通道，还将我国大学生创新教育向着创新创业教育的社会实践推进，为大学生开展创新创业教育不但是我国经济社会发展的需要，还是创业带动就业的需求。

9.2.4　大学生创业的基本方法

大学生创业往往白手起家的居多，经不起反复的失败和折腾，"摸着石头过河"，显然不能成为他们的选择。"人无我有，人有我新，人新我优，人优我转"，这似乎是多年的创业或创新箴言，然而因其缺乏可操作性而没有多少实际的意义。创业路上充满艰辛和挑战，创业者往往是靠打工挣得第一桶金，然后创业；创业失败再去打工；有了资金再去创业；失败了再去打工。所谓"百折不挠"就是他们创业经历的写照。

创业比就业更加困难，尽管大学生有知识、有激情、有梦想、有冲劲，但由于没有社会实践，没有经过市场的风雨考验，没有管理团队的经历，大学生创业比起职场过来人有着更多的风险和盲目。

1. 大学生创业必备的硬件

大学生虽有创业的热情，但因经验欠缺、能力不足、意识偏差等原因，常常导致创业成功率偏低。下面介绍大学生创业必须具备的几大硬件。

（1）经验

大学生长期在校园里，对社会缺乏了解，特别在市场开拓、企业运营上，很容易陷入眼高手低、纸上谈兵的误区。因此，大学生创业前要做好充分的准备，一方面，去企业打工或实习以积累相关的管理经验和营销经验；另一方面，积极参加创业培训，积累创业知识，接受专业指导，提高创业成功率。

（2）资金

一项调查显示，有四成大学生认为"资金是创业的最大困难"。的确，没有资金，再好的创意也难以转化为现实的生产力。因此，资金是大学生创业要翻越的一座山，大学生要开拓思路，多渠道融资，除了银行贷款、自筹资金等传统途径外，还可充分利用风险投资、天使投资、创业基金等融资渠道。

（3）技术

用智力换资本，这是大学生创业的特色之路。一些风险投资家往往因为看中大学生所掌握的先进技术，而愿意对其创业计划进行资助。因此，打算在高科技领域创业的大学生，一定要注意技术创新，开发具有自己独立知识产权的产品，吸引投资商。

（4）能力

大学生由于长期接受应试教育，不熟悉经营"游戏规则"，技术上出类拔萃，理财、营销、沟通、管理方面的能力普遍不足。要想创业获得成功，创业者必须技术、经营两手抓。建议可从合伙创业、家庭创业或低成本的虚拟店铺开始，锻炼自己的创业能力。

2. 大学生创业方向

如今创业市场商机无限，但对资金、能力、经验都有限的大学生创业者来说，并非"遍地黄金"。在这种情况下，大学生创业只有根据自身特点，选对方向，找准"落脚点"，才能闯出一片真正适合自己的新天地。

（1）高科技领域

身处高新科技前沿阵地的大学生，在这一领域创业有着近水楼台先得月的优势，很多大学生创业企业的成功，就是得益于创业者的技术优势。但并非所有的大学生都适合在高科技领域创业，一般来说，技术功底深厚、学科成绩优秀的大学生才有成功的把握。有意在这一领域创业的大学生，可积极参加各类创业大赛，获得脱颖而出的机会，同时吸引风险投资。

（2）智力服务领域

智力是大学生创业的资本，在智力服务领域创业，大学生游刃有余。例如，家教领域就非常适合大学生创业，一方面这是大学生勤工俭学的传统渠道，积累了丰富的经验；另一方面大学生能够充分利用高校教育资源，更容易赚到"第一桶金"。此类智力服务创业项目成本较低，一张桌子、一部电话就可开业。

（3）连锁加盟领域

有数据显示，在相同的经营领域，个人创业的成功率低于20%，而加盟创业则成功率高达80%。对创业资源十分有限的大学生来说，借助连锁加盟的品牌、技术、营销、设备优势，可以通过较少的投资、较低的门槛实现自主创业。但连锁加盟并非"零风险"，在市场鱼龙混杂的现状下，大学生涉世不深，在选择加盟项目时更应注意规避风险。一般来说，大学生创业者资金实力较弱，适合选择启动资金不多、人手配备要求不高的加盟项目，从小本经营开始为宜；此外，最好选择运营时间在5年以上、拥有10家以上加盟店的成熟品牌。

在强调团队合作的今天，创业者想靠单打独斗获得成功的概率正大大降低。团队精神已成为不可或缺的创业素质，风险投资商在投资时更看重有合作能力的创业团队。如今大学生一般都有个性，自信心较强，在创业时常常自以为是、刚愎自用，这些都影响了创业的成功率。因此，对打算创业的大学生来说，强强合作、取长补短，要比单枪匹马更容易积聚创业实力。

9.3 大学生创新创业赛事简介

9.3.1 中国"互联网+"大学生创新创业大赛

1. 大赛简介

中国"互联网+"大学生创新创业大赛由教育部等部门主办，各大高校承办。这一比赛是覆盖全国所有高校、面向全体大学生的影响最大的高校"双创"盛会，极大地激发了大学生的创新创业热情，释放出了"青年+创新创业"的无穷力量。

据教育部统计，中国"互联网+"大学生创新创业大赛自2015年创办以来，累计有947万名大学生、230万个大学生团队参赛，其中，3.84万个项目入选"国家级大学生创新创业训练计划"，项目经费达5.9亿元。在大赛的带动下，青年学子的实践能力显著增强，以学生为主体的创新性实践在各高校全面铺开，培养了一大批有理想、有本领、有担当的源源不断的青春力量。

2. 大赛目的与任务（第五届）

（1）以赛促学，培养创新创业生力军

大赛旨在激发学生的创造力，培养造就"大众创业、万众创新"的生力军；鼓励广大青年扎根中国大地了解国情民情，在创新创业中增长智慧才干，在艰苦奋斗中锤炼意志品质，把激昂的青春梦融入伟大的中国梦，努力成长为德才兼备的有为人才。

（2）以赛促教，探索素质教育新途径

把大赛作为深化创新创业教育改革的重要抓手，引导各地各高校主动服务国家战略和区域发展，开展课程体系、教学方法、教师能力、管理制度等方面的综合改革。以大赛为牵引，带动职业教育、基础教育深化教学改革，全面推进素质教育，切实提高学生的创新精神、创业意识和创新创业能力。

（3）以赛促创，搭建成果转化新平台

推动赛事成果转化和产学研用紧密结合，促进"互联网+"新业态形成，服务经济高质量发展。以创新引领创业、以创业带动就业，努力形成高校毕业生更高质量创业就业的新局面。

重在把大赛作为深化创新创业教育改革的重要抓手，引导各地各高校主动建立创新驱动发展战略，积极开展教学改革探索，把创新创业教育融入人才培养，切实提高高校学生的创新精神、创业意识和创新创业能力。

3. 赛事详情

大赛采用校级初赛、省级复赛、全国总决赛三级赛制。在校级初赛、省级复赛基础上，按照组委会配额择优遴选项目进入全国决赛。

（1）大赛主题

按照相关文件要求，加快培养创新创业人才，持续激发大学生创新创业热情，展示创新创业教育成果，搭建大学生创新创业项目与社会资源对接平台，每一届大赛设置相关主题：首届大赛以"'互联网+'成就梦想，创新创业开辟未来"为主题；第二届大赛以"拥抱'互联网+'时代，共筑创新创业梦想"为主题；第三届大赛以"搏击'互联网+'新时代，壮大创新创业生力军"为主题；第四届大赛以"勇立时代潮头敢闯会创，扎根中国大地书写人生华章"为主题；第五届大赛以"敢为人先放飞青春梦，勇立潮头建功新时代"为主题。

（2）大赛组别

以第五届为例。高教主赛道：创意组、初创组、成长组、师生共创组；青年红色筑梦之旅赛道：公益组、商业组；职教赛道：创意组、创业组；国际赛道：商业企业组、社会企业组、命题组。

（3）大赛类别

以第五届为例，大赛设置了"互联网+"现代农业，"互联网+"制造业，"互联网+"信息技术服务，"互联网+"文化创意服务，"互联网+"社会服务 5 个类别。

4. 大赛意义

要全面贯彻落实党中央、国务院决策部署，以提高人才培养质量为核心，以创新人才培养机制为重点，以完善条件和政策保障为支撑，促进高等教育与经济社会紧密结合，加快培养规模宏大、富有创新精神、勇于投身实践的创新创业人才，为国家建设提供强大的人才智力支撑。

9.3.2　全国应用型人才综合技能大赛

1. 大赛背景

为贯彻落实国家有关精神，推动各院校就业、创业相关教学体系的改革，引导学校积极开展应用型人才培养，提高学生解决问题的能力和自主学习的能力，培养学生的创新创业能力，世界职业教育大会暨展览会组委会、全国应用型人才综合技能大赛组委会、万企千校平台联合于 2015 年 6 月起举办首届全国应用型人才综合技能大赛。截止到 2019 年，已经成功举办了五届。

全国应用型人才综合技能大赛是在全国信息技术应用水平大赛的基础上，响应国家"大众创业、万众创新"的号召而组织的综合技能大赛。大赛主要面向各本科、高职、中职院校的在校学生，通过培养学生的综合技能和创新能力，提高学生的就业竞争力。大赛不仅为青年学生提供了展示个人综合技能水平的舞台，为参赛学校提供一个展示各自教学水平和特点的平台，同时也为用人企业提供一条发现优秀应用型技术人才的捷径。

2. 大赛目的

大赛秉承"以赛促学、以赛促创、以赛促教、以赛促业"的宗旨，为企业、高校和学生搭建展示、交流、互动的平台，促进应用型人才培养教育教学改革，进一步提高学生技术技能和"双创"竞争力。

3. 大赛项目

以第五届为例，共设学生组、教师组两个组别 9 个比赛项目，比赛形式为作品赛，参赛选手按要求提交作品，经过专家初审后确定进入决赛的名额，再通过现场决赛决出各类奖项。

4. 大赛赛制

大赛采用初赛、决赛两级赛制。

初赛阶段：由专家评审委员会对参赛学校提交的作品进行评审，并公布入围决赛的学校名单。

决赛阶段：由作品演示、现场答辩、实操考试等环节组成，评比产生大赛各奖项。

9.3.3 中国大学生计算机设计大赛

1. 大赛简介

中国大学生计算机设计大赛的前身是中国大学生（文科）计算机设计大赛，始创于 2008 年。是由教育部计算机相关教学指导委员会等多家单位主办的。大赛每年举办一次，其决赛时间一般在当年 7 月至 8 月。

2. 大赛定位与目标

大赛以非计算机专业学生为主体对象设立。"三服务"是大赛的基本目标：为计算机基础课程教学服务；为学生的专业发展需要服务；为双创（创新创业）人才培养的需要服务。

大赛是非计算机专业本科生在学习计算机基础课程后进行综合性实践的一种形式，是直接为计算机基础教学服务的。在"互联网+"的大背景下，大数据、人工智能等信息技术深刻影响着其他专业的发展，学生的专业发展需要计算机知识、思维和技能的支撑。大赛也是以竞赛这种形式，引导学生踊跃参加课外科技活动，激发学生学习计算机知识技能的兴趣和潜能，培养全面发展、具有运用信息技术解决实际问题的综合实践能力、创新创业能力，以及团队合作意识的人才。

3. 赛事详情

（1）大赛的参赛对象是当年本科所有专业的在校学生。

（2）竞赛项目有：软件应用与开发、微课与教学辅助、物联网应用、大数据、人工智能、信息可视化设计、数媒设计（普通组/专业组）、数媒动漫游戏、数媒微电影、数媒民族文化元素，以及计算机音乐创作等领域。

（3）大赛以三级竞赛形式开展：校级初赛—省级复赛—国家决赛。

（4）大赛作品贴切实际，有些直接由企业命题，与社会需要相结合，有利于学生动手能力的提升，有利于创新创业人才的培养。参赛院校由 2008 年的 80 所院校发展到 2018 年的 500 多所院校，参赛作品数由 2008 年的 242 件发展到 2018 年的 10000 多件。

4. 大赛性质

大赛是非营利的、公益性的、科技型的群众活动，章程完备，操作规范。大赛遵从"三公"的原则，即公开、公平、公正。自第 2 届（2009 年）开始，每年的参赛指南均由出版社正式出版，让社会监督、检验赛事。

9.3.4　案例分析

本节以"'背包客'创业策划"为例讲解项目申报书的编写过程。

1.　"背包客"项目简介

"背包客"是一款面向旅游类的手机应用（Application，App），定位于为用户提供便捷、自助、趣味的旅游体验。"背包客"涵盖了智能讲解、驴友社区、景区直播、健康侦测、旅游向导、安全模式等功能，打破了传统旅游行业 App 的"售票+酒店"运行模式，将旅游业与"互联网+"有机结合，让互联网融入旅游业中，给用户一种全新的旅游模式，全面增强了用户体验。

2.　行业分析

当前旅游业存在的显著问题是旅游过程偏向走马观光式旅游，旅游方式单一，探寻、修学、考察等文化型的旅游活动极少。国内旅行社数量的攀升一方面显示出旅游发展的火爆，但另一方面也暴露出一些问题，于是高质量、便捷性的自助型旅游方式成为未来的发展方向。"背包客" App 正是抓住了这种机遇，面向希望摆脱走马观光式旅游或者喜欢独自旅游的用户，致力于为其提供更为智能的现代化旅游服务。

3.　项目前景

互联网流量红利期结束，互联网热点行业已难以形成超级流量入口。反观旅游业，旅游产业全面拥抱互联网形成旅游产业互联网已成为必然。其数据仍有一个非常大的红利期，例如，可以将用户旅游消费习惯、旅游行为等大数据分析与各个景区承载、配套能力相结合，提供深度产业定制服务，为景区运营赋能。

对于游客而言，他们在整个游览过程中都将享受到大数据与人工智能带来的优质服务，进而提升了"吃、住、行、游、购、娱"全面旅行体验。

对于景区来说，这些目的地管理者可以打通原本各个信息孤岛的数据，从而在更好地监测与形成决策提升服务效率、加强安全管理和员工管理的同时提升运营能力，提升二次消费，增加收入，降低成本。

4.　项目特色

"背包客"主要面向热爱旅游并且想要提高旅游品质的用户，与其他旅游类 App 不同的是，背包客不以"机票+酒店"为主要运营模式，其功能设定满足了"旅游前""旅游中""旅游后"用户大部分需求。App 宣扬的不仅是一种旅游的形式，更是一种旅游的文化。

5.　项目功能

（1）智能讲解

用户通过智能讲解功能，对想了解的实物进行拍照，或者直接选取手机相册的图片，通过后台庞大的数据库高效快速地分析，即可快速准确地识别出该实物的具体信息以及相关的视频影像资料。"背包客"自带的语音助手会对其进行讲解，通过人工智能技术能够实现用户与语音助手的交流沟通，为用户解惑答疑。该功能同时支持文字输入和语音输入，增强其多样性与准确性。智能讲解功能在为用户普及知识的同时，还能增强旅游体验与质量。

为提高识别结果的丰富程度，搜索结果的维护采用"系统+个人"的方式，即识别结果除官方数据库分析得出外，也可由用户进行上传，上传的形式为文字、音频或影像，官方审核通过后经筛选即可被采纳、推荐。后期用户也可对信息进行更改，按同样方式进行发布。

（2）"驴友社区"

"背包客"为爱好旅游的朋友提供交流旅游经历的平台，分享自己在旅行过程中的点点滴滴。同时为符合时代发展的趋势，在 App 中开发出社交圈功能。

"驴友社区"提供用户发布信息的途径，例如发布此时的心情、分享美景美食、寻求帮助等，也可结交朋友，扩大社交圈。除此之外，社区提供直播平台，供用户分享旅游体验。社区将会通过奖励的形式鼓励用户以写作、摄影的方式发出自己的感悟与收获，与他人分享快乐，提升用户体验。

用户还可将社区内的信息分享到社交平台，供他人阅读。

（3）景区直达

作为一款为用户服务的旅游类 App，"背包客"希望能为用户提供更多的旅游帮助。当用户在界面选定想要去的地点，App 会自动为用户推荐优质旅游景点，同时用户可点击查看景区详细信息。

"背包客"与景区进行合作，通过直播或播放视频的方式对景区进行宣传，同时将景区部分信息反馈给用户。将景区影像导入 App，用户可以直观地看到各景区的状况，为旅游做计划。并通过后台数据计算自动得出景区拥挤程度，并实时反馈到 App 上。

（4）旅游向导

"背包客"利用云计算、物联网等技术，通过互联网，借助便携的终端上网设备，主动感知旅游资源、旅游经济、旅游活动、旅游者等方面的信息，并及时推送给用户。它采用卫星定位功能，为用户进行实时定位，通过虚拟现实技术达到智能导游边走边讲的功能，帮助用户成为真正的背包客。

（5）健康侦测

用户佩戴"背包客"特定智能手环或智能挂饰可对用户身体健康状况进行实时侦测，并将数据传输到 App 上，App 通过整合将用户身体健康状况展现出来。联合医疗系统，若用户身体状况较差，App 会主动提醒用户，并出示缓解方案。

（6）安全模式

用户在 App 界面点击并确认自动报警图标后，立即开启求救功能。App 采用卫星定位功能确定游客精确位置，立刻将信息以短信的方式发送给预先设定好的救助号码和报警号码。同时 App 开启警报声，以此震慑侵犯者，在警报声 10 秒后启动自动录音录像功能，为以后警方的调查提供证据。

（7）基础功能

除上述功能外，App 还提供其他旅游基础功能，如旅游攻略、信息推送、指南针等功能。在满足以上特色功能外，App 同时也做好用户的一些必需服务，使"背包客"进一步解决用户在旅游过程中的一系列问题，提升用户体验。

6. 盈利模式

（1）在线广告

① CPM（Cost Per Mille，千人成本）式广告

运用"窄广告"的概念，针对更专业的浏览群体，在用户浏览景区信息时，搜索结果的显著位

置展示付费广告商的推广信息。根据景区的产品与特点等，确定其关键词，通过旅游推荐搜索引擎让推广信息在指定时间段、指定区域根据用户搜索的关键词进行展示，并收取其广告费。

② CPC（Cost Per Click，点击付费）式广告

为有更高推广需求的卖家量身定制，通过竞价排序，按照展现计费，更适于推广店铺、品牌的服务。将旅游景点在 App 上进行展示并推荐给用户，根据景区广告费的出价进行排名。App 通过引导、吸引用户点击广告，并按实际点击次数进行计费。

③ 搜索引擎营销（Search Engine Marketing，SEM）

这是最常见的在线付费广告形式，SEM 基于关键字工作，通过搜索引擎对关键字进行出价，以便在搜索引擎结果页面（Search Engine Results Page，SERP）上展示。也可以通过针对关键字（Search Engine Optimization，SEO）优化 App，以非付费形式使用 SEM，搜索引擎根据相关性列出未付费结果，因此改善 App 的搜索引擎优化意味着将能免费获得更多点击。

④ 再营销/重定向

在后期向已了解这款 App 产品和服务的人推销的最佳方式就是向他们进行再营销，当用户访问这款 App 时，App 上会放置 Cookie，这样当他们在 App 里操作时，广告就会反复出现（可以手动关闭），以提醒他们。

（2）招商计划

通过建立线上商城，签约多方渠道供应商，在 App 前台提供商家入驻申请表单，商家可以通过申请入口，申请入驻平台，由平台方审核通过后，缴纳费用或者无须缴纳，即可开始销售商品。消费者支付的金额均进入平台方的账目，并由结算系统智能根据平台结算规则，向商家显示可结算金额，商家可以在后台提交结算申请，由平台方通过线下打款或网上直接支付的方式进行结算。平台则可以多样化商品和服务类，整合行业资源。收取商家营销推广费用、类目使用费用和平台佣金等收入。入驻商家可自行管理商品、订单、仓储、物流、售后服务、营销推广等业务，定期与平台进行财务结算，入驻商城通过大平台流量、资源、营销服务等业务优势，强化自身品牌知名度，提高交易转化率。

（3）增值服务

基础功能免费，高级功能收费。先用免费的产品和服务吸引用户，抢占市场份额和用户规模，再通过增值服务或其他产品收取费用。例如用户可以开通高级会员，根据需要购买高级会员，会员可享受 App 更多的功能和优先服务的权利，在后期开发的预订服务中也可享受一定优惠。App 通过收取会员费进行盈利。

（4）自营商品

假如 App 发展顺利并具有一定的资金和流量时，平台可以通过上线高质量"背包客"品牌的自营商品来为用户提供更大的便利与 App 使用体验，同时也可以通过自营商品进行盈利。

（5）收费服务

在生活中人与人之间的交流十分重要，当然在旅游过程中也不例外。有些游客可能没人陪伴，独自旅游，在旅游过程中肯定会感到孤独，进而使得旅游体验下降，这时游客可以通过 App 预约私人导游。通过 App 预约的私人导游的费用也会比较低，可以加大用户的旅游体验，避免游客花冤枉钱。

这些私人导游经过平台专业人士的严格筛选，合适的人选将会和平台签订合同并让应聘者交纳一定押金。缴纳的押金可以作为资金沉淀。通过 App 被聘用的私人导游，平台会根据最后

的服务情况进行奖励或惩罚。这样不仅可以提高用户的旅游体验，还可以让私人导游具有工作积极性。

（6）上线预订服务

App 在拥有一定程度的流量后，开始上线预订功能，集酒店、景区门票、餐饮、交通等于一体的运营模式，通过一体化推荐吸引用户购买，从中抽取利润。

传统的机票和酒店预订功能的竞争已经发展到白热化的高度，App 初创期间很难从中分得利益。但在餐饮、门票、目的活动和地面交通等领域还有很大的发展空间。结合基于位置服务（Location Based Services，LBS）的广告推送及预订服务的以上行业具有相当大的发展及利润空间。

结合旅游推荐搜索引擎，通过智能推荐引导用户进行决策，并促进预订模式的营销发展。

习　题

1. 创新教育、创业教育、创新创业教育的内涵是什么？
2. 你了解的大学生创新创业的比赛有哪些？

第 10 章　信息技术的新发展

当今世界，信息技术的创新日新月异，新一代信息产业的发展速度每年都在以惊人的速度攀升，在全球范围内，信息技术的快速发展正在改变这个世界。进入 21 世纪以来，学科交叉融合加速，新兴学科不断涌现，前沿领域不断延伸。本章就信息技术的新发展进行介绍，主要包括数据库新技术、数据计算、网络新技术、虚拟现实和机器学习等方面的内容。

10.1　数据库新技术

10.1.1　大数据

随着移动互联网、物联网、云计算等技术的迅猛发展，海量的、大规模的数据随之产生，数据爆炸将人们带入了大数据时代，大数据已成为当下热门的词汇之一。数据的变化速率及数据的新增种类都在不断更新，数据研究变得越来越复杂。大数据不仅是一项数据存储技术，而且是一系列和海量数据相关的抽取、集成、管理、分析、解释技术，是一个庞大的框架系统，大数据正在成为一种全新的思维方式和商业模式。

1. 大数据的定义

研究机构高德纳（Gartner）公司对于大数据（Big Data）给出了这样的定义："大数据"是需要新处理模式才能具有更强的决策力、洞察发现力和流程优化能力来适应海量、高增长率和多样化的信息资产。

麦肯锡全球研究所给出的定义："大数据"是一种规模大到在获取、存储、管理、分析方面大大超出了传统数据库软件工具能力范围的数据集合，它具有海量的数据规模、快速的数据流转、多样的数据类型和价值密度低 4 大特征。

通俗的定义，我们可以将"大数据"理解为是通过获取、存储、分析，从大容量数据中挖掘价值的一种全新的技术架构。

2. 大数据的单位

（1）传统的个人计算机处理的数据是 GB/TB 级别的。

1GB = 1024MB（GB 的全称是 GigaByte）；

1TB = 1024GB（TB 的全称是 TeraByte）。

（2）大数据处理的数据是 PB/EB/ZB 级别的。

1PB = 1024TB（PB 的全称是 PetaByte）；

1EB = 1024PB（EB 的全称是 ExaByte）；

1ZB = 1024EB（ZB 的全称是 ZettaByte）。

从数据规模和类型来看，传统数据库通常是以 MB 为单位且数据种类单一。但大数据的数据单位很大，通常以 GB、TB、PB 甚至 EB、ZB 为单位，且数据种类繁多。从模式和数据关系来看，传统数据库是先有模式再产生数据的，而大数据很难预先确定模式，模式是会随着数据量的增加而改变的。从处理对象上来看，不同于传统数据库中将数据作为处理对象，大数据中是要将数据作为一种资源来帮助分析其他领域的诸多问题的。

3. 大数据的特点

大数据具有 "4V" 的特性，即大量（Volume）、高速（Velocity）、多样（Variety）、价值密度低（Value）。

（1）Volume

大量主要体现在数据存储量大和数据增量大。随着信息技术的高速发展，数据开始爆发性增长。社交网络数据、各种智能工具、移动网络等，都成为数据的来源。因此，迫切需要智能的算法、强大的数据处理平台和新的数据处理技术，来统计、分析、预测和实时处理如此大规模的数据。

（2）Velocity

高速指的是数据的产生和处理速度快。数据可以通过社交媒体、定位系统等应用快速、大量地产生。同时数据的处理速度也应加快，只有快速实时处理才可以更加有效地利用得到的数据。

（3）Variety

多样主要体现在格式多和来源多两个方面。大数据产生的数据类型繁多，其中包括结构化、半结构化和非结构化数据，甚至包括非完整和错误数据。这是因为数据的来源多种多样，例如网页日志、电子邮件、传感器等。

（4）Value

这是大数据的核心特征。大数据的数据量很大，价值密度很低，数据中真正有价值的占比却很少。大数据的价值的实现是通过从大量不相关的各种类型的数据中挖掘出对未来趋势、模式预测分析有价值的数据，并通过人工智能方法、数据挖掘方法、机器学习方法分析及发现新知识，并运用于金融、农业、医疗等各个领域，从而达到提高生产和经济效率、改善社会治理、推进科学研究的效果。

4. 大数据技术流程

大数据技术的主要流程可以分为数据生成和获取、数据预处理、数据存储、数据分析和挖掘等。

（1）数据生成和获取

数据的来源多种多样，可以来自物联网、互联网、各类传感器等。同时数据的方式也是多种多样的，可以是数字、文字、声音、图片、视频等。

（2）数据预处理

我们在现实中收集到的真实数据通常都是不能直接使用的，是不完整的脏数据，没有办法直接进行数据挖掘和处理。为了提高数据的质量，对获取到的数据进行预处理是必需的。数据预处理的内容主要有：数据审核、数据筛选、数据排序。数据审核主要审核数据的准确性、及时性、适用性、一致性。数据筛选是对审核过程中发现的错误进行纠正的过程，通常包括两方面的内容：筛选出符合条件的数据、剔除不符合要求的数据。数据排序是为了研究者进一步观察和分析，将数据按照一定的顺序进行排列。数据预处理的主要方法有数据集成、数据清理、数据变换、数据规约。数据集成是将多个数据源中的数据结合起来统一存储。数据清理的主要目的是格式标准化、清除异常数据、纠正错误。数据变换是利用规范化、平滑聚集、数据概化等方式将数据转变成有利于数据挖掘的形式。数据规约可以得到规约表，能保持数据的完整性且能节省挖掘分析时间。

（3）数据存储

传统的数据存储方式可以分为对象存储、文件存储、块存储，大数据的存储方式可以分为NoSQL 数据库、分布式系统、云数据库。分布式系统主要包含分布式文件系统、分布式键值系统。其中，分布式文件系统是一个高度容错性系统，适用于批量处理，并且能够提供高吞吐量的数据访问。

（4）数据分析和挖掘

数据分析和挖掘就是从大量的数据中提取出隐含在其中的、具有潜在价值的信息，是统计学、人工智能、数据库技术的综合运用。大数据的计算分析框架主要包括批处理框架、交互式计算框架、流处理框架、混合处理框架、图数据处理框架。

5. **未来大数据发展趋势**

大数据成为时代发展一个必然的产物。首先，随着数据库能力的提升，数据库处理数据的能力越来越强，大数据成为企业和社会关注的重要战略资源，并已成为大家争相抢夺的新焦点。因此，企业必须充分利用大数据资源，制定大数据营销战略计划，抢占市场先机。其次，大数据与云计算未来会更进一步结合。大数据离不开云处理，云处理为大数据提供了弹性可拓展的基础设备，是产生大数据的平台之一。物联网、工业互联网等新兴计算形态，将让大数据营销发挥出更大的影响力。目前，工业互联网平台的应用还处于发展的初级阶段，而工业互联网平台的未来，则需要设备物联和系统互联全面打通。大数据技术未来在物联网方面的应用可以在统计技术标准、优化数据安全管理、控制成本投入等方面进行着重发展和改进。最后，未来的大数据会和人工智能这一热门核心技术进行完美地结合。我们可以通过人工智能技术给大数据建立更好的索引，人工智能促进大数据发展和大数据融合会是一个很重要的发展方向。

10.1.2　数据仓库

1. **数据仓库的定义**

数据仓库（Data Warehouse，DW 或 DWH）是单个数据存储，出于分析性报告和决策支持目的而创建，是为企业所有级别的决策制定过程，提供所有类型数据支持的战略集合。

"数据仓库之父"比尔·恩门（Bill Inmon）在 1991 年出版的《数据仓库》(*Building the Data Warehouse*) 一书中提出的 "数据仓库" 的定义已被人们广泛接受：数据仓库是一个面向主题的、集成的、相对稳定的、反映历史变化的数据集合，用于支持管理决策。

2. **数据仓库的特点**

（1）数据仓库是面向主题的，主题是指用户使用数据仓库进行决策时所关心的重点方面。

（2）数据仓库是集成的，数据仓库的数据有来自分散的操作型数据，将所需数据从原来的数据中抽取出来，进行加工与集成、统一与综合之后才能进入数据仓库。

（3）数据仓库是不可更新的，其所涉及的操作主要是数据的查询，数据仓库主要是为决策分析提供数据的。

（4）数据仓库是随时间而变化的，传统的关系数据库系统比较适合处理格式化的数据，能够较好地满足商务处理的需求。

3. 数据仓库的结构

数据仓库是一种多层次的体系结构，它通常采用的是三层体系结构。

（1）底层是仓库数据库服务器，使用后端工具和实用程序，由操作数据库或其他外部数据源提取数据，放入底层。

（2）中间层是联机分析处理（Online Analytical Processing，OLAP）服务器，使用关系 OLAP 模型或使用多维 OLAP 模型。

（3）顶层是前端客户层，其中包括查询和报告工具、分析工具或数据挖掘工具。

4. 数据仓库模型

从结构的角度看，数据仓库有 3 种模型：企业仓库、数据集市和虚拟仓库。

（1）企业仓库：提供企业范围内的数据集成，通常来自一个或多个操作数据库系统或外部信息提供者，并且是多功能的。

（2）数据集市：包含企业范围数据的一个子集，范围限于选定的主题。

（3）虚拟仓库：虚拟仓库是操作数据库上视图的集合。

5. 数据仓库建模

数据仓库和 OLAP 工具基于多维数据模型，这种模型将数据看作数据立方体形式。

（1）数据立方体：允许以多维对数据建模和观察，每个维都可以有一个与之相关联的表（维表），n 维数据立方体可显示成 $n-1$ 维立方体的序列。

（2）多维数据模型的模式：目前最流行的数据仓库的数据模型是多维数据模型，可以是星形模式、雪花模式或事实星座模式。

① 星形模式。最常见的模型是星形模式，数据仓库包括一个大的中心表，其中有大批数据并且不含冗余，一组小的附属表，每维一个。

② 雪花模式。它是星形模式的变种，雪花模式的维表易于维护，以便减少冗余，节省存储空间。

③ 事实星座模式。复杂的应用可能需要多个事实表共享维表，这种模式也称为星系模式。

6. 数据仓库的设计与使用

关于数据仓库的设计，必须考虑 4 种不同的视图：自顶向下视图、数据源视图、数据仓库视图和商务查询视图。

从软件工程的角度看，数据仓库的设计和构造包含以下步骤：规划、需求研究、问题分析、仓库设计、数据集成和测试、部署数据仓库。大型软件系统可以用两种方法开发——瀑布式方法和螺旋式方法。瀑布式方法：每一步都会进行结构的和系统的分析；螺旋式方法：功能渐增的系统的快速产生，相继版本之间间隔很短。

7. 数据仓库的发展趋势

数据仓库要处理更多类型的全量数据。企业必须能够有效地存储、加工和分析数据，包括结构化数据、半结构化数据和非结构化数据。

数据仓库要提供更加广泛的数据访问。数据仓库的访问不再只限于 IT 部门，所有部门的用户都会要求自助访问全真的数据，甚至希望无须 IT 部门的协助便可以自行进行数据准备，这个过程中的高访问延迟也是不被接受的。

数据仓库要采取更加实时的业务决策。流式数据为理解和调整当前的业务决策创造了新的可能，但前提是我们要具备对流式数据进行实时处理的能力。实时计算需要新的技术架构，不仅要将数据流与现有数据体系进行对接，还要能够对其进行快速分析。

10.1.3 数据挖掘

数据挖掘（Data Mining）是一种从生活中的海量数据里"挖掘"出潜在的、前所未有的知识的技术。现今数据挖掘的研究取得了可观的成绩，渐渐形成了一套基本的理论基础，主要包括：分类、聚类、模式挖掘和规则提取等。处理大数据需要一个综合、复杂、多方位的系统，系统中的处理模块有很多，而数据挖掘技术以一个独立的身份存在于处理大数据的整个系统之中，与其他模块之间相辅相成、协调发展。在大数据时代，数据挖掘技术的地位是至关重要的。

1. 数据挖掘的定义

数据挖掘是指从大量的数据中自动搜索隐藏于其中的有着特殊关系的数据和信息，并将其转化为计算机可处理的结构化表示。目前数据挖掘的主要功能包括概念描述、关联分析、分类、聚类和偏差检测等，主要用于描述对象内涵、概括对象特征、发现数据规律、检测异常数据等。

2. 数据挖掘的步骤

一般来说，数据挖掘过程有 5 个步骤：确定挖掘目的、数据准备、进行数据挖掘、结果分析、知识的同化。

（1）确定挖掘目的。认清数据挖掘的目的是数据挖掘的重要一步。挖掘的最后结果是不可预测的，但要探索的问题应是有预见的。

（2）数据准备。数据准备又分为以下 3 个阶段。

① 数据的选择：搜索所有与目标对象有关的内部和外部数据信息，并从中选择出适用于数据挖掘应用的数据。

② 数据的预处理：研究数据的质量，为进一步的分析做准备，并确定将要进行的挖掘操作的类型。

③ 数据的转换：将数据转换成一个分析模型。这个分析模型是针对挖掘算法建立的。建立一个真正适合挖掘算法的分析模型是数据挖掘成功的关键。

（3）进行数据挖掘。对得到的经过转换的数据进行挖掘。

（4）结果分析。解释并评估结果，其使用的分析方法一般应视数据挖掘操作而定，通常会用到可视化技术。

（5）知识的同化。将分析所得到的知识集成到所要应用的地方去。

3. 数据挖掘主要模型与算法

现在的数据挖掘技术主要涉及神经网络、决策树、遗传算法、数理统计分析、聚类分析等方法。

（1）神经网络。神经网络具有初步的自组织、自适应性，泛化能力，非线性映射能力，高度并行性等优势，解决问题比较灵活，具有广阔的应用前景，其原理是用计算机模拟人的思维并根据逻辑规则进行推理。

（2）决策树。决策树代表对象属性和对象值之间的一种映射关系，是一种比较直观的办法。决策树的基本组成部分为决策支点、分支和叶子，自顶向下对决策树进行遍历的过程中，每一个支点存在一个问题，对每个支点的不同决策到达不同的叶子节点，最终得到结论，最后对问题做出决策。

（3）遗传算法。遗传算法是一种模拟达尔文进化论从而获得最优解的随机搜索算法。遗传算法在数据挖掘中的应用还包括对算法适合度的评估。

（4）数理统计分析。传统统计分析可用于数据挖掘。数据挖掘对统计分析方法学进行了延伸和扩展。数理统计方法在数据挖掘研究方面的应用使预测的准确性大大提高了。

（5）聚类分析。聚类分析是对大量样品进行分类的多元统计分析方法。聚类分析被广泛应用于模式识别，研究成果众多。

4. 数据挖掘的应用领域

数据挖掘将高性能计算、机器学习、人工智能、模式识别、统计学、数据可视化、数据库技术和专家系统等多个范畴的理论和技术融合在一起。在大数据时代下，数据挖掘作为最常用的数据分析手段得到了各个领域的认可，数据挖掘的应用前景广阔。大数据时代，各行各业面对海量的数据，都需要对之进行分析、识别，以期获得目标信息。

（1）商业的应用。以消费行为为研究对象，针对样本信息，消费者的兴趣爱好、习惯、需求和倾向均可以通过数据挖掘得到，进而预测出相应消费群体或消费者下一步的消费行为，然后基于此对消费者进行特定内容的定向营销，能极大地提升营销效果。伴随着时代的进步和科技的飞速发展，作为人口大国，我国在健康医疗、老龄化社会等方面产生的公共数据呈几何级数增长，基于大数据的挖掘数据的研究与应用具有现实的价值。

（2）健康医疗及制造领域的应用。健康医疗数据的结构、规模、范围和复杂度等都在不断扩大，数据挖掘技术可以根据医疗数据的一些特点来对健康医疗数据进行分类，从而为医生或病人提供准确的辅助决策。

（3）制造业的应用。主要将数据挖掘应用于品质管控，以提高生产效率。

（4）金融领域的应用。在大数据时代，银行、证券等公司每天的业务都将生成海量数据，采用当前的数据库系统可以高效地实现数据的录入、查询和统计等功能。从简单的查询提升到利用数据挖掘技术挖掘知识、提供决策支持的层次。

5. 大数据时代下数据挖掘的发展趋势

无论是在研究领域，还是在商业应用方面，数据挖掘都属于热点问题，得到越来越多人的关注，人们开始了解、学习数据挖掘。在大数据时代，数据挖掘的发展趋势将体现在以下几个方面。

（1）金融领域潜在数据的挖掘。在信用卡交易的过程中，数据挖掘的应用类型也比较多，如在信用卡异常行为检测、高端信用客户的维护和信用卡风险控制等方面，均可以展开深入研究。

（2）数据挖掘算法的改进和可视化。当采用数据挖掘的算法分析和处理海量数据时，算法的改进主要取决于算法的准确度和效率。学术研究主要集中在精度和效率之间对数据挖掘的结果进行可视化和设定适当的临界值两个方面。

（3）数据挖掘和隐私保护。在解决实际问题时会涉及隐私的数据，例如在研究信用卡和用户之间的关系时，数据中难免会有用户的个人隐私信息泄露。在进行数据挖掘过程中，不泄露用户的个人隐私问题，将成为人们研究数据挖掘的另一个重要方面。

（4）数据挖掘技术与其他系统的集成。数据挖掘不是单纯的某一个算法或者几个算法的简单混合，而是一个完整的过程。将数据挖掘应用到实战演练的过程中，需要将数据挖掘与其他系统进行有条理地集成，最大化地体现了数据挖掘的优势。

（5）多媒体数据挖掘。大数据时代，视频、音频、图像等都属于多媒体的范畴，随着时代的发展，海量的数据结构变得复杂化和动态化。无人车与无人机的实际应用、天网工程的展开、智慧医疗项目的全面发展都会要求对多媒体数据进行快速处理，为了得到更理想的效果，需要开发和设计数据挖掘的新智能算法。

10.1.4　数据智能

"数据智能"是百度公司提出的概念。数据智能是一个跨学科的研究领域，它结合大规模数据处理、机器学习、数据挖掘、可视化、人机交互等多种技术，从数据中提炼、发掘、获取有揭示性和可操作性的信息，从而为人们在基于数据制定决策或执行任务时提供有效的智能支持。

1. 数据智能的定义

数据智能是指基于大数据引擎，通过大规模机器学习和深度学习等技术，对海量数据进行处理、分析和挖掘，提取数据中包含的有价值的信息和知识，使数据具有"智能"，并通过建立模型寻求现有问题的解决方案，以及实现预测等。

数据智能的重要性越来越凸显，数据智能技术赋予我们探求数据空间中未知部分的能力，在不同领域里孕育出巨大的机会。数据智能通过分析数据获得价值，将原始数据加工为信息和知识，转化为决策或行动，已成为推动数字化转型的关键技术。众多基于互联网的新型业务，包括搜索引擎、电子商务以及社交媒体应用等，其本质就是建立和运作在数据智能的基础之上的。数据智能技术正在重塑传统的商业分析或商业智能领域。

2. 数据智能的核心技术

数据智能相关的核心技术大致可以分为数据平台技术、数据整理技术、数据分析技术、数据交互技术、数据可视化技术等，各种技术的创新层出不穷。

（1）大数据平台技术。当前的大数据系统更加强调读写效率、数据容量以及系统的可扩展性。将数据分割成块，并将每块复制多份后分散到不同物理机器上存储，用冗余的数据块来防止因个别机器损坏对数据完整性的影响。数据的冗余保存不但提高了系统的可靠性，同时也提高了系统在数据读取时的并发性能。而传统的数据库 OLTP 面向交易型需求而设计，无法满足大数据统计分析类的查询需求和应用。

基于自然语言的交互。近年来，随着自然语言处理和人工智能技术的快速进步，使用自然语言来查询和分析数据变得更加可能。为了降低数据分析的门槛，使用自然语言作为交互方式显然是一个理想的方案，可以极大地方便普通用户快速、有效地进行数据探索与数据分析。

（2）数据分析的自动化。数据分析是数据智能中最核心的部分，可以分为描述性分析、诊断性分析、预测性分析、指导性分析等 4 个类别，数据智能分析工具的发展经历了如下 4 个重要的阶段和层次。

① 数据智能专家深入学习特定领域的问题，构建端到端（End-to-End）的分析流程和平台，以特定领域的数据分析师为主要用户，以解决特定领域的专业问题为主要任务。

② 数据智能专家通过对各个领域的总结，提炼出在不同领域的任务中所共同依赖的一些必要的需求单元，如分布差异分析、主驱动因素分析、预测分析等。以积木块搭建的形式把各个需求单元

对应的数据智能技术组成一个分析平台，提供给各个领域使用。

③ 充分发挥机器的智能性，在分析任务的各个环节，通过主动提供相关洞察的形式，为用户的下一步决策或行动提供引导性建议，更大程度地提高人类智能与机器智能的互补，来完成更高效的协作。

④ 在前几个阶段中，数据的处理、特征的选取、模型的设计以及参数的优化等核心环节严重依赖于机器学习专家的知识和技能。随着机器学习理论的进一步发展，基于对已有机器学习成果的总结，可以对前述重要环节进行系统化的抽象，并结合不断快速发展的计算机处理能力，使其逐渐自动化，降低数据智能模块的开发门槛，推动人类智能和机器智能的进一步融合，不同领域的普通用户可以自助方式按需定制针对具体任务的数据智能模块。

（3）数据融合的自动化。能够融合多样且繁杂的数据对于数据智能领域非常重要。第一，在机器从数据中获取智能之前，机器能够正确地读懂各种各样的数据，需要将数据处理成对机器友好的结构化数据，机器才能发挥其特长，从数据中获取智能。第二，数据智能需要充分挖掘数据之间存在的关联，数据不是孤立的，可以把其他数据源所涵盖的信息传递并整合过来，为数据分析任务提供更丰富的信息。第三，提前检测并修复数据中存在的错误，是保障数据智能得出正确结论的重要环节。

（4）数据可视化。在当前大数据盛行的时代，数据可视化逐渐凸显其重要地位，开始扮演越来越重要的角色。用户直接在这些视图上进行搜索、挑选、过滤等交互操作，对数据进行探索和分析。数据可视化本质上是为了感知和沟通数据而存在的，涉及不同的领域，诸如人机交互、图形设计、心理学等。可视化技术用于分析，已成为数据智能系统不可或缺的部分。这些技术通常会集成在一个图形界面上，展示一个或多个可视化视图。

3. 数据智能技术的未来热点

人类智能和机器智能将会紧密融合。改变现有人工智能技术被动服从人类设定的既定逻辑然后自动运行的现状，需要全面地总结人类在数据分析方面的智能和经验，并将之转化为机器算法，系统化地集成到已有的智能系统当中。未来，数据智能技术将朝着更自动、更智能、更可靠、更普适、更高效的方向发展。

（1）数据智能需要更细粒度的、有针对性的分析。用户将不再满足于仅仅依赖黑盒式的智能、端到端地作用于整个任务，例如，在推荐高风险交易记录的同时，尽量提供系统是依据哪部分信息、通过怎样的逻辑判断这是一条高风险交易的相关依据。数据智能用于财务审计系统中，准确推荐最有风险的交易记录进行优先审查，以达到在最小化系统风险的前提下，最大化审计效率。在这类系统的研发中，需要构建可理解性强的模型。

（2）将会建立高质量的训练数据集和基准测试数据集。由于训练数据的缺乏，人工智能、深度学习等技术在数据智能领域的进一步应用遇到了很大的困难。一旦有了丰富的训练数据，数据智能领域的很多研究，如自动分析、自然语言交互、可视化推荐等，将会取得突破性的进展。

（3）强大的指导性分析成为主流。数据分析的重要价值所在就是指导行动，无论分析得多好，如果不采取行动，那么分析的价值就不会得到实质的体现。例如，根据详尽的分析，数据智能预测某品牌在接下来一个季度的销量会下滑10%。相应的指导性分析可以是，如果想保持下季度销量不下滑，应该采取怎样的措施。现在的数据智能技术在给出指导性分析的同时，并不能提供充足的依据，没有具备足够解释性的模型，从而不足以让人类用户充分信任自动推荐的结果。

10.2　数据计算

10.2.1　高性能计算

在现代工程实践和科学研究中，我们通常使用数学方程式来表示自然科学规律，利用超级计算机能够提高科学计算的运算效率。高性能计算机的浮点运算速度已经达到每秒上亿亿次，广泛应用于全数字设计与制造、生物计算与精准医疗、智慧城市云计算、地球科学与环境工程、材料工程等领域。

1. 高性能计算的定义

高性能计算（High Performance Computing，HPC）是指利用并行处理和互连技术将多个计算节点连接起来，从而可靠、高效、快速地运行高级应用程序的过程，即利用聚集起来的计算能力来处理标准工作站无法完成的数据密集型计算任务，包括建模、仿真等。

2. 高性能计算的分类

高性能计算通常分为两类，分别是高吞吐计算和分布计算。高吞吐计算把计算分成了若干彼此间没有关联的并行的子任务，通常用于在海量数据中搜索某种特定模式，属于单指令多数据流的范畴。分布计算则把计算分成了联系紧密的若干并行的子任务，通常需要大量的数据交换，属于多指令多数据流的范畴。

3. HPC 系统

HPC 系统由计算、存储、网络、集群软件 4 部分组成。

目前 HPC 系统的主流处理器是 X86 处理器，构建方式采用刀片系统，操作系统是 Linux 系统。CPU 计算性能一般由处理器的主频、核数、单节点 CPU 数量、单周期指令数的乘积来确定。时延是 HPC 系统计算的另一个性能衡量指标，一般时延要求为一级缓存 1ns，二级缓存 10ns，内存 100ns，一级存储 10ms，二级存储 20ms，近线存储大于 20ms。

浮点运算的单位为：1MFlops=10^6 次浮点运算，1GFlops =10^9 次浮点运算，1 TFlops=10^{12} 次浮点运算，1 PFlops=10^{15} 次浮点运算，1 EFlops=10^{18} 次浮点运算。

HPC 集群中一般有 3 种计算节点，分别为：瘦节点、胖节点和 GPU 加速节点。集群中的瘦节点是双路节点；双路以上是胖节点，胖节点配备有大容量内存，胖节点的数量会依据实际应用需求而定。GPU（Graphic Processing Unit）即图形处理器，在浮点运算和并行计算等计算方面的性能要优于 CPU 数十倍乃至上百倍。目前市场上 GPU 种类较少，厂家只有 AMD、Intel 和 NVIDIA 三家。AMD 的 GPU 卡图形和计算功能合一，Intel Xeon Phi 系列属于计算卡，NVIDIA 的 GPU 卡分成图形卡和计算卡两类。

远程直接数据存取技术通过网络把数据直接传入计算机的存储区，解决了网络传输中服务器端数据处理延迟的问题。将数据从一个系统快速移动到远程系统存储器中，实现零复制（Zero Copy）。传统的 HPC 的 3 层技术架构（即计算节点内存、并行文件系统和归档存储）无法应对超大规模 HPC 集群计算节点的同时检查节点需求，随着闪存技术的成熟，通常在并行文件系统之上多加一层高速大容量（相对于 Memory）的 Cache。BeeGFS 占有 HPC 并行文件系统的主要市场。HPC 最主要的需求就是大容量，高并发，高带宽；其次就是空间与管理。高带宽方面主流的方案就是突发缓冲区和全闪存网络存储器（Network Attached Storaye，NAS）。

服务器与服务器、存储设备、网络之间的通信一般采用 InfiniBand（IB）技术，InfiniBand 是一种能够支持多并发链接的"转换线缆"技术，其具有协议栈和管理简单，处理效率高，时延和功耗低的优点。目前提供 IB 产品的只有 Intel、Mexllaon、Qlogic 三家公司，Mexllaon 处于主导位置。IB 支持 FDR 和 QDR、EDR。Host Channel Adapters（HCA，主通道适配器）是使用 IB 进行连接的设备终结点，能够提供 Verb 接口和传输功能；Target Channel Adapters（TCA，目标通道适配器）属于 HCA，基本上用于存储。

4. HPC 应用

目前市场上的 HPC 应用主要分为传统 HPC、HPC Anywhere、HPDA 高性能数据分析和 HyperScale 四大类。HPC Anywhere 让 HPC 和云结合成为可能，集群文件网关存储厂商提供一个高速的本地分布式 NAS 系统用于对接 AWS、Azure 等公有云对象存储和一些低速的 NAS 产品，在网关提供缓冲层，能设置策略让数据在网关和其他存储之间流动。

10.2.2 云计算

1. 云计算的定义及特征

云计算通过网络将庞大的计算处理程序自动拆分成无数个较小的子程序，再交由服务器集群组成的庞大系统进行搜索、计算、分析之后将处理的结果返回给用户，使最终用户在数秒之间处理数以万计的数据量。云计算的核心理念就是通过互联网将分散的计算资源整合成一个共享资源池，向用户提供以租用方式按量付费的计算服务，它是分布式计算技术中的一种。

云计算有按需自助服务、通过互联网获取、资源池化、快速伸缩（资源可以弹性地部署和释放，有时是自动化地，以便能够迅速地按需扩大和缩小规模）、可计量的特征。

2. 云计算的服务方式

云计算的服务方式可以根据云端提供的计算机资源进行划分，云端资源分为 3 层：最底层的是硬件资源，包括 CPU、硬盘、网卡等；第二层是操作系统（如 Windows、UNIX 等）及数据库；第三层为应用类软件，如办公软件等。分别对应的服务方式为：基础设施即服务（Infrastructure as a Service，IaaS）；平台即服务（Platform as a Service，PaaS）；软件即服务（Software as a Service，SaaS）。

3. 云平台的部署类型

云平台有 4 种部署方式，分别为公有云（面对公众开放）、社区云（对一些具有共同关注点的组织形成的社区中的用户开放）、私有云（由一个单一的组织部署和独占使用，可由该组织、第三方或两者的组合来拥有和管理）、混合云（云计算基础设施由两种或两种以上的云组成，每种云仍然保持独立）。

4. 云平台的分类

从云平台的技术应用方面，云计算平台可以划分为以数据处理为主、以存储为主、计算和数据存储处理兼顾的综合云计算平台 3 种类型。从构建云计算平台过程是否收费，云计算平台可以划分商业化和开源云计算平台两种类型。

目前典型的开源云计算平台有以下几类。

（1）Hadoop。模仿 Google 体系架，主要包括 Map/Reduce 和 HDFS 文件系统。

（2）AbiCloud。AbiCloud 使公司能够快速、简单和可扩展的创建和管理 IT 基础设施。

（3）MongoDB。一个高性能、开源、无模式的文档型数据库，基于 C++，可进行海量数据的处理。

（4）Eucalyptus。创建了一个开源界面，使企业能够应用其内部 IT 资源，与 Amazon EC2（Elastic Compute Cloud，弹性计算云）兼容。

（5）OpenStack。NASA 和 Rackspace 合作研发并发起，以 Apache 许可证授权的自由软件和开放源代码项目。

国内典型的商业化云计算平台有盛大云、阿里云、新浪云等，主要提供云主机服务，即 IaaS 服务。类似 Google 的 App Engine，腾讯的开放平台和新浪的开放平台（PaaS）提供让开发者做应用的功能，都是仿效 Apple 的 AppStore 的成功商业模式。国外典型的商业化云计算平台有 Google、微软、Oracle、IBM、Amazon 等，主要提供云企业服务。

5．云计算的关键技术

云计算的关键技术主要包括以下几种。

（1）软件支撑技术，包括 Map-Reduce 编程模式、分布冗余和列存储方式等。

（2）硬件支撑技术，包括高可靠、高通量计算、高扩展及高性能技术等。

（3）虚拟化技术，包括全虚拟化和半虚拟化等。

（4）数据中心技术，包括可靠和可扩展自主体系架构、分布式动态部署与计算综合管理等。

（5）安全技术，包括服务器层次、网络层次及数据层次安全保护等。

6．理解云计算与虚拟化

（1）虚拟化技术

虚拟化技术能让计算元件在虚拟环境中运行，是一种简化管理、优化资源的解决方案。它使一台主机可以安装多个操作系统，每个应用程序有自己独立的 CPU、内存和 I/O 资源，这样利用系统资源更加充分；也使业务系统不再依赖于硬件，可以在不同主机间移植；解决了起初一台主机只能安装一个操作系统，多个应用程序争抢资源，相互冲突，业务系统与硬件强绑定，资源利用率低的问题。

（2）虚拟化与云计算技术

虚拟化是云计算的基础，它就是在一台物理机上运行多台虚拟机。虚拟机（Virtual Machine，VM）即虚拟服务器又称为客户机（Guest）。物理机又称为宿主机（Host）。Hypervisor 即 VMM（Virtual Machine Monitor，虚拟机监视器），负责完成物理资源虚拟化的工作，它是一类软件的统称。Hypervisor 分为两种：一种是 Hypervisor 直接运行在物理机之上，虚拟机运行在 Hypervisor 之上；另一种是物理机、操作系统、Hypervisor、虚拟机的方式。像 KVM、VMware、Virtual Box、Xen，都属于 Hypervisor。KVM（Kernel-based Virtual Machine，基于内核的虚拟机）目前很热门，它提供了一种模拟 CPU 运行的虚拟化能力，更为底层。但它的用户交互不太良好，不方便使用。为了更好地管理虚拟机，OpenStack 这样的云管理平台必不可少。

7．OpenStack

OpenStack 是一个操作系统、一套 IaaS 软件。OpenStack 通过它的众多组件的协同工作对基础设施资源进行管理，并且能够以服务的形式提供给上层应用或者用户使用。OpenStack 各组件逻辑关系图如图 10.1 所示。

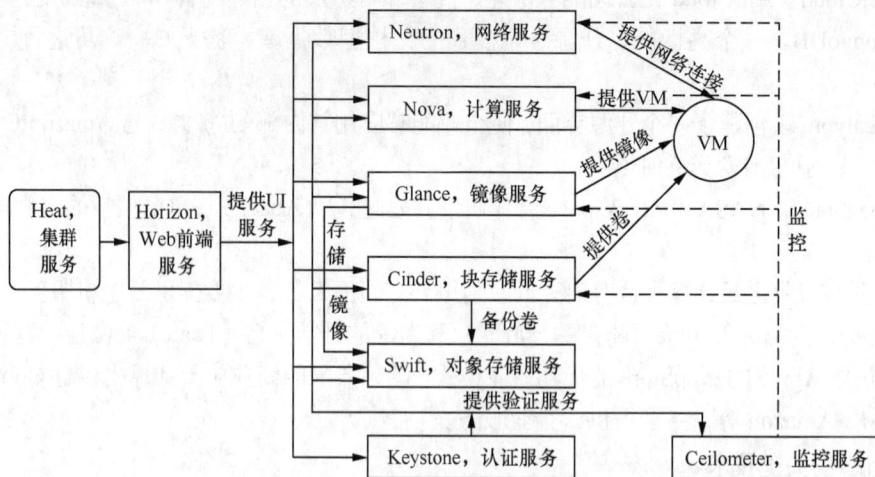

图 10.1　OpenStack 各组件逻辑关系图

据统计，全球 500 强企业一半以上都采用了 OpenStack 技术。

8．容器

容器是轻量级虚拟化。它和虚拟机一样，本质上都是为了隔离环境。但虚拟机是操作系统级的隔离资源，而容器是进程级的。

通常用 Docker 创建容器，做应用容器的引擎，用 K8S 对容器进行编排。Docker 的启动时间是秒级，比传统虚拟机对资源的利用率高，一台主机可同时运行几千个 Docker 容器，且占用空间小，虚拟机要几 GB 到几十 GB，而容器只需 MB 级甚至 KB 级。K8S 即 Kubernetes，是容器集群管理系统，主要负责管理容器在哪个机器上运行，监控容器是否存在，控制容器和外界的通信等。容器管理平台还有 Compose、Swarm、Marathon、Mesos 等。Docker 和 K8S 关注应用层，不再关注基础设施和物理资源，属于 PaaS。

10.2.3　内存计算

如果说云计算包含虚拟化、SOA/网格计算和 SaaS，内存计算则重点对计算这一部分进行强化。内存计算位置示意图如图 10.2 所示。

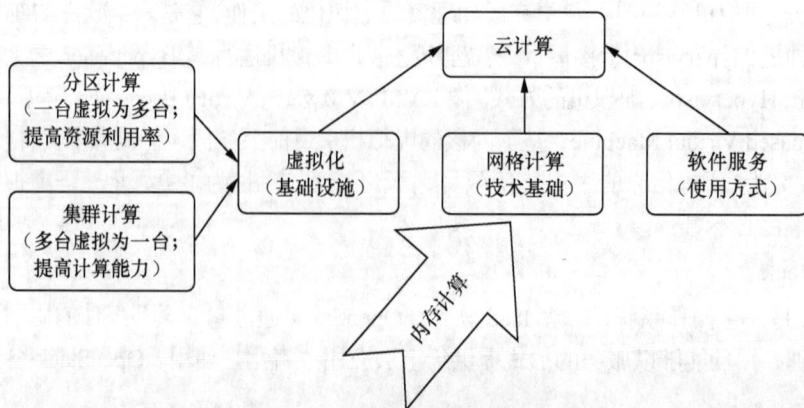

图 10.2　内存计算位置示意图

内存计算具有计算可持久化、大容量内存并不昂贵、速度快等特点。内存计算中间件都提供种类多样、时间持久的存储备份以及基于磁盘的交换空间溢出的策略，内存计算能够达到边际效应提升的 10～100 倍，使之前不能实现的业务和服务成为可能。内存计算的目的是改善需要 OLAP 和 OLTP 混合处理的可操作数据集的计算，而非历史数据集（Historical Dataset）。所以内存计算不会把企业的所有数据都放进内存，它无法取代数据仓库。因为内存计算是一种技术而不是某种产品，所以内存数据库只是内存计算目前触手可及的成果。内存计算长期的发展还是在流式处理上，内存计算数据库与传统内存数据库的区别在于内存计算是为分布式、弹性环境以及为内存数据处理而设计的。

1. 内存计算产品的分类

根据内存计算技术的发展，大致可以分为三类产品。

第一类是分布式缓存（Memcached/Redis），主要用于将频繁访问的数据保存在内存中以避免多次磁盘加载。大多采用分布式内存键值对式存储。

第二类是内存数据/计算网格，将计算过程发送到数据本地执行。数据网格的核心是解决数据量不断增长下计算的困境，在数据量不断增长的情况下再将数据抓取过来执行计算已经不太现实。这种创新使内存计算从简单的缓存产品产生进化。

第三类是分布式内存数据库，增加了基于标准 SQL 或 MapReduce 的大规模并行处理能力，提供了分布式共享索引、分布式 SQL、MapReduce 处理等工具。它的核心是解决计算复杂度不断增长的困境。内存计算发展如图 10.3 所示。

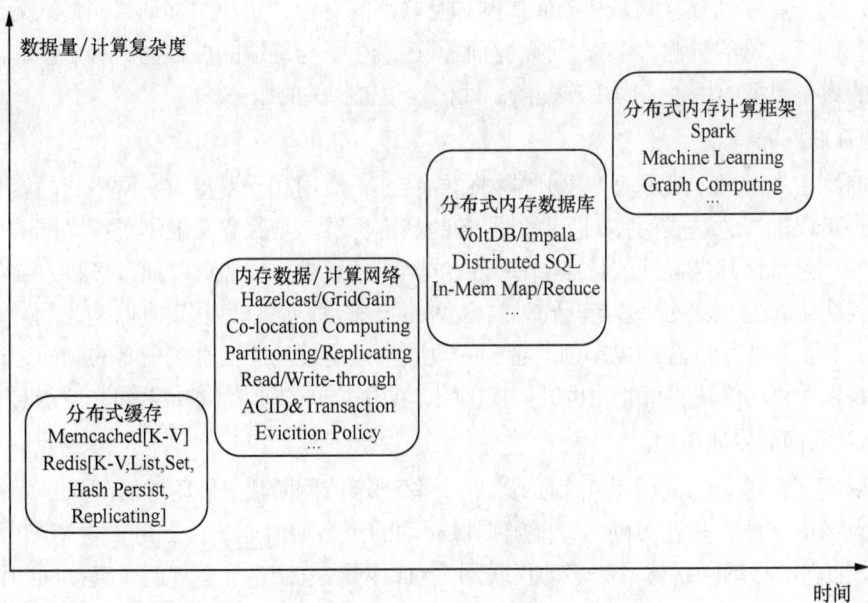

图 10.3　内存计算发展示意图

2. 内存计算应用场景

内存计算产品主要会应用到大数据处理的三个方面。一是事务处理，主要分为 RDBMS、NewSQL（以 VoltDB 为主）、Cache（Redis、Memcached、GemFire）三部分，NewSQL 数据库和缓存是关注的重点；二是流式处理，Storm 本身只是计算框架，Spark-Streaming 实现内存计算式的流处理；三是分析阶段的对比，包括用于通用处理的 Spark、MapReduce，用于查询的 Spark-Shark、Pig、Hive 和用于数据挖掘的 Spark-MLLib、Mahout、Spark-GraphX 等。

3. 内存计算核心技术

内存计算核心技术主要分为并行/分布式计算和内存数据管理两大技术体系。其中，并行/分布式计算包含 RPC 通信、网络拓扑、持久化、系统同步、日志方面的内容；而内存数据管理包含数据压缩、内存索引、字典编码、数据格式、数据操作、内存中并发控制和事务等方面的内容。

10.3 网络新技术

10.3.1 移动互联网

移动互联网使人们可以通过随身携带的移动终端随时随地在移动过程中获取互联网服务。2011 年，我国的《移动互联网白皮书》中提出："移动互联网是以移动网络作为接入网络的互联网及服务，包括 3 个要素：移动终端、移动网络和应用服务。"该定义将移动互联网的内容囊括为三个层面。移动终端包括专用移动互联网终端、手机和数据卡方式的便携计算机等，移动通信网络接入包括 2G、3G、4G、5G 通信，公众互联网服务包括 Web、WAP 等。

移动终端是移动互联网的前提，接入网络是基础，而应用服务成为核心。移动互联网包含两个方面的含义。第一，移动互联网是移动通信网和互联网的融合，用户用移动终端接入无线移动通信网络的方式访问互联网的资源；第二，移动互联网还产生了与终端的可移动、可定位和随身携带等特性相结合的大量新型应用，能为用户提供个性化、位置相关的服务。

1. 移动互联网的特点

移动互联网首先继承了桌面互联网开放协作的特征，应用和开发接口、网络、内容和服务都是开放的，用户可以选择，这成为移动互联网服务的基本标准。其次它又继承了移动网的可定位、实时性、便捷性、隐私性和准确性的特点。在开放的网络环境中，用户可以通过多种方式与他人共享资源，可以实现协同工作及互动参与。同时结合 Web 与移动网特征，移动互联网为用户开辟出多样的创新性业务。用户成了内容的主动创造者，一改原来只是被动的信息接受者的局面，大力促成自媒体时代的到来。移动终端的智能性也进一步加强，使用户间的通信和内容体验交互更方便。

2. 移动互联网的发展历程

移动互联网通常被认为经历了 4 个阶段，一是移动增值网阶段，移动增值网只是为移动通信系统提供增值业务的网络，是业务网络，能够提供移动的更多增值业务；二是独立 WAP 网站阶段，独立 WAP 是独立于移动网络体系的移动互联网站点，网站是独立于运营商、直接面向消费者的；三是移动互联网阶段，是承载在移动网络上的以互联网技术为基础，能获取信息、进行娱乐和商务等服务的公共互联网；四是宽带移动互联网阶段，移动互联网发展的高级阶段，无线接入方式更加多样化。

3. 移动互联网的发展趋势

未来创新的移动应用终端不断涌现，移动互联网业务越来越终端化。在用户体验方面能够保证基于终端的互联网业务流畅使用、保证应用产品与移动终端适配；保证符合传统付费模式。移动互联网的业务也需要进一步向实用化、娱乐化、媒体化方向发展。移动互联网平台越来越开放，运营商开放自身资源能力向第三方提供业务引擎，推动第三方开发者开发新应用。移动互联网的整体发展趋势是与互联网的融合，在业务层面，两者的内容和应用体验趋向一致，但产品推出的速度比传统互联网更快，在网络层面，移动运营商也提供了快速和廉价的上网速率。

4. 移动互联网的体系架构

（1）典型移动互联网的体系结构如图 10.4 所示。

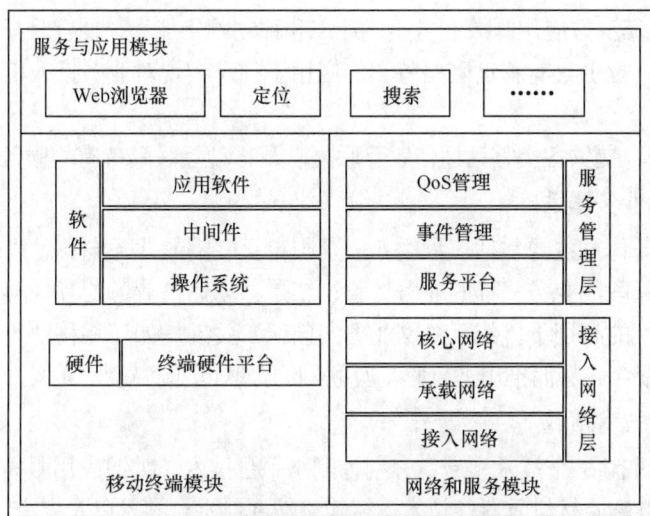

图 10.4　典型移动互联网的体系结构

业务应用层是移动终端上的互联网应用，包括在线视频、电子邮件、网页浏览、内容共享与下载等，也包括一些特有应用，如移动业务搜索、定位和彩信、短信等。网络和服务模块包括接入网络层和管理平台层两部分。其中接入网络层包括核心网、承载网和接入网络，而管理平台层包括管理与计费系统、业务模块，安全评估系统等。移动终端模块包括硬件和软件，其中硬件是实现各种功能的电子部件而软件包括用户界面、App 程序、存储、驱动和多线程内核等。

（2）移动互联网端到端的技术架构如图 10.5 所示。

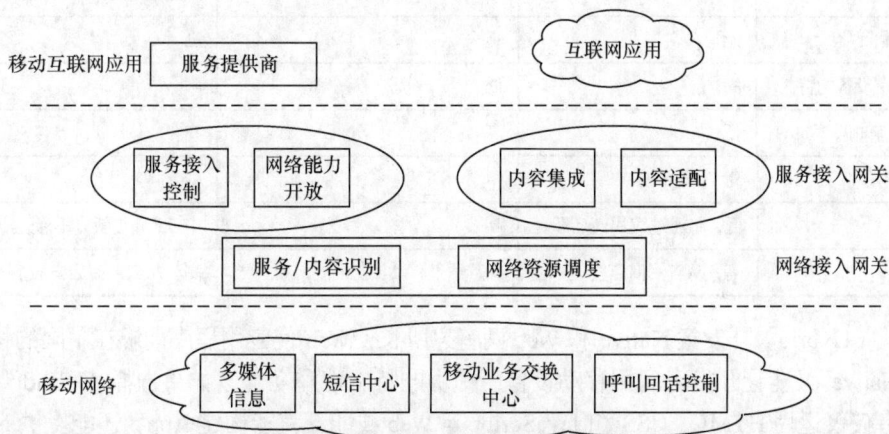

图 10.5　移动互联网端到端技术架构

① 移动终端：支持接入互联网、实现业务互操作。

终端具有智能化和较强的处理能力，可以在应用平台和终端上进行更多的业务逻辑处理，尽量减少接口的数据信息传递压力。

② 移动网络：包括各种将移动终端接入无线核心网的设施，如无线路由、交换机等。

③ 网络接入：提供移动网络中的业务执行环境，识别上下行的业务信息，并基于这些信息提供按内容、业务区分的资源控制和计费策略。网络接入网根据业务的签约信息，动态进行网络资源调度，最大程度地满足业务的要求。

④ 业务接入：向第三方应用开放业务生成环境和移动网络能力，使互联网应用可以方便地调用移动网络开放的能力，提供具有移动网络特点的应用。同时实现对业务接入移动网络的认证，实现对内容的整合和适配。

⑤ 移动网络应用：提供各类移动通信、互联网以及移动互联网特有的服务。

5. **移动互联网的业务体系**

移动互联网的业务体系主要包括三大类：一是固定互联网的业务向移动终端的转移，从而使移动互联网具有和固定互联网业务一样的业务体验；二是移动通信业务的互联网化；三是结合移动通信、互联网功能而进行的有别于传统互联网业务的创新，关键是如何将移动通信的网络能力和互联网的网络与应用能力聚合，从而推出适合移动互联网的互联网业务新业务。

6. **移动互联网的技术领域**

移动互联网主要涵盖 6 个技术领域，分别为网络平台技术、关键应用服务平台技术、智能终端软件平台技术、智能终端原材料元器件技术、智能终端硬件平台技术以及安全控制技术。

7. **移动终端应用开发方法**

移动应用开发方式包括：Native App，本地应用程序（即原生 App）；Web App，网页应用程序（即移动 Web）；Hybrid App，混合应用程序（即混合 App）。

三种方式的特性对比如表 10.1 所示。

表 10.1 开发方式比较

特性	Native App	Web App	Hybrid App
开发语言	只用 Native 开发语言	只用 Web 开发语言	Native 和 Web 开发语言或只有 Web 开发语言
代码移植性和优化	无	高	高
访问针对特定设备的特性	高	低	中
充分利用现有知识	低	高	高
高级图形	高	中	中
升级灵活性	低，总通过应用商店升级	高	中，部分更新可不通过应用商店升级
安装体验	高，从应用商店安装	中，通过移动浏览器安装	高，从应用商店安装

混合式（Hybrid）开发集 Native 和 Web 两者之所长，Web 使应用程序能够在不同的移动平台之间共享，Native 又能让开发者利用移动设备所提供的特出性和功能。如果选择 Hybrid 开发方式，Web 开发者仅仅运用 HTML、CSS 和 JavaScript 等 Web 技能，就能构建 App，还能提供 Native 用户体验。HTML5 的可用性和功能都在迅速改进，可能会成为开发前端 App 的默认技术。用 HTML 来

编写 App 的大部分代码，可在需要时才使用 Native 代码。

8. 移动互联网的应用

移动互联网的发展促生了许多新应用，如移动终端购物（手机淘宝）和社交购物（微信小程序），截至 2019 年 6 月，我国手机网民规模已达 8.47 亿，方便的渠道使电子商务向三四线城市快速渗透，电商城镇化布局成为电商企业们发展的重点，这也是电商平台快速崛起的原因。大的电商都开始建立自己的平台，平台使电商可以利用全社会的资源来弥补自己商品的丰富度，增加地理和服务覆盖。同时 O2O 即线上链接线下同时营销的模式也大为盛行。微信拥有移动互联网最多、最精准的数据，低级的电子商务盈利模式是靠商品的差价。下一个盈利方面可以靠平台，有了流量、顾客，收取平台使用费和佣金提高自己的盈利能力。接着是金融能力，即为我们的供应商、商家提供各种各样的金融服务。下一个能力是数据，有大量电子商务顾客行为数据以后将这些数据过滤、分析获得信息，在信息的基础之上建立模型，来支持决策；可以利用这个数据充分产生它的价值，这个能力也是为电子商务盈利的最高层次。大量的电子商务活动也促进了其他方面的发展，如物流、营销、系统的能力、各种各样为商家为供应商为合作伙伴提供电子商务解决方案的能力。随着物联网技术包括可穿戴设备和 RFID 等的发展，将芯片植入任何的物品里面，物品状态的变化随时可知。

9. 5G 漫谈

G（Generation）即为"代"的意思，5G 就是第 5 代移动通信。通信技术分为有线通信和无线通信。有线通信利用双绞线、光纤等介质进行通信，速度较快，如光纤通信，单条光纤最大速度可达 26Tbit/s。无线通信部分成为移动通信的瓶颈，目前主流的移动通信标准 4G LTE 的理论速率只有 150Mbit/s（不包括载波聚合）。5G 若要实现端到端的高速传输，重点需解决无线部分的低速问题。无线通信利用电磁波进行通信。不同频率的电磁波，有不同的属性，继而有不同的用途。不同频率电磁波的主要用途如表 10.2 所示。

表 10.2　　　　　　　　　　　不同频率电波的用途

名称	符号	频率	波段	波长	主要用途
甚低频	VLF	3～30kHz	超长波	1000km～100km	海岸潜艇通信；远距离通信；超远距离导航
低频	LF	30～300kHz	长波	10km～1km	越洋通信；中距离通信；地下岩层通信；远距离导航
中频	MF	0.3～3MHz	中波	1km～100m	船用通信；业余无线电通信；移动通信；中距离导航
高频	HF	3～30MHz	短波	100m～10m	远距离短波通信；国际定点通信；移动通信
甚高频	VHF	30～300MHz	米波	10m～1m	电离层散射；人造电离层通信；对空间飞行体通信；移动通信
特高频	UHF	0.3～3GHz	分米波	1m～0.1m	小容量微波中继通信；对流层散射通信；中容量微波通信；移动通信
超高频	SHF	3～30GHz	厘米波	10cm～1cm	大容量微波中继通信；移动通信；卫星通信；国际海事卫星通信
极高频	EHF	30～300GHz	毫米波	10mm～1mm	再入大气层时的通信；波导通信

全球主流的 4G LTE 技术标准属于特高频和超高频，我国主要使用超高频。从 1G 发展到 4G，使用的频率越来越高。5G 的频率范围分为 6GHz 以下或 24GHz 以上两种，国际上主要用 28GHz 进行试验。我国三大运营商频率分配表如表 10.3 所示。

表 10.3　　　　　　　　　　　我国三大运营商频率分配表

运营商	上行频率/ MHz	下行频率/ MHz	频宽/ MHz		制式	
中国移动	885～892	930～937	7	22	GSM900	2G
	1710～1725	1805～1820	15		GSM1800	2G
	2010～2025	2010～2025	15	15	TD-SCDMA	3G
	892～904	937～949	12	12	LTE-FDD	4G
	1880～1890	1880～1890	10	60	TD-LTE	4G
	2320～2370	2320～2370	50			
	2515～2675	2515～2675	160	260	IMT-2020	5G
	4800～4900	4800～4900	100			
中国联通	1745～1755	1840～1850	10	10	GSM	2G
	1940～1955	2130～2145	15	15	WCDMA	3G
	904～915	949～960	11	21	LTE-FDD	4G
	1755～1765	1850～1860	10			
	2300～2320	2300～2320	20	20	TD-LTE	4G
	3500～3600	3500～3600	100	100	IMT-2020	5G
中国电信	825～840	870～885	15	15	CDMA/FDD	2G/4G
	1920～1935	2110～2125	15	15	CDMA2000	3G
	826.7～837.7	871.7～876.7	5	5	LTE-FDD	4G
	1765～1780	1860～1875	15	15	LTE-FDD	4G
	2370～2390	2370～2390	20	20	TD-LTE	4G
	3400～3500	3400～3500	100	100	IMT-2020	5G

5G 采用毫米波，按 28GHz 来算，5G 的波长约为 10.77mm。波长越短，频率越高，越趋近于直线传播（绕射能力越差）。相同时间内能装载的信息就越多，但频率越高，在传播介质中衰减也大，传输距离也会大幅缩短，覆盖范围缩小。覆盖相同区域需要的 5G 基站数量比 4G 要多很多。基站数量意味着成本。在高频率的前提下，为了减轻建设成本压力，5G 采用了微基站和宏基站两种，如图 10.6 所示。

（a）微基站　　　　　　　　　　　　（b）宏基站

图 10.6　微基站与宏基站

与无线路由器差不多大的是微基站，它具有覆盖范围小、功率低、辐射小、需求数量多的特点。室外看到的大型的、带有板状天线的基站是宏基站。它的覆盖范围大、功率大，距离近辐射大，距离远又没信号。根据天线特性，天线长度应与波长成正比。手机的通信频率越高，波长越短，天线就越短，毫米级天线促生了 Massive MIMO（大规模天线技术，也称为 Large Scale MIMO）。传统的天线基本是 2 天线、4 天线或 8 天线，而 Massive MIMO 通道数达到 64/128/256 个。MIMO 即多进多出（Multiple-Input Multiple-Output）。5G 时代，产生了加强版的 Massive（大规模、大量）MIMO，天线数量按阵列计算。天线特性要求多天线阵列的天线之间的距离保持在半个波长以上。如果无限近距离，就会相互干扰，妨碍信号的收发。基站向四周发射信号，若通信目标不是四周都有，只在部分区域，则其余部分就浪费了。由此使用了波束赋形技术，控制射频信号的相位，使相互作用后的电磁波波瓣变狭窄，进而指向它所提供服务的手机，且能随手机的移动转变方向。这种空间复用技术使全向的信号覆盖变为了精准指向性服务，波束之间不会干扰，同样的空间范围能提供的通信链路更多，极大地提高了基站的服务容量。5G 还采用了 D2D 技术，也就是 Device to Device（设备到设备）。在目前的移动通信网络中，即使两个人面对面拨打电话或对传照片，也需要基站中转控制信令和数据包。5G 时代，同一基站下的两个用户通信，数据将不再通过基站转发，而是直接手机到手机。

10.3.2　物联网

目前，物联网还没有一个精确且公认的定义，最常见的两个定义如下。

（1）物联网（The Internet of Things，IoT）是指通过射频识别、红外感应器、全球定位系统、激光扫描器等信息传感设备，按约定的协议，将任何物品通过有线或无线方式与互联网连接，进行通信和信息交换，以实现智能化识别、定位、跟踪、监控和管理的一种网络。

（2）物联网是一个基于互联网、传统电信网等信息承载体，让所有能够被独立寻址的普通物理对象实现互联互通的网络。

2016 年以来，物联网迎来了第二次发展高峰，主要归功于两个因素：一是低功耗广域网物联技术，主要包括 NB-IoT 和 Lora 技术的发展，从物联网技术架构层面给物联网提供了信息基础设施的建设；二是物联网的行业应用，主要是物联网在工业领域和电力系统领域的应用。将物联网从改变人们生活推进到改变生产方式、推进到社会经济发展的层面。

1. 物联网内涵与体系架构

物联网的核心内涵是由物主动发起传送、物物相连的互联网。万物互联开启了智能+时代，智慧物流、智能制造、车联网等新应用相继产生。其中也包括人物相连，如智能可穿戴设备、移动医疗等。物联网的体系架构如图 10.7 所示。

感知及控制层通过从传感器、计量器等器件获取环境、资产或者运营状态信息，在进行适当的处理之后，通过传感器传输网关将数据传递出去；同时通过传感器接收控制指令信息，在本地传递给控制器件达到控制资产、设备及运营的目的。网络层，通过公网或专网以无线或有线的通信方式将信息、数据与指令在感知与控制层、平台服务层、应用服务层之间传递，主要由运营商提供的各种广域 IP 通信网络组成，包括 ATM、xDSL、光纤等有线网络，以及 4G、5G、NB-IoT 等移动通信网络。平台服务层，物联网平台是物联网网络架构和产业链条中的重要环节，通过它不仅实现对终端设备和资产的管、控、营一体化，向下连接感知层，向上面向应用服务提供商提供应用开发能力和统一接口，并为各行各业提供通用的服务能力，如数据路由、数据处理与挖掘、仿真与优化、业务流程和应用整合、通信管理、应用开发、设备维护服务等。应用服务层，丰富的应用是物联网的最终目标，未来基于政府、企业、消费者三类群体将衍生出多样化的物联网应用，创造巨大的社会价值。根据企业业务需要，在平台服务层之上建立相关的物联网应用。例如，城市交通情况的分析与预测，城市资产状态监控与分析，环境状态监控、分析与预警（如风力和雨量）、健康状况监测与医疗方案建议等。

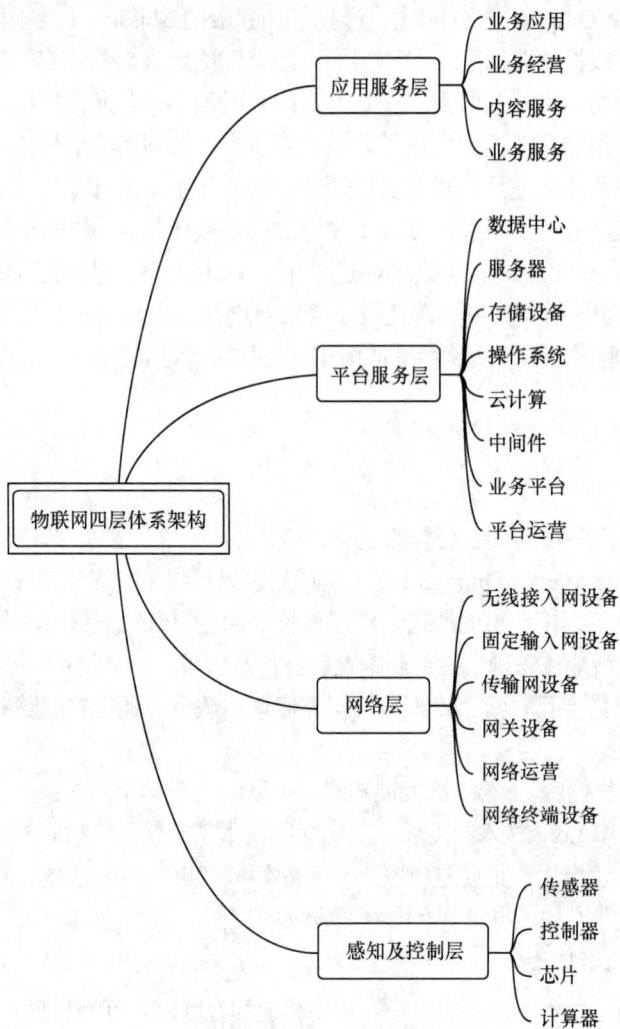

图 10.7　物联网的体系架构

物联网具备全面感知、可靠传递、智能处理这 3 个特征，利用云计算、模糊识别等多种智能计算技术，可以对海量的数据和信息进行分析和处理，智能化控制物体。

2. 物联网核心技术

（1）射频识别技术

射频识别（Radio Frequency Identification，RFID）是一种非接触式的自动识别技术，其基本原理是利用射频信号及其空间耦合（电感或电磁耦合）的传输特性，实现对静止或移动物品的自动识别。射频识别常称为感应式电子芯片或近接卡、感应卡、非接触卡、电子标签、电子条码等。一个简单的 RFID 系统由阅读器和电子标签组成，其原理是由读写器发射特定频率的无线电波能量给应答器，用以驱动应答器电路，读取应答器内部的 ID 码。应答器的形式有卡、纽扣、标签等多种类型，可以贴在或安装在不同物品上，再由读写器读取存储于标签中的数据，实现对物品的自动识别。RFID 系统如图 10.8 所示。

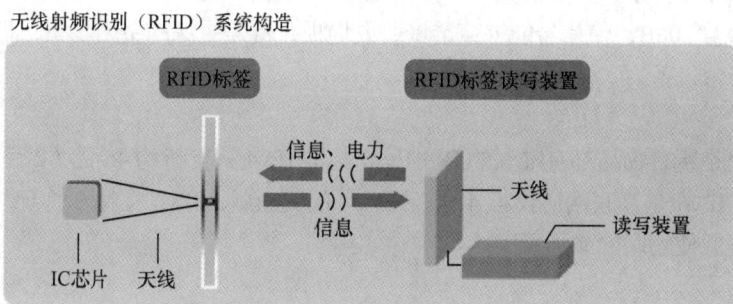

图 10.8　RFID 系统

　　射频识别技术具有很多优点，例如，非接触操作、长距离识别（几厘米至几十米）、完成识别工作时无须人工干预、应用便利且无机械磨损、寿命长等。射频识别技术具有穿透性，即使被纸张、木材和塑料等非金属、非透明材料包覆，也可以进行穿透性通信，但不能穿过金属物体。可识别高速运动物体并同时识别多个电子标签。对水、油和药品等物品具有较强的抗污性，可以在黑暗或脏污的环境中读取数据。RFID 在读取上不受尺寸大小与形状的限制，可向小型化发展。数据安全方面除电子标签的密码保护外，数据部分还可用一些算法实现安全管理。读写器的物理接口不对最终用户开放，保证了其自身的安全性。读写器与标签间要相互认证，实现安全通信和存储。RFID 也存在一定局限性，它只能读固定的一个 ID 信息，不能实时感知一些环境变量。

　　（2）蓝牙

　　蓝牙（Bluetooth）是一种无线数据与语音通信的开放性全球规范，它以低成本的短距离无线连接为基础，可为固定的或移动的终端设备（如掌上电脑、笔记本电脑和手机等）提供廉价的接入服务。它可以为固定设备或移动设备之间的通信环境建立通用的近距离无线接口，实现设备之间近距离范围内的相互通信或操作。

　　（3）Wi-Fi

　　Wi-Fi 和蓝牙技术一样，同属于办公室和家庭中使用的短距离无线技术。该技术的使用无须申请无线波段。与蓝牙相比，Wi-Fi 主要的优势在于，数据速率比蓝牙要快；传输距离比目前市面上已有的蓝牙的标准的距离要远。Wi-Fi 跟蓝牙相比的一个弱点就是功耗高。

　　（4）Zigbee

　　与蓝牙和 Wi-Fi 相比，Zigbee 技术更多地应用于工业控制和传感网。Zigbee 可以说是蓝牙的同族，它更简单、速率更慢、功率及费用也更低。它的基本速率是 250kbit/s，当降低到 28kbit/s 时，传输范围可扩大到 134m，并获得更高的可靠性。另外，它可与 254 个节点连网，可以比蓝牙更好地支持游戏、消费电子、仪器和家庭自动化应用。此外，人们期望能在工业控制、传感器网络、家庭监控、安全系统和玩具等领域扩展 Zigbee 的应用，Zigbee 对后期维护要求较高。

　　（5）NB-IoT

　　窄带物联网（Narrow Band Internet of Things，NB-IoT）聚焦于低功耗广覆盖物联网市场，是一种可在全球范围内广泛应用的技术。它使用 License 频段，可采取带内、保护带或独立载波等三种部署方式，与现有网络共存。NB-IoT 具有网络部署及设备成本低、电池寿命长、广覆盖、大连接等优点，它可直接采用 LTE 网络，利用现有技术和基站，与 LTE 互相兼容，可重复使用已有的硬件设备、共享频谱；在每日传输少量数据的情况下，电池运行时间达到至少 10 年；在同样的频段下，覆盖能力将比现有网络增益 20dB，使信号能够穿透墙壁或地板，覆盖更深的室内场景；理想情况下，每个扇区可连接约 5 万台设备。

（6）IPv6

物联网的前提是所有物品都有唯一的 IP 地址。标准 IPv4 只支持约 40 亿（2^{32}）个网络地址，地址数量严重缺乏。IPv6 是互联网协议第 4 版（IPv4）的更新版。IPv6 支持 2^{128}（约 3.4×10^{38}）个地址，丰富的地址资源使物联网成为可能。

（7）云计算

云计算的主旨是通过网络把多个成本低的计算实体整合成一个有强大计算能力的系统，并借助商业模式让终端用户使用这些强大计算能力的服务。云计算的核心理念是借助"云"的处理能力减少用户的处理负担，最终使终端简化为一个单纯的 I/O 设备，并能按需分配。从物联网感知层获取数据，经过网络层传输，放到一个标准平台上，再利用高性能的云计算对其进行智能化处理，最终转换成对终端用户有用的信息。

10.4 虚拟现实

虚拟现实（Virtual Reality，VR）是一种创造全面幻想的手段。在虚拟现实中，你可以身处外星环境，也可以拥有非人类的身体。而在人类的感知认知方面，虚拟现实又是研究人类存在的最具影响力的手段。

1. 虚拟现实的定义

虚拟现实是利用计算机模拟产生一个三维空间的技术，为使用者提供视觉、听觉、触觉等感官的模拟，让使用者可以身临其境般及时地、没有限制地观察三维空间内的事物。

2. 虚拟现实的特征

（1）交互性。交互性是指使用者进入虚拟空间，相应的技术让使用者跟环境产生相互作用，用户对模拟环境内物体的可操作程度，以及从环境得到反馈的自然程度，当使用者进行某种操作时，周围的环境也会做出某种反应。

（2）自主性。自主性是指虚拟环境中物体依据物理定自主活动的程度。如当受到力的推动时，物体会向力的方向发生位移，如从桌面落到地面，或物体翻倒等。

（3）多感知性。多感知性表示计算机技术应该拥有人类的感知方式，如听觉、触觉、嗅觉等。理想的虚拟现实技术应该具有一切人所具有的感知功能。受到相关传感技术的限制，目前大多数虚拟现实技术所具有的感知功能仅限于视觉、听觉、触觉、运动等几种。

（4）沉浸性。虚拟现实技术的沉浸性取决于用户的感知系统，当使用者感知到虚拟世界的刺激时，包括触觉、味觉、嗅觉、运动感知等，感觉如同进入真实世界。沉浸性是虚拟现实技术最主要的特征，就是让用户成为并感受到自己是计算机系统所创造环境中的一部分。

（5）构想性。构想性也就是想象性，使用者在虚拟空间中，可以拓宽认知范围，可以与周围物体进行互动，创造客观世界不存在的场景或不可能发生的环境。构想可以理解为使用者进入虚拟空间，根据自己的感觉与认知能力吸收知识，发散拓宽思维，创立新的概念和环境。

3. 设备

（1）头戴设备。VR 头戴设备是重要的工具之一。立体显示器又称三维显示器或头戴式显示器，头戴设备利用头部跟踪来改变图像的视角，体验者的视觉系统和运动感知系统之间就联系了起来，感觉更逼真，这些设备利用多图像、真实感光学扭曲和特制镜头的组合来产生立体影像，使用户获得三维深度感。体验者可以通过双目立体视觉去认识环境，通过头部的运动去观察环境。

（2）运动跟踪设备。陀螺仪、加速度计在虚拟现实硬件中得以应用，以感知头部的转向和身体的运动，使应用程序可以更新用户在三维场景中视点的朝向信息和位置。

（3）输入设备。虚拟现实的新型输入设备，除了传统的鼠标和键盘，还包括游戏杆、能够识别运动和手势的手部与身体跟踪传感器。

VR 手套的出现使体验者可以与虚拟世界进行交互，并对其产生影响。我们可以通过 VR 手套触摸虚拟世界。计算机速度需要足够快，跟上手部的移动速度。

（4）桌面和移动终端平台。桌面和移动终端平台包括计算机硬件、设备软件接口、操作系统、运行应用程序的框架和软件开发工具。无论是人类身体哪个部位佩戴传感器，如耳朵或眼睛，VR 系统都必须对这个部位施加刺激，以便创造一个虚幻的世界。例如，眼睛需要可视化显示器，而耳朵需要扬声器。

在计算机的运算速度足够快时，就可以构建一款全身数据衣，这样人们就可以用整个身体来驱动身体。完整的 VR 系统包括足够的显示器、驱动器、传感器等设备，保证个人能体验任何事情。体验者可以成为外星人或任何动物，置身于任何环境和感知任何美妙的物体，并拥有完美的现实体验。

4. 关键技术

虚拟现实是多种技术的综合，包括实时三维计算机图形技术，广角立体显示技术，对观察者头、眼和手的跟踪技术，以及触觉/力觉反馈、立体声、网络传输、语音输入/输出技术等。下面对这些技术分别加以说明。

（1）动态环境建模技术

虚拟环境的建立是 VR 系统的核心内容，目的就是获取实际环境的三维数据，并根据应用的需要建立相应的虚拟环境模型。

（2）立体显示和传感器技术

虚拟现实的交互能力依赖于立体显示和传感器技术的发展，现有的设备不能满足需要，力学和触觉传感装置的研究也有待进一步深入，虚拟现实设备的跟踪精度和跟踪范围也有待提高。

（3）实时三维图形生成技术

三维图形的生成技术已经较为成熟，其关键就是"实时"生成。为了保证"实时"，则图形的刷新频率不得低于 15 帧/秒，最好高于 30 帧/秒。

（4）系统集成技术

由于 VR 系统中包括大量的感知信息和模型，因此系统集成技术起着至关重要的作用，集成技术包括信息的同步技术、模型的标定技术、数据转换技术、识别与合成技术等。

（5）应用系统开发工具

虚拟现实应用的关键是寻找合适的场合和对象，选择适当的应用对象可以大幅度提高生产效率，减轻劳动强度，提高产品质量。想要达到这一目的，则需要研究虚拟现实的开发工具。

5. VR 的应用领域

（1）医学

VR 在医学方面有着重要的应用。在实际应用中，VR 可以建立虚拟的人体模型，借助于跟踪球、感觉手套等，学生可以很容易地了解人体内部各器官的结构，借助于感觉手套，使用者可以对虚拟的人体模型进行手术。在医学院校，学生可在虚拟实验室中，进行模拟尸体解剖和各种手术练习，培训费用可大大降低。对于手术后果预测及改善残疾人生活状况，乃至新型药物的研制等方面，VR技术都有十分重要的意义。一些用于医学培训、实习和研究的虚拟现实系统，仿真程度非常高，其优越性和效果是不可估量和不可比拟的。例如导管插入动脉的模拟器，可以使学生反复实践导管插入动脉时的操作。

（2）娱乐

由于在娱乐方面对 VR 的真实感要求不是太高，所以近年来 VR 在该方面发展最为迅猛。丰富的感觉能力与 3D 显示环境使得 VR 成为理想的视频游戏工具。VR 提高了艺术表现能力，例如，一个虚拟的音乐家可以演奏各种各样的乐器，在外地的人可以在他生活的居室中去虚拟的音乐厅欣赏音乐会等。作为传输显示信息的媒体，VR 在未来艺术领域方面所具有的潜在应用能力也不可低估，VR所具有的临场参与感与交互能力可以将静态的艺术转化为动态的，可以使观赏者更好地欣赏作者的思想艺术。

（3）商业应用

VR 是一个设计工具，它以视觉形式反映了设计者的思想，设计者运用 VR 可以按照自己的构思去构建装饰虚拟的房间，并可以任意变换自己在房间中的位置，以便观察设计的效果，既节约了时间，又节省了做模型的费用。例如装修房屋之前，先要对房屋的结构和外形做细致的构思，VR 可以把这种构思变成看得见的虚拟物体和环境，使以往只能借助传统的图纸设计提升到数字化的"所看即所得"的完美境界，大大提高了设计和规划的质量与效率。

（4）工业仿真

随着社会的发展，VR 已经被一些大型企业广泛地应用到工业的各个环节，对企业加强数据采集、分析、处理能力，减少决策失误，提高开发效率，降低企业风险起到了重要的作用。虚拟现实技术的引入，使工业设计的手段和思想发生改变，大规模人海战术已不再适应工业的发展，虚拟现实技术的应用正对工业进行着一场前所未有的革命。

（5）规划

VR 可以广泛地应用在城市规划的各个方面。VR 在高速公路与桥梁建设中得到了应用，由于道路桥梁需要同时处理大量的纹理数据与三维模型，VR 技术很好地实现了数据与模型的处理与展示。城市规划一直是对全新的可视化技术需求迫切的领域之一，将带来切实且可观的利益。

10.5 机器学习

机器学习（Machine Learning，ML）是人工智能的核心研究领域之一，它是一门多领域交叉学科，涉及概率论、凸分析、统计学、逼近论、算法复杂度理论等多门学科。它专门研究计算机怎样模拟或实现人类的学习行为，以获取新的知识或技能，利用经验不断改善计算机系统自身的性能。它主要使用归纳、综合而不是演绎，其应用遍及人工智能的各个领域，是使计算机具有智能的根本途径。

1. 机器学习的分类

（1）基于学习策略的分类

学习策略是指学习过程中系统采用的推理策略。学习是一项复杂的智能活动，它与推理过程密不可分，学习中所用的推理越多，系统的能力就越强。学习系统由学习和环境组成。环境（教师或其他信息源）负责提供信息，学习则进行信息的转换，用可以理解的形式加以记忆，并从中获取有用信息。使用的推理越少，学习对环境的依赖就越大。按照学习中使用推理的多少和难易程度，机器学习分为以下 6 种基本类型。

① 机械学习。学习者无须推理或进行其他知识转换，直接吸取环境提供的信息，主要考虑如何索引存储的知识并加以利用即可。系统的学习方法是直接通过事先编好的程序或通过接收既定事实和数据进行学习。

② 示教学习。它和学校教学类似，学生从环境获取信息，把知识转变成内部可用的形式，并将新旧知识有机结合。要求学生能够进行一定程度的推理，但环境仍要做大量工作。教师以某种形式提出和组织知识，使学生不断地增长知识。学习的任务就是建立能接受教导和建议，并有效地存储和应用学到的知识的系统。

③ 演绎学习。演绎推理是由一般到特殊的推理方法。运用演绎推理，首先需掌握作为指导思想的原理、原则；其次了解问题的实际情况和特殊性；然后推导出一般原理用于特定事物的结论。推论前提与结论之间的联系是必然的，是一种确实性推理，是"保真"变换和特化的过程，学生在推理过程中可以获取知识。这种学习方法包含宏操作（Macro-Operation）学习、知识编纂和组块（Chunking）技术。演绎推理的逆过程是归纳推理。

④ 类比学习。类比学习就是通过对相似事物进行比较所进行的一种学习方式。类比学习基于类比推理。所谓类比推理是指由新情况与记忆中的已知情况在某些方面类似，推出它们在其他方面也类似。利用知识相似性，从知识源（源域）推导出目标域的相应知识，从而实现学习的方式。类比学习系统可以使已有的计算机应用系统自适应于新领域，完成原先没有设计的相似功能。类比学习比上述三种学习方式推理更多，它一般要求先从知识源中检索出可用知识，再将其转换成新形式，用到新目标域中去。例如著名的卢瑟福类比就是通过将原子结构（目标域）同太阳系（源域）作类比，揭示了原子结构的奥秘。

⑤ 基于解释的学习。在基于解释的学习中，为了对某一目标概念进行学习，从而得到相应的知识，必须提供完善的领域知识及能说明目标概念的一个训练实例。系统进行学习时，首先证明提供系统的训练实例为什么是满足目标概念的一个实例，证明过程是通过运用领域知识进行演绎实现的，证明的结果是得到一个解释结构；其次对上一步得到的解释结构进行一般化处理，从而得到关于目标概念的一般性知识。处理的方法通常是把常量换为变量，并把某些不重要的信息去掉，只保留对以后求解问题所必需的关键信息。基于解释的学习已被广泛应用于知识库求精和改善系统的性能。

⑥ 归纳学习。归纳学习是由教师或环境提供某一概念的实例或反例，学生通过归纳推理得出该概念的一般描述。

（2）基于所获取知识的表示形式分类

学习系统获取的知识主要有：问题求解策略、物理对象的描述、行为规则、各种分类及其他用于任务实现的知识类型。对于学习中获取的知识，主要有以下一些表示形式。

① 代数表达式参数。学习的目标是调节一个固定函数形式的代数表达式参数或系数来达到一个

理想的性能。

② 决策树。用决策树来划分物体的类属，树中每一内部节点对应一个物体属性，而每一边对应这些属性的可选值，叶节点则对应物体的每个基本分类。

③ 形式文法。在识别一个特定语言的学习中，通过对该语言的一系列表达式进行归纳，形成该语言的形式文法。

④ 产生式规则。产生式的基本形式是 P→Q 或 IF P THEN Q。P 为前提，给出产生式可否使用的先决条件，由事实的逻辑组合来构成；Q 是一组结论或者操作，它是若 P 满足时给出的结论或应执行的动作。学习系统中的学习行为主要是生成、泛化、特化（Specialization）或合成产生式规则。

⑤ 形式逻辑表达式。形式逻辑表达式的基本成分是命题、谓词、变量、约束变量范围的语句及嵌入的逻辑表达式。

⑥ 图和网络。有的系统采用图匹配和图转换方案来有效地比较和索引知识。

⑦ 框架和模式。每个框架包含一组槽，用于描述事物（概念或个体）的各个方面。

⑧ 计算机程序和其他的过程编码。获取这种形式的知识，目的在于取得一种能实现特定过程的能力，而不是为了推断该过程的内部结构。

⑨ 神经网络。模仿动物神经网络行为特征，进行分布式并行信息处理的算法数学模型。通过调整内部大量节点之间相互连接的关系，达到处理信息的目的。

⑩ 多种表示形式的组合。有时一个学习系统中获取的知识需要综合应用上述几种知识表示形式。

（3）按应用领域分类

机器学习的应用领域基本集中于分类和问题求解两个范畴。分类任务要求系统依据已知分类知识对输入的未知模式做分析，确定未知模式的类属。问题求解任务即寻找一个将当前状态转换为目标状态的动作序列，机器学习在这一领域的研究工作大部分集中在通过学习来获取能提高问题求解效率的知识，如搜索控制知识、启发式知识等。

（4）学习形式分类

根据学习形式的不同机器学习可以分为监督学习和非监督学习。监督学习从给定的训练数据集中学习出一个函数（模型参数），可以根据这个函数预测新来的数据的结果。监督学习的训练集要求包括输入/输出，即特征和目标。训练集中的目标是由人标注的。监督学习就是最常见的分类问题，通过已有的训练样本（即已知数据及其对应的输出）训练得到一个最优模型，再利用此模型把输入映射为相应输出，对输出进行简单的判断从而实现分类的目的。常见的监督学习算法包括回归分析和统计分类。非监督学习输入数据没有被标记，也没有确定的结果。样本数据类别未知，需要根据样本间的相似性对样本集进行分类，试图使类间差距最大化，类内差距最小化。

（5）综合分类

综合考虑各种学习方法出现的历史渊源、推理策略、结果评估的相似性、知识表示、研究人员交流的相对集中性及应用领域等因素，可将机器学习方法区分为 6 类。

① 经验性归纳学习。即采用一些数据密集的经验方法对例子进行归纳学习。其例子及学习结果大多采用属性、谓词、关系等符号表示。类似归纳学习，但不包含遗传算法、加强学习的部分。

② 分析学习。从实例出发，运用领域知识进行分析。分析学习的目标是改善系统的性能，而非

新的概念描述。分析学习包括应用演绎学习、解释学习、多级结构组块及宏操作学习等。

③ 类比学习。把两个或两类事物进行比较，找出它们在某一对象层上的相似关系，并以这种关系为依据，把某一事物或情形的有关知识加以适当整理。

④ 遗传算法。它模拟生物繁殖的交叉、变异和达尔文的自然选择。它把问题可能的解编码为一个向量，称为个体，向量的每个元素称为基因，并利用目标函数对群体中的个体进行评价，根据评价值对个体进行选择、交叉、变异等遗传操作，得到新的群体。遗传算法用于复杂和困难环境，例如，噪声和无关数据较多、事物不断更新、问题目标不明显等。

⑤ 联结学习。其典型的联结模型实现为人工神经网络，由称为神经元的一些简单计算单元及单元间的加权联结组成。

⑥ 增强学习。通过与环境的试探性交互来确定和优化动作的选择，以实现序列决策任务。增强理论认为行为的后果才是影响行为的主因。人们采取了某种行为或反应后，若立即有可喜的结果出现，则此结果就变成控制行为的增强物。由此有人认为行为是其结果的函数，即某种行为的产生受某种结果的影响，故适当的奖赏可能左右他人的行为。

2. 研究领域

机器学习的研究领域主要围绕以下 3 个方面进行。

（1）面向任务的研究。研究和分析改进一组预定任务的执行性能的学习系统。不同任务的学习类型对比如表 10.4 所示。

表 10.4　　　　　　　　　　　　　学习类型比较

学习类型	类型特点	典型应用	类比
监督学习	通过有标记样本进行学习	分类任务	做有参考答案的习题
无监督学习	通过无标记样本进行学习	聚类任务	做没有参考答案的习题
半监督学习	通过无标记样本和少量有标记样本进行学习	分类和聚类任务	做过少量有参考答案的习题后，再做大量没有参考答案的习题
强化学习	通过设定环境状态、奖赏值、改变环境状态的行动等进行学习	根据环境进行决策的任务	根据外界环境的变化与反馈调整自身行为的本能

（2）认知模型。研究人类学习过程并进行计算机模拟。

（3）理论分析。从理论上探索各种可能的学习方法和独立于应用领域的算法。

3. 深度学习

深度学习是一种特殊的机器学习，它可以用概念组成的网状层级结构来表示这个世界，每一个概念由更简单的概念相连，抽象的概念通过没那么抽象的概念计算。

机器学习在指纹识别、特征物体检测等领域的应用基本达到商业化的要求。深度学习主要应用于语义分析、人脸技术、文字识别、智能监控等领域，目前在教育、医疗、智能硬件等行业也在快速布局。机器学习能够适应各种数据量，特别是小数据量场景。深度学习对大数据量的效果更突出，这是因为深度学习算法需要大量数据才能完美理解。执行时间是指训练算法所需要的时间量。一般来说，深度学习算法需要大量时间进行训练。这是因为该算法包含很多参数，因此训练它们需要比平时更长的时间。相对而言，机器学习算法的执行时间更少。机器学习算法遵循标准程序以解决问题。它将问题拆分成数个部分，对其进行分别解决，而后再将结果结合起来以获得所需的答案。深度学习则以集中方式解决问题，而不必进行问题拆分。

习 题

1. 云计算的概念是什么？云计算有哪些基本特性？
2. 大数据的概念是什么？有什么特征？有哪些相关技术？
3. 大数据与云计算有什么关系？
4. 物联网的概念是什么？有哪些相关技术与应用？
5. 人工智能的研究内容是什么？人工智能有哪些研究领域？

参 考 文 献

[1] 钟诚，王文溥，张玉霞. 信息检索与利用[M]. 成都：电子科技大学出版社，2017.

[2] 陈泉，郭利伟，周妍，等. 信息素养与信息检索[M]. 北京：清华大学出版社，2017.

[3] 刘芳，朱沙. 大学生信息素养与创新教育[M]. 武汉：华中科技大学出版社，2017.

[4] 山东省教育厅. 大学 IT[M]. 东营：中国石油大学出版社，2019.

[5] 山东省教育厅. 计算机文化基础[M]. 东营：中国石油大学出版社，2017.

[6] 康桂英，明道福，吴晓兵. 大数据时代信息资源检索与分析[M]. 北京：北京理工大学出版社，2019.

[7] 韩冬，傅兵. 信息素养教育论[M]. 北京：北京理工大学出版社，2017.

[8] 李贵成，张金刚. 信息素养与信息检索教程[M]. 武汉：华中科技大学出版社，2016.

[9] 朱俊峰，李修云，李乐. 信息技术基础[M]. 成都：电子科技大学出版社，2015.

[10] 孙淑霞，陈立潮. 大学计算机基础[M]. 3 版. 北京：高等教育出版社，2016.

[11] 李凤霞，陈宇峰，史树敏. 大学计算机[M]. 北京：高等教育出版社，2014.

[12] 龚沛曾，杨志强. 大学计算机[M]. 7 版. 北京：高等教育出版社，2017.

[13] 李廉，王士弘. 大学计算机教程：从计算到计算思维[M]. 北京：高等教育出版社，2016.

[14] 蒋加伏.大学计算机[M]. 5 版. 北京：北京邮电大学出版社，2019.

[15] 那春光，毕宏，陈怡冰. 大学生信息素养教程[M]. 大连：大连海事大学出版社，2010.

[16] 王珊，萨师煊. 数据库系统概论[M]. 5 版. 北京：高等教育出版社，2014.

[17] 陈志泊. 数据库原理及应用教程[M]. 4 版. 北京：人民邮电出版社，2017.

[18] 李合龙，左文明，焦青松，等. 数据库理论与应用[M]. 4 版. 北京：清华大学出版社，2011.

[19] 范芸，郑喜珍，谭晓芳，等. SQL Server 数据库技术基础与上机指导[M]. 北京：清华大学出版社，2011.

[20] 吕建新，陈兰杰，李哲. 网络信息检索[M]. 北京：煤炭工业出版社，2011.

[21] 刘丁，窦文阳. 计算机与信息技术[M]. 西安：陕西师范大学出版社，2012.

[22] 海涛. 信息检索与利用[M]. 北京：北京航空航天大学出版社，2015.

[23] 黄丽霞，周丽霞，赵丽梅. 信息检索教程[M]. 北京：知识产权出版社，2014.

[24] 杨守文. 数字信息资源检索与利用[M]. 北京：中国轻工业出版社，2012.

[25] 曹学艳. 全媒体环境下的信息资源建设导论[M]. 西安：西安电子科技大学出版社，2017.

[26] 王贵水. 你一定要懂的计算机知识[M]. 北京：北京工业大学出版社，2015.

[27] 许丽丽. 网络信息资源检索与利用[M]. 哈尔滨：黑龙江人民出版社，2008.

[28] 程应红. 图书馆管理与利用[M]. 合肥：安徽大学出版社，2009.

[29] 魏联华，孙艳美. 信息检索与利用[M]. 北京：知识产权出版社，2011.

[30] 许瑞. 搜索引擎技术的发展现状与前景[J]. 中国新技术新产品，2017，4：20-21.

[31] 孙翌. 学科化服务技术与应用[M]. 上海：上海交通大学出版社，2013.

[32] 李东林. 大学图书馆建设与利用[M]. 郑州：河南人民出版社，2007.

[33] 仝军，赵治，田洪生. 计算机网络基础[M]. 北京：北京理工大学出版社，2018.

[34] 郑晓燕. 创业基础案例与实训[M]. 2 版. 成都：西南财经大学出版社，2015.

[35] 温艳冬，熊耀华. 毕业设计（论文）指导手册（信息技术卷）[M]. 北京：清华大学出版社，2008.

[36] 陈葆华. 创业管理[M]. 北京：北京理工大学出版社，2017.

[37] 李贺，王畅. 大学生创新创业基础[M]. 北京：北京理工大学出版社，2019.

[38] 王涛，刘泰然. 创业原理与过程[M]. 北京：北京理工大学出版社，2019.

[39] 郭志辉. 大学生创新创业教育研究[M]. 成都：电子科技大学出版社，2016.

[40] 马雅红. 大学生创新创业教育基础与能力训练[M]. 北京：北京理工大学出版社，2016.

[41] 张晓娟，李春琴. 大学生创新创业教育研究[M]. 北京：兵器工业出版社，2018.

[42] 汤小丹. 计算机操作系统 [M]. 4 版. 西安：西安电子科技大学出版社，2014.

[43] 张晓艺. 掌握网络安全知识：保护个人信息安全[J]. 计算机与网络，2019，45(18)：51.

[44] 仝军，赵治，田洪生. 计算机网络基础[M]. 北京：北京理工大学出版社，2018.

[45] 吴功宜，吴英. 物联网技术与应用[M]. 北京：机械工业出版社，2018.

[46] 李爱华，杨淑琴. 大学生创新创业教育[M]. 上海：上海交通大学出版社，2018.